集人文社科之思　刊专业学术之声

集 刊 名：史学理论与史学史学刊
主办单位：北京师范大学史学理论与史学史研究中心

JOURNAL OF HISTORICAL THEORY AND HISTORIOGRAPHY

总第29卷

集刊序列号：PIJ-2004-004
中国集刊网：www.jikan.com.cn/史学理论与史学史学刊
集刊投约稿平台：www.iedol.cn

全国普通高等学校人文社会科学重点研究基地
北京师范大学史学理论与史学史研究中心　主办

中文社会科学引文索引（CSSCI）来源集刊
AMI（集刊）核心集刊
中国学术期刊网络出版总库（CNKI）收录
集刊全文数据库（www.jikan.com.cn）收录

史学理论与史学史学刊

JOURNAL OF HISTORICAL THEORY
AND HISTORIOGRAPHY

2023年下卷(总第29卷)

杨共乐　主编

社会科学文献出版社
SOCIAL SCIENCES ACADEMIC PRESS (CHINA)

卷 首 语

杨共乐

　　《史学理论与史学史学刊》2023 年下卷（总第 29 卷）共设置 7 个栏目，刊发论文、评论及综述 26 篇。下面为读者朋友作一简要介绍。

　　21 世纪以来的史学理论与史学史研究有一些新的特征，本卷特辟"史学理论与方法论研究"栏目，刊文 3 篇，以期对近 20 年来本学科的学术体系与学术话语建设有一个回顾，并对当前的理论与方法论热点问题有所回应。邹兆辰《全面记载和科学评价历史人物是新时代历史学的重要使命》通过分析马克思恩格斯与新中国史学中关于评价历史人物的方法论与研究史，阐述了历史唯物主义在评价历史人物上的方法论价值。李恒、史珮琪以 21 世纪以来《史学月刊》所刊发的史学理论与史学史文章为主要依据，提炼出 20 余年来中国史学理论与史学史研究的主要问题，总结了该领域的基本发展情况。许洪冲从研究视角更新和自主理论体系建构两个方面反思了近年来中国史学史学界关于学科建设的问题，并对史学史研究中的一些倾向进行了评议。

　　"中国古代史学研究"栏目刊文 7 篇，问题意识的角度多样，比较能够体现当前中国古代史学史特别是历史编纂学的研究特色。王记录、刘饶《中国传统史学的古今论及其特征》认为，古今关系是传统史学特别关注的历史理论问题，早在先秦时期，史学家和思想家就对古今关系发表了自己的看法，提出了古今既相通又相异的看法，将以古鉴今、鉴古明今当作认识历史与现实的重要手段。他们倡导"彰往察来""疏通知远"，把过去、现在和未来联系起来，运用历史知识思考或解决现实中的问题。石洪波针对历代学者对《史记》一书"繁复之弊"的批评，分析了"繁复"出现的历史环境，并为司马迁的作法进行辩护。吴海兰以家谱、家状与家传为中心，将传世文献与出土墓志结合，讨论了唐代私修谱牒的基本状况、各自特点与演变趋势，强调了私修谱牒可补正史记载之不足的价值。幕府修史是清朝修史机制的重要组成部分。孙广辉《徐乾学幕府与康熙〈大清一统志〉的编修》对徐书编纂的缘起、过程以及幕府修史的机制与价值进行了较为全面的论述。本栏目另有 3 篇论文涉及史学比较的问题。这是一个经典的史学研究方法，学者往往在比较之中发现新问题，拓宽新视野。张璐瑶《中韩两部〈续资治通鉴纲目〉比较研究》对商辂（中）原作与金宇颙（韩）改编本的编纂背景与过程进行研究，通过两书差异之对比展示出中韩古代史学的交流与互动。邓凯《明代义理史学裂变试析——以〈昭代典则〉与〈皇明大政纪〉的比较研究为例》根据黄光升《昭代典则》、雷礼《皇明大政纪》两部体裁相同、断限相近、史源相仿，但撰述特点大相径庭的纲目体明史，揭示出明代义理史学在时代的变化和推动下呈现的裂变轨迹。张宇轩《清代官修〈明史·李自成传〉撰述的嬗变》对万斯同、王鸿绪两部《明史》稿本《李自成传》中遗民意识与官方意志的此消彼长进行了分析，并就史家个人立场与现实政治对历史撰述的影响作了阐述。中国古代史籍以记载政治史为主，故而中国古代史学史研究与政治史研究密切相关，这一特点在上述论文中体现较为充分。

"中国近现代史学研究"栏目刊文 5 篇。肖薇、王嘉川《郭沫若撰著〈青铜时代〉与〈十批判书〉考述》通过考述两书的成书背景以及两书的内在联系，勾勒出郭沫若研究先秦学术由"破"到"立"的过程。韩建萍《翦伯赞的史料观》对翦伯赞所阐发的史论结合原则、各类史料应用价值、史料运用方法三个方面的问题进行论述，指出翦伯赞史料观的形成反过来又促进了他史料编撰实践的进一步发展。邓智中《邓之诚与聂崇岐学术交谊述论》研究了二人交往的过程，特别是在聂崇岐的近代史资料编纂工作与邓之诚《中华二千年史》的校改两个重要事件上二人的互相帮助。学人交谊的研究，注重学理性是一个重要特质，可补"掌故"式或"武打小说"式研究之不足，同时也能够展现近现代史学史的别样风采。聂文华、王健《周一良和他的师友们——以〈周一良全集·书信〉整理为中心》对《周一良全集》的书信集的整理失误问题进行了检讨，通过释读某些信函，对周一良与其师友的关系作了论述。谢辉元就民国时期中国思想史研究中唯物主义与唯心主义相互斗争这一"两军对垒"撰述模式的主要观点、演变脉络进行评述，并对这一方法论存在的风险进行反思。中国近现代史学史的时段相较于整个中国史学史来说并不长，但所产生的问题以及呈现的面貌，与古代史学同样异彩纷呈，而两者的联系与区别依然值得继续研究。

"外国史学研究"栏目刊文 5 篇。武晓阳《斯特拉波〈地理学〉文本编纂初探》从描述次序、撰述框架、文本内容的结构三个方面阐发了这一西方地理学史上的经典名著的编纂特点。刘嘉仁《14—16 世纪普鲁士历史书写探析》探究了作为宗教机构的条顿骑士团和世俗化的普鲁士公国两个阶段对"普鲁士"身份认同的差异书写，分析了历史书写与其所处现实之间的张力。张利娟《论英国中学历史教科书中的鸦片战争叙事》选择 1991 年至今出版的英国中学历史教科书中的鸦片战争叙事进行研究，指出英国社会对鸦片战争存在着不同的声音，但是随着时间的流逝，经过社会绝大多数人的想象、过滤和重构，中国逐渐被塑造为一个封闭、落后、停滞、傲慢无知的鸦片帝国形象。张尧娉《古罗马城研究的前世今生》从城市史研究的角度，分析关于罗马城的古代历史记载与古今的历史研究，并就当下的研究特点展望了未来的研究趋势。对于一个研究对象或是一个问题的古今通贯的研究，是史学史研究的重要方向，本刊乐见并愿意积极发表相关成果。《历史与理论》（*History and Theory*）、《重思历史》（*Rethinking History*）和《历史哲学杂志》（*Journal of the Philosophy of History*）是西方史学理论界的三份核心刊物，本卷继续刊发聚焦于三刊的年度西方史学理论研究盘点。

"历史文献学研究"栏目刊发了 3 篇论文。张磊、王绍之《西周社会礼治影响探析——以西周大射礼为例》通过分析大射礼与西周社会各方面之间的关系，揭示出周代礼乐文明中制度与文化之间的内在联系。陈金海《〈春秋〉齐灭纪事件的文本阐释与价值建构——以〈竹书纪年〉两则佚文为参照》立足于不同史料对同一事件记载的差异，展现其间文本阐释与褒贬的差异，并就历史记载的价值选择及其透出的思想史意义进行阐发。鲁洋《清代荒政史籍发展的阶段性特征》总结了清代荒政史籍不同阶段撰述特色与国家、社会在这方面事业发展程度的关系，并就史籍与现实之间的互动进行了分析。

此外，本卷还刊发了《不尽的江河不断流：比较视野下的中华文明》《民国社会教育研究》两书的学术评论，并就前书之新书发布会作了综述。本卷附录《北京师范大学史学理论与史学史研究中心大事记（2022 年 9 月~2023 年 8 月）》和《史学理论与史学史论著要目（2022 年 9 月 ~ 2023 年 8 月）》，是对本机构和史学理论与史学史学科在这一年度发展状况的汇报和总结。

2023 年 6 月 2 日，习近平总书记在文化传承发展座谈会上的讲话指出，中华文明具有突出的连续性、创新性、统一性、包容性与和平性，提出马克思主义与中华优秀传统文化相结合的命题。这是对中国当代历史发展趋势的深刻总结和前景判断。"充分运用中华优秀传统文化的宝贵资源，探索面向未来的理论和制度创新"是史学理论与史学史研究者大有所为的研究方向。发掘中华民族的史学遗产，借鉴外国史学的优秀成果，在中西交流与比较的研究中阐释中国史学自身的价值，建构具有民族特色的史学理论，是我们需要不懈努力的方向，本刊也欢迎相关问题的高质量来稿。

目录

·史学理论与方法论研究·

·中国古代史学研究·

·中国近现代史学研究·

·外国史学研究·

·历史文献学研究·

CONTENTS

Academic Review

Symposium Summary

Appendix

史学理论与方法论研究

全面记载和科学评价历史人物是新时代历史学的重要使命[*]

邹兆辰

（首都师范大学历史学院，北京 100089）

摘 要： 全面记载和科学评价历史人物的问题是新时代历史学的一项重要使命。这个问题既是属于历史理论方面的问题，也是史学理论和方法论的问题，历来受到历史学家的高度重视。马克思主义的经典著作中，包含着大量的对各类历史人物的叙述与评价，体现了对于唯物主义历史观的创造性运用。新中国成立以来对历史人物研究的大量成果与对历史人物评价问题的理论和方法论的探讨，为我们积累了宝贵的经验。新时代以来，习近平在纪念党和国家重要历史人物的活动中，创造性地运用了马克思主义评价历史人物的理论和方法论，提出了许多新的见解，值得深刻领会。这些，使历史人物评价这样一个历史理论中的"老问题"，有了许多重新认识的广阔余地。

关键词： 历史人物　科学评价　历史使命　历史学　历史理论

个人在历史上的作用问题以及如何评价历史人物的问题，是历史理论中的重要问题，也是史学理论和方法论中的重要问题。

---

[*] 本文系国家社科基金重大研究专项项目"新时代中国特色历史学基本理论研究"（18VXK006）的阶段性成果。

一　马克思恩格斯论个人在历史上的作用

(一)　批判"英雄崇拜论"

在马克思主义诞生以前,西方的哲学家和历史学家们在如何看待历史人物的问题上提出了种种混乱的观念,其中最著名的代表就是英国的托马斯·卡莱尔的"英雄崇拜论"。

卡莱尔于1840年在伦敦作了轰动一时的讲演,名为《论英雄、英雄崇拜和历史上的英雄事迹》(简称《英雄与英雄崇拜》),并且出了书。他一共论述了六类英雄,包括神话型英雄、先知型英雄、诗人型英雄、牧师型英雄、文学家型英雄、国王型英雄。他声称:"世界历史只不过是伟人的传记而已。"

在卡莱尔看来:"世界的历史,人类在这个世界上已完成的历史,归根结底是世界上耕耘过的伟人们的历史。他们是人类的领袖,是传奇式的人物,是芸芸众生踵武前贤,竭力仿效的典范和楷模。甚至不妨说,他们是创世主。我们在世界上耳闻目睹这一切实现了的东西,不过是上天派给这个世界的伟人们的思想的外部物质结果、现实的表现和体现。可以公正地说,整个世界历史的灵魂就是这些伟人的历史。"① 卡莱尔要求人们对这些英雄要无限崇拜。他说:"崇拜就是不加限制地尊敬,即尽力充分运用他们的官能,以心灵的所有诚意来尊敬。"②

马克思、恩格斯对卡莱尔典型的唯心主义历史观进行了尖锐的批判。他们说:"我们可以看到,'高贵的'卡莱尔完全是从泛神论的观点出发的。全部历史的过程不决定于活生生的人民群众本身的发展,他们本身自然为一定的、本身也在历史上产生和变化着的条件所左右,全部历史过程取决于永恒的永远不变的自然规律,它今天离开这一规律,明天又接近这一规律,一切都以是否正确地认识这一规律为转移。""因此,历史上产生的阶级差别是自然差别,人们必须向天生的贵人和贤人屈膝,尊敬这些差别,并且承认它们是永恒的自然规律的一部分,即应当崇拜天才。"③

在马克思看来,在现实的世俗的历史中,人们既是他们本身历史的剧

---

① 卡莱尔:《英雄和英雄崇拜》,上海三联书店,1988,第1页。
② 卡莱尔:《英雄和英雄崇拜》,上海三联书店,1988,第17页。
③ 《马克思恩格斯全集》第10卷,人民出版社,1998,第318页。

中人物，又是剧作者。这就是说，人们是他们自己表演出来的历史的创造者，此外并不存在其他神的或带神意的造物主。历史不是神创造的，也不是唯心主义思想家们创造的各种观念的产物。人们自己是人类历史的创造者。马克思与唯心主义思想家们在这个问题上的特别不同点是，他强调人们自己创造自己的历史，但是他们并不是随心所欲地创造，并不是在他们自己选定的条件下创造，而是在直接碰到的、既定的、从过去承继下来的条件下创造。

（二）论个人在创造历史中的作用

马克思主义认为，创造历史的主要力量是人民群众，反对抹杀人民群众作用的英雄史观。他们强调，无论不从事生产的社会上层发生什么变化，没有一个生产者阶级，社会就不能生存，强调在社会变革中，也要看到人民群众的作用。在 17 世纪的英国和 18 世纪的法国，甚至资产阶级的最光辉灿烂的成就都不是它自己争得的，而是平民大众，即工人和农民为它争得的。但是，马克思主义经典作家并不否认人民群众以外的其他阶级、集团和个别人物的历史创造作用。他们指出：在以对抗为基础的以往的历史时代，广大人民群众的绝大部分时间和精力不得不用来维持生活而谋取微薄的生活资料，因此，"历史的进步整个说来只是极少数特权者的事"。[①] 他们肯定，历史中的主要人物是一定的阶级和倾向的代表。个别历史人物对于历史的发展可以起到相当的作用。个别人物的出现也是一种历史的偶然性，但是，"如果'偶然性'不起任何作用的话，那末世界历史就会带有非常神秘的性质。这些偶然性本身自然纳入总的发展过程中，并且为其他偶然性所补偿。但是，发展的加速和延缓在很大程度上是取决于这些'偶然性'的，其中也包括一开始就站在运动最前面的那些人物的性格这样一种'偶然情况'"。[②]

在马克思主义看来，社会经济的因素是历史发展中的决定性因素，带有历史的必然性，但是个人在历史中也不仅仅是消极的。马克思恩格斯不仅提出很多评价历史人物的原则，而且在他们的著作中也涉及大量的历史人物，这些人物大多是马克思恩格斯同时代的人，但也有古代的哲学家、科学家，包括英、法、美等国家近代史上著名的思想家和政治家。恩格斯

---

① 《马克思恩格斯选集》第 3 卷，人民出版社，1972，第 42 页。
② 《马克思恩格斯选集》第 4 卷，人民出版社，1972，第 393 页。

在他的《德国农民战争》一书中曾经论述过 16 世纪的德国宗教改革家路德和德国农民战争的领袖闵采尔；马克思和恩格斯在他们的著作中论述过拿破仑；马克思在他的《路易·波拿巴的雾月十八日》对波拿巴这个人物进行了深刻的论述和评价；对于蒲鲁东这位法国的著名人物，马克思、恩格斯都写过专门文章进行评述；而马克思恩格斯对黑格尔、费尔巴哈的评述则奠定了他们哲学思想的理论基础。马克思恩格斯对历史人物的评价，对史学家们评价历史人物起到了示范作用，例如他们对拿破仑等人物的评价就特别地体现了他们对待个别历史人物的观点，特别受到历史学家们的关注。

马克思恩格斯认为，一个伟大人物出现在某一个时期、某一个国家，具有偶然性，但是这种偶然性中也包含着必然性。马克思曾经说过："如爱尔维修所说的，每一个社会时代都需要有自己的伟大人物，如果没有这样的人物，它就要创造出这样的人物来。"[①] 恩格斯曾经说过：

> 这里我们就来谈谈所谓伟大人物问题。恰巧某个伟大人物在一定时间出现于某一个国家，这当然纯粹是一种偶然现象。但是，如果我们把这个人去掉，那时就会需要有另外一个人来代替他，并且这个代替者是会出现的，不论好一些或差一些，但是最终总是会出现的。恰巧拿破仑这个科西嘉人做了被本身的战争弄得精疲力竭的法兰西共和国所需要的军事独裁者，这是个偶然现象。但是，假如没有拿破仑这个人，他的角色就会由另一个人来扮演。这一点可以由下面的事实来证明：每当需要有这样一个人的时候，他就会出现，如凯撒、奥古斯都、克伦威尔等等。如果说马克思发现了唯物史观，那么梯叶里、米涅、基佐以及 1850 年以前英国所有的历史编纂学家则表明，人们已经在这方面作过努力，而摩尔根对于同一观点的发现表明，发现这一观点的时机已经成熟了，这一观点必定被发现。[②]

这就是说，每一个伟大人物的出现都是有其社会历史条件的要求的，这些人物的出现，正是顺应了历史的要求。没有这样的条件，这样的人物就难以产生。这一思想，也适应对马克思这一伟大人物的分析。恩格斯

---

① 《马克思恩格斯选集》第 1 卷，人民出版社，1972，第 450 页。
② 《马克思恩格斯文集》第 10 卷，人民出版社，2009，第 669 页。

说："我们之所以有今天，都应归功于他；现代运动当前所取得的一切成就，都应归功于他的理论的和实践的活动；没有他，我们至今还会在黑暗中徘徊。"① 他还说："马克思比我们一切人都站得高些，看得远些，观察得多些和快些。马克思是天才，我们至多是能手。没有马克思，我们的理论远远不会是现在这个样子。所以，这个理论用他的名字命名是公正的。"② 但恩格斯也认为，马克思能发现唯物史观，也是顺应了时代的条件，如法国历史学家梯叶里、米涅、基佐等对阶级斗争问题的论述，1850 年以前英国的历史学家对唯物史观的论述，特别是摩尔根对这一问题的发现等，都表明阐明唯物史观的时机已经成熟了，所以这一观点必将被发现。

（三）个别人物对历史的创造是要受到历史条件制约的

在马克思恩格斯看来，个别的历史人物的出现，往往会对历史的面貌产生这样那样的影响，因此历史事件似乎是由偶然性来支配着的。但是，他们指出在表面上是偶然性在起作用的地方，这种偶然性始终是受内部的隐蔽着的规律支配的。

这就意味着个别历史人物实际上总是一定的社会阶级关系的产物。正如马克思所说："我决不用玫瑰色描绘资本家和地主的面貌。不过这里涉及到的人，只是经济范畴的人格化，是一定的阶级关系和利益的承担者。我的观点是：社会经济形态的发展是一种自然历史过程。不管个人在主观上怎样超脱各种关系，他在社会意义上总是这些关系的产物。"③ 当然，单独的个人并不"总是"以他所从属的阶级为转移，这是很"可能的"；但是这个事实不足以影响阶级斗争，正如少数贵族转到第三等级方面去不足以影响法国革命一样。而且就在这时，这些贵族至少也加入了一定的阶级，即革命阶级——资产阶级。

总之，马克思恩格斯阐明了在社会历史中，个人的历史活动脱离不了他所处的时代，也脱离不了以前的或同时代的个人的历史。他们指出："一个人的发展取决于和他直接或间接进行交往的其他一切人的发展；彼此发生关系的个人的世世代代是互相联系的，后代的肉体的存在是由他们的前代决定的，后代继承着前代积累起来的生产力和交往形式，这就决定

---

① 《马克思恩格斯选集》第 4 卷，人民出版社，1972，第 437~438 页。
② 《马克思恩格斯选集》第 4 卷，人民出版社，1972，第 238 页注。
③ 《马克思恩格斯选集》第 2 卷，人民出版社，1972，第 207~208 页。

了他们这一代的相互关系。总之，我们可以看到，发展不断地进行着，单个人的历史决不能脱离他以前的或同时代的个人的历史，而是由这种历史决定的。"①

马克思恩格斯关于个人对历史的作用的思想，除了他们的理论论述之外，大多体现在他们对各类历史人物的评论之中。他们所评论的历史人物范围非常之广，其中包括欧洲古代的人物如斯巴达克、路德、闵采尔；古希腊的哲学家赫拉克利特、德谟克利特、苏格拉底、柏拉图、亚里士多德、伊壁鸠鲁；近代史上的人物如克伦威尔、伏尔泰、卢梭、狄德罗、罗伯斯庇尔、丹东、拿破仑、马志尼、加里波第、林肯；也有欧洲历史舞台上出现的波拿巴、梯也尔、俾斯麦、梅特涅；有他们批判过的蒲鲁东、拉萨尔、巴枯宁、杜林；有赞颂过的巴贝夫、圣西门、傅立叶、欧文、魏特林和倍倍尔、威廉·李卜克内西、拉法格、梅林；著名的哲学家康德、黑格尔、费尔巴哈、孔德；还有著名的科学家如哥白尼、伽利略、刻卜勒、牛顿、达尔文、摩尔根；著名文学家但丁、莎士比亚、歌德、席勒、拜伦、巴尔扎克、海涅等。这些人物出现在历史的舞台上，造成了人类历史的多姿多彩。只有像马克思恩格斯这样视野广阔、学识渊博的人才有可能对这些历史人物进行评论并直指要害，为后世历史学家的研究与撰述提供理论的支撑。

马克思恩格斯对拿破仑的评价就非常具有代表性。拿破仑是出身于法国科西嘉岛的一个炮兵军官，在法国大革命时期崭露头角，曾经远征埃及，1804 年建立帝制，成为皇帝，称拿破仑一世，1806 年击败普鲁士，1808 年入侵西班牙，1812 年入侵俄国，遭遇惨败，1814 年退位。1821 年死于流放地圣赫勒拿岛。对于这样一个历史人物，马克思和恩格斯是怎样评价的呢？

1844 年，马克思和恩格斯在《神圣家族》中说："拿破仑是革命的恐怖主义对这次革命所公开宣布的资产阶级社会及其政治的最后一次战斗的体现。的确。拿破仑已经了解到现代国家的真正本质；他已经懂得，资产阶级社会的无阻碍的发展、私人利益的自由运动等等是这种国家的基础。他决定承认和保护这一基础。他不是一个空想的恐怖主义者。但是，拿破仑还是把国家看做目的本身，而把市民生活仅仅看做司库和他的不能有自己的意志的

---

① 《马克思恩格斯全集》第 3 卷，人民出版社，1960，第 515 页。

下属。他用不断的战争来代替不断的革命，从而完成了恐怖主义。"① 1850年，马克思在《1848 年至 1850 年的法兰西阶级斗争》中又说："拿破仑是最充分地代表了 1789 年新形成的农民阶级的利益和幻想的唯一人物。农民阶级把他的名字写在共和国的门面上，就是对外宣布战争，对内宣布谋取自己的阶级利益。拿破仑在农民眼中不是一个人物，而是一个纲领。"②

马克思恩格斯关于个人在历史上的作用的思想，为历史学家科学地评价历史人物奠定了理论上的基础。

二　新中国史学中关于评价历史人物方法论的讨论

个人在历史上的作用不仅是一个理论问题，更是一个史学实践问题。中国马克思主义史学诞生之后在个别历史人物对历史发展的作用的问题上是有一个认识与实践的过程的，也为我们今天新时代马克思主义史学的建设积累了宝贵的思想遗产。

（一）正确认识历史人物对历史的作用

1952 年翦伯赞在《关于历史人物评论中的若干问题》一文中，特别批评了某些人在评论历史人物的过程中，有"用今天的标准去要求历史人物"的现象。他说："从历史唯物主义的观点出发，评论一个历史人物，当然不是要求我们用今天的标准去要求一个历史人物；而是要严格地联系到这个历史人物所处的历史时代和历史条件，进行具体的分析。"③

1959 年郭沫若提出了"替曹操翻案"的问题，他认为，曹操冤枉地做了一千多年的反面教员，在今天，要替他恢复名誉。他认为，"评价一位历史人物，应该从全面来看问题，应该从他的大节上来权其轻重，特别要看他对于当时人民有无贡献，对于我们整个民族的发展、文化的发展有无贡献。"④ 郭沫若的观点在当时的中国史学界引起了极大的反响。翦伯赞在《应该替曹操恢复名誉》的文章中积极支持和响应郭沫若的提议，认为"曹操不仅是三国豪杰中第一流的政治家、军事家和诗人，并且是中国封

---

①　《马克思恩格斯全集》第 2 卷，人民出版社，1957，第 157~158 页。

②　《马克思恩格斯全集》第 10 卷，人民出版社，1998，第 168 页。

③　《翦伯赞历史论文选集》，人民出版社，1980，第 1~2 页。

④　郭沫若:《替曹操翻案》,《人民日报》1959 年 3 月 20 日。

建统治阶级中有数的杰出人物"。① 尽管在对曹操的评价上还存在着不同意见，这是正常的学术争论，但是从整个历史的大环境来评价人物而不是从个别事件中来评价，已经是大家共同的看法，这是中国史学在历史人物评价方法上的一大进步。

历史学家对于历史人物的研究在受到"左"的政治形势干扰时，对历史人物的研究难以深入、客观地开展。文化大革命开始前对吴晗的《海瑞罢官》的批判，对李秀成的批判，形成了史学领域内的极左思潮，严重地损害了马克思主义的研究历史人物的原则和评价标准。"文革"十年，历史人物的研究遭到严重的破坏，新中国成立以后十七年对历史人物的研究成果一概遭到否定。而"文革"后期"四人帮"一伙搞起的"批林批孔"运动，在"评法批儒"的旗号下的历史人物研究，更是一场闹剧。

"文革"以后，历史人物研究也和其他社会领域一样经历了一个拨乱反正的过程，首先是要恢复那些被严重歪曲的历史人物的本来面目。最有代表性的当属对孔子的评价。历史人物研究的重要性再一次得到学者的肯定。大家认为，人物研究是历史研究一项永恒的主题，不仅现在没有过时，将来也不会过时。其次，历史人物研究取得了巨大成果，匡亚明发起并主编、海内外数百名学者共同参与的"中国思想家评传丛书"被学术界称为世纪之交"规模最大的中国传统思想文化研究工程"。丛书开创了当代学界成功编撰大型原创性学术著作的先例。丛书覆盖的人物包括文、史、哲、经、法、理、工、医、农、兵等诸多领域，生动再现了这些杰出人物的学术精神和思想特质，展示了中国传统思想文化的总体面貌。这套丛书由南京大学中国思想家研究中心组织编撰，总计200部，由南京大学出版社出版，2006年已经全部编撰完成。虽然丛书侧重从"思想史的角度"来研究历史人物，但丛书所涵盖的历史人物非常广泛，其中既有哲学思想领域的孔子、孟子、墨子、董仲舒、戴震，也有文学方面的阮籍、杜甫、刘禹锡、汤显祖、李清照、吴敬梓；既有史学家司马迁、班固、刘知几，也有政治军事方面的人物，如从张骞、贾谊到近代的张之洞、左宗棠等。同时，也包括一些多重身份的人物。可以说，20世纪八九十年代以后，历史人物研究一个主要特色是研究领域的扩大。许多过去不被人们注意和研究的历史人物，开始有人进行专门研究。

---

① 翦伯赞：《应该替曹操恢复名誉》，《光明日报》1959年2月19日。

（二）历史人物研究中的方法论探讨

在新中国的历史人物研究中，历史人物研究与评价的理论和方法论的研讨也是十分热烈的，这些研讨的积极成果为我们今天正确从事历史人物研究提供了指南。

1. 历史人物研究与阶级分析

首先，研究历史人物离不开阶级分析。陈旭麓在 1955 年就出版了关于评价历史人物的专著，他说："阶级社会没有超阶级的个人，个人的思想行动又是阶级利益的表现，因此我们不可能离开阶级来评价历史人物。"[①]但是，在极左思潮盛行的背景下，阶级分析方法也成了否定历史人物的大棒，由于大部分历史人物包括思想家、文学家，是剥削阶级出身，他们的历史功绩没有得到客观评价。拨乱反正以后，是否还要坚持用阶级分析方法来评价历史人物，成为学术界的一个关注点。对此，学者们作出了肯定的回答。史苏苑在 20 世纪 80 年代出版了关于评价历史人物的专著——《历史人物评价论稿》，他明确指出：个人组成了阶级，所以我们"必须用阶级分析的观点看待一切历史人物"。[②] 他强调，在阶级社会里，一切历史人物都只不过是一定的阶级关系和阶级利益的负担者。要牢牢地把握阶级划分的事实，注意分析历史人物及其思想的阶级实质，指出那些具有普遍性形式的思想。

其次，用阶级分析方法评价历史人物不是贴"阶级标签"。

苏双碧提出分清阶级分析与"阶级标签"的区别。他指出：对帝王将相的评价不能只看其阶级属性。这类历史人物在阶级社会的历史记载中为数最多，身份越高，记载越详。评价他们的历史作用，首先"要看他们所从事的社会活动和政治活动对历史发展是起促进作用还是起促退作用，这是最根本的一条"，因为"所有的帝王将相，都是地主阶级的代表，他们都直接或间接地对农民进行压迫和剥削，这是帝王将相的共性，是他们的阶级地位所决定的"。但是，不能由此就说天下乌鸦一般黑，"那是形而上学的"，要知道阶级地位与历史作用不总是一致的，有时甚至是相反的。[③]

2. 注意历史人物的个人因素

历史人物研究，除了要从时代特点、阶级特点、政治思想、哲学思想

---

① 陈旭麓：《论历史人物评价问题》，新知识出版社，1955，第 19 页。
② 史苏苑：《历史人物评价论稿》，河南人民出版社，1986，第 42 页。
③ 苏双碧：《历史科学的理论和方法》，上海人民出版社，1990，第 250~251 页。

以及政治、经济、军事、文化等方面的活动进行研究以外，也需要注意到影响历史人物的各种个人因素。这种个人因素虽然属于偶然性因素，但若是忽略了这些偶然因素，历史人物的研究就会苍白无力。

在长期以来的历史人物研究中，真正能够注意到历史人物的性格、气质、家庭环境、文化修养、道德水平等个人情况的，是非常少的。这种情况与长期以来人们运用唯物史观指导历史研究的教条主义倾向有关。影响历史人物活动的个人因素并没有得到重视。改革开放以后，随着历史人物研究的逐步深入，有些研究者注意到在研究历史人物时，不仅要分析他们成长时代的政治环境，也应该运用一些现代科学方法，来研究历史人物的不同特点，例如个人性格、文化心理、个人素质等。他们认为，在一些历史事件中，领导人物的性格往往会起到决定性的作用，在一定程度上改变历史的面貌。有的研究者提出，应当具体地剖析历史人物个人生活特点和品质对历史进程所产生的影响。这是因为，历史人物的思想、观点可以在历史进程中发挥重大的作用，他们的知识水平和政治能力是阶级力量对比的一个因素，他们的威望在历史进程中也会起到某些微妙的作用，甚至历史人物年龄变化、心理特征以及其他诸如疾病等因素也都可能成为改变历史某个面貌的某种因素。①

运用唯物史观来研究历史人物、评价历史人物、撰写人物传记，并不是简单地把历史人物放置在唯物史观的理论框架内进行是非善恶的裁判。每个历史人物都生活在一个特定的历史环境中，有他不同于别人的特定的生活道路。每个历史人物都是活生生的人，有自己的性格、修养和道德情操。运用唯物史观来研究历史人物，绝不等于把活生生的人物变成抽象的人物符号。真正的历史学家，就是要在真实地再现历史人物上花大工夫，就是要用历史学家的笔把活生生的历史人物再现出来。

3. 历史人物评价标准的探讨

有一种观点认为，历史人物是千差万别的，所以评价历史人物不应当有什么固定的、统一的标准，应该因人而异、因时而异、因事而异。据此就会导致"多标准论"，实际上就是无标准。多数人认为人物评价应该有一个基本标准，就是要看历史人物在社会生产、人民生活和社会道德方面所起的作用，也就是历史人物在物质文明和精神文明方面所起的作用。

为了使评价历史人物的标准有所突破，有些学者提出了新的方法论原

---

① 余志森：《研究历史人物不可忽视个人特点》，《文汇报》1984 年 10 月 15 日。

则，大致可以归纳为"阶段论""方面论""历史条件论""综合论"等。

"阶段论"认为，简单笼统的评价方法只注意了历史人物在某一事件中的活动性质，而忽略了该人物一生活动的具体发展变化、矛盾及差异，因此主张用"阶段论"的方法以弥补其不足。所谓"阶段论"，不是笼统地谈论历史人物有几分好、几分坏，而是就历史人物的一生大节，根据其历史活动的不同性质，分为不同阶段，结合该人物所处的历史大势及具体时间、地点、条件，逐段去评论其功过是非。[①]

"方面论"认为，从纵的关系上讲，历史人物的活动可能有时间阶段上的变化，这就需要在评价历史人物时采用"阶段论"的方法；从横的关系上讲，历史人物往往具有多重性，诸如英雄与暴君集于一人，才子与纨绔汇集一身，这就需要把历史人物的活动各方面分解开来，实事求是地去评价。既要注意主要方面，也要注意次要方面；既论政治态度，也评学术成就。因此，"方面论"与"阶段论"并用，纵横交错，就可以把历史人物的实际面貌完整地反映出来。[②]

"历史条件论"主张把人物置于当时的历史条件之下来考察。"历史条件论"与"阶段论""方面论"互为前提，相彰为用。"阶段论""方面论"是从历史人物自身出发，从纵横两个方面展现其历史活动的"阶段性"和"多重性"，以通观历史人物之全貌；"历史条件论"则是从历史人物所依存的客观历史条件出发，考察这些历史活动的性质和规律，以通观历史人物之功过是非。前者是历史人物评论的基础和起点，后者是历史人物评论的主旨与归宿。

在这场讨论之后，有学者进一步总结了这些观点，阐明"综合论"的观点。有学者提出：评价历史人物要瞻前顾后，看他的前前后后各个方面，视其实践和思想的发展，进行分期、分阶段、分方面的评价。其中，分阶段评价历史人物是尊重历史发展的时间性，即严格的历史性，用发展的观点看待历史人物，而不以一时一事下定论。有些历史人物，难以划分他们一生的发展阶段，还有些科学家、文学家等，毕生从事某一方面的研究，划分他们一生的生活阶段亦属难事。因此就需要采用分方面来评价的方法。总之，"一切以时间、地点、条件为转移"的辩证方法是评价历史

---

① 降大任：《评价历史人物宜用"阶段论"》，《光明日报》1983 年 6 月 29 日。
② 黄椿：《评价历史人物亦宜用"方面论"》，《光明日报》1983 年 8 月 24 日。

人物的最科学的方法。① 有学者认为历史评价标准有诸多的种类，还存在等级的差别。在这些种类繁多、等级参差的历史评价标准内部，还存在许多矛盾，如历史性与现实性的矛盾、多样性与统一性的矛盾、流变性与稳定性的矛盾、理性与非理性的矛盾、制约性与超越性的矛盾等。由此，"历史评价标准呈现出系统性的特征，即纵向上的动态发展性和横向上的多元整合性"。②

三　新时代历史人物评价方法论的特点

党的十八大以来，习近平总书记在纪念孔子诞辰 2565 周年、马克思诞辰 200 周年、孙中山诞辰 150 周年、毛泽东诞辰 120 周年、邓小平诞辰 110 周年、周恩来诞辰 120 周年、刘少奇诞辰 120 周年等座谈会上发表了系列讲话，运用历史唯物主义理论深刻阐述了这些重要历史人物产生的社会背景，充分肯定了他们对社会历史作出的贡献，阐明了他们的思想和社会实践的时代价值，同时论述了这些人物之所以成为伟大人物的个人因素。这些论述，凸显了历史唯物主义在评价历史人物上的方法论价值。

（一）时代造就伟大人物，伟大人物又影响时代

"时代造就伟大人物，伟大人物又影响时代。"③ 这是习近平总书记 2016 年在纪念孙中山先生诞辰 150 周年大会上的讲话中提出的评价历史人物的一个重要的方法论原则。这个原则不仅可用于评价孙中山先生，也可用于评价所有伟大人物。在人类社会发展的历史上，在中华民族发展的历史上，在中国民主革命和社会主义革命和建设的历史上，在改革开放的历史进程中，每一个重要的节点上都会出现一些引领时代前行的人物，他们对人类历史发展的贡献，对中华民族历史发展的贡献，永远值得当代中国人民怀念。

马克思主义者要承认在历史发展中所产生的诸多的伟大人物的存在，充分肯定这些伟大人物曾经起到的历史作用以及对当今社会的影响。

在讲到孔子的时候，习近平说："孔子创立的儒家学说以及在此基础

---

① 简修炜：《关于历史人物评价的几个理论问题》，《史学月刊》1987 年第 3 期。
② 邓京力：《关于历史评价标准的反思》，《史学月刊》1999 年第 3 期。
③ 习近平：《在纪念孙中山先生诞辰 150 周年大会上的讲话》（2016 年 11 月 11 日），人民出版社，2016，第 1 页。

上发展起来的儒家思想，对中华文明产生了深刻影响，是中国传统文化的重要组成部分。"①

在马克思诞辰 200 周年的时刻，习近平指出："马克思是全世界无产阶级和劳动人民的革命导师，是马克思主义的主要创始人，是马克思主义政党的缔造者和国际共产主义的开创者，是近代以来最伟大的思想家。"②习近平指出："孙中山先生是伟大的民族英雄、伟大的爱国主义者、中国民主革命的伟大先驱，一生以革命为己任，立志救国救民，为中华民族作出了彪炳史册的贡献。"③他说："毛泽东同志是伟大的马克思主义者，伟大的无产阶级革命家、战略家、理论家，是马克思主义中国化的伟大开拓者，是近代以来中国伟大的爱国者和民族英雄，是党的第一代中央领导集体的核心，是领导中国人民彻底改变自己命运和国家面貌的一代伟人。"④他说："邓小平同志是全党全军全国各族人民公认的享有崇高威望的卓越领导人，伟大的马克思主义者，伟大的无产阶级革命家、政治家、军事家、外交家，久经考验的共产主义战士，中国社会主义改革开放和现代化建设的总设计师，中国特色社会主义道路的开创者，邓小平理论的主要创立者。"⑤习近平指出，"周恩来同志是伟大的马克思主义者，伟大的无产阶级革命家、政治家、军事家、外交家，党和国家主要领导人之一，中国人民解放军主要创建人之一，中华人民共和国的开国元勋，是以毛泽东同志为核心的党的第一代中央领导集体的重要成员"。⑥同样，"刘少奇同志是伟大的马克思主义者，伟大的无产阶级革命家、政治家、理论家，党和国家主要领导人之一，中华人民共和国开国元勋，是党的第一代中央领导

---

① 习近平：《在纪念孔子诞辰 2565 周年国际学术研讨会暨国际儒学联合会第五届会员大会开幕会上的讲话》（2014 年 9 月 24 日），人民出版社，2014，第 4 页。
② 习近平：《在纪念马克思诞辰二百周年大会上的讲话》（2018 年 5 月 4 日），《论中国共产党历史》，中央文献出版社，2021，第 193 页。
③ 习近平：《在纪念孙中山先生诞辰 150 周年大会上的讲话》（2016 年 11 月 11 日），人民出版社，2016，第 1 页。
④ 习近平：《在纪念毛泽东同志诞辰 120 周年座谈会上的讲话》（2013 年 12 月 26 日），人民出版社，2013，第 1 页。
⑤ 习近平：《在纪念邓小平同志诞辰一百一十周年座谈会上的讲话》（2014 年 8 月 20 日），《论中国共产党历史》，中央文献出版社，2021，第 73 页。
⑥ 习近平：《在纪念周恩来同志诞辰 120 周年座谈会上的讲话》（2018 年 3 月 1 日），人民出版社，2018，第 1~2 页。

集体的重要成员"。①

这些评价表明，马克思主义者是承认伟大人物的历史作用的，不能用历史虚无主义的态度对待伟大历史人物，他们都是那个时代的产物，他们的历史活动影响了那个时代的历史发展，同时他们的光辉思想在今天还有巨大影响，值得我们学习和敬仰。

（二）把历史人物放在其所处时代和社会的历史条件下去分析

习近平同志在纪念毛泽东同志诞辰120周年座谈会上的讲话中指出：

> 对历史人物的评价，应该放在其所处时代和社会的历史条件下去分析，不能离开对历史条件、历史过程的全面认识和对历史规律的科学把握，不能忽略历史必然性和历史偶然性的关系。不能把历史顺境中的成功简单归功于个人，也不能把历史逆境中的挫折简单归咎于个人。不能用今天的时代条件、发展水平、认识水平去衡量和要求前人，不能苛求前人干出只有后人才能干出的业绩来。②

习近平的这些论述，体现了历史唯物主义评价历史人物的基本要求。

为什么世界近代历史上会出现马克思这样的伟大人物，由于他的出现，全世界的无产阶级找到了历史发展的方向，而资产阶级则感到极大的恐惧。1818年5月5日，马克思诞生在德国特里尔城的一个律师家庭。那时的欧洲，经过1640年的英国资产阶级革命、1789年的法国大革命，资产阶级已经登上历史的舞台。17~18世纪的工业革命促进了资本主义的发展。资本主义社会的矛盾导致了19世纪40年代工人运动的爆发。早在中学时代，马克思就树立了为人类幸福而工作的志向；大学时代，他广泛钻研哲学、历史学、法学等知识，探寻人类社会发展的奥秘；在《莱茵报》工作期间，他犀利抨击普鲁士政府的专制统治，维护人民权利。1843年移居巴黎后，马克思积极参与工人运动，在革命实践和理论探索的结合中完成了从唯心主义到唯物主义、从革命民主主义到共产主义的转变。1845

① 习近平：《在纪念刘少奇同志诞辰120周年座谈会上的讲话》（2018年11月23日），人民出版社，2018，第1~2页。
② 习近平：《在纪念毛泽东同志诞辰一百二十周年座谈会上的讲话》（2013年12月26日），《论中国共产党历史》，中央文献出版社，2021，第56~57页。

年，马克思和恩格斯合作撰写了《德意志意识形态》，第一次比较系统地阐述了历史唯物主义基本原理。1848年，马克思和恩格斯合作撰写了《共产党宣言》，该书一经问世就震动了世界。恩格斯说，《共产党宣言》是"全部社会主义文献中传播最广和最具有国际性的著作，是从西伯利亚到加利福尼亚的千百万工人公认的共同纲领"。1848年，席卷欧洲的资产阶级民主革命爆发，马克思积极投入并指导革命斗争。在革命失败后，马克思深刻总结革命教训，力求通过系统研究政治经济学，揭示资本主义的本质和规律。1867年问世的《资本论》是马克思最厚重、最丰富的著作，被誉为"工人阶级的圣经"。因此可以看出，马克思的一生是与他那个时代的历史紧紧联系在一起的。没有19世纪欧洲的历史环境，就没有马克思主义的诞生。

　　同样，孙中山这样的伟大人物出现在中国也是有其历史条件的。150年前孙中山先生出生时，中国正遭受帝国主义列强的野蛮侵略和封建专制制度的腐朽统治，战乱频发，民生凋敝，中华民族陷入内忧外患的灾难深渊，中国人民处于水深火热的悲惨境地。在那个风雨如晦的年代，中华民族从未屈服，无数仁人志士前仆后继，探求救国救民的道路，进行可歌可泣的抗争。孙中山先生就是他们中的杰出代表。青年时代，孙中山先生目睹山河破碎、生灵涂炭，誓言"亟拯斯民于水火，切扶大厦之将倾"，高扬反对封建专制统治的旗帜，毅然投身民主革命事业。他创立兴中会、同盟会，提出民族、民权、民生的三民主义，积极传播革命思想，广泛联合革命力量，连续发动武装起义，为推进民主革命四处奔走、大声疾呼。1911年，在他的领导和影响下，震惊世界的辛亥革命取得成功，推翻了清王朝统治，结束了统治中国几千年的君主专制制度。

　　习近平指出，毛泽东、周恩来、刘少奇、邓小平等老一辈无产阶级革命家，都是从近代以来中国历史发展的时势中产生的伟大人物，都是从近代以来中国人民抵御外敌入侵、反抗民族压迫和阶级压迫的艰苦卓绝斗争中产生的伟大人物，都是走在中华民族和世界进步潮流前列的伟大人物。1840年鸦片战争以后，在西方列强坚船利炮的轰击下，中国危机四起、人民苦难深重，陷入半殖民地半封建社会的黑暗深渊。无数仁人志士前仆后继、不懈探索，寻找救国救民道路，太平天国运动、戊戌变法、义和团运动、辛亥革命接连而起，但农民起义、君主立宪、资产阶级共和制等种种救国方案都相继失败了。战乱频仍，民生凋敝，丧权辱国，成了旧中国长期无法消除的病疴。

十月革命一声炮响，给中国送来了马克思列宁主义。从纷然杂陈的各种观点和路径中，经过反复比较和鉴别，毛泽东等老一辈无产阶级革命家毅然选择了马克思列宁主义，选择了为实现共产主义而奋斗的崇高理想。在此后的革命生涯中，不管是"倒海翻江卷巨澜"，还是"雄关漫道真如铁"，他们都矢志不渝、执着追求。马克思列宁主义，为中国人民点亮了前进的灯塔；1921年中国共产党的成立，使中国人民有了前进的主心骨。从这时起，他们为党的事业奋斗了自己的一生。

（三）伟大人物之所以伟大有其个人因素

习近平在这些讲话中也强调了这些伟大人物之所以伟大，有着他们的个人因素。他说："伟大的事业之所以伟大，不仅因为这种事业是正义的、宏大的，而且因为这种事业不是一帆风顺的。伟大的人物之所以伟大，不仅因为这样的人物为人民、为民族、为人类建立了丰功伟绩，而且因为这样的人物在艰苦磨砺中铸就了坚强意志和高尚人格。"[1]

首先，习近平指出，这些伟大人物从他们年轻时代起，就立下了为人类正义事业而奋斗的宏伟志向。例如，马克思的一生，是胸怀崇高理想、为人类解放不懈奋斗的一生。1835年，17岁的马克思在他的高中毕业作文《青年在选择职业时的考虑》中这样写道："如果我们选择了最能为人类而工作的职业，那么，重担就不能把我们压倒，因为这是为大家作出的牺牲；那时我们所享受的就不是可怜的、有限的、自私的乐趣，我们的幸福将属于千百万人，我们的事业将悄然无声地存在下去，但是它会永远发挥作用，而面对我们的骨灰，高尚的人们将洒下热泪。"[2]

同样，"毛泽东同志在青年时期就立下拯救民族于危难的远大志向。1919年，毛泽东同志在《〈湘江评论〉创刊宣言》中写道：'时机到了！世界的大潮卷得更急了！洞庭湖的闸门动了，且开了！浩浩荡荡的新思潮业已奔腾澎湃于湘江两岸了！顺他的生，逆他的死。'"[3] 年轻的毛泽东同志，"书生意气，挥斥方遒。指点江山，激扬文字"，既有"问苍茫大地，

---

[1] 习近平：《在纪念孙中山先生诞辰150周年大会上的讲话》（2016年11月11日），人民出版社，2016，第9页。

[2] 习近平：《在纪念马克思诞辰二百周年大会上的讲话》（2018年5月4日），《论中国共产党历史》，中央文献出版社，2021，194~195页。

[3] 习近平：《在纪念毛泽东同志诞辰120周年座谈会上的讲话》（2013年12月26日），人民出版社，第3页。

谁主沉浮"的仰天长问，又有"到中流击水，浪遏飞舟"的浩然壮气。

其次，这些人物在革命斗争中铸就了高尚的人格和百折不挠的坚强意志。

习近平说，马克思一生颠沛流离、饱尝艰辛、贫病交加，但他初心不改、矢志不渝，为人类解放的崇高理想而不懈奋斗，成就了伟大人生。马克思的一生，是不畏艰难险阻、为追求真理而勇攀思想高峰的一生。马克思曾经写道："在科学上没有平坦的大道，只有不畏劳苦沿着陡峭山路攀登的人，才有希望达到光辉的顶点。"[1] 马克思为创立科学理论体系，付出了常人难以想象的艰辛，最终达到了光辉的顶点。他博览群书、广泛涉猎，不仅深入了解和研究哲学社会科学各个学科知识，而且深入了解和研究各种自然科学知识，努力从人类创造的一切文明成果中汲取养料。马克思毕生忘我工作，经常每天工作 16 个小时。马克思在给友人的信中谈到，为了《资本论》的写作，"我一直在坟墓的边缘徘徊。因此，我不得不利用我还能工作的每时每刻来完成我的著作"。[2] 即使在多病的晚年，马克思仍然不断迈向新的科学领域和目标，写下了数量庞大的历史学、人类学、数学等学科笔记。

习近平高度赞扬毛泽东在长期革命斗争中形成的伟大人格。他说："在为中国人民不懈奋斗的光辉一生中，毛泽东同志表现出一个伟大革命领袖高瞻远瞩的政治远见、坚定不移的革命信念、勇于开拓的非凡魄力、炉火纯青的斗争艺术、杰出高超的领导才能。他思想博大深邃、胸怀坦荡宽广，文韬武略兼备、领导艺术高超，心系人民群众、终生艰苦奋斗，为中华民族和中国人民建立了不朽功勋。"[3]

（四）历史地看待个人的缺点和局限

一方面，伟大人物都是他所处的那个时代的产物，是他所处的时代的阶级关系的产物；另一方面，伟大人物也是人，所以必然要有他个人的局限性。毛泽东在 1956 年纪念孙中山诞辰 90 周年的文章中说："像很多站在正面指导时代潮流的伟大历史人物大都有他们的缺点一样，孙先生也有他的缺点

① 习近平：《在纪念马克思诞辰二百周年大会上的讲话》（2018 年 5 月 4 日），《论中国共产党历史》，中央文献出版社，2021，第 195 页。
② 习近平：《在纪念马克思诞辰二百周年大会上的讲话》（2018 年 5 月 4 日），《论中国共产党历史》，中央文献出版社，2021，第 195 页。
③ 习近平：《在纪念毛泽东同志诞辰 120 周年座谈会上的讲话》（2013 年 12 月 26 日），人民出版社，2013，第 9~10 页。

方面。这是要从历史条件加以说明，使人理解，不可以苛求于前人的。"①

毛泽东所提出的这个评价历史人物的方法论，也适用于几十年后的人们评价他自己。习近平在论述毛泽东的历史功过时说："不能否认，毛泽东同志在社会主义建设道路的探索中走过弯路，他在晚年特别是在'文化大革命'中犯了严重错误。对毛泽东同志的历史功过，党的十一届六中全会作出的《关于建国以来党的若干历史问题的决议》进行了全面评价。邓小平同志说，毛泽东同志的功绩是第一位的，他的错误是第二位的，他的错误在于违反了他自己正确的东西，是一个伟大的革命家、伟大的马克思主义者所犯的错误。"② 习近平还说："在中国这样的社会历史条件下建设社会主义，没有先例，犹如攀登一座人迹未至的高山，一切攀登者都要披荆斩棘、开通道路。毛泽东同志晚年的错误有其主观因素和个人责任，还在于复杂的国内国际的社会历史原因，应该全面、历史、辩证地看待和分析。"③

习近平同志在纪念这些伟大历史人物的讲话中，以马克思主义的历史唯物主义为指导，深刻地揭示了这些伟大人物产生的历史条件，阐明他们之所以伟大的个人因素，充分肯定了他们在历史发展中曾经起到的作用，特别深刻地论述了在全党、全国人民为实现中华民族伟大复兴的历史时期，这些伟大历史人物的伟大精神仍然在照射着我们前进的道路，为我们指引前进的方向。这些伟大历史人物的伟大精神和崇高品德必然是今天创造历史的亿万人民不可或缺的巨大精神财富。而习近平同志在评价伟大历史人物时所运用的科学方法论，必将成为我们学习和运用历史唯物主义理论的一个典范。"时代造就伟大人物，伟大人物又影响时代"，就是这种方法论的结论，是值得我们学习领会并且在对历史人物的研究中运用的。

中国马克思主义史学百年来的发展告诉我们：深入学习唯物史观关于个人在历史上的作用的思想，深入挖掘中国古代史学在记载和评价历史人物方面的优秀遗产，总结中国马克思主义史学在历史人物研究方面的丰富经验，在新时代中国特色马克思主义理论的指引下，中国史学对于历史人物特别是重要历史人物的研究，一定会取得新的、更大的成果。

---

① 《毛泽东文集》第 7 卷，人民出版社，1999，第 157 页。

② 习近平：《在纪念毛泽东同志诞辰 120 周年座谈会上的讲话》（2013 年 12 月 26 日），人民出版社，2013，第 11 页。

③ 习近平：《在纪念毛泽东同志诞辰 120 周年座谈会上的讲话》（2013 年 12 月 26 日），人民出版社，2013，第 11 页。

新世纪以来的史学理论与史学史研究

——基于《史学月刊》的分析

李　恒　史珮琪

（河南大学历史文化学院，河南，开封　475001）

摘　要： 中国史学自19世纪后期以来，随着军事、政治、经济等全面失败而被裹挟到以西方为中心的世界秩序之中，在西方的话语体系内艰难挣扎。19世纪末20世纪初，以梁启超等为代表的中国史学界巨擘，振臂高呼，推动中国史学向新史学转型。这种努力在20世纪50年代以后开始明显加速，并且主要表现为马克思主义史学的繁荣和发展。直到21世纪，尤其是新时代以来，中国史学发展紧扣时代脉搏，彰显时代特色，在马克思主义史学的深入研究、当代中国史学研究的范式转换、史学基本特性的回归、互联网与数据库对史学研究的推动、中华文明与中国古代国家的起源、后现代主义史学对传统史学的挑战等重要问题上都取得了丰硕的成果，促进了中国史学理论与史学史的发展，并在构建具有中国特色的学术话语体系中发挥了积极作用。

关键词： 中国史学　话语体系　史学理论与史学史　《史学月刊》

《史学月刊》原名《新史学通讯》，创办于1951年1月。创办者高举"新史学"的大旗，在国内期刊界第一个旗帜鲜明地大力宣传"新史学"，率先推进史学研究的范式革新。创办者所打出的"新史学"旗号，实际上就是马克思主义史学。这成为《史学月刊》刻在骨子里的印记，砥砺沧桑，历久弥新。2021年，《史学月刊》编辑部召开"70年来史学研究范式的变迁"学术研讨会，百余位专家学者和媒体朋友聚首开封，总结 70 年来中国史学研究范式的历史变迁。① 21 世纪以来，《史学月刊》很好地回应了国家提出的话语体系建设要求，为构建中国特色哲学社会科学学科体系、学术体系、话语体系，增强我国哲学社会科学国际影响力作出了贡献。"如果把《史学月刊》置于当代中国史学发展的视域内来认识的话，它就是当代中国史学发展演变的一个缩影，就是一部别具特色的史学史。"②

笔者以 21 世纪以来《史学月刊》所刊发的史学理论与史学史文章为基本素材，管中窥豹，尝试勾勒 20 余年来中国史学理论与史学史研究的主要问题，总结该领域的基本发展情况。

一 马克思主义史学的深耕与掘进

《新史学通讯》的创办者，嵇文甫、郭晓棠、黄元起等早年都有参加革命的经历，较早地接受了马克思主义理论。新中国成立之初，百废待兴，史学研究当然也要推陈出新。作为史学工作者，他们创办了《新史学通讯》，以此为阵地，肩负起在新中国史学界传播马克思主义理论、深化马克思主义史学的庄严使命。历经风雨，《史学月刊》一直高举马克思主义史学的大旗，这是深植于刊物血液之中的显性基因。

（一）深刻介入当代马克思主义史学的讨论

自 2000 年以来，中国马克思主义史学发展历程中的标志性文章，莫过于中国社会科学院近代史研究所蒋大椿研究员的《当代中国史学思潮与马克思主义历史观的发展》。③ 该文开启了在 21 世纪研究唯物史观的新阶段，其后相关研究和讨论文章陆续见诸各大报刊，余音绕梁，其中迅速与蒋大椿先生展开深度对话和探讨的无疑是庞卓恒先生与吴英合作的文章。④

---

① 赵广军、王煜皓：《70 年来史学研究范式的变迁——"〈史学月刊〉创刊 70 周年纪念暨第四届学术期刊历史学编辑论坛"综述》，《史学月刊》2022 年第 2 期，第 124~126 页。
② 王记录：《新世纪以来〈史学月刊〉的专题"笔谈"与史学发展》，郭常英主编《坚守与求新：纪念〈史学月刊〉创刊 65 周年》，河南大学出版社，2016，第 134 页。
③ 蒋大椿：《当代中国史学思潮与马克思主义历史观的发展》，《历史研究》2001 年第 4 期，第 3~21 页。
④ 吴英、庞卓恒：《弘扬唯物史观的科学理性——与蒋大椿先生商榷》，《历史研究》2002 年第 1 期，第 3~21 页。

　　《史学月刊》有幸参与了21世纪初蒋大椿先生与庞卓恒先生的那场唯物史观的讨论，先后刊发了两篇评论性文章。2003年，当时还是华中师范大学硕士研究生的张立达分析了两位先生论战的根本原因，认为他们在"物质""意识"两个最基本概念的理解上产生了分歧："两个概念内涵的模糊性必然会导致它们关系的模糊性，蒋、庞二位的分歧正是这种模糊性的表现。"① 张立达认为，尽管两位先生在唯物史观的基本概念和观点上存在分歧，但是他们都强调人的活动才是历史的中心，物质资料的生产是历史的基础，而这是唯物史观的根本所在。张立达建议："结合这两种眼光，兼顾抽象与具体，开展历史观与历史学的对话以及跨学科的理论吸收，建构中介层次的社会有机体理论，作为唯物史观新的增长点。"② 2004年，河南大学周祥森发表评论性文章，基本涉及了蒋大椿先生大作发表之后的所有回应文章，并对其中的观点进行了评论。此文是一篇体大虑周的综合性评论文章，不仅从逻辑上梳理了争论的焦点所在，而且从整体上对它们进行剖析，深刻阐释了唯物史观的基本内涵，推动了学界对于马克思主义史学的思考和研究。周祥森认为："在史学评论方法上，现有的评论大多不同程度地存在着向壁虚造评论对象的问题。"③

　　蒋先生的文章以及庞先生与吴英合著的文章对于21世纪之初的中国理论界产生了积极的影响：一方面打破了自20世纪80年代史学理论热以来十余年的沉闷状态，活跃了学术空气，刺激了人们研究马克思主义历史哲学的理论兴趣；另一方面燃起了人们在全新的时代语境和社会需求的前提下认真研读经典作家文本、重新学习马克思主义理论的热情。

（二）积极推动马克思主义史学全面发展

　　唯物史观必将得到发展，这是由马克思主义历史观与时俱进的实践品质所决定的，也是由人类社会历史运动本身所决定了的。那么，那些习惯抱守传统观念的人们，是墨守成规，继续自己优哉游哉的"快乐"生活，还是与时俱进，通过艰苦的、扎实有效的理论研究工作，在马克思主义的地

① 张立达：《评蒋大椿和吴英、庞卓恒围绕唯物史观的理论争鸣》，《史学月刊》2003年第3期，第6页。
② 张立达：《评蒋大椿和吴英、庞卓恒围绕唯物史观的理论争鸣》，《史学月刊》2003年第3期，第5页。
③ 周祥森：《客观世界与文本世界的交锋——对新理论形态的马克思主义历史观评论的评论》，《史学月刊》2004年第3期，第87页。

基上建构新的理论大厦？笔者以为，直到今天，我们仍然面临这个问题。在新的世纪，在新的时期，中国的史学从业者们必须做出自己的选择！

《史学月刊》以自己的担当，一直植根于马克思主义史学研究领域，刊发马克思主义史学研究成果，推动马克思主义史学研究的不断深入。自2000年以来，《史学月刊》刊发了大量马克思主义史学的研究成果，仅以2004年为例，这一年几乎每一期都刊发有关马克思主义史学的论文。① 从中我们可以看出，有的是纯粹的唯物史观阐释，有的讨论唯物史观在中国及世界范围内的传播与发展，有的以唯物史观为指导对中国传统史学理论进行研究，有的则是将唯物史观与当时的研究热点结合，等等。学者们从各自不同的研究领域共同推进了21世纪以来中国马克思主义史学的发展与繁荣，尤其是在2022年第7期以及2023年第11期推出的"当代马克思主义史学"两组笔谈，在学界产生了良好的反响。

（三）努力构建中国自己的马克思主义史学研究话语

世纪之交，首都师范大学邹兆辰和江湄就马克思主义史学的历史发展这个主题，对林甘泉研究员进行了访谈。在这篇访谈中，林甘泉全面总结了中华人民共和国成立50年来马克思主义史学研究所取得的成绩，提出要科学地看待社会经济形态理论的价值，提倡不同学术思想的学者在相互尊重的前提下开展百家争鸣，注重研究方法的多样化，坚持实证研究。如此，我们有可能在21世纪培养出真正的史学大师。林先生说："马克思主义传入中国以后，开创了中国历史研究的新局面。特别是中华人民共和国成立以后，在马克思主义理论的指导下，历史学所取得的成绩是巨大的。"②

而今，20多年过去了，中国的学者在马克思主义史学园地不断深耕与掘进，成果不一而足。若是考察2000~2022年这个时间段，我们就会发现，《史学月刊》所刊发的这些文章，不论是对经典文本的解读，从宏观层面展开的思考，还是对具体概念的剖析，从微观层面展开的研究，几乎涉及了马克思主义史学发展的方方面面。"这些文章大体涉及有关史学流派与史学实践的演进、史学理论方法与学术形成机制等问题，试图廓清全

---

① 限于篇幅，这里不一一列举，感兴趣的读者可以自行查阅《史学月刊》2004年第12期刊登的当年发文目录。

② 邹兆辰、江湄：《正确看待马克思主义史学的历史发展——访林甘泉研究员》，《史学月刊》2000年第1期，第6页。

球马克思主义史学发展的演进路径、主题领域和思想自信，最终从根本上有助于建设中国马克思主义史学的精神家园，助力提升中国的学术话语权、文化软实力及国际影响力。"①

今天的中国，在各方面所取得的成就令世人惊叹，这只能用奇迹来概括，但是中华人民共和国在意识形态领域所面临的挑战和危机不减当年，我们需要进一步推进马克思主义的研究，这是时代的需要，也是当代学者的历史使命。

二　史学研究范式的转换与理论创新

学术研究的生命在于创新，一般体现在材料、观点和方法三个方面。在推动史学研究范式转换和理论创新方面，《史学月刊》一直在探索。"新史学"是《史学月刊》办刊的基本方向，当时的新史学就是马克思主义史学。在办刊过程中，编辑部鼓励和提倡在历史研究中自觉地运用唯物史观的基本原理，更多地关注劳动人民在历史发展中的作用和贡献，这就是一种新的史学研究范式。

2001年，时任主编李振宏借"《史学月刊》创刊50周年笔谈"组稿之机，在新旧世纪赓续的时间节点上，阐发了自己对新史学的认识。李振宏认为："21世纪新史学，应该在史学研究的理论方法论上有重大的发展和突破，提倡大胆尝试新的研究方法，实现研究方法和手段的丰富、充实和改造。""21世纪新史学，应该拓展研究视野，开辟新的研究领域，打破传统的选题思路，将史学研究的触角延伸到历史的各个层面和各个领域。""21世纪新史学，应该以博大的胸怀，欢迎非专业的学者加入到史学研究中来。""21世纪新史学，应该不再拘泥于著作形式的传统模式，使其在体例、结构、语言风格等方面，变得更活泼，更生动，更具有文采。""21世纪新史学，应该提倡宽容精神，欢迎不同学派的对立和争鸣。"② 这是李振宏作为一个历史学家对史学创新的理解，也可以看作《史学月刊》编辑部在21世纪的宣言，是一份新的"发刊词"和"倡议书"，期待中国史学在21世纪能够继往开来，努力推出更多、更有价值的学术成果。

---

① 《史学月刊》编辑部：《"当代马克思主义史学"笔谈·编者按》，《史学月刊》2022年第7期，第5页。

② 《史学月刊》编辑部：《总结过去，开辟未来，为建设21世纪新史学而奋斗》，《史学月刊》2001年第1期，第6~8页。

21 世纪以来，《史学月刊》更是致力于中国的史学繁荣、理论创新和具有中国特色的话语体系建设，在这个方面的努力已经被学界认可。《史学月刊》在国内期刊界率先开辟"电脑与史学应用"专栏，推出专题论文讨论计算机和因特网的介入对史学研究可能带来的影响。路振光以自己上网查阅史料的实际经验为基础，对因特网上的史学信息和资源进行了粗略的描述，展示了网上史学信息的分类情况，介绍了获取网上信息的三种有效途径；① 程美宝从电子族谱的角度探讨数码时代在万维网衍生的历史叙述的建构过程，以及其有可能产生的社会和心理后果；② 刘伟和胡海香介绍了有关《史记》的电子资源，并对电子版《史记》中存在的问题进行了分析；③ 金观涛与刘青峰在新旧世纪之交开始运用数据库的方法进行中国近现代思想史研究，他们认为数据库方法不仅可以为观念史研究提供更准确的基础，还可以对以往某些公认的观点作出修正或质疑。④

由《史学月刊》编辑部和南开大学历史学院共同举办的首届"新史学青年论坛：大数据时代的史料和史学"于 2016 年 11 月在南开大学召开。在当今大数据时代，利用计算机、互联网以及大型数据库获取史料越来越便捷，为史学研究提供了丰富的学术宝藏，在一定范围内"穷尽"史料也可能实现。因此，史学研究所面临的主要问题，已不再是辛苦爬梳寻找史料，而是如何利用技术手段，科学鉴别、筛选和分析史料，从占有史料到驾驭史料，既需要知识更需要见识，融会贯通，扎实的学术功底显得尤为重要。这是当代史学研究遇到的新问题，应该给予足够的关注。

研究范式的变革可由多种因素开启，新材料的发现可遇而不可求，所以学者们更多地从理论和方法上进行突破，尝试从新的论域和角度观照已有的材料，从而得出新的结论。这一点可以从 21 世纪以来《史学月刊》组织的笔谈主题得到印证。《史学月刊》历来重视对研究理论和方法的总结和反思，21 世纪以来，围绕这个大的主题先后组织了多次笔谈，从各个方面进行探讨，同时，也可以将赵梅春的文章作为旁证。赵梅春总结了新中国成立 70 年来中国史学史研究范式的变迁，她在文中提出，新中国

---

① 路振光：《因特网上史学信息资源粗探》，《史学月刊》1999 年第 4 期，第 2 页。
② 程美宝：《数字时代的历史事实建构——以电子族谱编撰为例》，《史学月刊》2001 年第 5 期，第 128 页。
③ 刘伟、胡海香：《〈史记〉电子资源述评》，《史学月刊》2003 年第 10 期，第 93～97 页。
④ 金观涛、刘青峰：《中国近现代观念起源研究和数据库方法》，《史学月刊》2005 年第 5 期，第 89 页。

"成立70年来的中国史学史研究，经过艰难的探索，实现了从20世纪三四十年代梁启超'史学史的做法'到以'两个重大问题'为中心的研究范式的转换"，推动了中国史学史研究的飞跃式发展。20世纪八九十年代，互联网时代的"中国史学史研究的再出发"推动了新的史学史研究范式的形成。①

与此同时，我们也注意到问题的另一个方面，即不能盲目地为了创新而创新。黄敏兰曾经讨论学术转型与理论创新问题，提出了"改造/创新论"："你可以不理睬旧专题，也可以否定那些命题，但是你不可能回避它们背后的理论体系。要实现中国历史学的学术转型，当然不可能绕开这个历史解释系统。由于它在传统史学中有着极为重要的地位和十分关键的作用，中国历史学应该，而且必须将改造这一系统作为史学转型的突破口。根据笔者的初步探索，中国史学也完全有可能将这些旧课题改造成为新课题。"② 黄敏兰立足当下国情和研究现状，瞩目如何做出具有特色的学术成果，她强调："当前创建新课题应注重原创性和独创性，不能仍像过去那样，一味地跟在外国人后面亦步亦趋。人家现代化，我们也现代化；人家后现代，我们也赶紧后现代；人家研究市民社会，我们也拼命寻找中国有无市民社会。中国历史学应当有自己民族原创性的东西。"③

早在2002年8月，关心中国史学发展的部分学者云集北京，就"中国需要什么样的新史学"展开讨论。会议云集了文学、史学、哲学、法学、政治学、社会学、人类学、经济学、宗教学九大学科的学者，会后出版了由杨念群等主编的《新史学——多学科对话的图景》，称这是"一部中国史学界首次多学科交叉研讨会的全景记录"。④《史学月刊》有幸参与了这次会议，并开辟专栏对此展开讨论。黄敏兰的文章就是其中之一。笔者注意到，这次会议后，以"范式"之名产出的研究成果不胜枚举。不论范式如何转换，史学研究都离不开历史学的基本特性，都离不开对历史意义的追寻。黄敏兰指出："中国需要什么样的新史学？新史学之新，就在于要

① 赵梅春：《70年来中国史学史研究范式的变迁》，《郑州大学学报》（哲学社会科学版）2020年第2期，第91页。

② 黄敏兰：《当代中国历史学的学术转型与创新——试论旧课题的改造和新课题的建立》，《史学月刊》2005年第5期，第80页。

③ 黄敏兰：《当代中国历史学的学术转型与创新——试论旧课题的改造和新课题的建立》，《史学月刊》2005年第5期，第88页。

④ 杨念群等主编《新史学——多学科对话的图景》，中国人民大学出版社，2003。

发现历史的真意义。"① 这篇文章在世纪之交时刊出，后来被收入《黄敏兰史学文集》出版，② 这本身就说明它对今天的学者仍有重要的方法论意义。

三　史学基本特性的回归与凸显：实证与叙事

迈克尔·罗斯（Michael Roth）在评述安克斯密特所提出的历史经验理论时曾说，这一理论提出的背景是在大约十年前宏伟的语言大潮消退的时候，理论家得以眺望曾经被语言所覆盖的沙滩，去瞅瞅有什么值得拯救。③ 那么，在不断的范式转换和理论创新之后，在史学研究被西方的理论一遍又一遍地冲刷之后，我们的史学研究应该坚守的是什么？我们的史学阵地是否要成为西方理论和研究范式的演练场，如同鸦片战争时一样，看着西方的坚船利炮耀武扬威，然后，再来一个"师夷长技以制夷"？近代以来的中国在这个问题上有着深刻的历史教训，我们不能重蹈历史的覆辙。我们所能做的，只有立足自身的传统，坚守史学研究的初心，开拓进取，不断创新。唯有建设具有中国特色的学术话语体系，我们的学术研究方能在当今世界的软实力竞争中占据一席之地。

中国是一个史学大国，享誉中外的二十四史足以自傲。这些成果的取得，有赖于历朝历代政府和学人对往事的记录和保存，为我们留下了丰厚的史学遗产，它们成为珍贵的史料，是我们进行历史研究和历史撰述的基础。历史学是一门实证科学，以具体的史实来重建已经消逝的过去。这一点早就被古往今来的史学家认可，从兰克的"如实直书"到傅斯年的"史学即史料学"，他们都强调只有运用真实的史料，才能还历史以确切的面貌。今天国家对中学历史教学明确提出了五大核心素养的教学指向，其中就有史料实证："对获取的史料进行辨析，并运用可信的史料努力重现历史真实的态度和方法。历史过程是不可逆的，认识历史只能通过现存的史料，要形成对历史的正确、客观的认识，必须重视史料的搜集、整理和辨析，去伪存真。"④

---

① 黄敏兰：《当代中国历史学的学术转型与创新——试论旧课题的改造和新课题的建立》，《史学月刊》2005 年第 5 期，第 80 页。
② 左玉河主编《黄敏兰史学文集》，社会科学文献出版社，2021。
③ Michael Roth, "Ebb Tide", in *History and Theory*, Vol. 46, 2007, p. 66.
④ 中华人民共和国教育部制定《普通高中历史课程标准（2017 年版 2020 年修订）》，人民教育出版社，2017，第 5 页。

实证是历史学研究的基本方法，在两千多年的中外史学发展史上从未缺席，只是在不同历史时期表现不同。几乎在所有的史学发展历程中，实证都是历史研究的基本方法，都是构成史学作品的基本骨架，潜藏于史学论著的有机体之内。以刚刚过去的 20 世纪为例，江湄说："与当代史学确定无疑地将重心置于'实证'的同时，史学学者又借用西方历史哲学的思想资源对'实证'观念进行了持续深入的检讨和批判，这种检讨和批判已构成当代史学发展的一股重要动力。"[1] 侯云灏说："中国 20 世纪共经历了四次实证史学思潮：世纪初的'为历史而治历史'思潮，二三十年代的'把历史学语言学建设得和地质学、生物学等同样'的新历史考证学，80 年代初的'回到乾嘉时代'，90 年代的'振兴国学'与'南北二陈'。"[2] 在文章的结尾，侯云灏又指出："当历史学随着自然科学和各种社会科学交叉渗透、不断发展之后，实证史学显然已经不能适应这种日益发展的新形势，而不得不退出历史舞台。"[3] 这里所说的实证史学是指在西方实证史学思想影响下，以传统考据史学为基础的新考证史学。作为一个史学流派的实证主义史学可能会退出历史舞台，但是，作为史学基本内核的实证却会与史学相伴始终。

实证依赖于史料，史料并不能自动构成有意义的历史文本，让读者明白过去所发生的事情。要想重建过去，就需要对史料进行编排和整理，也就是叙述历史，或曰历史叙事。叙事其实是自希罗多德和修昔底德以来就一直被历代历史学家普遍使用的基本的历史编纂方法，其存在和功能一度被淡化和遗忘，直到海登·怀特和安克斯密特重新揭示了历史叙事的重要性，并挖掘了其中巨大的学术创新空间后，学界才对叙事有了新的认识，这在怀特于 1973 年出版的《元史学：19 世纪欧洲的历史想象》中有详细的论述。怀特在强调历史编纂的修辞学成分时说："特定历史过程的特定历史表现必须采用某种叙事化形式，这一传统观念表明，历史编纂包含了一种不可回避的诗学——修辞学的成分。"[4] 古今中外的历史作品，都在努力构建自己独特的历史叙事。这种叙事，有可能是"史家之绝唱，无韵之离骚"；这种叙事，也有可能是"科学，不多也不少"。年鉴学派第二代主

---

[1]　江湄：《"实证"观念与当代中国史学》，《史学月刊》2001 年第 4 期，第 8 页。
[2]　侯云灏：《20 世纪中国的四次实证史学思潮》，《史学月刊》2004 年第 7 期，第 70 页。
[3]　侯云灏：《20 世纪中国的四次实证史学思潮》，《史学月刊》2004 年第 7 期，第 79 页。
[4]　〔美〕海登·怀特：《元史学：19 世纪欧洲的历史想象》，陈新译，译林出版社，2004，中译本前言第 2 页。

将布罗代尔就反对使用叙事的方式来写作历史，他倡导总体史，以问题为导向，通过长时段理论来探讨过往不同层级的结构，试图展现历史的全貌，在一定程度上与叙事史学形成张力。即使如此，有研究表明，布罗代尔的代表作《地中海与菲利普二世时代的地中海世界》"在采用多种辞格的情况下呈现出一种圆形叙事结构"。[1] 成威华通过利科的历史叙事理论对布罗代尔的《地中海与菲利普二世时代的地中海世界》进行解剖，最后得出结论："对利科的历史叙事理论而言，一切历史都是叙事。"[2] 而且，布罗代尔的后继者勒华拉杜里的名著《蒙塔尤：1294—1324 奥克西坦尼的一个山村》（以下简称《蒙塔尤》），就是以其高超的叙事技巧闻名于世。

时代的浪潮一波又一波，给历史编纂披上了形式各异的外衣，在不同的时代生成了各式各样的历史作品。不论外表看起来差别多大，其底色不变。潮起时，各种史学流派纷至沓来，扑朔迷离；潮落后，我们发现，历史叙事贯穿始终，成为历史编纂庞大躯体的基本骨架。所以，我们看到，在怀特从理论层面对历史叙事进行阐述之后，英国历史学家劳伦斯·斯通也从史学实践的层面呼唤"叙事史的复兴"。[3] 这种复兴最明显的表现就是微观史学在 20 世纪后半叶的异军突起。随着勒华拉杜里的《蒙塔尤》，娜塔莉·泽蒙·戴维斯的《马丁·盖尔归来》《档案中的虚构：16 世纪法国的赦罪故事及故事的讲述者》《行者诡道：一个 16 世纪文人的双重世界》，还有金茨堡的《奶酪与蛆虫：一个 16 世纪磨坊主的世界》等作品的陆续出版，叙事史学掀起的浪潮一浪高过一浪，不断冲击着中国的史学研究，引起国内学者的思考。王笛的研究似可看作对此的积极推动。他瞄准了成都城市的公共空间，连续推出《街头文化：成都公共空间、下层民众与地方政治，1870—1930》[4] 和《茶馆：成都的公共生活和微观世界，1900—1950》（以下简称《茶馆》）[5]，将城市史与日常生活史结合起来，给国内学者树立了微观史研究的范例。李金铮如是评价《茶馆》一书的贡献："通过以上对《茶馆》的问题意识、理论方法、叙事呈现以及核心见解的

---

① 成威华：《布罗代尔的地中海叙事诗学》，《史学月刊》2020 年第 3 期，第 94 页。
② 成威华：《布罗代尔的地中海叙事诗学》，《史学月刊》2020 年第 3 期，第 108 页。
③ 劳伦斯·斯通：《历史叙述的复兴：对一种新的老历史的反省》，古伟瀛译，陈恒、耿相新主编《新史学（第 4 辑）：新文化史》，大象出版社，2005，第 8~27 页。
④ 王笛：《街头文化：成都公共空间、下层民众与地方政治，1870—1930》，李德英、谢继华、邓丽译，中国人民大学出版社，2006。
⑤ 王笛：《茶馆：成都的公共生活和微观世界，1900—1950》，社会科学文献出版社，2010。

梳理，我们不难看出，王笛对茶馆与民众日常生活的关系做了细致入微的刻画，对茶馆所反映的社会、经济与政治现象做了多面解剖，对茶馆在中国近代史上的命运进行了深入分析。这一成果，不仅使茶馆史研究达到前所未有的高度，也大大推进了城市社会生活史的研究。与已有的西方城市史、新文化史、社会生活史著作相比，《茶馆》一书不仅毫无逊色，且别开生面、富有特色。职是之故，《茶馆》更大的价值在于其学问方式和思维方式所具有的方法论意义，这一方法不仅可以推广到中国其他城市茶馆的研究，还可以用之于城市饭馆、杂货店等问题的研究，对研究其他国家和地区的类似服务业也具有借鉴价值。"[1] 之后，我们看到了鲁西奇的《喜：一个秦吏和他的世界》[2] 和罗新的《漫长的余生：一个北魏宫女和她的时代》[3]。相信，还会有更多的微观叙事作品问世。笔者由此推断，叙事乃是历史编纂的本质属性——我们所看到的，不仅是叙事史的复兴，更是叙事史的回归，朝着实证与叙事的回归。有学者认为，所谓"史学危机"的一个重要原因是历史学叙事功能的退化而带来的对史学根本精神的背离。"历史本就很简单，它不过是过去时间里人的情感、理想以及他们与现实的纠葛；历史学也很简单，它不过是借助叙述的力量，把过去的人及其行为复活在现实的人的眼前。"[4]

在新旧世纪转换之时，经过后现代主义浪潮的洗礼，在历史研究领域，各种甚嚣尘上的"转向"逐渐消耗了其本身所蕴含的创新空间而呈现回报递减之势，史学也慢慢朝着其本原回归。历史最初的出发地，不论是西方史学之父希罗多德所倡导的"为了使希腊人和异邦人的那些值得赞叹的丰功伟绩不致失去它们的光彩，特别是为了把他们发生纷争的原因给记载下来，[5] 还是东方的司马迁所向往的"究天人之际，通古今之变，成一家之言"，都闪烁着叙事的光辉。叙事是镌刻在史学基因上的印记。经过两千多年的发展，今天我们看到的更多是新文化史写作范式的历史叙事作品，它们与其前身至少在两个方面存在明显差别：其一是对传统宏大叙事

① 李金铮：《小历史与大历史的对话：王笛〈茶馆〉之方法论》，《近代史研究》2015 年第 3 期，第 132 页。

② 鲁西奇：《喜：一个秦吏和他的世界》，北京日报出版社，2022。

③ 罗新：《漫长的余生：一个北魏宫女和她的时代》，北京日报出版社，2022。

④ 池桢：《历史学的文学之翼："现代叙史"》，《史学月刊》2006 年第 11 期，第 7 页。

⑤ 〔古希腊〕希罗多德：《历史》，王以铸译，商务印书馆，1997，第 1 页。

及叙事中虚构性的反思，其二是将史料的文本作为研究的对象。①

那么，历史学的本心是什么？历史学又该回归何处？笔者以为，应该是叙事与实证。邓京力指出："学术史的经验表明，历来一个学科成熟的主要标志在于以丰富、具体的实证研究为基础建立起一套与之相适应的学科理论……只有在历史学充分意识到自身的特性时，它才有望系统地构建本学科独立的理论体系。"② 这篇文章的重要意义在于，它提醒我们不要随波逐流，跟在各种"后学"之后人云亦云；也不要妄自菲薄，在频繁的"转向"中迷失了自我。我们的史学研究，还是要立足于当代中国自身的问题，坚守史学的基本特性，回归本心，解决时代提出的问题。微观史学生动体现了历史学的基本特性：叙事与实证。这是史学研究的初心，更是我们站在 21 世纪的潮头，回望两千多年来中国史学发展时应该坚守的本心。

四　持续推进对重大历史理论问题的研究

创刊 70 多年以来，在史学界历次对重大历史理论问题的讨论中，《史学月刊》都会发出自己的声音。最近 20 余年，中国史学界对中国古代国家起源、中国古代社会性质、中国式现代化、技术革新与史学研究等问题展开了讨论。《史学月刊》深度参与其中，并且主动作为，通过召开学术会议、组织学者撰写笔谈文章等形式对这些重大理论问题进行深入研讨，在学界产生了持续的影响。

（一）中国古代国家起源问题

中国古代国家起源问题，尤其是夏文化问题，是 21 世纪以来学界研究的一个重点。2006 年，沈长云撰文指出："当代人类学者提出的酋邦理论，对于完善马克思主义有关人类早期社会组织进化的学说具有一定的积极意义，也对中国古代国家起源和形成的研究具有积极意义。"③

---

① 梁艳春：《娜塔莉·泽蒙·戴维斯史学思想研究》，社会科学文献出版社，2019，第 117~118 页。
② 邓京力：《向历史学特性的回归——历史认识论研究与当代中国史学的理论建设》，《史学月刊》2000 年第 6 期，第 12 页。
③ 沈长云：《酋邦、早期国家与中国古代国家起源及形成问题》，《史学月刊》2006 年第 1 期，第 5 页。

2008 年,《史学月刊》策划了"中国文明起源与形成研究的理论思考"笔谈,文明起源研究既是一个考古学的实践问题,也是一个重大的理论问题。要把这项意义重大的学术研究推进到一个新的阶段,提高到一个新的水平,就必须对其方法论问题进行认真的思考和探索,以便尽快形成一套能够指导该领域研究的、符合中国文明起源与形成历史过程的科学的方法论体系。在这组笔谈中,范毓周提出:"如何摆脱流行理论模式的影响,根据考古资料内在的实际内涵进行合理的理论归纳和阐释,也是我们今后探讨中国文明起源和形成问题需要进行创新性研究的一项任务。"[①] 王巍强调:"文明的起源、形成和发展是在一定的自然条件和一定的社会人文条件下实现的。因此,考察文明的起源与发展需要将其放在当时的自然背景与社会人文背景之中去考虑,需要多侧面、多层次的分析。从这个意义上说,从文化与社会两方面去考虑,比仅从社会一个方面去思考要好。"[②] 学者们还讨论了文明和国家的概念、如何借鉴和应用国外的理论与方法来研究中国的文明起源等问题,这些为今天我们推进中国文明起源研究贡献了力量。

(二) 中国古代社会性质问题

中国秦汉至明清时期的历史是不是类似西欧中世纪的社会形态,这段历史应不应该有自己的特殊性表达,长期以来一直是学界关注的问题。《史学月刊》编辑部 2008 年第 3 期组织"'封建'译名与中国'封建社会'"笔谈。冯天瑜《"封建"考论》一书的出版,再次将这个问题的讨论推向了高潮。编辑部认为:"这场讨论,从'封建'译名引申到学术概念的界定,更进一步深入到中国封建社会的再认识,不仅关系到如何以科学的态度对待马克思主义理论的指导问题,更关系着我们对中国秦汉以后社会性质的判断,关系重大,意义深远。"[③]

与此相关的是,《史学月刊》2011 年第 3 期组织"秦至清社会性质研究的方法论问题"笔谈,就中国中古社会性质研究的方法论问题进行探讨。叶文宪提出:"关于'封建'问题讨论的重要性不仅在于要纠正几十

---

① 范毓周:《关于中国文明起源与形成问题的几点思考》,《史学月刊》2008 年第 1 期,第 9~10 页。
② 王巍:《对中华文明起源研究有关概念的理解》,《史学月刊》2008 年第 1 期,第 13 页。
③ 《史学月刊》编辑部:《"封建"译名与中国"封建社会"笔谈》,《史学月刊》2008 年第 3 期,第 5 页。

年来社会大众对'封建'这个词的误解，拨乱反正、以正视听，而且还在于要纠正几十年来学术界研究社会历史的错误方法论。只有走出'五种社会形态'的误区，具体地、细致地分析研究各个时期的社会结构，才能真正科学地认识社会、理解历史和设计未来。"① 关于中国古代的社会性质，这是一个重要学术问题。学术界为此召开多次会议，各大期刊也组织笔谈专门讨论。在这个问题上，《史学月刊》同人及编辑部深度参与，推动了该问题的研究。

（三）中国式现代化问题

历史研究的目的之一，就是要探索人类历史和人类社会发展的规律。长期以来，由于用五种生产方式循序演进的历史发展图式来阐述世界历史发展进程，故在马克思主义的历史教科书中一直把马克思的历史发展观解释为单线式的。新旧世纪之交，学界对现代化的讨论持续升温。

在新旧世纪转换之际，钱乘旦从世界历史的宏观视角对 20 世纪的历史进行总结，他认为世界的发展是不平衡的，20 世纪历史的主题是现代化，20 世纪世界的重大历史事件都围绕现代化展开。"就不发达国家而言，现代化对他们的冲击逼迫它们做出回应，于是就出现众多的革命、改良和民族独立战争。就发达国家而言，经济大萧条和两次世界大战似乎表明它们的'现代化'已经出现问题了，于是它们进入'修正'现代化的阶段。"② 站在世纪之交的时间节点，回望 20 世纪的世界发展进程，我们应该保持谨慎。2004 年董正华指出："一元多线历史发展观则是开放的、包容的、多面向的。现代化范式的出现打破了史学长期由单一范式支配的局面。史学范式的多样化，是中国史学繁荣之道。"③ 虞和平对中国现代化研究的历史进行总结，他说："既然现代化有资本主义道路和社会主义道路之分，那么每一个国家就需要根据本国的国情选择最适合自己的现代化道路，否则就不能顺利快速地实现本国的现代化。这一点已为中国的现代化历程所证实，因为中国的现代化道路选择经过了资本主义、苏式经典社会主义、中国特色社会主义，直到选择了中国特色社会主义道路，才使现代化建设既

---

① 叶文宪：《走出"社会形态"的误区，具体分析社会的结构》，《史学月刊》2011 年第 3 期，第 27 页。

② 钱乘旦：《不平衡的发展：20 世纪与现代化》，《史学月刊》2002 年第 10 期，第 87 页。

③ 董正华：《从历史发展多线性到史学范式多样化——围绕"以一元多线论为基础的现代化范式"的讨论》，《史学月刊》2004 年第 5 期，第 5 页。

坚持了社会主义道路，又走上了健康快速发展的腾飞阶段。因此，中国的现代化历程不仅为人类的现代化创造了一种新的道路和模式，也为现代化道路的研究提供了一个新的典型。"① 以笔者的浅见，这是对中国式现代化较早的、明确的表达。

现代化是中国发展的既定目标，也是学界研究的重大问题。这是当下中国发展所面临的现实问题，我们正处于建设中国特色社会主义现代化的征途之中，正处在中国式现代化道路的探索之中，学者们从各自的研究领域出发投身现代化理论与实践的研究之中，成果丰硕，可视为新一波的现代化研究热潮。学者们的思考和讨论会继续，从不同的方向和角度为中国的现代化建设提供历史智慧和智力支持。与此同时，中国式现代化已经在中华大地如火如荼地展开，这一伟大的社会探索和社会实践必将引发学者们更多的思考和讨论。

（四）大数据给史学研究带来的机遇和挑战

科学技术的发展，尤其是计算机、因特网和数据库的广泛应用，给我们的生产和生活带来了巨大的变化。今天的历史学习和研究已经离不开这些技术手段，它们给我们的历史研习带来了便利，也带来了挑战。在这样一个崭新的学术时代面前，如何冷静地看待并适应学术的变化，是每一个学人都必须面对的问题。

2015年，《史学月刊》编辑部组织了"计算机技术与史学研究形态"笔谈。"随着计算机技术的广泛应用以及在人文社科研究领域的普及，学术研究的路径、手段以至研究形态，都在发生着深刻的变化，一向被认为是最古老最传统的历史学科也不例外。""如何评价计算机技术带来的研究形态的变化、在新的科研条件下新一代史学研究人才如何培养等等，都是需要认真面对和慎重思考的问题。"②

2016年，《史学月刊》编辑部与南开大学历史学院合作举办了"新史学青年论坛：大数据时代的史料与史学"学术研讨会，与会中青年学人围绕大数据时代的史学研究趋势展开热烈研讨。随后，编辑部组织了"大数据时代的历史学"笔谈，其中有人探讨该如何应用先进技术服务于史学研

① 虞和平：《关于中国现代化史研究的新思考》，《史学月刊》2004年第6期，第8页。
② 《史学月刊》编辑部：《计算机技术与史学研究形态笔谈》，《史学月刊》2015年第1期，第5页。

究，有人分析应用时的误区及可能的对策，有人纵论新技术给史学研究所展现的广阔空间，有人提醒史学研究应该具有的人文关怀，有人反思技术革新给史学研究所带来的变化和不变。①

既然大数据时代已经扑面而来，我们唯有敞开胸怀，热情拥抱。《史学月刊》编辑部在 2018 年第 9 期组织 "大数据时代史学研究的理论与方法" 笔谈，继续讨论当下和未来的历史研究。编辑部在编者按语中提出："随着信息技术的迅猛发展、资料数据库的大规模建设，当今社会已经进入了大数据时代。……这个时代无疑是幸运的，它不仅改变了资料搜集的方式，极大地提高了资料搜检的效率，还使研究领域大为拓展。然而，毋庸讳言，在真切感受并受惠于大数据技术带来巨变的同时，真正的史学繁荣并未如期而至，甚至还出现了一些不尽人意的地方……生活于这个时代的史学研究者，需要具备什么样的技艺与素养，才能真正领受大数据时代的馈赠，提出更有价值和意义的选题，创造出既有维度又有深度且能很好体现历史学科特质的研究成果，繁荣新时代的史学研究?"②

数字历史在欧美各高校日益普及，各种项目如雨后春笋般出现，并以其新颖性、直观性、生动性等吸引着历史的研究者和学习者投身其中。在这样的张力之下，历史研究者、教学者、学习者都面临着大数据时代的挑战。包伟民在笔谈中对这种挑战进行了充分的分析，然后给出了结论：历史学与计算机学科等领域的携手合作，有效利用信息技术，以推动历史学研究的深化发展；"对于史学研究来说，'大数据'只不过是一种新的更加有效的工具而已，它当然不可能取代学术研究的主体——历史学家"。③

笔谈组稿是《史学月刊》办刊的特点之一，近 20 年来，编辑部策划笔谈文章之多、持续时间之长、影响之深远，已经得到了学界的认可。王记录曾专门研究过《史学月刊》组织、策划的笔谈，他说："进入 21 世纪，《史学月刊》不断开展'笔谈'，对新中国史学发展中的问题，特别是改革开放以来史学发展中的问题进行及时的反思和探索，主动引领新世纪史学的发展方向，已经成为自己的特色。分析《史学月刊》专题笔谈栏目的史学思想，能够让我们更加清晰地窥视新世纪以来史学研究的新趋向，

① 《史学月刊》编辑部：《大数据时代的历史学笔谈》，《史学月刊》2017 年第 5 期，第 5～29 页。
② 《史学月刊》编辑部：《"大数据时代史学研究的理论与方法"笔谈》，《史学月刊》2018年第 9 期，第 5 页。
③ 包伟民：《数字人文及其对历史学的新挑战》，《史学月刊》2018 年第 9 期，第 11～12 页。

认识当代中国史学的发展状况。"① 正是基于这些考虑，笔者主要借用笔谈主题勾勒中国史学理论与史学史研究的发展趋势。

五　结语：新史学是历史学者的永恒追求

史学，作为文化中的文化，它所反映的是时代的变革和现实的需求。一时代有一时代的文化，一时代有一时代的史学。世易时移，文化兴替，史学必然不断经历危机，并在危机中完成蜕变，以全新的姿态进行新时代的历史书写。21 世纪以来，史学研究和史学书写的形态都在发生较大的变化，不管如何变化，仍在客体的范围之内。今天，我们被迫面临前所未有的挑战——人工智能对话模型 ChatGPT。ChatGPT 具备极强的文本处理能力，这使它首先冲击的就是人类的写作，史学无疑也在其中。

史学总是面临挑战和危机，并在危机中成长。不管外在环境如何变化，有些东西是不会变化的。诚如李振宏所言："新的时代，并没有改变史学的性质，而只是在史学属性的最基本方面，把它再加以推进！所以，我们有理由相信，尽管我们还无法断言，刚刚处在开端的一个新的史学时代将来会走到哪里，但史学所以为史学的基本属性将不会改变。"② 在世界范围而言，所谓"史学危机"不是第一次出现了。就当下的中国史学理论与史学史研究状况而言，形势确实不容乐观。2021 年，在广西师范大学召开了全国第 24 届史学理论年会。在大会主题发言中，中国社会科学院历史理论研究所吴英谈到了当前中国史学理论与史学史的危机：研究成果呈现下降趋势；各方向的发展不平衡，对唯物史观的研究亟待加强；标志性成果严重缺乏。总之，中国的史学理论研究状况与国家需要之间尚有较大距离，我们应该大力推进史学理论与史学史的发展，为构建具有中国特色的学术话语体系贡献力量。

如何走出当下的危机，以笔者的浅见，就《史学月刊》70 余年的发展历程而言，我们可以尝试从以下三个方面进行努力。

第一，就研究指导思想而言，需要继续高举马克思主义的大旗，深化对马克思主义史学的研究。21 世纪以来，我们已经在这一领域取得了巨大

---

① 王记录：《新世纪以来〈史学月刊〉的专题"笔谈"与史学发展》，郭常英主编《坚守与求新：纪念〈史学月刊〉创刊 65 周年》，河南大学出版社，2016，第 135 页。

② 李振宏：《论互联网时代的历史学》，《史学月刊》2016 年第 11 期，第 112~113 页。

的进步。单就期刊论文而言，相关的研究成果不论在数量上，还是在质量上，都有极大的提升，不过仍然存在进一步拓展的空间。比如我们对马克思主义基本原理的了解和学习更为重视俄国，而对日本有所忽视。概念和思想在转译和旅行的过程中有可能变形和走样，我们应该返回马克思和恩格斯的著作本身，在新的时代，返本开新，汲取其中思想和精神的养分，推进中国特色社会主义建设和中国式现代化建设。

第二，就研究方法而言，需要博采众长，与时俱进，不断引入新的研究范式，尝试新的方法，一方面开辟新的研究领域，一方面挖掘传统课题的新意。唯有如此，我们方能守正创新，积极面对当前的史学理论危机，为中国史学理论与史学史研究的建设和发展作出应有的贡献。与此同时，我们还需要坚守历史学的家法，在研究的过程中以实证为根基，在表达的过程中以叙事为手段，将新的理论和方法嫁接到历史学这棵大树上，不断注入新鲜血液，使其永葆生机。

第三，就研究课题而言，需要在唯物史观的指导下，结合史学自身发展规律，迎合国家当前的需要，对重大历史理论和史学理论问题展开研究。比如，在世界面临百年未有之大变局的时代语境中，我们的史学理论与史学史研究要立足经典文本本身，回应新时代的要求，破除"修昔底德陷阱""唐宋变革论"等话语干扰；在科技进步和人工智能强势介入的背景下，我们需要积极推进历史书写和历史编纂的研究，加强对历史本体论的研究，捍卫历史的真实；在疑古与信古两种学术理路的百年辨析中，我们需要加强考古发掘，推进中国古代国家起源和华夏文明发展的研究；在中国的现代化建设取得巨大成就的同时，我们需要深入进行世界现代化进程的比较，探索中国式现代化发展道路；在五千多年中华文明深厚基础上开辟和发展中国特色社会主义，我们需要把马克思主义基本原理同中国具体实际、同中华优秀传统文化相结合，建设中华民族现代文明；等等。

王记录曾说："研究《史学月刊》，梳理中国史学的发展脉络及未来走向，反思、总结其中的经验与教训，对建设富有创新意识和现实意义的具有中国学派特征的当代中国史学不无裨益。"① 在新的时代，史学理论与史学史研究大有可为，我们应该满怀信心，以扎实的研究推进其发展，破除危机，用自己的智慧为中国这艘大船保驾护航，使其行稳致远。

---

① 王记录：《新世纪以来〈史学月刊〉的专题"笔谈"与史学发展》，郭常英主编《坚守与求新：纪念〈史学月刊〉创刊 65 周年》，河南大学出版社，2016，第 134 页。

近年中国史学史学界关于学科建设问题的反思

许洪冲

（北京师范大学历史学院，北京　100875）

摘　要： 近年来中国史学史学科的自我反思集中在研究视角的更新和自主理论体系的建构两个方面。前者要求突破模式化研究，关注底层，深入考察史学与社会互动中的具体反映与影响。后者要求对传统史学遗产作进一步的清理，发掘中国史学自主的概念、话语、理论资源，通过中外史学的比较以及进一步认清近代中国史学与西方史学的关系，并关注当下，回应现实问题，建立具有民族特性的话语体系和学科体系。

关键词： 中国史学史　学科建设　视角更新　自主理论体系

中国史学史是一门反思意味很浓厚的学科，这表现在对于中国史学史学科本身的回顾与反思上。20世纪60年代和80年代关于史学史基本理论问题的讨论，出现过某些反思"史学史之史"的因素。1984年底，《史学史研究》编辑部就中国史学史之史问题进行的学术座谈，则是对史学史之史进行专门研究的起点。此后，不少学者就此问题进行探讨，除了论文，还有专门著作，如杨翼骧审定、乔治忠姜胜利编著的《中国史学史研究述要》（1996），周文玖所著的《中国史学史学科的产生和发展》（2002）等。21世纪以来，中国史学史研究人员数量有较大幅度的增长，通论性和专题性论著层出不穷，学科的体系也不断充实、饱满。在学术创新的整体氛围下，史学史学界的学者希望在既有成果的基础之上，寻求学科发展的新突破，发表了一些文章，讨论如何开创史学史研究的新局面。这些反思文章大多具有建设性，但有个别文章，由于学术积累欠缺，所提出的观点容易导致不良影响，值得关注。

一　关于研究视角更新问题

关于中国史学史的研究对象和范围，学界已有较大的共识。从梁启超到白寿彝，中间虽有唯物史观的分野，但关于史学遗产的认识则具有共通性。白寿彝经过多年的研究实践与思考之后，提出中国史学史研究的任务，是"对于中国史学发展的过程及其规律的论述"；中国史学史论述的范围"包括中国史学本身的发展，中国史学在发展中跟其他学科的关系，中国史学在发展中所反映的时代特点，以及中国史学的各种成果在社会的影响"。① 到目前为止，这一对"中国史学史"的定义，仍是公认最完整的，对史学史学科建设具有基础意义。历史学本来就是一个多种学问交叉的研究领域，史学史以其历史学的历史之特殊属性，与历史学之下各分支学科具有紧密的联系，"跨学科"的特点更加显著。故中国史学史研究的创新，大多是强调研究视角的转换更新、多种方法论的运用，而较少谈及范围的突破。

关于中国史学史的发展脉络与整体面貌，学界现在已有较为丰厚的认知。关于史书、史家的个案研究，也能够翻新史部目录学的面貌。面对这种"饱和"或"瓶颈"，瞿林东指出："如果要从学术前沿的开拓与创新来看，似应把研究的重点转移到以问题为主要对象方面上来，尤其是那些具有通贯性的问题首先应当受到重视。"② 这是指对中国史学史的某一专题进行系统研究，如将历代"正史"书志中的同一门类各自贯穿起来，梳理出中国古代史学家关于某一领域思想认识的演变。王记录亦认为"变革后的中国史学史应该是一部历史问题和史学问题的思想史"。③ 研究对象由史家、史书变为历史或史学问题，完全可以由此出发撰写一部具有崭新面貌的中国史学史。可以看出，转换更新研究视角是为了跳出研究的传统区域，突破既有研究的写作模式的束缚，更加全面地呈现史学的面貌。

统观近年来中国史学史学界关于新研究视角的提倡，有三种面向。

---

① 白寿彝：《中国史学史》第一册，上海人民出版社，1986，第 29 页。
② 瞿林东：《积极面对当今中国史学的多途发展》，《史学月刊》2012 年第 8 期。
③ 王记录：《回归与变革：中国史学史研究及学科发展趋向》，《史学月刊》2012 年第 8 期。

一是对与史学互动的社会因素进行具体化研究。在唯物史观指导下的历史研究强调事物发展的社会（经济）背景，逐渐成为一种分析问题的模式。但是，同一宏观背景往往适用于多种事物的解释，具体而微的背景分析却因史料不足付之阙如。这就造成了论文写作中的背景论述雷同的现象。一些学者转而从学术史、思想史、文化史的角度研究中国史学，在当时是避免模式化研究的先行者。如陈其泰以史学名著为媒介，进行"史学与中国文化传统双向考察"，具体操作方法是"将历代史学名著的成就置于一个时代的社会思潮、文化走向之中，考察史家对时代特点的认识；同时又通过史学名著，考察中国文化传统如何得到继承和发扬，展现出怎样的特质和魅力，对推动社会前进和学术发展产生了什么作用"。①

二是关注不以史家、史著为载体的历史观念和史学思想，把史学分解为历史知识，探究其"生产"的过程。这在以前的史学史研究中已经展开，如对古代非史家之思想家的研究，以及对明代史料笔记的研究，等等。现在，这种研究视角的提倡者更强调研究对象的"民间"属性。中国史学史的研究对象还可以扩展到史学家之外的其他社会阶层、社会民众的历史观念、历史思想甚至史学思想。② 全球史学史的提倡者则认为应将"关注的焦点从史家的论著扩展到整个有关过去的知识"。③

三是关注史学内部的关系，如史学运行机制、官私史学联动、史书各体裁之间的关系等。乔治忠指出以"官方史学与私家史学互动关系"为主线研究中国传统史学的发展。④ 胡逢祥强调关注"史学运行的制度层面要素"，如"形成制度的历史知识传授和传播方式、专业人才的培养训练、研究范式和评价机制的确立、史学研究机构的设置、史学团体的组织、科研项目制的推行等"。⑤ 我们发现，中国古代史学与中国近代史学具有质的差别，问题意识也不尽相同。如史学机制问题，古代史学研究者关注的是史官制度与官修史，近代史学研究者则关注现代学术体制。关于史书各体裁间的联系，目前的研究多驻足于史源的考索，在历史编纂学上的阐发较

① 陈其泰：《从"文化视角"到探索中华民族文化基因的锻造——治史心路回眸》，《史学集刊》2023年第2期。
② 李振宏：《开辟中国史学史研究新局面的思考》，《史学月刊》2012年第8期。
③ 王晴佳：《史学史研究的性质、演变和未来——一个全球的视角》，《河北学刊》2021年第5期。
④ 乔治忠、金久红：《构筑中国史学史的学术高地——乔治忠教授访谈录》，《史学月刊》2013年第8期。
⑤ 胡逢祥：《关于改进中国史学史研究范式之我见》，《史学月刊》2012年第8期。

少。而且，近代以来史料观念的发达，使得学界多忽视中国传统史学重撰述重体例的独特性，《中国历史编纂学史》的问世促进了相关问题的研究，但我们仍然盼望有一部《中国传统历史编纂学》问世。

史学是社会的一个部分。我们以往的史学史研究，注重社会对史学的影响，而对史学的各种成果在社会上的影响，特别是具体的影响，关注不够。当下的研究，有弥补这个不足的趋势，也有这个需求。当下颇为流行的"知识的生产与传播"，一是注意到两种影响并重，二是探究的具体化，即不满足于宏观的分析，而是要用有密切联系的史料去确证这种双向"影响"。

二　关于自主理论体系的建构问题

建构中国自主的史学理论体系，是中国史学史研究最紧迫的需求。当前学科体系、学术体系、话语体系的建设如火如荼，马克思主义基本原理同中华优秀传统文化相结合上升为国家意志。在这样的趋势之下，中国史学理论的民族性成为史学界的热点话题。我们的问题意识和思维方式到底是传承自民族史学，还是源自国外理论？这种困惑的产生，大致是因为中国史学史的"研究者将太多的注意力集中在某些具体的历史文本的解读中，既对史学理论呼应不够，又不能够从具体的研究中抽绎出具有普遍意义的理论"。[①] 从学界的讨论来看，建构中国自主的史学理论体系，需要从以下四个方面着力。

一是加强中国史学之理论遗产的研究。瞿林东认为："中国史学上的历史理论、史学理论、历史编纂学、历史文献学等相关领域，是由'史'的研究向'论'的研究的提升。当然，史与论是不可截然分开的，但从中国史学史研究的实际状况来看，加强'论'的研究是继续推进中国史学史研究的重要途径，也是中国史学史研究走向深入的必然要求。"[②] 中国史学史研究者在中国史学的理论遗产发掘上下了大功夫，系统性和标志性的成果有瞿林东主编的《中国古代历史理论》《中国古代史学批评史》，吴怀祺主编的《中国史学思想会通》等。如何把这些大部头的著作"继续做大"和"由厚变薄"，是今后中国古代史学理论研究与当代史学理论建设的一

---

① 王记录：《回归与变革：中国史学史研究及学科发展趋向》，《史学月刊》2012 年第 8 期。
② 瞿林东：《积极面对当今中国史学的多途发展》，《史学月刊》2012 年第 8 期。

个重要学术增长点。值得重视的是，关于中国传统史学中的概念、术语的研究，"是史学从实践层面走向理论阐释的一个重要环节"，"厘清史学概念史上新旧概念的缘起与流变，无异于对古代史学话语变迁的一次深度梳理"。① 对"概念的理解与运用史"的研究，也有助于反思以往历史研究的理念。② 一些传统史学中特有的概念，将由这类研究而焕发生机，进而反作用于传统史学的研究。

二是要处理好继承和创新的关系。有学者认为，中国史学史学科经过百年的发展，已经形成了自己的学术体系和学科体系。这是几代中国史学史学人从理论探讨到研究实践辛勤努力的成果。这种学术体系和学科体系可称为经典史学史。③ 经典史学史无论是研究内容还是研究方法都是最基础最常规的，经典可以超越，但不应舍弃。学术必须不断创新，不创新的学术是没有前途的，但学术创新应以尊重已有成果为基础，否则就会变成空中楼阁。然而一些以创新为目的的研究，忽视了史学史研究的基础和内核，这种创新就不是史学史研究了，而是别的领域的研究。

三是深入中外史学交流与比较的研究。中国史学在发展过程中，既受外国史学影响，也影响着外国史学，特别是近代以来的中国史学，与西方和日本的关系十分密切。不研究中外史学交流，就难以认清中国近代史学的渊源。而中外史学的比较研究，则有助于反观自身，认识中国史学的特点究竟何在。无论是否从事中外史学交流与比较专门研究，刘家和、瞿林东、张广智、乔治忠、朱维铮、朱政惠、盛邦和、王晴佳、李喜所、元青、周文玖、孙卫国、李孝迁等学者对这一问题都保持了极高的关注度，认为相关问题的解决不仅能够促进研究的进展，还能够对认识中国史学有巨大帮助。如朱政惠所说："把对中国史学史的研究，放到国际中国史学史、东西方史学研究和交流的大环境中考察，从历史的纵向考察和横向的比较中，探寻中国史学史研究的新方向。"④ 这是一种在比较中反观自身的方法论。

关于中西史学的比较，西方学者较早就有关注，如赫伯特·白特菲尔

---

① 刘开军：《中国古代史学概念的界定、意蕴及其史学话语的建构》，《江海学刊》2020 年第 5 期。
② 赵庆云：《马克思主义史学史视域下的概念研究》，《史学集刊》2021 年第 4 期。
③ 周文玖：《回顾与思考——70 年来中国史学史学科的轨迹及未来发展》，《史学理论与史学史学刊》2019 年下卷。
④ 朱政惠：《中国史学史研究的国际视野》，《学术月刊》2012 年第 1 期。

德《人心中的过去：史学史的研究》、杰克·浦朗穆《过去之死》，但是这些作品的目的，可能是"试图在与中国史学的比较中，抬高西方史学的优越和高明"。① 刘家和、杜维运等学者关于中西史学的比较研究，更具学理性，尽力消除西方学者对中国史学的偏见，在学术界产生了广泛影响。南开大学乔治忠、孙卫国及他们培养的团队，是研究中国史学与日本、朝鲜和越南史学交流、比较的重要力量，并提出开展"东亚视野下的中国史学史研究"这一课题。② 以华东师范大学为中心的"海外中国学"研究群体的崛起以及一大批研究成果的出现，使这个领域的研究得到较迅速的发展。中外史学交流研究的深入，不仅使近代史学发展面貌进一步厘清，而且对于史学话语的建设以及史学理论的发展，有潜在的推动作用。

四是关注最近史学之趋势。近百年前，梁启超提出"史学史的做法"，其第四部分是"最近史学的趋势"。2019 年，"马工程"教材《中国史学史》问世，是现下最新的一部中国史学史，最后一章最后一节名为"当前中国史学发展的主要趋势"。从史学史的研究任务来看，关注当下史学的发展，对其进行反思与批判，是史学史学科的天然使命；进行严肃的当代史学评论，是史学史研究者的一项重任。乔治忠认为："史学史视域下的史学评论要将评论对象置于历来史学发展的进程中作定性和定位分析，眼光是长时段的、广视野的，具备深入的学术性。"③ 王记录则强调"对当下出现的种种史学现象，史学史研究者应该从史学发展史的角度发出自己的声音，或批评，或辩论，或倡导，不能一直扮演'马后炮'的角色"。④ 对当代史学进行评论，是一项考验学术功力与理论视野的工作，做到议论平实而有见地并非易事，在这个方面，中国悠久的史学评论传统有不少值得借鉴的方法和准则。

马克思主义史学的研究与当下史学的发展有紧密的关系。民国时期，马克思主义史学就是一个重要的史学流派，1949 年以来更是历史学研究的主流。马克思主义史学与当代中国的巨大关联是不言而喻的。近年来，相关学者多关注"唯物史观经典文献的研究、有中国特色的史学理论体系的构建、七十年史学回顾，以及中国马克思主义史学史的总结性研究和个案

① 王晴佳：《我们应该怎样研究史学史？——格奥尔格·伊格尔斯先生去世之际的反思》，《史学史研究》2018 年第 1 期。
② 孙卫国：《东亚视野下的中国史学史研究》，《史学月刊》2013 年第 11 期。
③ 乔治忠：《论史学史视域下的史学评论》，《历史教学》2019 年第 24 期。
④ 王记录：《回归与变革：中国史学史研究及学科发展趋向》，《史学月刊》2012 年第 8 期。

研究等领域"。① 在党史党建一级学科成立以后，马克思主义史学的研究的关注度上升较快。白寿彝曾强调："要继续坚持马克思主义史学的研究方向，多研究些与当代有关的重大的历史理论问题。"② 其探索的方向不仅是对马克思主义史学研究历程的总结与反思，更应把如何推进马克思主义史学的发展纳入思考领域。

史学史研究的成果不见得要篇篇有理论，但要有一个兼顾历史、史学、现实的宏观视野。"中国史学史是一门专史，但它又不是普通的专史，它关注着整个历史学的发展，也必定影响着整个历史学的发展。"③ 提出能够弥补"史学与现实之间裂缝"的理论课题，是本领域学者久久为功的方向。

三　反思中值得注意的问题

第一，对史学史的反思是为了促进学科更好地发展。作为一门专业，对其进行反思，应具备史学史的修养，应对这门学科的历史、现状以及基本知识有起码的了解。在近年的史学史反思中，有些人对史学史没有什么研究，也到这个领域来"碰瓷"，不断发表对史学史研究不满的言论，发一些不着边际的牢骚。对国内史学史研究取得的成就视而不见，而对国外初学水平的史学史著述顶礼膜拜，大事宣扬，拾人牙慧，津津乐道，表现出露骨的民族学术虚无主义。这种反思，不具有学科建设的积极意义。

第二，反思应建立在对史学史学科历史发展客观认知的基础上，不能从主观出发，随意划分阶段，构建所谓的研究范式。有学者把中国史学史学科发展划分为不同时期，却不遵循起码的逻辑，即没有一个固定的划分标准。对各期特点之归纳以偏概全，抓住一点，不顾其余。如把新中国之后的十七年至 20 世纪 80 年代初视为意识形态化时期，把尹达主编的《中国史学发展史》视为意识形态化时期的典型代表，就很值得商榷。如此定性则把十七年学术建设的许多成就都给贬低了，轻易地把这部资料扎实、富有学术含量著作的学术价值一笔抹杀，这不符合实际。因为学术研究以

① 谢辉元：《中国马克思主义史学理论与史学史研究前沿报告（2018—2019）》，《理论与史学》（第 6 辑），中国社会科学出版社，2020。
② 白寿彝：《在庆祝中国史学会成立五十周年大会上的讲话》，《史学史研究》1999 年第 3 期。
③ 周文玖：《从梁启超到白寿彝——中国史学史学科发展的学术系谱》，《回族研究》2005 年第 2 期。

意识形态挂帅，还有什么值得肯定的！把此后的一段划为唯物史观时期，在学理上也难以成立。唯物史观作为历史观和根本的方法论，怎么能与所谓的"意识形态化时期""会通时期"并列呢？难道其所说的"意识形态化时期""会通时期"与唯物史观没有关联，分道扬镳了？写文章要有实事求是之心，不能只求言辞痛快，吸引眼球。

第三，不应把史学史研究与普通历史研究混为一谈。史学史研究与历史研究是有紧密联系的，史学史研究者应具有中国通史的素养，史学史研究的目的是更好地从事历史研究。白寿彝先生、杨翼骧先生、瞿林东先生在谈治学经验时都论述过这个问题。在史学史研究与历史研究、历史编纂的融合方面，白寿彝先生可谓达到了最高境界。但史学史毕竟是一门专史，有自己的治学理路，它与社会史研究有分工的不同。从事社会史研究的学人中也有发表史学史佳作者，但这不过是他们从事本专业研究的副产品，而且这些学者也不认为自己是专门做史学史研究的。他们的成果固然值得尊重，也值得史学史专业研究者借鉴，但若将其视为史学史研究的最高范式，那就夸大其词了。

第四，史学史研究近20年来明显呈现多途发展、多元并行的态势：有史实的考证，有文献的搜求和考订，有对史家、史著的分析和评述，有学人交往的梳理，有学术生态的探究，有史学与社会的互动，有中外学术交流的考察，有史学与相关学问的联动，有历史理论和史学思想的抽绎，主题和呈现的形态，运用的概念，林林总总。无论是基础性的研究，还是较高层次的理论探索，对史学史研究而言都是必要的，它们具有平等的存在意义。只有功能的不同，没有高低贵贱之分。只要是创新的成果，都有价值。学术研究是解决问题的，不是炫人耳目的。用什么材料，采取什么手段和方法从事研究，要根据实际情况，视具体内容而定，而不是为趋新而趋新，为趋新而故意制造时髦或赶时髦。

中国古代史学研究

中国传统史学的古今论及其特征[*]

王记录　刘　饶

（河南师范大学历史文化学院、教育学部，河南新乡　453007）

摘　要：古今关系是传统史学特别关注的历史理论问题，早在先秦时期，史学家和思想家就对古今关系发表了自己的看法，提出了古今既相通又相异的看法，将以古鉴今、鉴古明今当作认识历史与现实的重要手段。他们倡导"彰往察来""疏通知远"，把过去、现在和未来联系起来，运用历史知识思考或解决现实中的问题。司马迁提出"通古今之变"，考察历史的时势、兴亡、盛衰、穷达之变，将古、今、通、变结合起来，进一步升华了古代史家的古今论。古代史家讨论古今问题，与政治变革密切相连，其理论核心是"通"和"变"，其落脚点在于"用今"，其核心诉求是"承敝易变，使民不倦"。

关键词：古今关系　彰往察来　疏通知远　通古今之变

　　古今关系是传统史学特别关注的历史理论问题，古代史家围绕这一问题发表了各种各样的看法，成为传统史学的重要思想遗产。关于这一问题，今人已经从史学的角度给予不少关注[①]。但是，因为古今论涉及的问题较多，很多问题仍需进行深入探讨。

---

　*　本文系教育部人文社会科学重点研究基地重大项目"比较视野下的中国古代史学理论研究（下）"（22JJD770012）的阶段性成果。
　①　瞿林东先生在这方面的贡献最大，他先后发表《魏晋隋唐间的古今关系论》（《东吴历史学报》第 18 期，2008 年）、《论"稽古"与"随时"——中国古代史家关于古今关系及其本质的认识》（《史学史研究》2017 年第 4 期）等论文，并在其主编的《中国古代历史理论》（安徽人民出版社 2011 年版）中设专章讨论古代史家的古今关系论。

一　古今观念与古今关系

早在先秦时期，人们就有了古今观念，《周易·系辞下》就曾总结从伏羲、神农到黄帝、尧、舜、禹以来的历史发展及每一个阶段的历史特点，已经有了历史事物从古至今不断演化发展的观念。孔子曾说："殷因于夏礼，所损益可知也；周因于殷礼，所损益可知也。其或继周者，虽百世可知也。"① 孔子的这一观念，实际上也蕴含着古今相连、古今变化的思想，反映了孔子一以贯之的考察历史的思维方式。《韩非子·五蠹》将历史分为上古之世、中古之世、近古之世三个阶段，并总结了每个历史阶段的基本特征以及人们的作为，同样具有古今历史不断变化的观点。战国诸子对古今关系的论述在在多有，荀子说："以道观尽，古今一度也。类不悖，虽久同理。"② 《吕氏春秋》的古今观念更具有代表性："今之于古也犹古之于后世也，今之于后世亦犹今之于古也，故审知今则可知古，知古则可知后。"③ 此后，历代史学家、思想家都对古今关系发表过看法。陆贾从鉴戒的角度讨论古今关系，说："善言古者，合之于今，能术远者，考之于近。故说事者上陈五帝之功，而思之于身；下列桀纣之败，而戒之于己，则德可以配日月，行可以合神灵。"④ 王充在《论衡·谢短》中反复讨论古今问题，指出人们要"知今通古"，所谓"知古不知今，谓之陆沉"，"知今不知古，谓之盲瞽"⑤。宋代邵雍则从哲理的高度论述了古与今的辩证关系，说："夫古今者，在天地之间犹旦暮也。以今观今，则谓之今矣；以后观今，则今亦谓之古矣；以今观古，则谓之古矣；以古自观，则古亦谓之今矣。是知古亦未必为古，今亦未必为今，皆自我而观之也，安知千古之前，万古之后，其人不自我而观之也。"⑥ 明人祝允明指出古今相连，不能分开："芒芒宇宙，积今成古。古今非两世也，彼曰：无古则曷以成今？予亦曰：无今曷以为古也？前既作之，后乃述焉，非必今之藉乎古也。"⑦ 不

① 《论语·为政》，杨伯峻：《论语译注》，中华书局，1980 年第二版，第 21~22 页。
② 《荀子·非相》，王先谦：《荀子集解》，诸子集成本，上海书店出版社，1986，第 52 页。
③ 许维遹撰，梁运华整理《吕氏春秋集释》，中华书局，2009，第 253 页。
④ 陆贾：《新语·术事》，诸子集成本，上海书店出版社，1986，第 4 页。
⑤ 王充：《论衡·谢短》，诸子集成本，上海书店出版社，1986，第 125 页。
⑥ 邵雍：《皇极经世书》卷 11《观物篇五十五》，九州出版社，2012，第 473 页。
⑦ 祝允明：《古今论》，《明文海》卷 88，中华书局，1987，第 857 页。

管古人从什么角度看待古今关系，有一点是共同的，那就是他们都认为古与今、今与古紧密相连，古为当时之今，今为后世之古，所强调的是贯通古今思考历史变化。

古人讨论古今问题，有两个方面特别引人瞩目，成为中国人思考古今关系的主导思想，直接影响了中国人的历史思维。

一是古今相通。荀子提出"古今一也"，他说："以德兼人者王，以力兼人者弱，以富兼人者贫。古今一也。"① 又说："尊圣者王，贵贤者霸，敬贤者存，慢贤者亡，古今一也。"② 还说："有擅国，无擅天下，古今一也。"③《吕氏春秋》也提出"古今一也"，认为察今便可知古，犹如彼我之所以相知，所谓"察己则可以知人，察今则可以知古，古今一也，人与我同耳。有道之士，贵以近知远，以今知古，以益所见，知所不见"④。宋人叶适虽然认为"古今异时"之论不可废，但他更强调古今不异，"天下之大，民此民也，事此事也，疆域内外，建国立家，天下之情伪好恶，上之生杀予夺，古与今皆不异也。而独曰'古今异时，言古则不通于今'，是摒古于今，绝今于古，且使不言古，则无所斟酌，无所变通，一切出于苟简而不可裁制矣"⑤。他进一步从"为治之道"方面申述说："人无异性，则古今无异时，其所以治之者一而已矣。《诗》《书》所载，皆上古之俗也。其人之好恶、逆顺、哀乐、死生之情，微细出入何以少异于今世？知此理者，尧、舜、汤、武之治可复见于今日。盖其所以为治之道，必有相承而不可废者矣，非各务信其术而自为也。"⑥ 可见，古今相通强调的是古今联系，古人的嘉言懿行，可以为后人识得，彰显的是古与今在主体精神方面的互为主体性，倡导的是今人对古代事物的感知以及这种感知所体现出来的继承性。

二是古今相异。《韩非子·五蠹》看到历史的阶段性发展，认为"上古竞于道德，中世逐于智谋，当今争于气力"，然后指出"夫古今异俗，新故异备。如欲以宽缓之政治急世之民，犹无辔策而御駻马，此不知之患

---

① 《荀子·议兵》，王先谦：《荀子集解》，诸子集成本，第 192 页。
② 《荀子·君子》，王先谦：《荀子集解》，诸子集成本，第 302 页。
③ 《荀子·正论》，王先谦：《荀子集解》，诸子集成本，第 224 页。
④ 许维遹撰，梁运华整理《吕氏春秋集释》，第 391 页。
⑤ 叶适：《水心别集》卷 12《法度总论一》，《叶适集》第 3 册，中华书局，1961，第 786 页。
⑥ 叶适：《水心别集》卷 8《苏绰》，《叶适集》第 3 册，第 740 页。

也"，"世异则事异"，"事异则备变"①。基于这样的认识，韩非提倡变法。李斯则指出："五帝不相复，三代不相袭，各以治，非其相反，时变异也。"② 明人张溥说："古今绵邈，时异势殊。"要求人们注意古今之异，才能举措得当。清人章学诚认为君子不应执古以概今，而应顺乎"理势"而变革，他说："事有不师于古，而因乎理势之自然，有其举而莫之废者，君子之所其由，而不必执古以概今也。"③ 秦笃辉则直接从制度变革的方面指出今胜于古，他说："人动谓今不如古，只汉文帝除肉刑一事，今胜于古多矣。"④ 古今相异强调的是古今变化，揭橥的是古与今在客观事实方面的差异，察古识今，必察今之有异于古，倡导的是今人对古代事物的变革。

历史是在联系与变化中由古走到今的。因此，在古今问题上，"是古而非今"和"狃今而病古"都遭受了富有理性的史家的批评。范晔曾对人们"多贵古贱今"的社会现象提出严厉批评⑤。杜佑则指出"人之常情，非今是古，其朴质事少，信固可美，而鄙风弊俗，或亦有之。缅惟古之中华，多类今之夷狄。"⑥ 祝允明更明确说："君子多是古而非今，细人多狃今而病古，吾以为悉缪也。"⑦ 方以智也说："古今以智相栉而我生其后，考古所以决今，然不可泥古也。"⑧ 这些都表明古人在古今关系上富有理性色彩。

古人讨论古今问题，以古鉴今、鉴古明今是重要目的。因古今相连，古代的经验教训对今天具有借鉴作用；又因古今相异，那就必须从今天的实际出发变更古法，以适应历史的发展。贾谊把取鉴于"古"、验之于"今"作为国家施政的要务，明确说："君子为国，观之上古，验之当世，参以人事，察盛衰之理，审权势之宜，去就有序，变化有时，故旷日长久而社稷安矣。"⑨ 仲长统认为古之法无用于今，就必须变革，所谓"行于古

---

① 《韩非子·五蠹》，王先谦：《韩非子集解》，诸子集成本，上海书店出版社，1986，第341~342页。
② 司马迁：《史记》卷6《秦始皇本纪》，中华书局，1959，第254页。
③ 章学诚：《文史通义》外篇一《家谱杂议》，仓修良：《文史通义新编新注》，浙江古籍出版社，2005，第497页。
④ 秦笃辉：《读史剩言》卷1，丛书集成初编本，中华书局，1985，第7页。
⑤ 沈约：《宋书》卷69《范晔传》，中华书局，1974，第1831页。
⑥ 杜佑：《通典》卷185《边防典》，中华书局，1988，第4979页。
⑦ 祝允明：《古今论》，《明文海》卷88，第856页。
⑧ 方以智：《通雅》卷首之一《音义杂论》，中国书店，1990，第20页。
⑨ 司马迁：《史记》卷6《秦始皇本纪》，第278页。

有其迹，用于今无其功者，不可不变"①。杜佑作《通典》，提出"酌古之要，通今之宜，既弊而思变，乃泽流无竭"②，意图通过总结古人治国的利弊得失，作出变革，用之于今。张居正认为古今异势，便俗为宜，"夫法制无常，近民为要；古今异势，便俗为宜……法无古今，惟其时之所宜与民之所安耳。时宜之，民安之，虽庸众之所建立，不可废也。戾于时，拂于民，虽圣哲之所创造，可无从也"③。陈遇夫认为三代之法可变通而用，所谓"用其善而去其弊，亦可以治天下矣"④。古人经常用镜喻表达对鉴古明今的认识，《韩诗外传》云："明镜者所以照形也，古事者所以知今也。"《史记》云："据今之世，志古之道，所以自镜也。"⑤《后汉书·冯异传》也有"明镜所以照形，古事所以知今"之语。最著名的当然是唐太宗的"以古为镜，所以知兴替"。今天的人们回顾历史，其目的就是把历史当作一面镜子，烛照当代政治举措和个人行为，庶几前事不忘，后事之师。

中国古代史学中的古今论，有着丰富的文化内涵，承载着治国安邦的智慧和经验。中国古人将古今看作连续不断发展的、具有内在联系的、不可分割的整体，但同时又认为古今之间因时而变，有损有益，有变有常，这样纵横古今的历史意识，不断形塑了中国人的思维模式，形成了理性地对待历史、现实与人生的态度。

二　"彰往察来"与"疏通知远"

"彰往察来"和"疏通知远"是古人历史意识的最初表达，不仅意蕴丰厚，而且被后人反复诠释，影响巨大，成为人们考察历史变动，思考现实问题的思想武器。

"彰往察来"出自《周易》，《周易·系辞下》云："夫《易》，彰往而察来，而微显阐幽。"对"彰往察来"，孔颖达疏云："往事必载，是彰往也；来事豫占，是察来也。"孔颖达直接将"彰往察来"看作史家记事的重要任务，史家记载往事不使湮灭，人们据以预测未来，亦即彰明过去的事迹，察知未来的变化。《易传》另有"神以知来，智以藏往"，和"彰

---

①　范晔：《后汉书》卷49《王充王符仲长统列传》，中华书局，1965，第1650页。

②　杜佑：《通典》卷12《食货十二》，第295页。

③　张居正：《张太岳集》卷16《辛未会试程策二》，上海古籍出版社，1984，第193页。

④　陈遇夫：《史见》卷1《唐志论》，丛书集成初编本，商务印书馆，1937，第2页。

⑤　司马迁：《史记》卷18《高祖功臣侯者年表》，第878页。

往察来"有异曲同工之妙。"藏往"就是掌握历史知识，总结历史经验，"知来"就是预测社会发展，把握未来趋势。唐高祖李渊在诏修梁、陈、魏、齐、周、隋六代史时指出："经典序言，史官纪事，考论得失，究尽变通，所以裁成义类，惩恶劝善，多识前古，贻鉴将来。"① 瞿林东先生认为所谓"多识前古，贻鉴将来"，"正是'彰往以察来'的另一种说法"②。在这里，"往"与"来"，"前古"与"将来"，亦即过去、现在和未来是相连和相通的，贯穿着一个共同的运动法则。与"来"相比，"往"具有特别的意义，"彰往"是"察来"的基础，没有对"往"的正确认识和把握，就很难知道人类应往何处而"来"。正因为看到这一点，朱熹将这种方法称为"推类旁通"，属于类推思维，近代史家夏曾佑也赞同朱熹的看法，说："智莫大于知来，来何以能知，据往事以为推而已矣。故史学者，人所不可无之学也。"③ 根据已知之事及其所包含的公理推知未知之事，这是人类分析判断事物所使用的一个普遍方法，也是人类在历史长河中把握个体命运的有效方法。墨子云："谋而不得，则以往知来，以见知隐。"④ 即根据过往推知未来，根据明显的事情推知细微的事情。王夫之则进一步指出史书在"彰往察来"中的作用，说："所贵乎史者，述往以为来者师也。为史者，记载徒繁，而经世之大略不著，后人欲得其得失之枢机以效法之无由也，则恶用史为？"⑤ 史书总结过往，是为了让后人学习，让后人效法前人之"得"，摒弃前人之"失"，推动历史前进。在《周易》中，"履霜，坚冰至"是"彰往察来"这一富有哲理论断的形象化表达。"履霜，坚冰至"告诉人们，自然规律与社会规律在某种意义上有一致之处，人类应该在事物的萌芽状态，预测到事物的发展与演化，以防止对事物的走向发生误判，从而导致自身深陷历史的泥淖中不能自拔。

先秦时期，与"彰往察来"具有同样影响力的史学观念是"疏通知远"。《礼记·经解》曰："疏通知远，《书》教也……疏通知远而不诬，则深于《书》者也。"对于"疏通知远"的含义，历代学者都有不同的解释。宋代叶梦得把"疏通知远"解释为考古验今，所谓"书之记述治乱，

---

① 宋敏求：《唐大诏令集》卷81《命萧瑀等修六代史诏》，中华书局，2008，第466页。
② 瞿林东主编《中国古代历史理论》（中卷），安徽人民出版社，2011，第70页。
③ 夏曾佑：《中国古代史》，叙，中国和平出版社，2010。
④ 《墨子·非攻中》，孙诒让《墨子间诂》，诸子集成本，上海书店出版社，1986，第82页。
⑤ 王夫之：《读通鉴论》卷6《后汉光武帝十》，《船山全书》第10册，岳麓书社，2011，第225页。

要使人考古验今而已，智之事也，故其教疏通知远"①。白寿彝先生把"疏通知远"和历史知识的运用结合起来理解，认为"所谓'疏通知远'，可以包含两个意思。一个是依据自己的历史知识观察当前的历史动向，又一个是依据自己的历史知识，提出自己对未来的想法"②。刘家和先生认为"疏通"之"疏"的本义就是"通"，作动词用，相当于"开"，所谓"疏通"也就是"开通"。"知远"的意思不能是只知远古，而必须是通古今，"知远"应当既包括过去之远，又包括未来之远③。可见，"疏通知远"是一种把古今贯通起来进行思考的思维方式。

无论是"彰往察来"还是"疏通知远"，其核心的思想就是把过去、现在和未来联系起来，并运用历史知识思考或解决现实中的问题。这种跨越时空的整体联系性的思维方式，在中国史学史、思想史上非常显著，体现了中国古代史学家、思想家、政治家及士人深沉的历史感和强烈的历史意识。

《尚书》屡屡出现以前代历史警示周王的记载。例如《尚书·召诰》记载一段周公的言论，周公上通过去之远，考察了夏殷两代的兴亡，看到夏殷两代因有德而兴，因失德而亡；下通未来之远，要求周王以夏殷为鉴，"敬德恤民"，以保王朝永命。周公还由此提出："我不可不监于有夏，亦不可不监于有殷。"④《尚书》的疏通知远，实际上就是鉴往而知来。"周公能疏通上下之远，这就是他在《尚书》中遗留下来的思想遗产或书教。"⑤按照白寿彝先生的研究，先秦诸子都是运用历史知识以"彰往察来""疏通知远"的高手。孔子对当时历史的变化有清醒的认识，提出自己恢复周礼的历史理想；墨子援引史事，批判当时诸国之间的战争，认为历史的前途是兼爱、尚同；商鞅认为历史是不断发展的，要根据历史的变化及时变法；孟子根据当时的历史趋向，提出天下定于一，认为历史的前途就是施行王政；荀子结合历史，分析了当时秦国的前途；李斯、韩非也

① 卫湜：《礼记集说》卷117《经解第二十六》，文渊阁四库全书本，上海古籍出版社，1987.
② 白寿彝：《说"疏通知远"》，《史学史研究》1984年第2期。
③ 刘家和：《先秦史学的致用与求真》，北京师范大学史学研究所编《历史科学与历史前途》，河南人民出版社，1994，第378~379页。
④ 《尚书·召诰》，王世舜：《尚书译注》，四川人民出版社，1982，第188页。
⑤ 刘家和：《先秦史学的致用与求真》，北京师范大学史学研究所编《历史科学与历史前途》，河南人民出版社，1994，第380页。

取证于历史素材，为秦及其以后的专制主义提供思想武器①。再如，西汉时期的"盐铁会议"，以祖述先秦法家思想的桑弘羊为首的官府代表与尊奉儒家的贤良文学组合的民间代表，围绕盐铁官营政策、对匈奴和战、德治与法治政策等问题展开激烈争论。争论双方都把历史知识当作有力武器，以说明自己的观点。桑弘羊等人从上古说到当代，列举史事反复对比，从不同的角度援引史实说明盐铁等官营政策不可废。贤良文学为了驳倒汉武帝以来的政策，同样借助于历史知识作为立论的依据，强调"德治"，否定"法治"②。尽管论辩双方在运用历史知识分析现实问题时存在不能审时度势，甚至迂阔而不切实际的现象，但"彰往察来"以"疏通知远"的意识非常强烈。总之，"在具体的历史实践中，联系历史知识而作出政治上的重大决策，历代都有其例"③。这是我们在考察历史意识问题时必须予以关注的。

"彰往察来"和"疏通知远"的思想精髓在于揭示了历史与未来之间的关联，内在地显现出人在总结历史与把握未来之间所必须进行的抉择，成为人们观察历史和安置个人与群体命运的重要思想基础。这一思想在后世不断发展，内化为中国人贯通古今思考历史变化，知古鉴今，把握自身命运的历史意识。

三 "通古今之变"

司马迁吸收前代古今观、通变观的优秀因子，将"通古今之变"当作自己考察历史的重要目标，他把古、今、通、变联系在一起，"通古今"的目的是考察历史之"变"，并进而考察导致历史之"变"的因由，借以总结带有普遍性的历史运动规律，升华了中国古代的古今论。通观整部《史记》，司马迁的"通古今之变"具有多层次、全方位的特点，涉及从国家到个人的各个方面，成为中国人思考历史变动、看待现实问题、面对人生命运的弥足珍贵的思想财富。

分析时势之变是司马迁"通古今之变"的重要方面。顾炎武盛赞司马

---

① 参见白寿彝《说"疏通知远"》，《史学史研究》1984 年第 2 期。
② 参见陈以鉴《"盐铁会议"论辩双方对历史知识的运用》，《史学史研究》1988 年第 4 期。
③ 白寿彝：《中国史学史》第 1 卷，上海人民出版社，2006，第 29 页。

迁"胸中固有一天下大势"①，可谓深知司马迁者。《史记》由十二本纪、三十世家、七十列传、十表、八书五体构成，以通变的思想，把古往今来的历史贯通起来考察，成就中国历史上的第一部通史，气魄之宏大，前无古人。十二本纪以纪年的方式，反映了从人文初祖黄帝至汉武帝时期2300余年的朝代变迁和帝王相承的大势；十表则以世、年、月的方式，囊括三代至汉代的史事，以时代变革为标准，将古今贯通的中国历史划分为上古至春秋、战国、秦楚之际及汉代四个阶段，努力呈现各个历史阶段的时势发展与变迁，并在各表的序中剖析各个历史阶段的历史大势和承递变迁。对此，白寿彝先生曾指出："在'通古今之变'的问题上，十表是最大限度地集中体现这一要求的。司马迁每写一个表，就是要写这个历史时期的特点，写它在'古今之变'的长河中变了些什么。把这十个表总起来看，却又是要写宗周晚年以来悠久的历史时期内所经历的巨大变化——由封侯建国走到郡县制度，由地方分权走到皇权专制。"② 司马迁打通古今，从时势之变中把握历史的发展，充分体现了他的通变精神。

讨论兴亡之变是司马迁"通古今之变"的主要用意。在中国历史上，王朝兴亡屡见不鲜，司马迁"通古今之变"就是要揭示王朝兴亡的因由。《史记》中详细记载了夏、商、周和秦、汉的兴亡，并揭示了兴亡的原因。他认为禹、汤、文、武是德治之君，故而以兴。夏桀、殷纣、周幽王、周厉王等是昏暴之君，因此以亡。《史记·夏本纪》云："桀不务德而武伤百姓，百姓弗堪……汤修德，诸侯皆归汤。"商纣王"好酒淫乐，嬖于妇人""重刑辟，有炮烙之法"，而周文王"修德行善，诸侯多叛纣而往归西伯"。所谓"虞夏之兴""汤武之王"，皆因修仁行义，"积善累功数十年，德洽百姓"③，而桀、纣之亡，则是因暴虐不仁。春秋时期，"弑君三十六，亡国五十二，诸侯奔走不得保其社稷者不可胜数"，而"察其所以，皆失其本已"④。"本"者，仁义也。楚亡汉兴，也因"子羽暴虐，汉行功德"⑤。行仁义者兴，暴虐者亡，这是司马迁对兴亡之变原因的理论总结。司马迁引述贾谊《过秦论》，总结秦亡原因，所谓"仁义不施，而攻守之势异

---

① 顾炎武撰，黄汝成集释《日知录集释》卷26《史记通鉴兵事》，岳麓书社，1994，第891页。

② 白寿彝：《〈史记〉新论》，《白寿彝文集》第4卷，河南大学出版社，2008，第190页。

③ 司马迁：《史记》卷16《秦楚之际月表序》，第759页。

④ 司马迁：《史记》卷130《太史公自序》，第3297页。

⑤ 司马迁：《史记》卷130《太史公自序》，第3302页。

也"。秦始皇以强力得天下，但不知变通，任法不任仁，一味暴虐专政，致使陈涉揭竿而起，摧枯拉朽，二世而亡。司马迁通过《秦本纪》和《秦始皇本纪》的叙事，表达了对贾谊秦之兴亡论的赞同。

考察盛衰之变是司马迁"通古今之变"的核心内容。司马迁作《史记》，要"网罗天下放失旧闻，王迹所兴，原始察终，见盛观衰"①。他写历史，大到一个时代，一个王朝，小到一个人物，都考其终始，察其盛衰变化。他作《十二诸侯年表》，是因为"幽厉之后，周室衰微，诸侯专政，春秋有所不记；而谱牒经略，五霸更盛衰，欲睹周世相先后之意"。他写《殷本纪》，叙述自帝雍已到纣王的历史发展，描绘了殷商兴、衰、复兴、复衰、复兴、衰、益衰、亡的不断变动过程。他写《李斯列传》，描绘了李斯这个"上蔡布衣"沦落、发迹到助纣为虐、终至身败的过程，指出"物极则衰"。司马迁认为历史的盛衰变化有一个"渐"的过程，是矛盾长期积累的结果，在《太史公自序》中引用《周易》中的话说："臣弑君，子弑父，非一旦一夕之故也，其渐久矣。"他在《史记》中自觉指出历史由渐变到突变的进化规律。《殷本纪》写商汤伐夏，先居亳，后征葛伯，伐昆吾，最后灭夏，势力渐大，是渐进的。《周本纪》记周代殷，周先民在公刘、古公亶父的率领下，逐渐强大，接着伐犬戎，讨密须，败耆国，征崇侯虎等，最后定都丰邑，更加强大。武王九年，诸侯皆曰伐纣，武王认为时机不成熟，又过二年，时机成熟了，才最后灭殷建国。周之伐殷，是渐变到突变的结果。没有长期的渐变，就没有一朝一夕的突变。对于历史盛衰之变的原因，司马迁也进行了分析。他一方面认为"变所从来，亦多故矣"②，指出引起盛衰变化的具体因素是多种多样的，不同历史条件下会有不同的致变因素；另一方面又上升到比较抽象的高度，指出"事势之流，相激使然，曷足怪焉"③。认为历史变化是"相激"，亦即斗争的结果。从具体的方面讲，司马迁已清楚地认识到导致历史盛衰之变的众多原因，如经济、人事等。从抽象的方面讲，司马迁已觉察到历史是在矛盾中变化的。司马迁吸取《周易》"通变"思想的精华，用以分析历史变动，具体而深刻④。

---

① 司马迁：《史记》卷 130《太史公自序》，第 3319 页。
② 司马迁：《史记》卷 42《郑世家》，第 1777 页。
③ 司马迁：《史记》卷 30《平准书》，第 1443 页。
④ 王记录：《〈周易〉与司马迁的史学思想》，《河南师范大学学报》（哲学社会科学版）1993 年第 2 期。

探究穷达之变是司马迁"通古今之变"的重要内容。历史不外乎是人的活动，司马迁首创以人物为中心的纪传体，当然对人的穷达之变特别留意。人类历史风云变幻，波诡云谲，有多少王侯将相由达而穷，隐入尘烟，又有多少出身低贱者否极泰来，青云直上。司马迁借陈胜之口发出"王侯将相，宁有种乎"的质问，意义深远。从《史记》中我们看到，陈涉与人庸耕，却在秦末历史巨变中做了王；刘邦不过是个泗水亭长，却机缘巧合地做了皇帝。其他如商鞅、苏秦、张仪、范雎、蔡泽、蔺相如、李斯、张耳、陈余、张良、萧何、韩信、陈平、公孙弘等人，皆为由穷而达之典型，而六国贵族无不由达而穷，沉入历史的深渊。通过探究汉初历史人物的穷达之变，司马迁揭示了两点，引人深思：一是时代激变，把握时代机遇，方显英雄本色；二是个体的才能和努力。在相同的历史条件下，人或穷或达的命运并不相同，如能力不济，或有才而不奋起，都将一事无成。司马迁对那些"不令己失时"，穷则思变，勇于进取，"立功名于天下"的历史人物，都作了肯定和赞扬。

司马迁对时势、兴亡、盛衰、穷达之变的思考，从整体到个体，从一般到特殊，涉及社会、王朝、个人诸多方面，共同构成了司马迁"通古今之变"的核心内容，具有整体性、系统性和辨正性的特点，有着超越表象世界而直透历史本质的内在深刻性。

"通古今之变"强调的是以整体联系的"通识"眼光看待社会历史的变化，探求社会历史的事理法则。围绕"通古今之变"这一主题，古代史家提出了始终、往来、盛衰、损益、变通、理乱、得失等一系列概念，形成了系统的有关古今问题的理论认识。司马迁作《史记》，要"原始察终，见盛观衰"①，"终始古今，深观时变"②，"述往事，思来者"，"考之行事，稽其成败兴坏之理"③。杜佑作《通典》，"参今古之宜，穷始终之要，始可以度其古，终可以行于今"④，"斟酌理乱，详览古今"⑤。司马光认为

---

① 司马迁：《史记》卷 130《太史公自序》，第 3319 页。
② 司马迁：《史记》卷 27《天官书》，第 1351 页。
③ 班固：《汉书》卷 62《司马迁传》，中华书局，1962，第 2735 页。
④ 李瀚：《通典序》，杜佑：《通典》，第 1~2 页。
⑤ 杜佑：《通典》卷 18《选举六》，第 456 页。

"治乱之原，古今同体，载在方册"①，"治乱之道，古今一贯"②。其作《通鉴》，乃"监前世之兴衰，考当今之得失，嘉善矜恶，取是舍非，足以懋稽古之盛德，跻无前之至治"③。他们都自觉地贯通古今来看待历史，将历史看作一个连续的整体，用联系的眼光考察古今变化，在古今变化中思索治乱安危存亡之道。

由于认识到"通古今之变"的重要性，就连断代为史的史家也强调"通古今"。班固撰《汉书》，曾自述"综其行事，旁贯《五经》，上下洽通"④，"函雅故，通古今"⑤。荀悦著《汉纪》，要"达道义""章法式""通古今""著功勋""表贤能"⑥。袁宏作《后汉纪》，也申明"通古今而笃名教"⑦。如此等等，都在"断代为史"时提到"通古今"。尽管"断代为史"的"通古今"是要在古今对比中树立王朝正统，凸显王朝历史地位，与"通史"把历史当作一个因革变通的不断延续的过程，在历史的长时段里总结历史盛衰，探寻"成败兴坏之理"不同⑧，但于断代之中能蕴含"通古今"之意，足见"通古今之变"思想的影响力。而事实上，不少断代史的优秀之作都能做到"通古今"，如《汉书》八表、十志就有着"扬榷古今""正其终始"的特点。而元修宋、辽、金三史，其论赞中则明显运用了"通古今之变"的思想方法⑨，贯通古今发表对历史的评论，显示了元人的一体观念和进步的民族观。

四 传统史学古今论的特征

从"古今一体""古今相异"，到"彰往察来""疏通知远"，再到

---

① 司马光撰，李之亮笺注《司马温公集编年笺注》卷 57《进通志表》，巴蜀书社，2009，第 467 页。
② 司马光：《稽古录》卷 16《历年图序》，王亦令：《稽古录点校本》，中国友谊出版公司，1987，第 649 页。
③ 司马光：《进书表》，《资治通鉴》第 20 册，中华书局，1959，第 9608 页。
④ 班固：《汉书》卷 100 下《叙传》，第 4235 页。
⑤ 班固：《汉书》卷 100 下《叙传》，第 4271 页。
⑥ 范晔：《后汉书》卷 62《荀韩钟陈列传》，第 2062 页。
⑦ 袁宏：《后汉纪》序，《两汉纪》下册，中华书局，2002。
⑧ 王记录：《"通史家风"与"断代为史"：在古今之变与王朝正统之间》，《史学月刊》2020 年第 7 期。
⑨ 吴凤霞：《元代史官的通古今之变及其价值——以〈辽史〉〈金史〉论赞为主的探讨》，《廊坊师范学院学报》（社会科学版）2015 年第 4 期。

"通古今之变"，古代史家在古今关系方面，提出了一系列有价值的认识，从不同方面丰富了这一理论，彰显了传统史学的民族性特点。

其一，古今之变与政治变革密切相连。综观中国古代的古今关系的讨论，我们发现一个规律性的现象，凡是历史变革的重要时期，对这一问题的讨论就特别热烈。春秋战国时期、秦汉之际、魏晋南北朝隋唐、宋元之际、明清之际，以及历朝历代变法改革的时期，史学家、思想家、政治家都参与到这一问题的讨论中。现实的需要促使人们"居今识古"，从历史的长时段来认识当下，以便从古往今来的历史中寻求社会变革的方案，由历史而现实，把握王朝治乱的根本。古人讨论古今关系，并非纯粹哲理的思辨，而是有着明确的现实指向。恰如学者们所指出的："每当中国历史出现大变动，就会出现精思'古今之变'的史家与史著，站在时代的前列，用过往的形成解释社会现实及其变化方向，并就此提出治理天下的'一家之言'，力图引导现实的发展方向。"①

其二，古今论的理论核心是"通"和"变"。古代史家讨论古今关系，是要贯通古今思考历史的变化，强调"通"与"变"。古代史家反对"周秦不相因，古今成间隔"②。他们研究或思考历史与现实问题，一般都会通观整个历史发展的过程，将历史、现实和未来联系起来，将事物置于长时段中考察，而不是拘泥或局限于一个短暂的历史时期。所谓"疏通知远而不诬"，"述往事，思来者"，"原始察终，见盛观衰"，等等。所表达的都是在通观古今历史变化的基础上探寻历史发展的过程，考察当下的历史变化，推知未来的走向。王夫之还把这种重通的思想与经国济民联系在一起，引申为"通识"，他说："经国之远图，存乎通识。通识者，通乎事之所由始，弊之所由生，害之所由去，利之所由成，可以广恩，可以制宜，可以止奸，可以裕国，而咸无不允。"③ 这种由通观历史始终来把握社会发展方向从而兴利除弊的思想，体现的是古人历史意识中纵览古今，集铸过去、现在、未来于一体的博大胸怀。一句话，"通"是为了将古今打通，思考历史的"会通因仍之道"，进而寻求"变通弛张之故"④。

在他们眼里，"通"与"变"是一对孪生子，言"通"者必言"变"。《周易》把穷、变、通、久联系起来认识"变"的意义，《周易·系辞》

① 瞿林东主编《中国古代历史理论》（下卷），安徽人民出版社，2011，第102页。
② 郑樵：《通志总序》，《通志二十略》，中华书局，1995，第2页。
③ 王夫之：《读通鉴论》卷22《唐玄宗七》，《船山全书》第十册，第836页。
④ 马端临：《文献通考》，自序，中华书局，1986。

云："易穷则变，变则通，通则久。"这直接陶铸了中国古代史家思考历史变化的方式。司马迁高扬"通古今之变"，后世遵循者众多。仲长统提出"古有其迹"而"用于今无其功者"，就必须变革①。郑樵所谓"贯二帝三王而通为一家，然后能极古今之变"②。陈亮在总结了古今历史的忠、质、文变化后，认为"变焉而迭相救"，指出周知变以兴，秦不知变而亡，并说："汉高惩秦人烦苛之弊，是故变之以宽仁；孝宣惩武帝虚伪之弊，是故变之以总核；光武惩韩彭之弊，是故变之以不任功臣。此皆其善变焉者也。"③ 如此等等，都将古、今、通、变相联系。在他们看来，"通古今"是为了考察其"变"，只有顺应历史发展大势，不断变通，才能走出历史制造的怪圈。

其三，古今论的落脚点在"今"。"通古今"重在对现实的关注，"稽古"是为了"随时"，"师古"是为了"用今"。荀悦作《汉纪》，其"通古今"的落脚点就是"今"，所谓"质之事实而不诬，通之万方而不泥。可以兴，可以治；可以动，可以静；可以言，可以行。惩恶而劝善，奖成而惧败，兹亦有国者之常训，典籍之渊林"④。曾巩指出，古代的历史经验，必须"因今之器，顺今之变以行之，归之乎不失其所为之本，不务其末而已"⑤。"因今之器，顺今之变"的落脚点都在"今"上。李翰明确指出《通典》之作"君子致用，在乎经邦，经邦在乎立事，立事在乎师古，师古在乎随时"⑥。而杜佑更明确说撰述的立足点就在当下，所谓"将施有政，用乂邦家"，"往昔是非，可为今来龟鉴"⑦。乾隆皇帝为重刻《通典》作序，也说"《书》曰'学于古训乃有获'。为国家者，立纲陈纪，斟酌古今，将期与治同道而不泥其迹，则是书实考镜所必资，岂以供博览而已哉！"⑧ 斟酌古今不是"供博览"，而是"考镜所必资"，为现实服务。刘知幾对"虽得稽古之宜，未达从时之义"的史著提出批评⑨，章学诚对

① 范晔：《后汉书》卷49《王充王符仲长统列传》，第1650页。
② 郑樵：《通志总序》，《通志二十略》，第1页。
③ 陈亮：《陈亮集》卷18《汉论·章帝》，河北教育出版社，2003，第161页。
④ 荀悦：《汉纪》序，《两汉纪》上册，中华书局，2002，第2页。
⑤ 曾巩：《为治论》，《曾巩集》附录，中华书局，1984，第755页。
⑥ 李翰：《通典序》，杜佑：《通典》，第1页。
⑦ 杜佑：《通典》，《进通典表》，第1页。
⑧ 乾隆：《御制重刻通典序》，杜佑：《通典》，附录一，第5513页。
⑨ 刘知幾撰，张振珮笺注《史通笺注》内篇卷之四《题目》，中华书局，2022，第141页。

"学者昧于知时，动矜博古"的思想进行批判①，强调的都是在古今关系问题上，"稽古"的目的在于"用今"，"稽古"必须"用今"。

其四，古今论的核心诉求是"承敝易变，使民不倦"。司马迁在"通古今之变"基础上，提出"承敝易变，使民不倦"的思想。在司马迁看来，考察古今之变是为了后人"承敝易变"，而"承敝易变"是为了"使民不倦"。司马迁的这一思想是对《周易》"通其变，使民不倦，神而化之，使民宜之"思想的继承与发展。《周易》认为变革是为了有利于民，《革·彖》说："天地节而四时成，节以制度，不伤财，不害民。"《史记》进一步把这一思想与古今之变联系起来，在《史记·平准书》中说："是以物盛则衰，时极而转，一质一文，终始之变也……汤武承敝易变，使民不倦，各竞竞所以为治，而稍陵迟衰微。"在《史记·高祖本纪》中，司马迁指出"夏之政忠""殷之政敬""周之政文"，殷人以"敬"变夏人之"忠"，周人以"文"变殷人之"敬"，"周秦之间，可谓文敝矣，秦政不改，反酷刑法，岂不缪乎！故汉兴，承敝易变，使人不倦，得天统矣"②。司马迁认为，夏、商、周之变，最终都是"使民（人）不倦"。"使民不倦"是"通古今之变"的最终目的，也是变通成功的关键因素。司马迁的这一思想被后代史家继承下来，比如黄宗羲在考察中国历史自古及今的变化时，思考的着眼点就是万民。他认为中国历史有两大变局，秦汉为一变，蒙元为一变，愈变对老百姓的盘剥愈严重，所谓"夫古今之变，至秦而一尽，至元而又一尽。经此二尽之后，古圣王之所恻隐爱人而经营者荡然无具，苟非为之远思深览，一一通变，以复井田、封建、学校、卒乘之旧，虽小小更革，生民之戚戚终无已时也"③。这样的变化是黄宗羲所痛恨的，由此他提出"天下之治乱，不在一姓之兴亡，而在万民之忧乐"④。

总之，中国古代史家在讨论古今问题时，"古今""通变""鉴戒"的思想均贯穿始终。他们将过往与未来联系在一起，贯通古今思考历史，通过对历史变化的总结，以史为鉴，预测未来社会的演变趋势，明察未来社会的发展动向，彰显的是明确而深沉的历史意识。

---

① 章学诚：《文史通义》内篇五《史释》，仓修良：《文史通义新编新注》，第272页。
② 司马迁：《史记》卷8《高祖本纪》，第394页。
③ 黄宗羲：《明夷待访录·原法》，《黄宗羲全集》第一册，浙江古籍出版社，1985，第7页。
④ 黄宗羲：《明夷待访录·原臣》，《黄宗羲全集》第一册，第5页。

事关传主的形象：论《史记》的"繁复"书写

石洪波

（天津师范大学历史文化学院，天津　300387）

摘　要： 自司马迁创造纪传体的史书编撰体例之后，历代学者指摘其繁琐、重复之弊屡不绝书，至四库馆臣而有"一事而复见数篇，宾主莫辨"之论。此类议论或过于轻率。经细察，《史记》因编撰体例为纪传体，确有可能存在繁琐、重复之书写，但往往书写角度多元化，详略亦大不相同，非但没有真正的繁琐与重复，反而更有利于对史事的全方位理解，有利于对传主形象的塑造。《史记》对传主的这种书写，体现了典型的偏传主倾向。

关键词：《史记》　纪传体　传主书写

司马迁之所以被称为伟大的历史学家，其贡献之一便是创造了纪传体这一正史编撰体例，并为后世所模仿，遂成就了二十四正史的皇皇巨典。自《史记》流传之后，赞赏者固然极多，批评者亦屡不绝书，这些批评者中不少认为其弊端是繁琐与重复（按《史记》中绝对的重复并不多，同一事或详略不同，或用词有异，因而被认为是繁琐式的重复。因繁琐与重复属同一性质，故以下合称繁复）。

笔者细读之后认为，《史记》中并无真正的"繁复"之处；相反地，这些被认为是"繁复"的地方往往体现了高超的史料处理技巧，是典型的偏传主倾向，是《史记》对传主形象的有力塑造，使得史事更加明晰，传主形象也更加鲜活生动。以下试加论述，请方家指正。

一　问题的由来：历代对《史记》“繁复”之弊的评论

纪传体这一体例主要以人物为线索来撰写历史，同一时期的多个历史人物往往会牵涉进同一历史事件之中，他们的传记不可避免地都要写到这一相同事件。某些历史事件影响极大，牵涉历史人物众多，写到相同历史事件的传记自然也就更多。读者在阅读《史记》之时，可能会形成多次阅读同一事件的印象，从而给《史记》（包括其他纪传体史书）下一个繁琐乃至重复的判语。因此，自司马迁创造纪传体之后，历代对其繁复之批评屡不绝书。

较早提及此问题的当数汉献帝与荀悦。《后汉书》记载：“帝（按献帝）好典籍，常以班固《汉书》文繁难省，乃令悦依《左氏传》体以为《汉纪》三十篇，诏尚书给笔札。辞约事详，论辨多美。”[①] 献帝“文繁难省”之论虽是针对《汉书》而言，但实际指摘的是《史记》《汉书》两者所代表的纪传体，所以，荀悦编撰出来的是编年体的《汉纪》。就内容而言，编年体因为按时间排序，同一历史事件不可能多次出现，因而绝无重复。荀悦在《汉纪》中也申明，此书的编撰“务从省约，以副本书”，[②] 亦有针对“繁复”之意。

需要说明的是，荀悦《汉纪》的编撰较早开启了纪传体与编年体的体例优劣之争，此后的两晋隋唐直至宋代，这一争论经久不息，对两种体例褒贬也各不相同，不必赘述。但在争论过程中，繁复无疑是包括《史记》在内的纪传体史书的一个重要“缺点”。

对此批评最剧、影响最大者莫过于刘知幾。刘知幾是唐代史学理论大家，其在《史通》中的诸多创见至今仍为学界津津乐道。从《史通》所论来看，他并没有偏向一种体例，而是分别论述了纪传、编年二体的优劣，“考兹胜负，互有得失”，[③] 大体还算客观，故而论者认为“有许多中肯的见解”。[④] 不过，他多次明确批评《史记》和纪传体的“繁复”，如《六

---

① （南朝宋）范晔撰，（唐）李贤等注《后汉书》卷62《荀韩钟陈列传第五十二》，中华书局，1965，第2062页。

② 张烈点校《两汉纪》卷1，中华书局，2002，第1页。

③ （唐）刘知幾撰，（清）浦起龙通释《史通通释·二体第二》，上海古籍出版社，1978，第28页。

④ 瞿林东：《中国史学史纲》，北京出版社，1999，第317页。

家》篇中说："当汉代史书，以迁、固为主，而纪传互出，表志相重，于文为烦，颇难周览。"① 他认为这其实就是编撰《汉纪》的原因。同在《六家》篇，刘知幾再次说道："寻《史记》疆宇辽阔，年月遐长，而分以纪传，散以书表。每论家国一政，而胡、越相悬；叙君臣一时，而参、商是隔。此其为体之失者也。兼其所载，多聚旧记，时采杂言，故使览之者事罕异闻，而语饶重出。此撰录之烦者也。"② 这是说，纪传体作为史书编撰体例的缺点便是"语饶重出"，同一事多处写到，有重复之嫌，致使撰写过程也显得繁琐。

刘知幾在《二体》篇更直接比较纪传与编年两种体例，对《史记》和纪传体的批评仍旧不离"繁复"。他说："若乃同为一事，分在数篇，断续相离，前后屡出，于《高纪》则云语在《项传》，于《项传》则云事具《高纪》。……此其所以为短也。"③ 在这里，他以《史记》中的《高祖本纪》和《项羽本纪》为例批评纪传体。汉高祖与项羽是同时代的人，一同反秦，秦亡后又是争夺天下的主要对手，确有诸多历史事件以两人为主，故而在两人的传记中重复事件的记载甚多。按今本《史记》中"语在某传""事在某传"等情况的确不少，偏偏《高祖本纪》与《项羽本纪》两篇根本没有刘知幾所说的"于《高纪》则云语在《项传》，于《项传》则云事具《高纪》"这种情况，或许是他读了《史记》后仅凭印象写就，于事实虽有误，从道理上讲却也不算错。

除刘知幾外，唐代批评《史记》与纪传体"繁复"之弊的还有萧颖士与皇甫湜。萧颖士生活在玄宗时期，其时"唐初八史"早已编就，纪传与编年二体之争却未因此平息。萧颖士推崇以《春秋》为代表的编年体，因为《春秋》"惩恶劝善之功大"，而汉代纪传体之创造，"马迁唱其始，班固扬其风，纪传平分，表志区别，其文复而杂，其体漫而疏。事同举措，言殊卷帙。首末不足以振纲维，支条适足以助繁乱，于是圣明之笔削、褒贬之文废矣"。④ 他站在史书经世致用的高度上来褒编年、贬纪传，是否合理姑且不论，对纪传的批评"复而杂""繁乱"，却与刘知幾的批评并无二致。

晚于萧颖士的皇甫湜著有《编年纪传论》一篇。他认为，史书的编撰只要符合"时之所宜，才之所长"，且"善恶得天下之中"，均为"良

---

① （唐）刘知幾撰，（清）浦起龙通释《史通通释·六家第一》，第11页。
② （唐）刘知幾撰，（清）浦起龙通释《史通通释·六家第一》，第19页。
③ （唐）刘知幾撰，（清）浦起龙通释《史通通释·二体第二》，第28页。
④ （唐）萧颖士：《赠韦司业书》，《全唐文》卷323，中华书局，1983，第3278页。

史"；至于选择纪传体还是编年体，并无一定之规。他这种论调对之前的纪传、编年二体的争论具有一定的总结性质。他在文中指出："古史编年，至汉史司马迁始更其制，而为纪传，相承至今，无以移之。历代论者，以迁为率私意，荡古法，纪传烦漫，不如编年。"说明在他之前的二体争论中，批评纪传体者亦有不少指摘的正是"烦漫"之弊。且皇甫湜明确指出，司马迁的纪传体有纠正编年体"多阙载、多逸文"的作用，但在纪传体出现之前，编年体本身也试图纠正此弊，"《春秋》之作，则有《尚书》；《左传》之外，又为《国语》"，且"合之则繁"，[①] 那么，有类似功能的纪传体在他看来确实有"繁"的弊端了。

有宋一代，由于编年体通史《资治通鉴》的编撰，编年、纪传二体之争并未止息，这种争论或许还在一定程度上推动了《资治通鉴》的编撰。在司马光之前，史学家孙甫就曾批评纪传体的弊病："至司马迁修《史记》，破编年体，创为纪传，盖务便于记事也。记事便，则所取博，故奇异细碎之事皆载焉。虽贯穿群书，才力雄俊，于治乱之本、劝戒之道则乱杂而不明矣。然有识者短之，谓纪传所记，一事分为数处，前后屡出，比于编年则文繁。"[②] 孙甫之论亦从史学致用之角度出发，虽批评《史记》"前后屡出""文繁"，然着眼点在于其未能阐明治乱之道。

至司马光编撰《资治通鉴》，叙述舍纪传而取编年之由："每患迁、固以来，文字繁多，自布衣之士，读之不遍，况于人主，日有万机，何暇周览！臣常不自揆，欲删削冗长，举撮机要，专取关国家盛衰，系生民休戚，善可为法，恶可为戒者，为编年一书。"[③] 他虽仍批判迁、固以来的纪传体"文字繁多""读之不遍"，但依旧立于"国家盛衰""生民休戚""善可为法，恶可为戒"这种经世致用的高度，反不如皇甫湜看得明白。就"资于治道"的角度而言，编年体固然可取，纪传体难道便不可取？

清代在编撰《四库全书》之时，对《史记》和纪传体的"繁复"之弊也有明确的批评，这一批评之语见于《通鉴纪事本末》的提要之中。四库馆臣认为，编年、纪传二体是汉代以来史书撰写的主要体例，但均有不可避免的缺点，"纪传之法，或一事而复见数篇，宾主莫辨"，而"编年之法，或一事而隔越数卷，首尾难稽"，[④] 唯袁枢根据《资治通鉴》创造纪事

① （唐）皇甫湜：《编年纪传论》，《全唐文》卷 686，第 7030 页。
② （宋）孙甫：《唐史论断·序》，《丛书集成初编》本，商务印书馆，1939，第 1 页。
③ （宋）司马光：《资治通鉴·进书表》，中华书局，1956，第 9607 页。
④ （清）永瑢等撰《四库全书总目》，中华书局，2003，第 437 页。

本末体，通过追踪历史事件的来龙去脉，避免了纪传体在多个历史人物的传记中多次书写某个历史事件即"繁复"的弊端，也避免了编年体将一个持续多年的历史事件分散在不同年份以至于零散断裂的问题。所以，章学诚评价说，纪事本末体"文省于纪传，事豁于编年"，① 对纪传体繁复之弊极具针对性。当然，每一种史书编撰体例都不可能尽善尽美，皆优劣并存。相较于纪传体，纪事本末体固然解决了繁复之弊，却也失去了反映社会全貌、描绘历史个体等纪传体固有的优势，甚至限于篇幅，一些影响力不足的历史事件也只能付之阙如。

近代史家刘咸炘也曾论及这种弊病。他认为，编年、纪传二体之争，尤其是推崇编年体者到了孙甫为最，"编年、纪传二体之优劣，自晋至赵宋，皆有争论。优编年者大抵亢经媚古之儒，以繁为纪传罪，其言多偏曲。至宋孙甫之翰《唐史记》序而极（按《唐史记》唯有《唐史论断》传世，此序即《唐史论断》序）。《唐史》未成，止存此序，颇为当时所推，是后诋纪传者虽绝，而编年书则大盛，宋世学人论史囿于编年，终为一病，是书盖有力焉"。② 对孙甫之论，刘咸炘逐一进行了批驳。他认为，孙甫仅仅举出纪传体的短处，却不肯说明编年体的缺点，"可谓之妄人，不可谓识者也"。③ 而"以繁为失"之弊，刘咸炘则举晋代张辅之论以驳之。据《晋书》记载，张辅曾论班、马之优劣，认为司马迁优于班固有三点，第一点便是论繁简，"迁之著述，辞约而事举，叙三千年事唯五十万言；班固叙二百年事乃八十万言，烦省不同"。④ 笔者认为，张辅所论其实是史家撰述的文风问题，⑤ 与本文所说内容上的繁复并不是一回事，所以，张辅之论不能解决孙甫指出的"一事分为数处，前后屡出"之弊，刘咸炘在此处或略显武断，批驳的针对性不强。

综观以上批评，史家显然明确地意识到了《史记》和纪传体存在的"繁复"之弊，尤以刘知幾、孙甫和四库馆臣的批评最为典型。在批评的同时，史家也意识到了纪传体、编年体、纪事本末体等史书体例的优劣，这对于提升古代史学和史书编撰的理论水平当然是有好处的。不过，《史

---

① （清）章学诚著，仓修良编注《文史通义新编新注》，浙江古籍出版社，2005，第38页。
② 黄曙辉编校《刘咸炘学术论集·史学编（下）》，广西师范大学出版社，2007，第428页。
③ 黄曙辉编校《刘咸炘学术论集·史学编（下）》，广西师范大学出版社，2007，第431页。
④ （唐）房玄龄等：《晋书》卷60《张辅传》，中华书局，1974，第1640页。
⑤ 关于史家之文风，白寿彝先生曾指出，刘知幾推崇"尚简"的文风，详见《刘知幾论文风》，《白寿彝史学论集（下）》，北京师范大学出版社，1994，第759页。

记》的"繁复"到底是什么情况？如何认识这种"繁复"？还需进一步分析。

二　《史记》中的"繁复"书写情况

一般而言，《史记》中的本纪略似通史中的朝代史，各自书写一段历史，史事应本无交集。但十二本纪中的后八纪由于特殊的历史进程，存在一定程度的重合，如《秦始皇本纪》虽写秦朝史，但因秦始皇本人有在战国后期率秦国一统天下的经历，含有部分秦国的历史，故与《秦本纪》略有重复。因此，《秦本纪》在末尾用短短几句话概括了秦统一、秦始皇崩逝、胡亥立、诸侯反、秦亡的过程，以"其语在《始皇本纪》中"①作结。这几句话以略代详，既是对《秦本纪》所述秦国历史的小结，也开启了下一篇《秦始皇本纪》，非但没有繁琐之感，反有引人入胜之作用。

除了以上这种情况之外，《史记》中可称为"繁复"的书写之处确实极多，大多是本纪部分与世家、列传两部分之间的"繁复"，以下试举两个典型例子来分析。

第一，《项羽本纪》《高祖本纪》与《留侯世家》《陈丞相世家》《魏豹彭越列传》《淮阴侯列传》《樊郦滕灌列传》等关于楚汉相争的书写。

在此类所谓"繁复"之中，《项羽本纪》和《高祖本纪》应该最为典型，盖因刘项两位传主在反秦和楚汉相争时期的主要事迹高度"同框"，必然会给纪传体史家造成棘手的"重复"书写之感。或许正因为如此，刘知幾在批评《史记》"同为一事，分在数篇""前后屡出""于文为烦"之时，正是举这两篇为例。除刘、项二人外，张良、陈平、彭越、韩信、樊哙等人的传记亦可作对比分析。然若细读，"繁复"之批评有待商榷，至少在《史记》这里未必"所以为短也"。现以刘、项二纪高度"同框"且影响较大的鸿门宴、彭城大战、垓下之围三大历史事件的书写为例略作分析。

鸿门宴是在秦朝灭亡的背景下，两大反秦主力刘邦集团和项羽集团之间的一次试探性较量，对楚汉相争初期的政治秩序有决定性影响。然而，《项羽本纪》与《高祖本纪》的相关书写却大有差异。《项羽本纪》所用篇幅较大，详写之处，一为项伯私见张良却受刘邦请托之事，一为酒宴之

---

① 司马迁：《史记》卷5《秦本纪》，中华书局，1959，第221页。

上的种种情形。后者描写尤为细致，一众人物形象无不跃然纸上，恍惚之间，读者宛若置身于酒宴之上亲历其事，因而这段书写历来受文史研究者推崇。《高祖本纪》所用篇幅较小，请托项伯与应该作为这一历史事件中心的宴会情形亦几笔带过，稍详者不过刘邦入关之后与关中父老"约法三章"之事，只是鸿门宴的一个背景。因此，在鸿门宴的书写上，刘、项二纪很难说得上"繁复"。若欲还原鸿门宴的完整过程，需将两篇结合起来，或许只有翻找之"烦"。此外，《留侯世家》简写了项伯私见刘邦之事（相比《项羽本纪》），鸿门宴之事仅以"及见项羽后解，语在项羽事中"① 一句略过；《樊郦滕灌列传》中的樊哙传记简写了鸿门宴中与樊哙相关的过程（相比《项羽本纪》），范增使项庄舞剑、刘邦先走且留张良等均一笔带过。可见，《留侯世家》《樊郦滕灌列传》两篇与《高祖本纪》并无重复，对《项羽本纪》中鸿门宴的部分细节进行简写，似有"重复"之嫌，实则另有用意，容后文再论。

至于彭城大战与垓下之围，均以《项羽本纪》所写最为详细，《高祖本纪》简略交代，而《留侯世家》《淮阴侯列传》《魏豹彭越列传》等则简写张良、韩信、魏豹、彭越这几位传主在事件中扮演的角色，为避免重复还有"语在项籍事中"② 之类的提示语。

从以上分析来看，楚汉相争过程中这三个重大历史事件的书写最为详细的均是《项羽本纪》，《高祖本纪》多为简写，其他相关记载则不写、简写或仅写某一侧面。尽管刘、项二纪中没有刘知几所谓"语在《项传》""事具《高纪》"之类的提示语，但综合各篇来看，司马迁在书写过程中明显有极清醒、得当的安排，同一历史事件在不同篇章中必然形成此无彼有、此详彼略的互补格局，断无重复书写以至于造成"繁复"之弊。

第二，《吕太后本纪》《孝文本纪》与《陈丞相世家》《绛侯周勃世家》《樊郦滕灌列传》《齐悼惠王世家》等关于吕氏之乱的书写。

吕氏之乱是西汉前期关系到刘氏天下传承的重大历史事件，吕后、文帝二人固然是当仁不让的主角，陈平、周勃二人身为平乱功臣亦不可或缺。此外，齐王刘襄、灌婴、刘章、郦寄等都是重要的参与者，相关的篇章因而均有一定记载。

---

① 司马迁：《史记》卷 55《留侯世家》，第 2038 页。
② 司马迁：《史记》卷 55《留侯世家》，第 2042 页。

　　先看《吕太后本纪》与《孝文本纪》两篇。《吕太后本纪》详细记载的是吕后临死之前的安排以及陈平、周勃等人平定吕氏之乱的过程，至于文帝从代王任上入长安为帝，则几句话概括："乃相与共阴使人召代王。代王使人辞谢。再反，然后乘六乘传。后九月晦日己酉，至长安，舍代邸。大臣皆往谒，奉天子玺上代王，共尊立为天子。代王数让，群臣固请，然后听。"① 再看《孝文本纪》，陈、周等人平乱过程只用"九月，诸吕吕产等欲为乱，以危刘氏，大臣共诛之，谋召立代王，事在吕后语中"② 几句带过（与前文《吕太后本纪》所写似有相接之意），详细记载的却是文帝如何与张武、宋昌、薄太后等商议陈、周等人的迎立，如何让薄昭为前驱探查情况，如何对陈、周等朝中重臣多次辞让，最终接受帝位，如何安排入继当晚的安全问题，等等。简而言之，在吕氏之乱从谋划到最终平息下来的书写过程中，《吕太后本纪》详于前半段而略于后半段，《孝文本纪》恰恰相反，详于后半段而略于前半段。两篇合起来，吕氏之乱基本能够一窥全貌了。

　　在其他篇章中，《齐悼惠王世家》关于吕氏之乱的书写较为详细，但其实是都城千里之外的齐地因吕氏之乱而引发的斗争，如刘章密告齐王吕氏谋乱、齐王集团杀相召平夺取军权、兼并琅琊王封国、给各地诸侯发讨吕檄文、灌婴与齐王集团的默契、琅琊王在平乱后主张立文帝而否定齐王继承资格等，与《吕太后本纪》和《孝文本纪》截然不同，显然是吕氏之乱的一个不可忽视的侧面。《陈丞相世家》《绛侯周勃世家》《樊郦滕灌列传》关于吕氏之乱的记载俱为简写，侧重点略有差别。《陈丞相世家》点出"卒诛诸吕，立孝文皇帝，陈平本谋也"。③《绛侯周勃世家》以"其语在吕后、孝文事中"④ 一语进行提示。《樊郦滕灌列传》中，郦商的传突出其子郦寄帮助周勃入主北军之事，看起来是《吕太后本纪》相关部分的缩写；灌婴的传则像是《齐悼惠王世家》中灌婴与齐王达成默契这一部分的缩写。

　　这样看来，在吕氏之乱这个重大历史事件的书写上，《吕太后本纪》与《孝文本纪》共同构成了主干，其余世家、列传则大多简写，或进行某个侧面的补充，很难以"繁复"来形容。

---

① 司马迁：《史记》卷9《吕太后本纪》，第411页。
② 司马迁：《史记》卷10《孝文本纪》，第413页。
③ 司马迁：《史记》卷56《陈丞相世家》，第2061页。
④ 司马迁：《史记》卷57《绛侯周勃世家》，第2072页。

除以上两例外，《史记》中还有大量的可能"重复"之处：《秦始皇本纪》与《吕不韦列传》对秦始皇身世的书写，《赵世家》《晋世家》《韩世家》对"下宫之难"的记载，《秦始皇本纪》《李斯列传》《蒙恬列传》对"沙丘之变"的书写，《梁孝王世家》与《袁盎晁错列传》记载梁王刘武派遣刺客刺杀袁盎等朝臣之事，《李将军列传》与《卫将军骠骑列传》书写李广自杀之事，等等。细读下来，大多不但不重复，反而形成了良好的互补。

因此，《史记》中所记之史事，在本纪、世家、列传之中确实有多次写到的情况，但基本上也仅仅是多次提到而已，其记事详略之不同、蕴含感情之多样、内容情节之互补，反而使得这种写法不可或缺，若用"繁复"来评价，未免过于简单化了。

三   《史记》处理"繁复"书写有利于塑造传主形象

据以上所述，在中国古代史学史上，确有不少学者认为以《史记》为主要代表的纪传体史书存在"繁复"书写的情况，但单从《史记》文本书写的分析来看，所谓"繁复"的史事又并不重复。笔者认为，这种现象的出现有其原因，也反映了司马迁史学撰述思想中的偏传主倾向，有利于塑造传主的形象。

第一，纪传体史书对史事的书写难以避免"繁复"，这是由纪传体这种编撰体例决定的。本纪在纪传体史书中是"全书的纲领",[1] 本身就具有全局性书写的意义，是典型的"包举大端"。[2] 本纪之外，世家主要书写了天子之外的方国或诸侯的历史，列传书写了更下一层的民生百态，表与书则进行了有益的补充。从长时段的角度来看，本纪、世家与列传又构成一个横向的宏观社会书写结构。两相结合，《史记》便从纵、横两方面尽可能描绘了历史的全貌，即"究天人之际、通古今之变"。所以，本纪的书写与其他部分必然会出现"繁复"，且数量最多。此外，世家与世家、世家与列传以及列传与列传之间亦有大量"繁复"，这是因为一些重大史事几乎是相关历史人物不可或缺的人生轨迹，多次写到在所难免。

第二，纪传体的这种"繁复"之弊古人早已意识到，且在有意识地避

---

① 白寿彝：《中国历史体裁的演变》，《白寿彝史学论集（下）》，第651页。
② （唐）刘知幾撰，（清）浦起龙通释《史通通释·二体第二》，第28页。

免。中国古代史学史上的体例之争，纪传与编年二体是主角。编年体毕竟按时间叙事，同一史事在时间线上必然只能出现一次，绝无重复之可能，然一人相关之史事，却分散至诸多按时间编排的篇章之中；纪传体集中记述一人之史事，极利于了解单个历史人物，却将单一史事"繁复"地记载到诸多传记篇章之中。两者看似矛盾，几乎无调和之可能。但白寿彝先生引顾炎武之说与章学诚"迁书体圆用神"之论指出，"《史记》运用体裁，不拘成格而富有变化"，虽是纪传体，但其中有编年，有谱牒，有综合论述，有纪事本末，有传记，"有意识地使它们互相配合并在一部书里形成一个完整的体系，这是《史记》的创举"。① 白先生此论已告诉我们，《史记》所用之纪传体，实是较为综合性的体例。顾炎武力主"《汉书》不如《史记》"，虽是比较两书如何撰述《淮阴侯列传》与《淮南王列传》，但也强调"班孟坚为书，束于成格"，② 当是从体例上言，即司马迁创立纪传体，却不囿于纪传体，但《汉书》以后的正史恪守纪传之成规，失了"体圆用神"之真意。

第三，《史记》处理"繁复"书写体现了明显的偏传主倾向，这是司马迁历史书写的高明之处。主要出于体例原因，《史记》记载史事出现所谓"繁复"不可避免；问题在于，同一件"繁复"的史事在各篇之中的内容能不能互换？为什么司马迁要做这样的安排？

《项羽本纪》明显是司马迁费大力气写成的，项羽的形象因此被塑造得有血有肉、悲情而又引人击节赞叹。看到他数次不听范增之劝，便有怒其不争之心；看到他率兵三万以迅雷不及掩耳之势击溃刘邦五十六万大军，又忍不住热血沸腾；四面楚歌、霸王别姬的场面更是令人哀叹惋惜……如此种种阅读感受，无不在司马迁的笔下表达出来。倘若忽然将这一节替代为其他篇章中的内容，甚至不写，项羽这位传主哪里还有什么丰满的形象？没了这里的铺垫，后来悲情失败的结局会显得突兀而难以理解。同理，若在其他三篇中替代以《项羽本纪》的内容，未免喧宾夺主，使得"东风压倒了西风"，对该篇传主的形象刻画反不如对项羽的形象刻画。若《高祖本纪》不写"约法三章"收买人心、不写鸿门宴后秦人对项羽的"不服"，刘邦得天下便显得名不正言不顺；若《留侯世家》不写张良的几次出谋划策及鸿门宴后受到的奖赏，他位列"汉初三杰"便显得理

① 白寿彝：《史学史教本初稿》，《白寿彝史学论集（下）》，第874页。
② （明）顾炎武著，（清）黄汝成集释《日知录集释》，浙江古籍出版社，2013，第1474页。

由不足。唯一的例外，是《樊郦滕灌列传》书写鸿门宴上的樊哙几乎与《项羽本纪》所写相差无几，显得"繁复"，这恰恰是因为樊哙与项羽二人均是"壮士"，项羽明显和樊哙惺惺相惜，关于两人的书写可以为塑造对方的形象增光添彩，是有效的"繁复"。这个例子在《史记》中可说是绝无仅有的。

此外，前述《史记》中大量的史事书写均有类似的特征，即各篇书写同一史事的文字是有利于塑造该篇传主形象的，不能调换。

所以，《史记》创立了纪传体，同时也意识到了纪传体可能造成的"繁复"问题，便采用了多角度书写某一史事的方法，进行恰当的安排。特别是一些重大历史事件，往往以一纪为中心，其余各篇或以略代详，或侧面补充，形成一个中心多点散开的书写格局，需组合起来方能构成该事件的全貌，几无"繁复"之弊。在某种程度上，这或许是皇甫湜称赞纪传体"如览正史，方能备明"却批评编年体"然其善语嘉言，细事详说，所遗多矣"① 的原因吧。

在有意识地避免"繁复"的同时，这种书写格局又明显体现了偏传主的倾向。书写同一史事的"多角度"并非随机安排，而是将相应角度安排在相应的传主篇章之中，使诸多篇章的传主形象得到了较好的塑造。从史学编撰的角度而言，这种偏传主倾向自然体现了大史学家司马迁求真与求善相统一的思想，② 确实较好地解决了"繁复"的问题，值得我们深思。

---

① （唐）皇甫湜：《编年纪传论》，《全唐文》卷 686，第 7030 页。
② 石洪波：《偏传主倾向：〈史记〉求真精神的新视角》，《北京师范大学学报》（哲学社会科学版）2020 年第 3 期。

家谱、家状与家传：唐代的私修谱牒[*]

吴海兰

（厦门大学历史与文化遗产学院 福建厦门 361005）

摘　要：谱牒是中国传统史学的重要分支。中古后期唐代的姓氏之学最为发达，实由私修谱牒所造就。本文以家谱、家状与家传为中心，将传世文献与出土墓志结合，讨论了唐代私修谱牒的基本状况，指出家谱大量增多，取代六朝时期盛行的百家谱与州郡谱；家状数量众多，家传入唐以后则逐步减少。家谱、家状与家传性质相似，但各有特点。私修谱牒有其缺陷，但可以补充正史记载的不足，价值不可忽视。

关键词：私修谱牒　家谱　家状　家传

唐初《隋书·经籍志》史部首设谱系类，后被《旧唐书·经籍志》与《新唐书·艺文志》沿用改名为谱牒，并为后世历代官私目录所沿袭，从而使谱牒成为中国传统史学的重要分支。谱牒之学起源甚早，六朝时期因门阀世族的需要而迅速发展，至唐代达到高峰，郑樵中古"姓氏之学，最盛于唐"① 的论断已得到学界的认可。目前所见国内外学术界关于唐代谱牒学的研究成果，多集中于官修谱牒如《氏族志》《姓氏录》《姓族系录》和敦煌谱牒残卷，对私修谱牒的讨论还不甚充分。② 笔者试在前人研究的

---

* 本文系国家社科基金一般项目"唐代前期儒释道三教与史学关系研究"（21BZS142）的阶段性成果。

① （宋）郑樵著，王树民点校《通志二十略·氏族略第一》，中华书局，1995，第 2 页。

② 主要有孙永如《论唐代谱学》（《陕西师范大学学报》1987 年第 4 期）、郭锋《晋唐时期的谱牒修撰》（《中国社会经济史研究》1995 年第 1 期）、陈捷先《唐代族谱略述》（《第一届国际唐代学术会议论文集》，1988）、徐扬杰《中国家族制度史》（武汉大学出版社，2012）、王鹤鸣《中国家谱通论》（上海古籍出版社，2010）等。

基础上做进一步的讨论。

中国谱牒在不同时代的名称有数十种之多，中古时期的私修谱牒主要分为三类：家谱、家状与家传。①学界目前对家状和家传的认识存在争议，笔者在后文中将对此予以辨析说明。

一　家谱

目前所见名实相符的家谱记载，最早出自《世说新语》注中的《王氏家谱》，② 文中人物王伦是西晋名将王浑之弟。可见以"家谱"命名的谱牒，最迟出现于西晋。据《隋书·经籍志》（以下简称《隋志》），六朝盛行百家谱与州郡谱，分别有七、八种。姓氏谱数量相当，有《京兆韦氏谱》《谢氏谱》《杨氏血脉谱》《杨氏家谱状并墓记》《杨氏枝分谱》《杨氏谱》《北地傅氏谱》《苏氏谱》八种。有学者认为"某氏谱"是官方谱牒，"某氏家谱"是私家谱牒。③如以此标准评判，《隋志》中仅有杨氏家谱是私家谱牒，数量似乎过少。唐平定王世充之乱后，所收的图书走水道运往京师，"行经底柱，多被漂没，其所存者，十不一二"。④《隋志》著录的谱牒类不能反映全貌，但据裴松之《三国志》注及《世说新语》等书的引用，可知《隋志》遗漏者甚多。⑤

唐代谱牒与六朝相比，从《旧唐书·经籍志》（简称《旧唐志》）与《新唐书·艺文志》（简称《新唐志》）来看，第一个变化是皇室宗亲谱明显增多，共有《唐皇室维城录》《天潢源派谱》及《唐偕日谱》《玉牒行楼》《皇孙郡王谱》《元和县主谱》《大唐皇室新谱》《纪王慎家谱》《蒋王恽家谱》《李用休家谱》等十种。其中纪王慎、蒋王恽分别是太宗第十子纪王李慎与第七子蒋王李恽，⑥ 李用休是"纪王（李）慎之后"，⑦三种谱都是宗室谱。唐皇室宗亲谱与前朝皇室谱相比，首先是出现了"玉牒"；

---

① 郭锋：《晋唐时期的谱牒修撰》，《中国社会经济史研究》1995 年第 1 期。后王鹤鸣《中国家谱通论》（第 99 页）采纳其说法。

② （南朝宋）刘义庆著，龚斌校释《世说新语》卷下《排调》，上海古籍出版社，2011，第 1532~1533 页。更早者有汉代扬雄《家牒》，但名称上未直接体现"家谱"。

③ 陈爽：《出土墓志所见中古谱牒研究》，学林出版社，2015，第 28~30 页。

④ 《隋书》卷三十二《经籍志一》，中华书局，1973，第 908 页。

⑤ 杨殿珣的《中国家谱通论》统计家谱 62 种，具体参见《图书季刊》新 3 卷，第 1 期，1946 年。

⑥ 《旧唐书》卷七十六《太宗诸子》，中华书局，1975，第 2664、2660 页。

⑦ 《新唐书》卷五十八《艺文志二》，中华书局，1975，第 1501、1502 页。

其次唐之前皇室谱仅有太子传，而唐代郡王、皇孙、公主、县主等不同身份的宗亲都有了谱牒。李匡文的《唐偕日谱》，记"从圣唐以来列圣下诸王、公主，逐帝书出，号曰'偕日'，与日齐行之义也"。①

第二个变化是以"家谱"命名者增多，新旧《唐志》中记录宗室外的其他家谱二十五种：

> 王方庆《王氏家牒》十五卷
> 又《家谱》二十卷
> 《谢氏家谱》一卷
> 《东莱吕氏家谱》一卷
> 《薛氏家谱》一卷
> 《颜氏家谱》一卷
> 《虞氏家谱》一卷
> 《孙氏家谱》一卷
> 《吴郡陆氏宗系谱》一卷
> 《刘氏谱考》三卷
> 《刘氏家史》十五卷
> 《徐氏谱》一卷
> 《徐义伦家谱》一卷
> 《刘晏家谱》一卷
> 《刘舆家谱》一卷
> 《周长球家谱》一卷
> 《施氏家谱》二卷
> 《万氏谱》一卷
> 《荥阳郑氏家谱》一卷
> 《窦氏家谱》一卷
> 《鲜于氏家谱》一卷
> 《赵郡东祖李氏家谱》二卷
> 《李氏房从谱》一卷
> 《韦氏诸房略》一卷

---

① （宋）陈振孙著，徐小蛮、顾美华点校《直斋书录解题》卷8，上海古籍出版社，1987，第228页。

萧颖士《梁萧史谱》二十卷

以上家谱多以姓氏命名，也有采用全名的。

新旧《唐志》中所记录的谱牒并不全面，现代学者杨殿珣依据洪迈"《新唐（书）·宰相世系表》，皆承用逐家谱牒"①的说法，针对《新唐书·宰相世系表》收录宰相369人，凡98族，推断"此九十八族者，自用九十八族之谱牒无疑。史局所存者，当不仅为曾任宰相者之谱牒，其余为数当亦不少也"。②若洪迈所言属实，《新唐志》中似不应遗漏如此多的谱牒。岑仲勉驳斥此说，指出《新唐书·宰相世系表》大部分取材于《元和姓纂》，错误甚多，"谓夏卿偶得一二家谱，可也，谓承用逐家谱牒，非也。"③

20世纪以来出土的唐代墓志中，有关于家谱的记录，可以弥补传世文献记载的不足。《唐代墓志汇编》及其《续集》将史牒并提者甚多，但据笔者不完全统计，明确提及"家牒"、"谱牒"、"谱册"或"门谱"者，至少有111方。④宣称有家谍者，以太原王氏、陇西李氏、彭城刘氏、清河张氏、兰陵萧氏等在出土墓志中最为多见，分别有8方、7方、6方、5方、5方，可见仍以名门居多。《唐代墓志汇编》及其《续集》共五千余

---

① （宋）洪迈撰，凌郁之笺证《容斋随笔笺证》卷六《唐书世系表》，中华书局，2021，第242页。

② 杨殿珣：《中国家谱通论》，《图书季刊》新3卷，第1期，1946年。

③ 岑仲勉：《〈元和姓纂〉四校记再序》，载（唐）林宝撰，岑仲勉校记《元和姓纂》（附四校记），中华书局，1994，第86页。

④ 《唐代墓志汇编》贞观142、贞观155、永徽070、永徽091、永徽105、永徽108、显庆164、龙朔045、龙朔086、咸亨091、仪凤019、永隆010、永隆015、开耀001、永淳008、弘道002、光宅006、垂拱022、垂拱042、垂拱068、永昌003、天授004、长寿031、证圣015、久视015、神龙048、景龙034、先天002、开元018、开元047、开元120、开元139、开元175、开元345、开元364、开元416、开元427、开元517、天宝017、天宝204、天宝207、大历033、大历052、贞元009、贞元048、贞元076、贞元078、永贞007、元和051、元和054、元和144、元和150、长庆003、大和033、大和081、开成019、开成048、会昌056、大中008、大中031、大中090、大中107、大中122、大中157、咸通053、咸通078、咸通079、咸通099、乾符004、乾符010、乾符022、广明004、光启001、大顺004等74方；《唐代墓志汇编续集》贞观061、仪凤012、上元020、垂拱001、垂拱002、长寿010、开元054、开元086、长安012、至德001、大历025、大历043、贞元039、贞元060、贞元061、元和063、元和078、大和004、大和010、开成002、会昌001、会昌024、会昌029、大中009、大中012、大中033、大中070、咸通025、咸通026、咸通051、咸通056、咸通062、咸通064、咸通068、咸通098、乾符006、乾符017等37方，合计111方。

方，明确提及有家谍者仅百余方，其中开元至晚唐77方，约占69%，符合唐代家谱主要产生于中后期的趋势。

除了以上宣称家有谱牒外，还有少量墓志提及家谱在其他族人手中，如董府君夫人王氏墓志说："以宗子在他邦，家谍遗坠，故曾祖之讳今阙其文。"① 也有直叙家谱在战乱或流离中散失，如巨鹿魏邈墓志云："顷因禄山暴逆，銮舆南征，畿甸士庶，皆为俘馘，由是图籍毁致，旧业烟烬，不可复知先人之事也，此无以述。"② 清河张江墓志云："因丧乱谱谍失绪，虽累代不择而仕，皆显名于一时。"③ 苗府君夫人彭城刘氏墓志云："其先彭城远裔，流落江左，家籍失坠，故匿名不书。"④

需要注意的是，即使号称有家谱也可能是墓志的常用套语，而非事实。如王倾墓志称其为太原人，家族"衣冠赫弈，簪组陆离，详诸国史，焕乎家谍"，但祖及父有官职而无名讳。⑤兖州暇丘县主簿马君夫人天水董氏墓志说董氏"国史家谍，代有其人"，但提及祖先，"曾祖某某官，祖某某官，父忠，皇灵州司马"，⑥名讳官职俱缺。南海郡番禺县主簿樊君夫人出自魏郡田氏，"其锡姓受氏，列职分班，家谍详矣"，⑦但文中没有家族成员的任何信息。

与之相反，有的墓志没有出现"家谍"或相关字眼，却保留了该家族的谱系。如北齐豫州刺史淮南公杜行宝于天统二年（566）去世，到唐高宗仪凤二年（677），其曾孙杜善达、义节等为之雕茔，志阴中有收录杜氏家祖成员如下：

> 曾祖讳行宝，周朝任豫州刺史诸军事淮南公。
>
> 祖讳洪贵，妻李。
>
> 祖讳洪略，妻马。
>
> 祖讳洪艳，隋犫城府校尉，妻陈。
>
> 祖讳洪祭，隋任河山府司士，妻郭。

---

① 周绍良、赵超主编《唐代墓志汇编续集》咸通068，上海古籍出版社，2001，第1086页。
② 周绍良、赵超主编《唐代墓志汇编》元和082，上海古籍出版社，1992，第2006页。
③ 周绍良、赵超主编《唐代墓志汇编》大中040，第2279页。
④ 周绍良、赵超主编《唐代墓志汇编》乾符018，第2485页。
⑤ 周绍良、赵超主编《唐代墓志汇编》开元018，第1163页。
⑥ 周绍良、赵超主编《唐代墓志汇编》开元416，第1443页。
⑦ 周绍良、赵超主编《唐代墓志汇编》天宝017，第1542页。

　　祖讳洪远，妻董。

　　祖讳洪振，妻陈。

　　父讳恒周，妻赵。

　　父讳君政，妻吕。

　　叔讳君操，妻张。

　　右善达、义节等三代尊讳。

　　弟善惠。①

这与汉魏六朝的墓志体例②非常相似，应是杜氏家族谱牒的直接抄录或节录。这属于唐初的情况，在笔者所见墓志中仅此一例，应是六朝墓志的遗风。另有天宝时期永王府录事参军范阳卢自省的墓志，同样未提及家谱，但较为详细地记录了其六代祖以来的谱系：

　　六代祖讳渊，后魏吏部尚书，八子四卿，一门三主。渊生司空道虔，虔生周左庶子昌衡，衡生皇博州刺史宝胤，胤生绛州稷山令元规，规生滑州卫南令遴，积仁累德，族大宠彰。公即卫南府君三子也。③

如此明确的谱系传承，也离不开家谱的记录。

　　唐代的家谱实物目前无所见，于邵的《河南于氏家谱后序》可提供部分线索。④该文写于德宗贞元八年（792），说其高叔祖于志宁曾修集家谱，"其受姓封邑，衣冠婚嫁，著之谱序，亦既备矣"。于邵重撰家谱，与安史之乱相关："天宝末，幽寇叛乱，今三十七年。顷属中原失守，族类逃难。……所以旧谱散落无余，将期会同，考集不齐，奚为修集？"家族在战乱中分崩离析，家谱多散失，有鉴于此，时任太子宾客的于邵，与九祖长房族弟太子少保于顾、九祖三房族兄襄王府录事参军于载及其他子弟共同商讨此事，一致同意对原有的家谱予以修订。规则如下："每房分为两卷，其上卷自九祖某公至玄孙止，其下卷自父考及身已降，迭相补注。即

---

① 周绍良、赵超主编《唐代墓志汇编》仪凤006，第628~629页。

② 陈爽：《出土墓志所见中古谱牒探迹》，《中国史研究》2013年第4期。

③ 周绍良、赵超主编《唐代墓志汇编》天宝256，第1710页。

④ 周绍良主编《全唐文新编》卷四二八（吉林文史出版社，2000，第4978~4979页）收录于邵《河南于氏家谱后序》。

令邵以皇考工部尚书为下卷之首，此其例也。"其他诸房均可据此编写。上卷"自九祖某公至玄孙止"，遵循小宗五世而迁的原则；下卷仅记父辈与自身，但可"迭相补注"。"衣冠人物"偏少的房支，如文公第四子安平公、第五子齐国公、第六子叶阳公、第七子平恩公、第八子襄阳公、第九子桓州刺史并以六房，共编为一卷。原家谱第五卷以下，"子孙皆名位不扬，婚姻无地，湮沉断绝，寂尔无闻"，都暂时保持原貌，后世倘若其子弟中"有遇之者、知之者，以时书之"，①以上诸房的后裔如果成为官僚，才会被载入家谱。② 于氏原为北魏皇族勿忸氏，孝文帝迁都洛阳后改姓于，作为房姓士族，重视衣冠婚嫁，家族成员在政坛上的浮沉升降会相应影响不同房支在家谱中的地位高低与篇卷多寡，家谱体现出重视官宦身份的鲜明特点。

二　家状

家状的起源尚不清楚，在唐代文献中已不罕见。家状大致可分为两类。第一类与科举或选官相关，集中出现于唐代后期。如文宗大和五年（831）吏部奏外官赴任，须先奏闻："其给解处审勘。仍于家状一一具奏诸亲等第。"③ 武宗会昌四年（844），中书门下奏"今日以后，举人于礼部纳家状后，望依前三人自相保"。④这类家状是举子或选官的家庭状况表，内容大概包括籍贯及三代名讳。⑤这种家状沿用至宋代。⑥

第二类与家族历史相关。睿宗景云二年（711）⑦ 前后，曾依附张易之、武三思而被流配钦州的宋之问，写信给史官吴兢，希望将父亲宋令文

---

① （唐）于邵：《河南于氏家谱后序》，周绍良主编《全唐文新编》卷四二八，第4978~4979页。

② 〔美〕姜士彬：《中古中国的寡头政治》，范兆飞、秦伊译，仇鹿鸣校，中西书局，2016，第138页。

③ （宋）王溥：《唐会要》卷七十五《选部下》，上海古籍出版社，2006，第1618页。

④ 《册府元龟》卷六四一《贡举部·条例三》，中华书局，1960，第7686页。

⑤ 傅璇琮：《唐代科举与文学》，陕西人民出版社，1986，第78~79页。

⑥ 孙继民：《黑水城所出宋赵德诚家状试释》，姜锡东、李华瑞主编《宋史研究论丛》第5辑，河北大学出版社，2003，第107~120页。

⑦ 吴在庆主编，丁放副主编《唐五代文编年史》（初唐卷），黄山书社，2018，第313页。编者以为此文具体年岁难考，宋之问于先天元年（712）被赐死，故系其于此前一年。笔者按：宋之问于景云元年（710）被流放至钦州，卜居桂林，故该文当作于景云元年至先天元年之间（710~712）。

载入国史。文中提及"往送家状,蒙启至公之恩,希果实言,深蓄自私之感"。①"家状"应是记录死者一生行迹要略的行状。宪宗元和六年(811),白居易为祖父白锽、父亲白季庚撰写《太原白氏家状二道》。该文题下注:"元和六年,兵部郎中、知制诰李建按此二状修撰铭志。"②可见此家状是为墓志提供资料。宣宗大中六年(852),宗正寺图谱官李弘简指出:"近日修撰,率多紊乱,遂使冠履僭仪,玄黄失位。数从之内,昭序便乖。今请宗子自常参官并诸州府及县官等,各具始封建诸王,及五代祖,及见在子孙,录一家状,送图谱院。"③这说明家状与谱牒相关。

家状主要见于《元和姓纂》,郭锋搜罗了16种,笔者统计总数约120种,因数量太大,另行撰文讨论,此处不详录。郭锋认为家状的格式似为公文表状类,以上报官府的口吻,列叙家族成员世宦情况,以历官为主而稍及世次,较为简略。④但他并未列举原始的家状文献作为例证,笔者推测他是以《元和姓纂》"状云"后的记述为根据。但这可能存在问题,下面列举《元和姓纂》中保存较为完好且分支较多的杜氏以作说明。

杜氏有京兆、襄阳、中山、濮阳、洹水、陕郡、安德、扶风郿县、偃师、成都、河东、齐郡、醴泉、河南等十四个郡望。其中有家状者见如下六支。

【濮阳】状称与京兆同承杜赫之子威,世居濮阳。陈留太守杜亮,生保。保生伽。伽生义博、义宽。义博生端人。端人生元揆,天官员外;生希彦,右补阙、太子洗马;生华、万,检校郎中。

【洹水】状称与京兆同承延年后。石赵时从事中郎杜曼始家邺,后徙洹水。七代孙君赐,隋乐陵令,生正元、正藏、正伦、正仪、正德。正藏,唐长安尉,生侨。侨生咸、损。咸,工部郎中。正伦,中书黄门侍郎、同三品、度支员外尚书、中书令、襄阳公。

【安德】状云延年之后,徙平原。唐司勋郎中杜文纪;生慎盈,国子司业。文纪孙照烈,虞部郎中。

---

① (唐)宋之问:《在桂州与修史学士吴兢书》,(宋)李昉等编《文苑英华》卷六九一,中华书局,1966,第3565页。

② (唐)白居易著,朱金城笺注《白居易集笺校》卷四十六,上海古籍出版社,1988,第2832页。

③ (宋)王溥:《唐会要》卷三十六《氏族》,第777页。

④ 郭锋:《晋唐时期的谱牒修撰》,《中国社会经济史研究》1995年第1期。

【偃师】状云本京兆人。唐礼部侍郎嗣光；孙溱之，兵部郎中。溱之生长文。溱之堂侄确，河中节度。

【河东】状云延年后。屯田员外杜颂，名犯讳。又给事中杜宾王，又补阙杜颜，右骁骑将军杜宾客，生右庶子台贤，刑部郎中杜敏，并云京兆人。

【齐郡】状云延年后。皇太子太保、行台尚书令、吴王杜威，赐姓李氏；生德俊，右骁卫将军、宿国公。[①]

杜氏分支中以京兆杜氏最为显赫发达，自汉以来，历代名人辈出，如汉杜周，西晋杜预，北魏杜瓒，唐杜如晦、杜楚客、杜淹、杜佑等，但无家状记录。濮阳杜氏家状自称与京兆同承杜赫之子杜威，而《元和姓纂》京兆杜氏最早可追溯至汉代杜周，并未提及杜赫与杜威，在其他文献中只称杜威"世居濮阳"，其他情况阙载，因此杜威可能是濮阳杜氏虚拟的祖先。[②]洹水、安德、河东、齐郡诸杜的家状都自称是汉代杜延年之后。杜延年是杜周之子，杜周本居南阳，以豪族徙茂陵，延年又徙杜陵，属于京兆杜氏，[③]也就是说洹水、安德、河东、齐郡诸杜都是从京兆杜氏分化而来的独立的郡望。其中仅洹水杜氏可以得到其他资料佐证，《元和姓纂》卷六中说洹水杜氏始于杜曼，"石赵时从事中郎杜曼始家邺，后徙洹水"；韩愈有类似的记载："（杜）宽后三世曼，为河东大守，葬其父洹水之阳。其后世皆从葬洹水。"[④]安德、河东、齐郡诸杜家状虽然都宣称是延年之后，但无详细的家族迁徙与始祖介绍，不无依托之嫌。偃师杜氏家状也宣称自京兆分出，但同样缺乏相关的资料说明。

无家状的杜氏中，因京兆杜氏与襄阳杜氏世系篇幅较长，我们选取内容较少的中山、陕郡、醴泉诸杜作对比：

【中山】与京兆同承魏仆射杜畿，后家中山。裔孙弼，北齐徐州刺史；生蕤，隋治中御史，生公瞻，台卿。公瞻，隋著作郎，生之

---

① （唐）林宝撰，岑仲勉校记《元和姓纂》（附四校记），第935、939、942、942、943、944页。

② 王力平：《中古杜氏家族的变迁》，商务印书馆，2006，第314页。

③ （唐）林宝撰，岑仲勉校记《元和姓纂》（附四校记），第911页。

④ （唐）韩愈著，马其昶校注，马茂元整理《韩昌黎文集校注》卷六《故中散大夫河南尹杜君墓志铭》，上海古籍出版社，2014，第437页。

松、之亮、之元。之松，唐许州刺史。之亮，司勋员外，生休纂、延昌。休纂，淄州刺史。延昌孙朗，太子洗马。

【陕郡】后魏广武太守杜德，云当阳侯之后。曾孙贲阤，生善贤、贤意。善贤，绵州刺史。贤意，涪州刺史。

【醴泉】检校右仆射、节度杜希全；生叔良，兼御史中丞。全弟希进，右神策将军，又振武都护兼御史大夫。①

杜氏以上三支都无家状，始祖及迁徙地的介绍或有或无，但各房支的世系与官宦情况，与有家状诸杜的记述类似。所以，《元和姓纂》中征引的大量家状，应该并非原貌。

其实，白居易的《太原白氏家状二道》可提供例证。②其文包括《故巩县令白府君事状》与《襄州别驾府君事状》。前文追述了白氏的起源与家族历史③："白氏芈姓，楚公族也。楚熊居太子建奔郑。建之子胜，居于吴楚间，号白公，因氏焉。"④后楚杀白公，其子奔秦，裔孙白起以大功封武安君。始皇帝封其子仲于太原，子孙于此世代定居，故为太原人。白居易称祖父白锽为白起二十七代孙，历数其高祖、曾祖、祖、父四代名讳与官职，并详述白锽的生平履历、个人性格，兼及其夫人出身、卒年，五个儿子的具体名讳与官职。后文为白居易之父白季庚事状，不再提及家世，一半篇幅记录其本人官职履历、卒年，另一半记载其夫人家族出身及个人情况。其祖先事状中同样侧重姓氏起源、家族迁徙及家族名人，与《元和姓纂》所征引者并无区别，但内容要详细得多。

此外，唐代部分墓志中也有提及家状者，如《唐故尹府君朱氏夫人墓志铭并序》说："曾□祖从家状官告，坠失不叙。府君讳澄，其先望在天水，贯居秦州，后子孙分散，各处一方，今权居孟州，即为河阳县人也。"⑤这是上呈给官府的家状，符合郭锋所云上报官府者。但更常见的是为撰写墓志铭而提供的家状，如绵州刺史李正卿墓志记："有唐会昌四年四月十一日，左绵守李公殁于位，其孤潜状公之理行，请铭于褒，褒与公

---

① （唐）林宝撰，岑仲勉校记《元和姓纂》（附四校记），第934、941~942、944页。
② 《元和姓纂》白氏原缺，由岑仲勉据陈振孙《白文公年谱》及《名贤氏族言行类稿》所补，未参考白居易所撰家状。见《元和姓纂》（附四校记），第1588页。
③ 褰长春：《白居易评传》，南京大学出版社，2002，第3页。
④ （唐）白居易著，朱金城笺注《白居易集笺校》卷四十六，第2832页。
⑤ 周绍良、赵超主编《唐代墓志汇编》会昌039，第2239页。

实姻旧，得以忘固陋，遂条列云。"①姚存古墓志铭中记录："大和九年三月
五日，内常侍姚公薨于东都里第。是月癸酉，祔葬长安龙首原。其孤状公
勋烈，以来请铭。"②与白居易撰写的家状类似。

三　家传

以"家传"命名的书籍大约出现于东汉末年，《隋书·经籍志二》将
之列入杂传类，共29种。清代章宗源《隋书经籍志考证》补录21种，剔
除重复4种，唐以前文献著录的家传共46种。③此后《旧唐书·经籍志》
将家传归入史部杂谱牒类，《新唐书·艺文志》纳大部分家传入史部杂传
记类，仅黄恭之《孔子系叶传》放在谱牒类。

家传是否属于谱牒，不仅唐宋时期存在争议，即使今天学界也未达成
一致意见。支持家传为谱牒者，有陈直、杨冬荃、钱杭、郭锋、徐扬杰
等④，反对者有仓修良、胡宝国、杨强、陈爽、曹新娟等。⑤反对者多以清
代章学诚的看法为依据："魏晋以降，迄乎六朝，望族渐崇，学士大夫，
辄推太史世家遗意，自为家传，其命名之别，若王肃《家传》、虞览《家
记》、范汪《世传》、明粲《世录》、陆煦《家史》之属，并于谱牒之外，
勒为专书，以俟采录者也。"⑥唐宋之间谱牒已有较大的变革，相比八百多
年后的章学诚，或许当时人的看法更可靠。相关资料目前所见主要有如下
两例。

---

① 周绍良、赵超主编《唐代墓志汇编》会昌040，第2240页。
② 周绍良、赵超主编《唐代墓志汇编续集》大和053，第921页。
③ 李传印：《门阀士族与魏晋南北朝时期家传的撰修》，载《史学理论与史学史学刊》，社会
科学文献出版社，2012。
④ 陈直：《南北朝谱牒形式的发现和索隐》，《西北大学学报》（哲学社会科学版）1980年第
3期；杨冬荃：《六朝时期家谱研究》，《谱牒学研究》第4辑，书目文献出版社，1995；
钱杭：《宗族的传统建构与现代转型》，上海人民出版社，2011，第192页；郭锋：《晋唐
时期的谱牒修撰》，《中国社会经济史研究》1995年第1期；徐扬杰：《中国家族制度
史》，第238页。
⑤ 仓修良：《家谱杂谈》，载张本义主编《白云论坛》第4卷，北京图书馆出版社，2007；胡
宝国：《汉唐间史学的发展》，商务印书馆，2003，第156页；杨强：《汉魏六朝家谱研究》，
西北大学硕士学位论文，2001，第23页；陈爽：《出土墓志所见中古谱牒研究》，第21~22
页；曹新娟：《魏晋南北朝家传研究》，河南大学硕士学位论文，2007，第6~7页。
⑥ （清）章学诚著，叶瑛校注《文史通义校注》卷六《和州志氏族表序例上》，中华书局，
1985，第620页。

夫郡国之记，谱谍之书，务欲矜其州里，夸其氏族。读之者安可不练其得失，明其真伪者乎？至如江东"五俊"，始自《会稽典录》；郡国记也。颍川"八龙"，出于《荀氏家传》；谱谍书也。而修晋、汉史者，皆征彼虚誉，定为实录。苟不别加研核，何以详其是非？①

古者衣冠之家，书于国籍，中正清议以定品流。故有家传、族谱、族图。江左百家，轩裳继轨；山东四姓，簪组盈朝。隋唐已来，勋书王府，故士族子弟，多自纪世功，备载简编，以光祖考。②

第一例出自刘知幾，表明《荀氏家传》是"谱谍书"。第二例源于五代后唐宰相赵莹，将家传与族谱、族图并列，可见视为同一类型。此外，《旧唐志》以开元时期的《古今书录》为蓝本，唯删去小序及有关注释，那么其分类以及著录的典籍应是参照《古今书录》。③也就是说，《旧唐志》的史部杂谱谍类收录家传，应是沿袭《古今书录》，而非新创。可见，刘知幾将家传视为谱谍并非孤立的看法。

事实上，将家传视为谱谍的学者也强调家传有两种类型：一种是个人传记，相当于别传，不同于家谱；另一种是按照世次列举，较详细地记载家族每个人的事迹，是列传式的家谱。④

《旧唐志》所载唐代家传仅3种：《令狐家传》一卷（令狐德棻撰）、《裴若弼家传》一卷、《敦煌张氏家传》二十卷（张太素⑤撰）。《新唐志》所载唐代家传有9种：

> 黄恭之《孔子系叶传》二卷⑥
> 《裴若弼家传》一卷
> 令狐德棻《令狐家传》一卷
> 张大素《敦煌张氏家传》二十卷

① （唐）刘知幾著，（清）浦起龙通释《史通通释》卷五《采撰》，上海古籍出版社，2009，第108页。
② 《册府元龟》卷557《国史部·采撰三》，第6695页。
③ 王重民：《中国目录学论丛》，中华书局，1984，第106页；武秀成：《〈旧唐书·经籍志〉"增补〈古今书录〉"说辨误》，《中国典籍与文化》2006年第3期。
④ 杨冬荃：《六朝时期家谱研究》，《谱谍学研究》第4辑，书目文献出版社，1994，第29页。
⑤ 张太素当作张大素，《旧唐书》卷六十八《张公谨传》、《新唐书》卷八十九《张公谨传》都作"张大素"，且其兄弟分别名大象、大安，可证"太素"误。
⑥ 《新唐书》卷五十八《艺文志二》，第1501页。

颜师古《安兴贵家传》卷亡

陈翃《郭公家传》八卷子仪。翃尝为其寮属，后又从事浑瑊河中幕

殷亮《颜氏家传》一卷杲卿

李繁《相国邺侯家传》十卷

张茂枢《河东张氏家传》三卷弘靖孙①

《郭公家传》与《相国邺侯家传》分别是郭子仪与李泌的传记。后者系李泌之子李繁于文宗大和年间犯死罪，在狱中"恐先人功业泯灭，从吏求废纸，掘笔，著《家传》十篇，传于世"。②《裴若弼家传》《安兴贵家传》虽以个人姓名命名，但如果以为仅是个人别传，③则未必正确。如六朝的《顾恺之家传》就有记载顾恺之外的人物："（顾）敷字祖根，吴郡吴人。滔然有大成之量，仕至著作郎，二十三卒。"④安兴贵是唐初功臣，灭李轨，封凉国公；其弟修仁也立下大功，封申国公。其招慰李轨前，曾对李渊说："臣于凉州，奕代豪望，凡厥士庶，靡不依附。臣之弟为轨所信任，职典枢密者数十人，以此候隙图之，易于反掌。"⑤可见，安氏是凉州名门，家传很可能并不仅是安兴贵个人的传记。至于裴若弼，仅出现于此家传中，其他文献无记载，可见并非裴氏名人，那么家传中为其个人作传的可能性也不大。

现存可见的家传还有《敦煌氾氏家传》残卷（S.1889 号），是唐人抄本，所记内容止于西晋及五凉时期，有学者推测其原作者当在唐以前，距五凉时期不远。⑥但该传本是残卷，内容不全，虽不能排除非唐代人所撰，⑦但作为唐代家传证据也不充分，故暂存而不论。

值得注意的是，博陵崔氏第二房的安平公崔暟（632～705）墓志中提及其曾修《家记》及《六官适时论》，病重时曾交代二子："吾所著书，未及缮削，可成吾志。"⑧其墓志铭文后半部对其后世子孙记载甚详，直至代宗大历年间的曾孙，当是对崔暟《家记》的续补。学界通常将"家记"

---

① 《新唐书》卷五十八《艺文志二》，第 1483～1485 页。

② 《新唐书》卷一三九《李泌传》，第 4639 页。

③ 武丽霞：《论古代家传之演变》，《内蒙古师范大学学报》2006 年第 4 期。

④ （南朝宋）刘义庆著，龚斌校释《世说新语》卷中《夙惠》，第 1066 页。

⑤ 《旧唐书》卷五十五《李轨传》，第 2251 页。

⑥ 杨际平、郭锋等：《五一十世纪敦煌的家庭与家族关系》，岳麓书社，1997，第 192 页。

⑦ 王鹤鸣《中国家谱通论》（第 99 页）直接视其为唐代家传，但未予以论证。荣新江《话说敦煌》（山东教育出版社，1991，第 84～85 页）也称其为唐代历史文献。

⑧ 周绍良、赵超主编《唐代墓志汇编》大历 062，第 1802 页。

视为家传同类，① 故可以据此大致了解唐代家传的情况。

　　安平公之元子浑，字若浊，居丧不胜哀，既练而殁。御史之长子孟孙，仕至向城县令；嫡子众甫，仕至朝散大夫行著作佐郎，嗣安平县男；少子夷甫，仕至魏县令。天宝之末年，夷甫卒，乾元之初年，孟孙卒；宝应之初年，众甫卒。众甫之子满赢、贞固，并先众甫卒；贞固之子公度又夭。今有孟孙之子牪，仕为大理评事兼澧州录事参军事。夷甫之子契臣未仕。

　　安平公之次子沔，字若冲，服关授左补阙，累迁御史，尚书郎，起居著作，给事中，中书舍人，秘书少监，左庶子，中书侍郎，魏、怀二州刺史，左散骑常侍，秘书监，太子宾客，薨，赠礼部尚书、尚书左仆射，谥曰孝。

　　仆射之长子成甫，仕至秘书省校书郎，冯翊、陕二县尉，乾元初年卒。

　　成甫之长子伯良，仕至殿中侍御史；次子仲德，仕至太子通事舍人；少子叔贤，不仕，并早卒。今有伯良之子詹彦，仲德之一子未名，并未仕。

　　仆射之嫡子祐甫，仕为中书舍人，开元十七年，玄宗亲巡五陵，谒九庙，将广孝道，申命百辟，上其先人之官伐，悉加宠赠。仆射孝公时为常侍，是以有卫尉之命。

　　初安平公之曾祖凉州刺史自河朔违葛荣之难，仕西魏，入宇文周，自凉州以降，二代葬于京兆咸阳北原。安平公之仕也，属乘舆多在洛阳，故家复东徙。神龙之艰也，御史仆射以先妣安平郡夫人有羸老之疾，事迫家窭，是以有邙山之权兆。自后继代，家于瀍洛。及安平公之曾孙也，为四叶焉。②

该墓志共记崔氏家族上下八代、历经北魏至隋唐。崔睒长子崔浑，《大唐新语》中载其曾任侍御史，进谏中宗告祭武氏庙，③新旧《唐书》中无传。

---

① 如周一良《魏晋南北朝史学发展的特点》（《魏晋南北朝史论集》，北京大学出版社，1997，第391页）、曹新娟《魏晋南北朝家传研究》（河南大学硕士学位论文，2007，第4页）等。

② 周绍良、赵超主编《唐代墓志汇编》大历062，第1803页。

③ （唐）刘肃：《大唐新语》卷二《极谏》，古典文学出版社，1957，第56页。

崔暟夫人王媛墓志中记其曾任监察御史："长子监察御史浑，直指清立，庆长运短，丁安平府君忧，浑居丧孝闻，既练而殁。"① 崔暟次子沔，官至中书侍郎、太子宾客等，薨赠礼部尚书、尚书左仆射，入《旧唐书·孝友传》，《新唐书》亦有传。崔沔嫡子祐甫，修墓志时任中书舍人，后官中书侍郎、同平章事。该家记对未仕甚至夭折的子弟都有记录，并于文尾追述了崔暟的曾祖凉州刺史仕西魏，入宇文周，及后来崔暟出仕，家族东徙洛阳，家族墓地自京兆咸阳北原转移至邙山的历史。

我们可以将崔氏家记与六朝家传佚文略作对比。

> 《荀氏家传》曰："组字大章，中宗为晋王时，将征为司徒，问太常贺循，循曰：'组旧望清重，勤劳显著，迁训五品，以统人伦，实充人望。'诏以组为司徒。"②
>
> 《袁氏家传》曰："乔字彦升，陈郡人。父瓌，光禄大夫。乔历尚书郎、江夏相。从桓温平蜀，封湘西伯、益州刺史。"③
>
> 《桓氏家传》曰："延康元年，初置散骑之官，皆选亲旧文武之才，以为宾宴之臣。迁桓范为散骑侍郎。"④

六朝家传的片段都比较简略，侧重介绍人物的仕宦简历，崔氏家记与其基本类似，无大差别。

综合唐代家传来看，不仅数量比六朝大为减少，而且内容也开始发生变化。唐代之前的家传一般名曰"某氏家传"，⑤ 大多是家族名人传，包罗多人，如《太平御览》中记载的《荀氏家传》就比较典型，收录有荀羡、荀彧、荀组、荀爽、荀闿、荀悝、荀恺、荀悦、荀遂等家族成员。⑥崔氏家记继承的大约就是这种传统，但与此同时，唐代家传的记载范围开始缩小，出现大部头记载单个人物的情况，如陈翃的《郭公家传》八卷，李繁

---

① 周绍良、赵超主编《唐代墓志汇编》大历 063，第 1804 页。
② （宋）李昉等：《太平御览》卷二〇八《职官部六·司徒下》引《荀氏家传》，中华书局，1960，第 998 页。
③ （南朝宋）刘义庆著，龚斌校释《世说新语》卷上《言语》，第 289 页。
④ （宋）李昉：《太平御览》卷二二四《职官部二十二·散骑侍郎》引《桓氏家传》，第 1066 页。
⑤ 《隋书》卷三十三《经籍志二》，中华书局，1973，第 977 页。
⑥ 分别见李昉等《太平御览》卷一五四、卷一八一、卷二〇八、卷二四三、卷二四七、卷二六八、卷三六三、卷三八〇、卷四〇三。

的《相国邺侯家传》十卷，这不仅偏离了六朝家传的原貌，而且与私家谱牒的距离越来越远。

四 结语

唐代是士族从衰落走向最终消亡的阶段。安史之乱以前，整个社会风气仍然崇尚门第，世家大族热衷于撰写私家谱牒；安史之乱加速了士族制度的瓦解与士庶的合流，随着官修谱牒的没落，私修谱牒因为门阀旧族和新兴士族的重视而有较大的发展。

唐代三种主要的私修谱牒，家传和家谱产生较早，家状较晚，主要出现于唐代。三种谱牒的发展趋势是：家传在六朝时期最多，入唐以后逐步减少；唐代家谱数量比此前有所增多，单个家族的家谱取代六朝时期盛行的百家谱与州郡谱；家状大量出现，成为唐代重要的私谱形式。唐代家谱、家状与家传性质相似，但各有特点。家谱中皇室宗亲谱明显增多，普通私谱重视家族成员官宦身份的特色明显。家状注意追溯家族的起源，突出始祖的地位，重视记载家族居地的迁徙，主体内容以记录包括三代祖与见在子孙的仕宦经历和世系为主。唐代部分家传延续了六朝侧重介绍家族人物仕宦经历的传统，同时出现大部头记载单个人物的情况，性质发生变化。

家状、家传与家谱性质相似，但仍存在区别。家状侧重追述家族的渊源变化及祖先官职，但仍以简介个人的生平履历为主，且依据需要可上交官府；而家谱网罗所有家族人物，基本在各个家族内部流传。家传大多是家族人物合传，只记载名人事迹，不能网罗所有的族人，无法搞清家族所有人的血缘关系；家谱以家族的世系为脉络，重视注明族众之间的血缘关系。[①]家传与家谱可以互补，但家谱更简洁齐全，可能更符合家族的长期需要，因此唐代家谱增多，而家传减少。

刘知几对中古谱牒曾有如下总结。

> 谱牒之作，盛于中古。汉有赵岐《三辅决录》，晋有挚虞《族姓记》；江左有两王《百家谱》，中原有《方司殿格》。盖氏族之事，尽

---

① 徐扬杰：《中国家族制度史》，第238~239页。

在是矣。①

　　高门华胄，奕世载德，才子承家，思显父母。由是纪其先烈，贻厥后来，若扬雄《家牒》殷敬《世传》《孙氏谱记》《陆宗系历》。此之谓家史者也。②

刘知幾笔下的"谱牒"，至少有广义与狭义两种。前文提及他认为《荀氏家传》是"谱牒书"，这属于广义的谱牒；狭义的谱牒是官修姓氏书，即《三辅决录》《族姓记》《百家谱》《方司殿格》等官谱，"用之于官，可以品藻士庶；施之于国，可以甄别华夷"。③而私修的谱牒，可称为"家史"，"事惟三族，言止一门，正可行于室家，难以播于邦国"。④刘知幾揭示私修谱牒"务欲矜其州里，夸其氏族"，强调辨识其真伪今已成为学界共识；⑤其批评修汉晋史者将家谱中虚实相参的内容奉为实录，也值得重视，但后来清代四库馆臣⑥和王鸣盛⑦盲目承袭刘知幾家史"难以播于邦国"的观点，反对家传进入国史则未免因小失大。正如钱大昕所说："一家之书与国史相表里焉。宋元以后，私家之谱不登于朝，于是支离傅会，纷纭舛驳，私造官阶，倒置年代，遥遥华胄，徒为有识者喷饭之助矣。"⑧私修谱牒可以补充正史记载的不足，价值不可忽视。

---

① （唐）刘知幾著，（清）浦起龙通释《史通通释》卷三《书志》，第68页。
② （唐）刘知幾著，（清）浦起龙通释《史通通释》卷十《杂述》，第254页。
③ （唐）刘知幾著，（清）浦起龙通释《史通通释》卷三《书志》，第68页。
④ （唐）刘知幾著，（清）浦起龙通释《史通通释》卷十《杂述》，第256页。
⑤ 近些年代表性论著有仇鹿鸣《制作郡望：中古南阳张氏的形成》（《历史研究》2016年第3期）、范兆飞《中古士族谱系的虚实——以太原郭氏的祖先建构为例》（《中国史研究》2017年第4期）等。
⑥ 《四库全书总目》卷四六《正史类·北史》（中华书局，1965，第409页）说"岂知家传之体，不当施于国史哉？"
⑦ （清）王鸣盛著，黄曙辉点校《十七史商榷》卷六十八《并合各代每一家聚为一传》（上海古籍出版社，2013，第914页）说"使国史变作家谱，最为谬妄"。
⑧ （清）钱大昕著，吕友仁校点《潜研堂文集》卷二十六《钜野姚氏族谱序》，上海古籍出版社，2009，第448页。

中韩两部《续资治通鉴纲目》比较研究[*]

中韩两部《续资治通鉴纲目》比较研究[*]

中韩两部《续资治通鉴纲目》比较研究[*]

张璐瑶

（南开大学历史学院，天津　300350）

摘　要： 南宋朱熹编撰《资治通鉴纲目》，继承春秋笔法，开创纲目体例，后世多有续作。明初，商辂等人奉诏以纲目体续修宋元史，成《续资治通鉴纲目》。朝鲜王朝以朱子理学立国，对纲目体例尤为关注，商辂本《续资治通鉴纲目》传到朝鲜王朝后，其中以元朝纪年为正统的记述方式受到朝鲜学者反对。金宇颙本《续资治通鉴纲目》应运而生，否定元朝正统，对商本进行大幅改编，既修正了其中不合于春秋笔法的内容，又大量删去元朝内容，其编撰方式体现了朝鲜学者对正统论和华夷论的严格遵从。两书的比较有助于更深入地认识中国史学对朝鲜王朝史学的影响，也可以进一步理解中韩史学的交流与互动。

关键词： 商辂　金宇颙　朝鲜王朝史学　《续资治通鉴纲目》

　　明朝成化年间，商辂等人奉诏编修《续资治通鉴纲目》，上接朱熹《资治通鉴纲目》（以下简称《纲目》），续写宋元历史。该书传到朝鲜王朝后，朝鲜儒者认为《资治通鉴纲目》是继孔子作《春秋》后又一部义理大著，但商辂本《续资治通鉴纲目》以元朝纪年系事，不合正统，违背纲目精神。以"小中华"自居的朝鲜王朝学者要求重修中国宋元明史，强调正统观和华夷论，于是金宇颙《续资治通鉴纲目》就在此环境下产生。中韩学界对两书已有部分研究，王秀丽、左桂秋、王德毅等讨论了商辂本

---

* 本文系国家社科基金重大项目"韩国汉文史部文献编年与专题研究"（21&ZD242）的阶段性成果。

《续资治通鉴纲目》的编纂情况、纂修背景与内容。① 韩国学者权重达、权仁浩、李仁福等考察了金宇颙本《续资治通鉴纲目》的编撰过程、内容与历史意识，② 但国内尚无金本相关研究。笔者试从中韩学术交流的视野重新讨论该书的编撰，并与商辂本进行详细比较，以期讨论朝鲜王朝早期纲目体史书的编撰特色，并进一步深化对中韩史学交流的认识。

一　明初《续资治通鉴纲目》的编修

宋代以来，史学从重纪事转为重褒贬，运用理学的概念和准则对历史进行重新解释，以春秋笔法褒贬历史人物与事件，重视史学的道德教化功能。南宋中期《资治通鉴纲目》问世后，理学化史学开始占据上风，至明初史学进一步为王朝政治服务，统治者“不仅从历史中获得制定各项政策和建立各种制度的灵感和理论依据，而且还有意识地利用史学为其具体的统治目的服务”，利用史学进行政治教育。③ 明朝建立之初，朱元璋迫切地要求编修元朝历史，以确立明朝正统，于是官修《元史》承认元朝统治的合法性。但正统年间情况发生改变，北元与明的关系日趋紧张，正统十四年（1449）发生“土木之变”，英宗在土木堡被俘，其弟朱祁钰临危即位，是为景泰帝。次年，英宗被放还，成为太上皇。在北元的威胁下，以民族排外为主旨的正统论又趋热烈，明朝君臣亟须否定元朝法统，要求在史书编撰中严明“内夏外夷”。④ 对内而言，外患平息后，英宗朝臣子多次向无嫡长身份的景泰帝发难。景泰帝在此特殊的政治时期，迫切地需要证明自身即位的正统性，编撰纲目体史书就成为自然而然的文治手段，通过上接朱子《纲目》的史书编纂，塑造自己的正统形象。⑤

---

① 王秀丽：《〈续资治通鉴纲目〉纂修二题》，《史学史研究》2004年第2期，第46~49页；左桂秋：《明代通鉴学研究》，山东大学博士学位论文，2006，第28~32页；王德毅：《商辂与〈续资治通鉴纲目〉》，《全球化下明史研究之新视野论文集》（三），东吴大学，2007，第321~330页。

② 〔韩〕权重达：《资治通鉴对中韩学术之影响》，台湾政治大学中国文学研究所博士学位论文，1979，第413~445页；〔韩〕权仁浩：《南冥學派의實學思想研究》，《南冥学研究论丛》第5辑，1997，第333~374页；〔韩〕李仁福（이인복）：《金宇顒의元史인식과〈續資治通鑑綱目〉》，《韩国史学史学报》第45辑，2022，第55~96页。

③ 向燕南：《史学与明初政治》，《浙江学刊》2002年第4期，第160页。

④ 钱茂伟：《明代史学的历程》，社会科学文献出版社，2003，第33页。

⑤ 王秀丽：《〈续资治通鉴纲目〉纂修二题》，《史学史研究》2004年第2期，第46页。

景泰六年（1455），景泰帝下令编撰《宋元通鉴纲目》："朕惟古昔帝王盛德大功，载诸典谟训诰誓命之文；春秋二百四十二年之事，著于孔子褒贬之书，足为鉴者不可尚矣。自周威烈王至梁、唐、晋、汉、周五代事，书于朱文公《通鉴纲目》，亦天下后世之公论所在，不可泯也。朕尝三复，有得于心。独宋、元所纪，窃有歉焉。卿等其仿文公例，编纂官上接《通鉴纲目》，共为一书，以备观览。"① 编修工作主要由总裁陈循、高谷、萧镃、商辂四人负责，按照"勤敏有学识者，具官职名以闻，其尚精审毋忽"的要求征集编纂官，最终"左春坊大学士兼翰林院侍读彭时，右春坊大学士兼翰林院侍讲刘俨，翰林院侍讲学士兼右春坊右中允吕原，翰林院侍讲学士兼左春坊左中允倪谦，司经局洗马翰林院修撰李绍，春坊赞善兼翰林院捡讨钱溥，詹事府府丞李侃、李龄，顺天府治中刘实，兵部主事章陬，中书舍人兼司经局正字刘钺，国子监博士陈淮，南京通政司参议丁澄，南京尚宝司司丞宋怀，南京刑部主事张和，南京工部主事刘昌，南京国子监学录萧士高，湖广蕲州知州金铣，浙江仁和县学教谕聂大任"等二十三人参与编撰。② 编修人员主要来自翰林院，但也有数位来自六部和地方官，体现出明朝官修史书人员来源的多样性。景泰八年（1457）十二月，英宗发动"夺门之变"，废黜景泰帝，并罢免数位前朝要臣，其中也包括负责编修《宋元通鉴纲目》的四位总裁。陈循谪戍，"充铁岭卫军"，③ "萧镃、商辂除名……高谷致仕"，④ 编纂《宋元通鉴纲目》的工作也随之暂停。

宪宗即位后，重视史书编撰，主张"惟天地纲常之道载诸经，古今治乱之迹备诸史，自昔帝王以人文化成天下，未始不资于经史焉"。⑤ 成化九年（1473）二月，宪宗欲重新考订《资治通鉴纲目》，因其所阅历代史书"惟宋儒朱子因司马氏《资治通鉴》著为《纲目》，权度精切，笔削谨严，自周威烈王至于五季，治乱之迹，了然如指诸掌，盖深有得于孔子春秋之心法者也"，⑥ 且"是书所载，自周、秦、汉、晋，历南北朝、隋、唐，以

---

① 《明英宗实录》卷二五六，景泰六年七月乙亥，中研院史语所，1984，第 5509~5510 页。

② 《明英宗实录》卷二五六，景泰六年七月乙亥，第 5510~5511 页。

③ 《明英宗实录》卷二七四，天顺元年正月丁亥，第 5806~5807 页。

④ 《明史》卷十二《英宗后纪》，中华书局，1974，第 153~154 页。

⑤ 《御制续资治通鉴纲目序》，（明）商辂等：《续资治通鉴纲目》，首尔大学奎章阁韩国学研究院藏韩构字本，第 1 页。

⑥ 《御制续资治通鉴纲目序》，（明）商辂等：《续资治通鉴纲目》，第 1~2 页。

及五季，凡千三百六十二年之间，明君良辅有以昭其功，乱臣贼子无所逃其罪，而疑事悖礼，咸得以折衷焉，俾后世为君为臣者，因之以鉴戒劝惩，而存心施政，胥由正道，图臻于善治，其于名教岂小补哉！然则是书诚足以继先圣之《春秋》，为后人之轨范，不可不广其传。"① 但其书版本各异，传讹颇多，考异、考证之作皆无定论，为此宪宗特命儒臣重新考订，"集诸善本，证以凡例，缺者补之，羡者去之……以免学者之疑，成朱子笔削之志也"。② 在考订校勘的基础上，宪宗还以王逢《资治通鉴纲目集览》、尹起莘《资治通鉴纲目发明》附其后，重新确定《资治通鉴纲目》定本，锓梓颁行。但宪宗并不满足于重新整理《资治通鉴纲目》，他认为"虽有长编、续编之作，然采择不精，是非颇谬，概以朱子书法未能尽合"，③ 遂在同年十一月下诏称："朱文公《通鉴纲目》可以辅经而行，顾宋元二代至今未备，卿等宣遵朱子凡例编纂宋元二史，上接《通鉴》共为一书。"④ 于是再次开启了以纲目体例续修宋元史的编修工作，并将《宋元通鉴纲目》改名为《续资治通鉴纲目》，进一步强调接续朱熹《资治通鉴纲目》之义。

此时，前任《宋元通鉴纲目》撰修总裁的高谷、陈循、萧镃已先后去世，仅剩商辂一人，故"召商辂为兵部侍郎，复入阁"。⑤ 除商辂继续负责修纂外，还加入大学士彭时、户部尚书万安为总裁，并下令八馆共编："太常寺卿兼侍读学士刘珝，学士王献，侍读学士彭华，侍讲学杨守陈、尹直，左春坊左庶子黎淳，左谕德谢一夔，翰林院修撰郑环、刘健、汪谐、罗璟，编修程敏政、陆简、林瀚，分为七馆编纂。明年侍讲学士丘濬丁忧起复时，等请令濬同编纂，再加一馆，为八馆。"⑥ 此次纂修历时三年，成化十一年（1475）彭时去世，编修工作主要由商辂主导，前后十七人参与编撰。两次纂修记录在册的编修人员共计四十人，可见《续资治通鉴纲目》的编成是群体智慧的结晶，这也符合明代修史一贯特点。

成化十二年（1476），《续资治通鉴纲目》编修完成，商辂代表编修人员上表奏进。后世多称此版为商辂本，原因有二。一则前后两次负责编撰

---

① 《明宪宗实录》卷一一三，成化九年二月十六日丁丑，第 2196～2197 页。
② 《明宪宗实录》卷一一三，成化九年二月十六日丁丑，第 2196 页。
③ 《御制续资治通鉴纲目序》，（明）商辂等：《续资治通鉴纲目》，第 2 页。
④ 《明宪宗实录》卷一二二，成化九年十一月二十一日，第 2355 页。
⑤ 《明史》卷十三《宪宗本纪》，第 164 页。
⑥ 《明宪宗实录》卷一二二，成化九年十一月二十一日，第 2355 页。

的总裁六人中，书成时高谷、陈循、萧镃、彭时均已去世，在世的仅余商辂、万安两人。万安在修史中贡献有限，《明史》甚至评价其："要结近幸，蒙耻固位。犹幸同列多贤，相与弥缝匡救，而秽迹昭彰，小人之归，何可掩哉！"① 二则商辂全程参与《续资治通鉴纲目》的两次编修，并且其人品、官声皆为人称道。商辂（1414~1486），字弘载，号素庵，宣德十年（1435）乡试、正统十年（1445）会试及殿试均为第一名，"终明之世，三试第一者，辂一人而已"。② 景泰帝时入内阁参预机务，"夺门之变"后被英宗削籍除名，宪宗时期再度入阁，官至内阁首辅，历经"土木之变""夺门之变"、汪直专权等事件。他晚年请求罢黜宦官汪直未果，于是辞官致仕，身处高位而持身严正，名声极佳。成化二十二年（1486）去世，谥号"文毅"。后学赞其"续《史鉴纲目》，远绍考亭心传而道脉衍"，③ "琼林锡宴，负三元之大名。玉署承恩，秉《春秋》之史笔。其所存也，隐然涵四海之深忧"。④ 故而《续资治通鉴纲目》纂成以后，后世皆称之为商辂本，亦理所当然。

《续资治通鉴纲目》记宋建隆元年（960）到元至正二十七年（1367）间四百零八年史事，共二十七卷。宪宗作序称："凡诛乱讨逆，内夏外夷，扶天理而遏人欲，正名分而植纲常，亦庶几得朱子之意，而可以羽翼乎圣经，仍命梓行，嘉惠天下。"⑤ 商辂指出"春秋为经中之史，而纲目实史中之经"，前代史家"著宋史者迄无定论，撰元书者罔有折衷"，本朝官修《元史》亦有不足之处，"或杂于辽、金而昧正统之归，或成于草率而失繁简之制，或善善恶恶之靡实，或是是非非之弗公，况其前后牴牾，予夺乖谬，众说纷纭，率未有能会于一者"，⑥ 而《续资治通鉴纲目》则正可以避免此类问题，其书上接朱子《纲目》，编撰目的就在于为宋元史确立定论。商辂上表总结史事记录原则如下。

搜罗剔抉，存其信而传其疑；讨论研磨，详其大而略其细。惟赵

---

① 《明史》卷一六八《列传》五六《万安传》，第4532页。
② 《明史》卷一七六《列传》六四《商辂传》，第4687页。
③ （明）吴○：《商文毅公文集序》，（明）商辂著，孙福轩编校《商辂集》，浙江古籍出版社，2012，第586页。
④ （明）黄镐：《商文毅公年谱·赞辞》，（明）商辂著，孙福轩编校《商辂集》，第599页。
⑤ 《御制续资治通鉴纲目序》，（明）商辂等：《续资治通鉴纲目》，第1页。
⑥ （明）商辂：《进续资治通鉴纲目表》，（明）商辂等：《续资治通鉴纲目》，第3页。

宋自建隆之创业，积而为庆历之升平，迨熙丰之纷更驯，以致靖康之祸乱，比偏安于江左，竟讫篡于海南，其中命令之施，纪纲之布，国体安危之系，民生休戚之关，大书特书，咸据往牒，正例变例，悉本成规。彼契丹出自鲜卑，女真起于渤海，皆以桀黠之虏，割据于邻壤，亦为采摭其事，附见于当时。若胡元之主中华，尤世运之丁极否，冠履倒置，天地晦冥，三纲既沦，九法亦斁，第已成混一之势，矧复延七八之传，故不得已大书其年，亦未尝无外夷之意。①

　　商辂指出宋朝自建隆创业以来政治安定，至庆历年间形成盛世，但由于熙宁、元丰年间王安石变法改革的激进，招致靖康之乱，朝廷不得不南迁。为了吸取北宋治乱兴衰的教训，详细记载其中"命令之施，纪纲之布，国体安危之系，民生休戚之关"。对于契丹、女真则简单附记，以补充史实。至于元朝部分，虽是异族政权，但由于其事实上的统一，不得不在纪年时仍用元朝年号。这样的处理招致当时学者批评，编修者之一的丘濬指出"自有天地以来，中国未尝一日而无统也。虽五胡乱华，而晋祚犹存；辽金僭号，而宋系不断，未有中国之统尽绝，而皆夷狄之归如元之世者也"，② 进而坚决反对商本以元朝为正统的记述方式，斥之为变统，为此甚至私修《世史正纲》，以严华夷之分。③

　　《续资治通鉴纲目》修成后即由内府刊行，弘治年间在流传中先后有周礼、张时泰效仿尹起莘发明朱子《纲目》之例，力图阐明宋元史实中所蕴含的天理，撰成《续资治通鉴纲目发明》（以下简称《发明》）和《续资治通鉴纲目广义》（以下简称《广义》）。④ 崇祯年间，陈仁锡将三书合而为一。清康熙年间，康熙帝不满于《发明》与《广义》中多诋毁辽、金、元之辞，时加批注。后来乾隆帝诏修四库全书，乃下手谕命皇太子及军机大臣订正《续资治通鉴纲目》，成《御批续资治通鉴纲目》一书，收录在《四库全书》史部史评类。

---

① （明）商辂：《进续资治通鉴纲目表》，（明）商辂等：《续资治通鉴纲目》，第 3 页。
② （明）丘濬：《世史正纲》卷三二，《四库全书存目丛书·史部》第 6 册，齐鲁书社，1996，第 631 页。
③ 钱茂伟：《明代史学的历程》，第 33 页。
④ 王德毅：《商辂与〈续资治通鉴纲目〉》，《全球化下明史研究之新视野论文集》（三），第 328 页。

二 金宇颙及《续资治通鉴纲目》的编撰与成书

商辂本《续资治通鉴纲目》传入朝鲜后，受到学人关注。朝鲜《燕山君日记》记载："提学成俔曰：'前日天使金辅所进《续纲目》，其为书甚切要。成宗将欲印出，已命撰集，请速印进，以资讲读。'"① 这说明此书在成宗时期（1469～1494）已传入朝鲜，燕山君时期刊印，此后成为经筵教材，在燕山君、中宗、明宗、宣祖时期多次进讲。宣祖七年（1574），柳希春在经筵中讲："《纲目》以上之世，宜以《通鉴纂要》补之；《纲目》以后之世，可以《续纲目》足之。如此，则历代之事，森罗无遗矣。"② 可见商辂本《续资治通鉴纲目》已成为朝鲜君臣了解中国宋元历史的主要著作，金宇颙也是其中一员。

金宇颙（1540～1603），字肃夫，号东冈、直峰，本贯庆尚道义城。家族为义城金氏，新罗敬顺王之后，高丽朝定居星州。父亲金希参，号七峰。金宇颙幼而好学，先后求学于吴健、曹植、李滉。③ 吴健曾在星州设学堂，"拣取儒生，分为四等而训诲之"，④ 金宇颙在学堂跟随其学习性理学，他后来回忆说："我始志学，索居孤鄙，其开发之力，实自于公而不敢忘也。"⑤ 明宗十三年（1558），金宇颙参加乡解两科，次年中进士，会试一等第三，"词章炜烨，言动不妄，士友间声称蔼然"。⑥

其时，金宇颙父亲病重不治去世，金希参与曹植久有交游，金宇颙丁忧结束之后，曹植将自己的外孙女嫁给金宇颙，"闻公之为人，爱而归其

---

① 《朝鲜燕山君日记》卷四三，燕山君八年四月二十七日戊辰，韩国国史编纂委员会编《朝鲜王朝实录》第13册，韩国国史编纂委员会，1953～1958，第488页。

② 《朝鲜宣祖实录》卷八，宣祖七年十二月十五日乙卯，第21册，第317页。

③ 吴健（1521～1574），本贯咸阳，字子强，号德溪，精通《中庸》，与曹植、李滉等人交游，著有《丁卯日记》《德溪集》等；曹植（1501～1572），本贯昌宁，字楗仲、健中，号南冥，朝鲜王朝前期性理学大家，晚年在德山洞中讲学，著有《南冥集》《破闲杂记》等；李滉（1501～1570），本贯真宝，字景浩，号退溪、退陶、陶叟，朝鲜王朝性理学代表人物，乙巳士祸后隐居培养门人，形成岭南学派，著有《退溪集》《朱子书要》《四端七情论》等。

④ （朝鲜王朝）吴健：《德溪集外集》卷七《行状》，韩国民族文化推进会编刊《影印标点韩国文集丛刊》第38册，1989，第151页。

⑤ （朝鲜王朝）金宇颙：《东冈集》卷十六《祭吴德溪文》，韩国民族文化推进会编刊《影印标点韩国文集丛刊》第50册，1990，第406页。

⑥ （朝鲜王朝）金宇颙：《东冈集》附录卷一《行状》，第427页。

甥女焉。公仍受学于先生。素知有义理之学而有意焉，至是益加勉励"。①
自此金宇颙受学于曹植门下，曹植为之"书赠雷天二字，盖取大壮之义
也。又出所佩惺惺铃子以赠曰：'此物清响，解警省人。'"② 他跟随曹植
学习朱子学，直到宣祖五年（1572）曹植去世。金宇颙为其撰写祭文、行
状、言行录，感怀师恩："小子何幸，弱冠趋隅。恭惟先君，志实同趋。
古人静坐，谓公如之。施于孤露，敢不通迫。托属门壶，委以函丈，一十
年来，备承诱奖，高论凛烈，德宇峻爽。海亭秋深，山斋夜寂，肃容相
对，诲我真切。"③ 其间，金宇颙还尝受教于退溪李滉。明宗二十二年
（1567），"以举子入都下，适李先生赴召，为就谒而请问。谈论容止之间，
所以熏炙而自得者，已不少矣"。④ 宣祖六年（1573），上札为李滉请谥号，
称其"超然独会于孔孟程朱之心法，著书立言，启迪后学，盖吾东方一人
而已"。⑤ 李玄逸总结金宇颙求学经历："先生早游南冥之门，已知君子立
身行己出处进退之义。既又从退溪李文纯公，得闻圣贤相传道统真诀，乃
知持敬穷理为入道进德之要。于是沉潜反复，以精其义，整齐严肃，以饬
其躬。"⑥ 这种求学经历为金宇颙打下了深厚的性理学功底，也为其出入朝
堂、经筵讲学奠定了基础。

　　由于父亲和师长的去世，金宇颙文科及第后并未出仕。直至宣祖六年
（1573），他三十四岁方承召入朝，历任修撰、校理、吏曹佐郎、舍人、副
应教、弘文馆直提学、成均馆大司成等职。他常出入经筵，为宣祖进讲
《尚书》《春秋》《资治通鉴纲目》等书，阐述儒家政治理念。文集年谱中
有记录的进讲就有三十九次，《东冈集》卷十一到卷十四还收录了金宇颙
所撰《经筵讲义》，按照年月日的顺序，以对话体形式记录1573～1585年
金宇颙参与的经筵内容，包括经筵方式、场所、教材及参与者。⑦ 金宇颙
在经筵进讲时尤其推崇《春秋》，曾讲："春秋大义，扶三纲立人纪，帝王
治天下之大经大法皆在焉。人主当沉潜圣经，于所谓大经大法者有得焉，

---

① （朝鲜王朝）金宇颙：《东冈集》附录卷一《行状》，第427页。
② （朝鲜王朝）金宇颙：《东冈集》附录卷四《年谱》，第494页。
③ （朝鲜王朝）金宇颙：《祭文·门人金宇颙》，（朝鲜王朝）曹植：《南冥集》卷三，韩国
　民族文化推进会编刊《影印标点韩国文集丛刊》第31册，1989，第529页。
④ （朝鲜王朝）金宇颙：《东冈集》附录卷一《行状》，第428页。
⑤ （朝鲜王朝）金宇颙：《东冈集》卷六《请退溪李先生赐谥札》，第263页。
⑥ （朝鲜王朝）李玄逸：《东冈集跋》，《东冈集》，第511页。
⑦ （韩）李仁福（이인복）：《金宇颙의「經筵講義」의 著述과 特徵》，《朝鲜时代史学
　会》第99号，2021，第205页。

则治平之术，尽在于此矣。"① 李玄逸评价其："经筵陈说，宛然有程朱晦退格君之遗范。宣祖初年，眷注方深，屡蒙嘉奖。惟其天赋刚正，嫉恶如仇。尝于筵中，直斥郑澈回邪奸毒之状，历陈李珥偏私护党之失，大为时论所挤，终不得一日安于朝廷之上。"②

16 世纪，随着士林广泛参与政治与朋党的形成，朝鲜王朝开启了党争的时代。早期党争以东西分党的形式出现，西人党以栗谷李珥为中心，由京城和京畿、忠清、全罗道地区在朝士族构成；而东人党则由安东地区的李滉和智异山地区的曹植等在野士族构成。③ 在南冥曹植门下的修学经历使金宇颙自然地成为东人党一分子。宣祖二十二年（1589），栗谷李珥门人郑汝立，对西人政治深感不满，遂广交急进的东人，用密祀图谶说迷惑人心，在全罗道镇安的竹岛上秘密结社——大同契，欲发动易姓革命，但此计划事前败露，郑汝立自杀身亡，随后上千人受牵连问罪，史称己丑狱事。④ 金宇颙因为曾与郑汝立一起在曹植门下修学，被牵连流配会宁。"门人罗德润、李玑玉、金錂等从。在谪所筑小斋，名曰完斋，又曰省愆堂。以退溪先生手书'思无邪，毋不敬，毋自欺，慎其独'十二字贴壁上。日处其中，读朱子书。"⑤ 他在完斋每日阅读《宋鉴》《资治通鉴纲目》等书，对朱熹编史精神有了更深入的了解。在研究过程中，他发现商辂本《续资治通鉴纲目》虽称意在正统，但在史书编撰中以同样的体例撰写宋元二代史，有许多不合于春秋笔法和纲目体例的地方，为此产生了改编的意愿。

据《东冈先生全书》中《年谱别本》记载，宣祖二十三年（1590）十一月十五日，金宇颙梦见一位既像李滉又像成运的老先生"赐给秘书"，第二天就开始了《续资治通鉴纲目》的编修。⑥ 他的门人李玑玉、罗德峻、罗德润、李纬等也参与了编修工作。宣祖二十五年（1592）五月，因壬辰战争爆发，编修工作暂时中断。金宇颙蒙宥后前往义州行在所，成为袁黄接伴史，还曾奉命问安李如松。其间作诗云："孤臣在北塞，空余胆一斗，举头望西方，欲向螭阶叩。愿借尚方剑，一斩佞臣首。腷臆谁与诉，辛酸

① （朝鲜王朝）金宇颙：《东冈集》卷十三《经筵讲义》，第366页。
② （朝鲜王朝）李玄逸：《东冈集跋》，《东冈集》，第511页。
③ （韩）韩永愚著，李春虎译《新编韩国通史》，东北亚历史财团，2021，第330页。
④ （韩）韩永愚著，李春虎译《新编韩国通史》，第325页。
⑤ （朝鲜王朝）金宇颙：《东冈集》附录卷四《年谱》，第506页。
⑥ （韩）李仁福（이인복）：《金宇颙의元史인식과〈續資治通鑑綱目〉》，第66页。

血欲呕。尝闻古人训，鱼舍熊掌取，风檐展朱书，道理贯心肘。"① 这段经历使其更深地树立了尊明大义的华夷观。十二月，金宇颙书斋受兵火牵连，书籍数千卷付之一炬。次年忙于政事，直至宣祖二十七年（1594）才重启编修工作，一边编史，一边入朝侍讲；七月，修改了宋太祖、太宗本纪；②八月，修改了真宗、仁宗、英宗、神宗本纪；②次年三月，定稿，"属笔六年始成，凡共三十六卷"。③

金宇颙编修《续资治通鉴纲目》（以下简称《续纲目》）成书于壬辰战争期间，一直未进呈刊印，百余年间仅以草本形式，在学者之间传阅；仅在与之交游的同门及后学郑逑、张显光、许穆、李玄逸等人所写祭文、文集序、行状跋、神道碑铭中有所记录，没有广泛传播。李玄逸总结金宇颙学术成就时，提及"先生尝就朱子纲目，仿温公稽古录例，有所编次"。④郑逑赞其"节《续纲目》，阐幽扬邃，将裨世教"。⑤张显光称赞金宇颙所编《续资治通鉴纲目》继承了朱熹编史精神，"真事业之办，又专在于《续纲目》之作，则子朱子所以继素王之业，立万世之经者，公有以得其权衡矣"。⑥许穆称："《续纲目》二十卷，又惓惓于斯道斯民者，能绍述前古，历叙治乱，辟邪说正人心，开视劝戒，勤亦至矣。"⑦直到英祖时期，安鼎福为编撰《东史纲目》收集资料时，此书才引起重视，"《续纲目》，乃宣庙名臣金东冈宇颙所编，十分简严，较俗行本，优劣自办，恨不能刊布流传也"。⑧英祖四十七年（1771），时为王世子的正祖在书筵上与臣僚讨论商榷本《续资治通鉴纲目》，权衡不当之处，安鼎福以副率入侍，奏曰："先正臣金宇颙尝撰《续纲目》，今其草稿，适在臣所。"⑨正祖下令进览，并校正，在奎章阁刊印，进讲于书筵。

至于大规模刊印《续纲目》，则时间更晚。正祖十五年（1791），"岭

---

① （朝鲜王朝）金宇颙：《东冈集》卷一《壬辰五月诗》，第191页。
② 编修过程详见李仁福所整理《金宇颙〈续纲目〉编修日程表》，《金宇颙의元史 인식과〈續資治通鑑綱目〉》，第66~67页。
③ （朝鲜王朝）金宇颙：《东冈集》附录卷四《年谱》，第508页。
④ （朝鲜王朝）李玄逸：《神道碑铭》，金宇颙：《东冈集》附录卷二，第483页。
⑤ （朝鲜王朝）郑逑：《寒冈集》卷十二《祭金东冈宇颙文》，韩国民族文化推进会编刊《影印标点韩国文集丛刊》第53册，1990，第312页。
⑥ （朝鲜王朝）张显光：《东冈集》附录卷一《行状跋》，第465页。
⑦ （朝鲜王朝）许穆：《东冈先生文集序》，《东冈集》，第182页。
⑧ （朝鲜王朝）安鼎福：《顺庵集》卷九《与郑子尚书》，韩国民族文化推进会编刊《影印标点韩国文集丛刊》第229册，1999，第526页。
⑨ （朝鲜王朝）金宇颙：《东冈集》附录卷四《年谱》，第510页。

南儒生上疏请刊布《续纲目》，兼请从祀文庙，筵臣李秉模亦上疏请命该道臣刊布"，① 但未得到许可。正祖二十年（1796），金宇颙七代从孙金翰东以左承旨入侍，正祖又下教曰："《续纲目》曾为进览，以活本印出，知之乎，以私家眷本，至于进览而印出，岂非以其书之甚邃，而其书之邃，岂非以其人之邃乎。"② 正祖二十四年（1800），晴川书院的儒生再次请求刊行该书，正祖下教曰："其所编册子，将欲刊印广布，予所旷感，尤出寻常。"③ 刊刻之前，朴旨瑞、南汉朝、赵虎然等人在近岩书院对该书"对同勘校，正其伪误"。④ 直至纯祖八年（1808），金宇颙的第七代从孙金翰东终于在星州晴川书院以木板本刊行《续资治通鉴纲目》，"先生手编本十二卷，而篇秩重多，每卷分为上中下三篇，凡三十六卷"。⑤

该书刊行于 19 世纪东亚遭到西方冲击之际，朝鲜王朝涌现"卫正斥邪"的新思潮，强烈排斥异质文化，史学思想中对元的贬斥更加强烈。柳重教继承金宇颙思想，批评商辂本《续资治通鉴纲目》"处胡元以正统，与大宋无别，是不识正统法义，而大失纲目主意也"，⑥ 而"在我东，金东冈宇颙先已有黜元之议。自宋子倡明大义以后，几乎为士大夫大同之论矣"。⑦ 故要求继承金宇颙"黜元之议"，"命柳重教，修宋元史纲目，削其元统，依僭国之例"，严格区分华夷之辨，编成《宋元华东史合编纲目》。⑧ 柳重教在具体编撰过程中，对正统相关记载较之金宇颙更为严格。如金本称元成宗"即位"，柳重教则将之改为"立"等，更加强调华夷之分。并且将高丽历史附入宋元历史中，表现"夷而进于中国，则中国之"

---

① （朝鲜王朝）金宇颙：《东冈集》附录卷四《年谱》，第 510 页。

② （朝鲜王朝）金翰东：《续资治通鉴纲目事略》，（朝鲜王朝）金宇颙：《续资治通鉴纲目》，韩国学中央研究院藏书阁藏纯祖八年木版本，第 3 页。

③ （朝鲜王朝）金翰东：《续资治通鉴纲目事略》，（朝鲜王朝）金宇颙：《续资治通鉴纲目》，第 3 页。

④ （朝鲜王朝）朴士淳：《讷庵集附录》卷八《家状》，韩国民族文化推进会编刊《影印标点韩国文集丛刊续集》第 103 册，2010 年，第 184 页。

⑤ （朝鲜王朝）金翰东：《续资治通鉴纲目事略》，（朝鲜王朝）金宇颙：《续资治通鉴纲目》，第 4 页。

⑥ （朝鲜王朝）柳重教：《省斋集》卷八《往复杂稿·上重庵先生》，韩国民族文化推进会编刊《影印标点韩国文集丛刊》第 323 册，2004，第 180 页。

⑦ （朝鲜王朝）柳重教：《省斋集》卷八《往复杂稿·上重庵先生》，第 180 页。

⑧ （朝鲜王朝）金平默：《华西集附录》卷八《行状》，韩国民族文化推进会编刊《影印标点韩国文集丛刊》第 305 册，2003，第 481 页。

的“春秋之意”。①

三 中韩两部《续资治通鉴纲目》比较

朱熹编撰《资治通鉴纲目》时正值南宋与金民族矛盾激化，商辂等编撰《续资治通鉴纲目》时北元正虎视眈眈，金宇颙编书时遭遇万历朝鲜之役，相似的历史环境让他们形成了共同的编撰动机，即继承儒家“攘夷”思想，严夷夏之辨，定正统之分。但在具体编撰过程中他们又有区别。金宇颙本《续资治通鉴纲目》（以下简称金本）晚商辂本《续资治通鉴纲目》（以下简称商本）百余年而成，所记载的对象和时期相同。金榥《续纲目义例考异》称：“愚尝参取两本而对读之，知东冈之为是书，在乎得见成化本之后，而为其书法之不协于义，故特就而裁正之。惟其所据之在是，故其文之同者多，而不同者少，以其无害于义者，仍存而不改也。至其非关义理，而或有详略彼此之分者，亦记录之时然尔，非故异之也。”② 可以说金宇颙重编宋元史就是为了删削修改商本“书法之不协于义”之处。金翰东刊行时亦称该书“规模节目一遵《紫阳纲目》，而视成化本详略不同，权衡或异”。③

具体而言，主要改动之处可分为三类。

第一，金宇颙以华夷观、正统观为修史原则，以纲目凡例为基准，对商本内容进行了修改，尤其是金本与商本在帝号及纪年方式上十分不同。朱熹《资治通鉴纲目》序例中规定：“因年以著统。凡正统之年岁下大书，非正统者两行分注。”④ 商本凡例进一步详细规定“凡入中原而未一统者，不纪元（辽、金、夏皆不纪，仿汉、唐例）。及金、元得中原，然后分注纪年于宋年下（仿晋、魏例）。凡外夷得统，中国正统未绝，犹系之中国，及外夷全有天下（谓元世祖），中国统绝，然后以统系之。”⑤ 即辽、大理、

① （朝鲜王朝）崔益铉：《宋元华东史合编纲目跋》，（朝鲜王朝）李恒老考定，柳重教、金平默共编《宋元华东史合编纲目》，宇钟社，1976，第1315页。

② （朝鲜王朝）金榥：《续纲目义例考异》，（朝鲜王朝）金宇颙著，金南基等译《东冈先生全书》第10册，晴川书院，1995。

③ （朝鲜王朝）金翰东：《续资治通鉴纲目事略》，（朝鲜王朝）金宇颙：《续资治通鉴纲目》，第1页。

④ （宋）朱熹：《资治通鉴纲目序例》，《朱子全书》第11册，严文儒、顾宏义校点，上海古籍出版社、安徽教育出版社，2010，第21页。

⑤ （明）商辂等：《续资治通鉴纲目凡例》，《续资治通鉴纲目》，第1页。

西夏这类少数民族政权在未实现统一时，虽入中原亦不纪元；而宋末金、元入中原后，金、元年号则两行分注于宋朝年号之下，以显示宋朝的正统地位。直到宋朝灭亡，元统一天下后，才以元朝年号纪年。金本则反对这种处理，始终不以正统之例处理元朝年号。

具体而言，年号使用的区别主要体现在易代之际。两书记事皆起于宋太祖建隆元年（960），商本分注当时所存各个政权："周恭帝宗训元年，宋太祖神德皇帝赵匡胤建隆元年，蜀主孟昶广政二十三，南汉主刘鋹大宝三，北汉孝和帝刘钧天会五，南唐元宗李景十八年。"① 其时周边有南唐、吴越、南汉、后蜀、北汉、湖南、荆南、泉漳八个割据政权，先记后周，再书宋，附后蜀、南汉、北汉、南唐年号，详记各个政权帝号、君主姓名、年号，又书"是岁周亡，宋代新大国一，旧小国四，凡五国，吴越、荆南、湖南，凡三镇"，② 记录吴越、荆南、湖南三个势力更小的政权。北方有辽、西夏，西南有大理，按"入中原而未一统"例，皆不纪元。直至宋太祖开宝八年（975）始称宋主为"帝"，不再记政权数量。因宋未统一中原之时，亦为无统之列国。

金本则以小字双行记为"周恭帝宗训元年，宋太祖神德皇帝赵匡胤建隆元年，蜀孟昶，南汉刘鋹，北汉刘钧，南唐李景"，③ 完整记录宋朝年号及帝号，但贬记宋朝之外的君主，皆直书其名，既不称蜀、南汉君主为"主"，也不书北汉刘钧帝号"孝和帝"及南唐李景帝号"元宗"，并且不记录与宋同时期的其他政权年号，以示重视宋朝正统。并且，金本大书纪年起始的限制更为严格，直至宋太宗太平兴国四年（979）宋统一中原，周边所有割据政权都灭亡后，才称宋主为"帝"，结束了小字双行的分注纪年，改为大书宋朝年号。

元朝部分的记载则表现更为突出，在朝鲜王朝中期，随着朱子学越发兴盛，有关正统论和华夷论的讨论大量展开，商本将元视作正统的纪年方式受到朝鲜学人批评。在宋末年号处理上，商本并记宋与元年号，如景定元年（1260），另起一行低一字分注"蒙古世祖皇帝忽必烈中统元年"于宋年号后。④ 至宋朝灭亡后，大书以元朝年号纪年。金本则完全不同，在宋未亡期间不记元朝年号，直至宋亡后（1280）才记元朝年号，但不予大

① （明）商辂等：《续资治通鉴纲目》卷一，第1页。
② （明）商辂等：《续资治通鉴纲目》卷一，第1页。
③ （朝鲜王朝）金宇颙：《续资治通鉴纲目》卷一上，第1页。
④ （明）商辂等：《续资治通鉴纲目》卷二一，第7页。

书，仍以小字双行形式书写"元世祖忽必烈至元十七年"，直称君名，不称谥号。① 安鼎福指出这种分注纪年体现了以元朝为无统的华夷之辩，"以宋平太原后，始继正统，此已有定论。元虽统一，而分注纪年，斥为无统之例，是亦攘夷之义"。②

元末各个起义政权兴起之后，两书在年号上的处理方式更为不同。商本在记录起义政权时，仅在首次出现和灭亡时另起一行分注帝号、君名、年号。金本则从至正十一年（1351）起每年都将元朝年号与其他起义政权年号小字双行并记，将元与之置于同等地位，以示元之无统。如至正十一年（1351），商本在元朝年号"十一年"后另起一行，低一字记天完年号"天完主徐寿辉治平元年"，但金本以小字双行同时记录元朝与天完年号为"元至正十一年，天完主徐寿辉治平元年"。③ 又如至正十五年（1355），金本分注元与各个起义政权年号，"元至正十五，天完治平五，周天祐三，宋韩林儿龙凤元年"，但商本仅在"十五年"后另起一行记"宋主韩林儿龙凤元年"。④

在具体史事记载中，金宇顒也改动了商辂本不符合春秋笔法的表述。他修改了关于君主的记载，以正名分。贬记失国之主，后周恭帝被宋太祖废为郑王，金本在郑王前加"其故主"，并删去商本所记恭帝谥号。⑤ 贬论宋太宗，太宗杀太祖子德昭，商本记"八月皇子武功王德昭自杀"，金本改为"杀皇子武功郡王德昭"，将德昭之死因由自杀改为赐死。⑥ 金本记宋末时期，不称蒙古首领为"主"，直书其名。追记宋太后王氏的封立与崩殂，与之相对应删去元皇后崩殂记载，但保留元初宋太后去世的记载。元朝君主去世，不称"崩"而称为"殂"。贬夷狄，商本记"契丹弑其主兀律于怀州"，金本则不用弑君之例，改为"盗杀契丹主兀

---

① （朝鲜王朝）金宇顒：《续资治通鉴纲目》卷十二上，第 1 页。

② （朝鲜王朝）安鼎福：《顺庵集》卷九《与郑子尚书》，第 526 页。

③ （明）商辂等：《续资治通鉴纲目》卷二六，第 32 页；（朝鲜王朝）金宇顒：《续资治通鉴纲目》卷十二中，第 46 页。

④ （明）商辂等：《续资治通鉴纲目》卷二七，第 6 页；（朝鲜王朝）金宇顒：《续资治通鉴纲目》卷十二下，第 5 页。

⑤ （朝鲜王朝）金宇顒：《续资治通鉴纲目》卷一上，第 18 页。

⑥ （明）商辂等：《续资治通鉴纲目》卷二，第 13 页；（朝鲜王朝）金宇顒：《续资治通鉴纲目》卷一下，第 13 页。

律"。① 贬记部分元朝官员，将都元帅张弘范、丞相阿术等"卒"改为"死"。②

关于战争的记载亦有不同，用词上有明显的区别，详见表1。

表1 商本与金本关于战争用词的对比

	商本	金本
宋	宋王全斌攻蜀剑门克之	宋王全斌破蜀剑门
	宋两川军乱	两川兵起，宋兵讨平之
	宋主自将击北汉	宋主自将伐北汉
	吴越王俶取江南常州	吴越王俶克江南常州
元	广州兵起讨平之	广州兵起击平之
	徐寿辉兵破汉阳诸郡，威顺王宽彻普化等弃城走。二月，破江州，总管李黼死之	天完兵破汉阳诸郡，元宽彻普化等弃城走。二月，破江州，元总管李黼死之
	徐寿辉遣其将倪文俊复破沔阳遣兵分成河南诸路	天完将倪文俊复破沔阳，元遣兵分成河南诸路

金本严格遵守春秋笔法，记有统之宋朝时，以"破""讨""伐""克"等正统含义较强的词，取代了商本"攻""击""取"等中性描述；元朝则反之，金本以其为无统之王朝，将"讨"改为"击"。元末地方起义军出现后，尤其是徐寿辉称帝后，不称"徐寿辉兵""徐寿辉遣其将"，而称"天完兵""天完将"；同时改"威顺王宽彻普化"为"元宽彻普化"，"总管李黼"为"元总管李黼"，在元朝将领名前加书"元"，将天完与元置于同等地位进行书写，以此表达对元朝正统的否认，认为元朝与各地起义军名分相当。

第二，金本有选择性地删节了商本内容。商本二十七卷，其中宋史二十二卷，元史五卷；金本十二卷，其中宋史十一卷，元史仅有一卷。按此比例可知，金本简化了史事记载，尤其是元朝内容被大幅删节。

宋朝部分主要简化了战争记载，如乾德元年（963）平定湖南时，商本记为："延钊进克潭州，周保权遣兵逆战，败走，延钊遂入朗，执保权

① （朝鲜王朝）金宇颙：《续资治通鉴纲目》卷一中，第7页。
② （朝鲜王朝）金宇颙：《续资治通鉴纲目》卷十二上，第1、13页。

以归。"① 金本则简化为"延钊克朗州，执周保权，荆湖悉平"，② 省去战争过程，直接记录结果。又如太平兴国四年（979）灭北汉时，商本用五条纲详细记载了宋伐北汉的全过程，"春正月，以潘美为北路招讨使"，二月宋太宗欲亲征，三月"契丹救汉，都部署郭进邀击于白马岭，大败之"，四月"行营都监折御卿取汉岢岚军。以石熙载为枢密副使。汉城隆州，威胜军使解晖等攻破之。"直至"帝至太原，督诸军围城"，五月北汉主刘继元降，"诏赐爵彭城郡公"。③ 金本则简化为"三月，契丹救北汉，不克。夏四月，宋师围太原。五月，北汉主继元降"。④ 还删去宋军失败的战争记录，如"宋袭北汉汾州不克"等。⑤ 元朝部分的军事活动更是进行了大幅删节，世祖朝稍详，其后各朝极为精简，仅选择性地记录部分兵祸，保留纲的内容，目的内容或精简或直接删去，至元末各地起义之后，又详记起义经过。宋初删去当时所存割据政权南汉、南唐、北汉、契丹等政事记录，元末则保留天完、周、宋、汉、夏等各地起义军起义经过，以此亦可看出对元"无统"之贬斥。

李仁福指出："金本中删去了商本中包括皇帝的去留、皇室的动静、官职任命及官职名、大臣的死亡等在内的元朝大部分政治、外交活动。"⑥ 具体而言，删去皇帝往返上都的记录，行幸寺庙，立后及皇后去世记录，遣太子、皇孙等行边等皇室相关内容。对于元朝所行善政，诸如释放俘虏、罢采民间女子、增给官吏俸、罢鬻江南学田、诏停河北山东租赋、禁侵扰农桑之类，皆略去不书。如至元二十七年（1290）地震，商本写世祖经调查得知，致灾之由在于横征暴敛，故为之"赦天下"，金本则仅记录地震损害，删去元朝的赈灾政策。⑦ 在与周边国家进行外交活动的内容中，删去俱蓝国、安南、琉球及海外诸蕃入贡等记事，从事实上否认元朝作为当时东亚政治中心的存在。删去大部分元朝臣子的官职任命及官职名，仅保留较为重要者，如阿合马，金本删去其任丞相的记载，但保留其被杀

---

① （明）商辂等：《续资治通鉴纲目》卷一，第16页。
② （朝鲜王朝）金宇颙：《续资治通鉴纲目》卷一上，第20页。
③ （明）商辂等：《续资治通鉴纲目》卷二，第11~12页。
④ （朝鲜王朝）金宇颙：《续资治通鉴纲目》卷一下，第11页。
⑤ （明）商辂等：《续资治通鉴纲目》卷一，第7页。
⑥ （韩）李仁福：《金宇颙의元史인식과〈續資治通鑑綱目〉》，第74~75页。
⑦ （明）商辂等：《续资治通鉴纲目》卷二三，第31页；（朝鲜王朝）金宇颙：《续资治通鉴纲目》卷十二上，第16页。

和戮尸的内容，以示鉴戒。①

第三，金本较商本亦有增添的内容，以补充《世史正纲》《宋史》《纲目发明》等书中体现华夷之辨的史论为主。如关于建隆二年（961）女真贡马的记载，金本删去商本关于女真的介绍，补充《宋史》相关记录中宋儒吕中对此事的评价："女真去京师几千里而贡马，中国之盛衰，夷狄未尝不知之也。然当阳长之时，而阴稚已伏矣。宣和之遣使，亦自沙门岛渡海一路。然建隆之贡马，是夷狄求通于中国也；宣和之遣使，是中国求通于夷狄也，安得不启中原之祸？"②又如改商本"焚毁道书"之目为《纲目发明》的作者周礼所论："宋徽宗惑于道教而贬桑门之说，元世祖惑于桑门而焚道教之书，二君皆有一偏之惑，故非诚于不惑者矣。"③详记不事元的宋遗臣谢枋得、文天祥、刘因等，如商本仅书"夏四月刘因卒"，金本则为之作详细条目，介绍刘因生平，附注丘濬对他的评价："因知元乃夷狄之君，不可事，而不知宋乃中华之统，不可绝，而作杜江赋以欣幸之，何也？"④

金本保留了大部分关于儒家儒学的记载，并参考他书增加史论内容。例如宋乾德四年（966）增加"宋以孔宜为曲阜主簿奉孔子祀"条。⑤又如元至元三十一年（1294）"中外崇奉孔子"条下，加注丘濬史评："初，世祖信桑门之说，画焚中国道藏，辟儒、道二教为外学，照孔子为中贤，尊桑门为正道。至是，始诏中外崇奉孔子。"⑥元成宗大德六年（1302），亦增加了"建孔子庙于京师"的条目。⑦金宇颙多处增加孔子相关内容，体现其对儒学的关注。同时他还注重宋朝君主读书情况，"闰五月宋求遗书"条中，详细附注宋太祖求购书籍的过程，指出读书可以"广闻见，增智虑"，以此劝诫君主向学。⑧

此外，两书皆在元朝末年多次记录"蓟州雨血""两日相荡""元大都昼雾""绛州天鼓鸣"等异象，以此显示元朝作为无统王朝灾害频发，

---

① （朝鲜王朝）金宇颙：《续资治通鉴纲目》卷十二上，第5页。
② （朝鲜王朝）金宇颙：《续资治通鉴纲目》卷一上，第14~15页。
③ （朝鲜王朝）金宇颙：《续资治通鉴纲目》卷十二上，第4页。
④ （明）商辂等：《续资治通鉴纲目》卷二三，第40页；（朝鲜王朝）金宇颙：《续资治通鉴纲目》卷十二上，第19页。
⑤ （朝鲜王朝）金宇颙：《续资治通鉴纲目》卷一中，第1页。
⑥ （朝鲜王朝）金宇颙：《续资治通鉴纲目》卷十二上，第21页。
⑦ （朝鲜王朝）金宇颙：《续资治通鉴纲目》卷十二上，第25页。
⑧ （朝鲜王朝）金宇颙：《续资治通鉴纲目》卷一中，第1页。

暗示元国祚将尽。史书中天象的记录往往与人事有关，金本在宋朝部分补充正面的天象记载，如乾德五年（967）三月"五星聚奎"的天象，附注《宋史》吕中史评曰："奎星固太平之象，而实重启斯文之兆也。"[1] 在元朝部分，则在极为有限的篇幅中大量保留了有关日食、彗星等天象异常，洪水、干旱、地震、饥荒、蝗虫、海溢、台风等自然灾害的内容。

　　总的来说，商本与金本皆为了接续朱子《纲目》而作，金本在编撰过程中大量修改了商本不符合春秋笔法的记载，尤其是在纪年上严格按照朱子体例执行，改变商本对元朝的大书纪年，始终以小字双行分注元朝年号；并在易代之际明显将元置于与起义政权同等的地位，以此否定元朝正统。在具体史事记载中，关于皇室活动、战争用词等亦褒贬有差。至于篇幅变化，金本较之商本增加的内容极为有限，主要在于补充史论，严明华夷之辨；删节之处则颇多，元朝部分政治、外交活动所保留不足商本十分之一，但负面记载基本保留，以致元朝表现出连年灾害、政事腐坏的形象，亦为春秋之笔。

小　结

　　朝鲜半岛传统史学深受中国儒家文化影响，其史观与历史编纂体例，绝大部分也承自中国古代史学。金宇颙改编商辂本《续资治通鉴纲目》，是朝鲜学者关注中国历史，接受中国文化影响的典型范例。两书在编撰中表现出不同的面貌，最重要的区别在于是否承认元朝的正统，主要原因为以下两方面。

　　一则两书对于孟子"用夏变夷，未闻变于夷"观念的不同理解。商辂本《续资治通鉴纲目》编撰于明初内忧外患之际，目的在于继承朱熹《资治通鉴纲目》以来的褒贬史学，确立正统，区分华夷。在元朝是否为正统的问题上，商辂继承许衡的主张，认为元建立了大一统天下，在事实上承继了中华之统。朝鲜学者则否认"夷可变夏"，不承认元朝承继中华正统的合理性。金宇颙即在此基础上反对商本中以元朝年号为正统的纪年方式，主张元为夷狄，不可"处胡元以正统"，仅将其小字双行记录，同时记录当时所存政权。

　　二则金本成书在商本百余年后，此时已进入16世纪后期，明朝对元的

---

①　（朝鲜王朝）金宇颙：《续资治通鉴纲目》卷一中，第4页。

态度有了极大的转变。随着政权的稳定，王朝正统性不再成为问题，但因蒙古各部引起的边患迭起，华夷之辨被重提。方孝孺、丘濬、杨慎等人皆主张重新划定正统，强调"元朝本夷狄，虽然能统一中国，不可为中国帝王正统。"① 嘉靖二十四年（1545），明世宗下令将元世祖像从历代帝王庙中移走捣毁，取消元世祖的祭祀，象征着明对元朝正统地位的否定。朝鲜王朝以朱子性理学立国，自比为"小中华"。金宇颙编撰《续资治通鉴纲目》时又正值壬辰战争，明朝出兵击败日军，对朝鲜恩同"再造"，朝鲜王朝遂成为明朝坚定的追随者。并且朝鲜王朝的正统性是由中国王朝所确认的，元朝正统与否直接涉及朝鲜王朝本身，受到朝鲜学者的关注。明朝对元态度的转变影响了朝鲜学者的正统认识，否认元的正统，亦是作为"小中华"对明朝"严华夷之辨"学术风气的追随。金宇颙在此历史背景下，对商本进行改编，不仅不承认元为正统，还严格修改了商本与朱子《纲目》书法不符的部分，强调华夷之分和元的无统，其编撰方式体现了朝鲜学者对正统论和华夷论的严格遵从。

---

① 赵克生：《元世祖与入祀明朝历代帝王庙》，《历史档案》2005 年第 1 期，第 134 页。

明代义理史学裂变试析

——以《昭代典则》与《皇明大政纪》的比较研究为例

邓　凯

（武汉大学历史学院，湖北武汉　430000）

摘　要：黄光升《昭代典则》与雷礼《皇明大政纪》是两部异同相形的纲目体明史。二书体裁相同、断限相近、史源相仿，但撰述特点大相径庭。《典则》讲正统，详载有关纲常、礼制的史实，以儒家伦理道德为标准评史论人，是承担了"明理"职责的义理史学史著。《大政纪》注重"纪实"，大量记载名臣硕辅的事迹行实，根据历史实际就史实本身展开评述，不为旧的正统观与伦理观所限，是直面作者本心良知的"心性史学"著作。二书异同的形成并非偶然。面对嘉靖以后严峻的社会危机与多样的思想氛围，经历相似的黄光升和雷礼在投身当代史编纂时，分别受到程朱理学和阳明心学的影响，最终造就了《典则》与《大政纪》的"貌同心异"。通过对二书的比较研究，可以窥见明代义理史学在时代的变化和推动下呈现的裂变轨迹。

关键词：《昭代典则》　《皇明大政纪》　比较研究　义理史学

明朝建立后，经过改造的程朱理学被统治者确立为治国的哲学思想，在意识形态领域居于主导地位。受此影响，明代史学表现出显著的理学化特征，义理史学成为主流的史学形态。朱熹的《资治通鉴纲目》作为义理史学的代表作被奉为"史中之经"，①是《春秋》嫡子，如明人叶向高就认为"史家自《春秋》后，史、汉其支子也，《纲目》其世嫡也"。②纲目体这一史书体裁随之大受追捧。自洪武迄正德的百余年间，义理史学在明代史坛占据绝对的优势地位。嘉靖以后，时代的变迁促进了学术思想的革新，新兴的阳明心学打破了程朱理学一统天下的局面。与之相应的是，明代史学开始转型，义理史学不再独占鳌头。这种发生在明代史学领域的嬗变引起了学界的重视，不少学者对此展开研究，相关成果不少。③然而现有的研究多从宏观层面梳理明代史学嬗变的脉络，且主要以叙事史学的变化发展为视角进行阐释，对于义理史学在明代的具体转变路向的关注则略显不足。有鉴于此，笔者试以黄光升《昭代典则》（以下简称《典则》）与雷礼《皇明大政纪》（以下简称《大政纪》）两部纲目体明史为例，比较二书存在的明显异同，并分析二书异同形成的原因，以此从微观层面上揭示原来一统明代史坛的义理史学如何发生裂变，使得在以程朱理学为内核的义理史学之外，出现了以阳明心学为内核的"心性史学"，进而更深刻地理解与把握明代史学嬗变的脉络及特征。

一 黄光升与雷礼相似的人生经历与相异的学术渊源

瞿林东先生曾指出："中国古代史学上的比较研究，是人们深入认识历史、认识史学的重要方法之一。"④在史学领域，史家、史书是主要的比较对象。通过比较不同的史家、史书，往往能够见微知著，折射出一个时代的史学面貌与特征，对于史学研究尤其是史学史研究大有裨益。不过，这并不意味着任意不同的史家、史书都适合比较。无异之同或无同之异，均无进行比较的条件与必要。只有当比较的对象之间的异同具备足够的可比性，才有进行比较的价值和意义。例如"马班""史汉"因异同显著，

---

① 商辂著，孙福轩编校《商辂集》（上册）卷11《进续宋元资治通鉴纲目表》，浙江古籍出版社，2012，第224页。

② 叶向高：《苍霞草》卷8《重刻通鉴纲目序》，《四库禁毁书丛刊》集部第124册，北京出版社，2000，第201页。

③ 详见钱茂伟《明代史学的历程》，社会科学文献出版社，2003，第101~257页；钱茂伟《中国传统史学的范型嬗变》，黑龙江人民出版社，2010，第40~96页；杨艳秋《明代史学探研》，人民出版社，2005，第55~79、139~249页；等等。

④ 瞿林东：《中国古代史学中的比较研究》，《安徽师范大学学报》（人文社会科学版）2005年第6期。

成为中国史学史上比较研究的经典议题，历代学者的讨论、研究亦如火如荼。相较之下，黄光升与雷礼、《典则》与《大政纪》虽不像"马班""史汉"那样瞩目，但黄、雷二人及各自史著之间分明的异同关系，使之具有相互比较的基本条件和意义，值得进行一番深入的比较研究。

史书由史家而作，在比较作为创作客体的史书的异同之前，考察作为创作主体的史家在人生经历、学术思想渊源等方面的异同尤为必要。

黄光升（1507～1586），籍贯福建晋江县，嘉靖八年（1529）进士，授长兴县令，历任广东按察使、兵部右侍郎等职，官至刑部尚书。于隆庆元年（1567）致仕，闭门著书，写成包括《典则》在内的多部经史著作。

雷礼（1505～1581），籍贯江西丰城县，嘉靖十一年（1532）进士，授兴化府推官，历任浙江提学副使、南京太仆寺少卿等职，官至工部尚书。在隆庆二年致仕，潜心著述，撰成《大政纪》《国朝列卿纪》等多部史著。

黄光升与雷礼二人生卒时间相近，仕宦经历集中于嘉靖朝，均从地方官做起，都有清廉刚正的为官品质，也都因触怒权相夏言而一度被贬，[①]后又都凭借出色的能力任至尚书，同朝共事。隆庆改元，黄、雷二人相继致仕，归隐乡里，在晚年致力于学术创作。可见，生活在同一时空下的二人是中国古代社会中非常典型的官僚型学者，且拥有相似的人生轨迹。然而，较之近似的人生经历，黄、雷二人的学术思想却有着截然不同的渊源。

黄光升之父黄绶师从被后人誉为"明代朱子学者第一人"的福建晋江著名理学家蔡清（1453～1508），而黄光升则师从蔡清的亲炙弟子蔡润宗，是蔡清的再传弟子。在家学与师学的熏陶下，黄光升尊奉正统的朱子学说，"生平论学，一以考亭为主"。[②]黄氏于诸经俱有论述，人称"吾乡自蔡文庄（蔡清）而后，行修学富，必推黄恭肃"，其所著《读易私记》

---

① 嘉靖二十年（1541），黄光升"以刚介不阿时相，出为浙江佥事，迁参政"。见李清馥著，何乃川点校《闽中理学渊源考》（下册）卷 61《恭肃黄葵峰先生光升》，商务印书馆，2018，第 625 页。嘉靖二十六年（1547），雷礼因拒绝阿附夏言而"外迁大名府通判"。见余寅撰《农丈人文集》卷 11《明故光禄大夫柱国少傅兼太子太傅工部尚书雷公行状（代作）》，《四库全书存目丛书》集部第 168 册，齐鲁书社，1997，第 270～271 页。

② 黄凤翔：《田亭草》卷 12《尚书赠太子少保黄恭肃公行状》，《四库禁毁书丛刊》集部第 44 册，北京出版社，1997，第 537 页。

"学者尤尚之"。① 不难看出,黄光升是一位在经学领域颇有成就的"程朱后学"。

雷礼年少时接受的也是正统程朱理学的教育。但自嘉靖九年(1530)师从心学大师王守仁(1472~1529)的高徒邹守益(1491~1562),成为王守仁的再传弟子后,雷礼的思想发生了很大的转变。在邹氏的教导下,雷礼自述其"于是知理不在于书而在于吾心,不涉于想像而践履于吾身矣",②从程朱理学转向了阳明心学。此后,雷礼成了坚定不移的"阳明后学",他为王守仁作传,盛赞王氏的思想成就,"诵遗言而心醉,因将俟百世而不惑者矣"。③ 又有诗《谒孟庙》云:"七篇仁义昭千古,末学何须重费辞,读到遗编深省处,良知在我有余师。"④ 足见其对阳明心学的推崇。

黄光升与雷礼所处的时代,是明代社会发生诸多显著变化的时代。反映在思想领域,表现为长期占据统治地位的程朱理学受到新兴阳明心学的猛烈冲击与挑战,对思想界的垄断不复存在。久为理学拘束禁锢的明代士人在后来居上的心学的洗礼下,冲破了思想的枷锁,纷纷摒弃旧说,以至于"嘉、隆而后,笃信程朱,不迁异说,无复几人矣"。⑤ 显然雷礼正是众多转而笃信"异说"者中的一个。而当心学风靡天下之时,福建学者在蔡清的影响下仍坚守理学,"时则姚江之学大行于东南,而闽士莫之遵,其挂阳明弟子之录者,闽无一焉"。⑥ 作为蔡清再传弟子的黄光升,与其他闽地学者一样未被心学浪潮所影响,继续高举理学的大旗。

明嘉靖后思想领域出现的新变化,在人生经历相似、学术思想却背道而驰的黄光升与雷礼身上有着直观的反映。捍卫理学的黄光升与转崇心学的雷礼在编纂史书时,以各自所持的学术思想为指导,这使得他们独立写成的体裁相同的当代史呈现迥然相异的特点。

---

① 李清馥著,何乃川点校《闽中理学渊源考》(下册)卷61《恭肃黄葵峰先生光升》,第624~625页。
② 雷礼:《镡墟堂摘稿》卷17《祭东廓邹先生文》,《续修四库全书》集部第1342册,上海古籍出版社,2002,第427页。
③ 雷礼:《镡墟堂摘稿》卷12《阳明先生传》,《续修四库全书》集部第1342册,第349页。
④ 雷礼:《镡墟堂摘稿》卷19《谒孟庙》,《续修四库全书》集部第1342册,第462页。
⑤ 张廷玉等:《明史》卷282《儒林传一》,中华书局,1974,第7222页。
⑥ 李光地:《重修文庄蔡先生祠序》,见蔡清撰《蔡文庄公集》卷7,《四库全书存目丛书》集部第43册,齐鲁书社,1997,第17页。

二　《昭代典则》与《皇明大政纪》的貌同心异

作为黄光升与雷礼的明史代表作，《典则》与《大政纪》有不少相同、相似之处。

首先，二书体裁相同。都采用了编年体中的纲目体，依时间顺序条载史事，每条史事或提纲列目，或存纲去目，纲略以提要，目详以叙事，层次分明，便于阅读。其次，二书断限相近。《典则》与《大政纪》纪事均始于元至正十二年（1352）明太祖起事濠州，前者纪事下限止于隆庆六年（1572），后者稍短，止于正德十六年（1521）。再次，二者所引史料相似。黄、雷二人并未明列《典则》与《大政纪》的采据书目，但经笔者逐条仔细考证，基本理清了二书的史料来源。《典则》与《大政纪》征引史料的数量分别是 60 种和 71 种，在类别上都涵盖了当时最主要的官私文献资料，从官修《明实录》到明人私修的当代史、杂史、笔记小说和奏议文集，采涉甚博。且在众多史料中，二书都将《明实录》、① 郑晓《吾学编》、陈建《皇明通纪》、薛应旂《宪章录》当作主体史源，对它们进行大量征引。同时，根据万历元年（1573）成书、次年刊刻的《宪章录》，可推断出作者未注明确切成书时间的《典则》与《大政纪》，大致当于万历二年（1574）至黄、雷二人逝世之前写成。

正如世界上不会有相同的两片树叶，两个不同的史家亦不可能独立创作出雷同的史著。尽管《典则》与《大政纪》体裁相同，断限相近，史料来源也多有相似，但在学术理念截然不同的黄光升和雷礼的笔下，二书的撰述特点大相径庭。主要体现在以下三个方面。

（一）正统观的差异

作为中国传统史学中的基本历史观念，正统观是被历代史书所重视的热议命题。正如饶宗颐先生所言："正统之确定，为编年之先务，故正统之义，与编年之书，息息相关。"② 正统观对编年体史书的编纂产生直接且重要的影响。在作者差异明显的正统观的影响下，《典则》与《大政纪》

---

①　《典则》与《大政纪》都将《明实录》用作史料。不同之处在于《典则》仅征引了《明太祖实录》，而《大政纪》则征引了明太祖至明英宗五朝《明实录》。

②　饶宗颐：《中国史学上之正统论》，中华书局，2015，第 3 页。

对明朝开国史的记载有所不同。

明朝开国史，主要指的是明太祖朱元璋自元顺帝至正十二年（1352）率兵反元，至洪武元年（1368）建国称帝的创业征战史。《典则》在叙述这段历史时，表现出强烈否定元统的正统观。是书开篇便直截了当地指出"胡虏僭据宇内，中华正统久绝"，重续中华正统的乃明太祖创建的明朝。在此番重大的历史进程中，至正十二年是极为关键的时间节点。是年明太祖自濠州举兵起义，尽管此时元朝尚未覆灭，距离明朝建立仍有十数年之久，但天命人心与"中华万年历数"已在冥冥之中归属明太祖。因此《典则》纪事虽始于至正十二年，却削去元顺帝年号，"于是年即纪我大明"，在卷首书"太祖高皇帝"作世次之始，下接干支年"壬辰"。通过更改纪年的方式，《典则》以明太祖为历史叙述的中心，强调明朝对中华正统的继承，至于元顺帝君臣与元末各路群雄，"皆我圣主所驱除者，则随年附见其事云"。①

为了贯彻对元朝正统地位的否定，《典则》在改写明朝开国史纪年的同时，特别重视对灾害异闻和天文星象的记载。一方面，该书从史料中大量摘选饥疫、蝗旱、洪水等天灾人祸的记录，结合李树结果状如黄瓜的奇闻，和龙相斗致死者过万的异相，搭配对元顺帝治下君臣失道、政治腐败的描写，刻画出灭亡征兆随处可见的元末乱世图景。另一方面，该书记载天文星象时，尤以彗星为重。其原因该书在洪武元年三月"是月，彗星出昴北"条下作了论述：元明鼎革之际发生的重大事件，如明太祖登基、徐达攻破元都、蓝玉捕鱼儿海大捷等，均伴随着彗星的出现，恰好构成了解释彗星运动的事验，证明象征除旧布新的彗星要将胡元"驱而除之于化外"。② 足见《典则》意在用天文星象的变化去解释元明之间的朝代更替，从天道、天命的角度否定元朝正统。

如此一来，从直观的乱世现状到神秘的天文星象，《典则》在强烈否定元朝正统的同时，无限抬高明太祖"复中国之正统"的丰功伟绩。正如该书在洪武元年八月"庚午，大将军徐达克元都，诏改为北平府"条下的按语所强调的那样，"夷狄为中国主"的现象在中国历史上早已有之，但在元朝的统治下，头一次出现了"并海内而通属于夷"和"冠履倒置极矣"的极端情况。因此明太祖逐元建明，乃是将天下苍生从笼罩中原大地

---

① 黄光升著，颜章炮点校《昭代典则》卷1，商务印书馆，2017，第1页。
② 黄光升著，颜章炮点校《昭代典则》卷5，第141页。

千余年的"腥膻"中拯救出来的"再造天地之功"。①

　　不同于《典则》那带有强烈民族主义色彩的激进正统观，承认元朝正统是《大政纪》正统观的基本出发点。同样以明太祖起兵濠州为纪事起点，《大政纪》在叙述明朝开国史时，至明太祖吴元年（1367）之前，纪年皆保留元顺帝年号。纪年方式具体表现为以单行大字首书干支年份，然后将元顺帝年号用双行小字分注其下。如该书卷首纪事之始，先书干支年"壬辰"，再以小字书"元至正十二年"于下。对于元顺帝的年号，《大政纪》一直使用到至正二十六年（1366）。从明太祖吴元年起，则不再使用元顺帝年号，纪年改为单行大字的"丁未，吴元年"，洪武改元后，亦单行大字书"戊申，洪武元年"。

　　《大政纪》纪年上的大字小字之别，虽有褒明贬元之意，但也仅限于此。保留元顺帝年号，说明《大政纪》没有因为明太祖举旗反元就断然否定元朝在当时仍享有作为统一国家政权的实际地位，进而违背客观历史进程，过早地削去元顺帝年号。《大政纪》将明朝开国史的书写重点主要放在明太祖平定天下的征战过程上，着重记载明太祖如何率兵击败敌军，于某时克复某地某城。如至正十七年（1357）的史事，《大政纪》共载十一条，所记内容为明太祖从是年二月至十二月，率诸将攻克长兴、常州、宁国路、泰兴、青阳、江阴、常熟、徽州路、武康、池州、扬州路十一处城池的经过。② 对于元朝的军政要事和元末群雄的相关事迹，《大政纪》的记载则极其有限，对元明两朝的更替该书亦未作评论，且明朝开国史在该书中只占一卷的篇幅。这与大量记载元朝及元末群雄史事，花费四卷多篇幅叙述明朝开国史，以激烈言辞否定元朝正统地位的《典则》形成鲜明对比。作者不同正统观对二书编纂所产生的影响，由此可见一斑。

（二）叙事特点的差异

　　以不同的标准筛选史料，重新铺陈史实，用不同的叙事方式述写相同的历史，是中国传统史书成果丰硕、各具特色的一大原因。《典则》与《大政纪》虽然是记载断限相近的明史著作，但在具体内容上呈现不同的叙事特点。

　　《典则》与《大政纪》在记载明代历史时，均以明代列朝皇帝为中心

---

①　黄光升著，颜章炮点校《昭代典则》卷5，第151页。

②　雷礼：《皇明大政纪》卷1，北京大学出版社，1993，第12~18页。

线索，主要叙述关乎"明圣之休光"的帝王活动事迹，① 和涉及国家要事的"因革用舍之大政"。② 这是二书在整体内容上的相同之处。除了这些构成明代历史发展主线，无法绕开的政治、军事上的重要史事外，《典则》与《大政纪》还载录了很多反映明代历史不同侧面的史事。而选择加入哪些方面的史事以进一步丰富和充实记载，二书的编排取舍与详略大不相同，主要反映在以下几个方面。

首先是对于明朝礼制的记载，《典则》的重视程度远超《大政纪》。如洪武十二年合祀天地于南郊一事，《大政纪》简要记载祭祀时晴朗平和的天气，及礼成后明太祖敕谕中书省，"令儒臣记其事以彰上帝皇祗之昭格"。③ 而《典则》记载此事时，目文全篇载录明太祖为此次祀礼亲自撰写的《大祀文》，详述作为此事发起者与亲历者的明太祖，如何从三纲五常、天理人情的角度阐发自己对祀礼的认识，并论说改分祀天地为合祀天地的完整经过以及合理缘由。④ 又如《典则》弘治八年十二月"诏礼部会议应祀神祗"条，目文对时任礼部尚书倪岳所上奏疏《会题正祀典事》基本全文照录，详载倪岳论证历代神祗应否祭祀与当如何祭祀，并得到孝宗批准一事。⑤ 对于此事，《大政纪》则略而不载。

其次是对纲常伦理的推崇，《典则》亦胜过《大政纪》。例如《大政纪》成化二年"五月，少保大学士李贤夺情起复，修撰罗伦极论夺情非制，忤旨，谪伦福建市舶司副提举"条，目文简述了罗伦因疏谏李贤夺情起复违制而落职，"虽贬而士论归之"一事。⑥ 相较之下，《典则》在叙述此事时，目文几乎全文录入罗伦所上的《扶植纲常疏》，详述罗伦引经据典、谈古及今，论证只有制止身为首辅的李贤夺情起复，倡导大臣恪守孝道，才会"纲常由是而正，人伦由是而明，风俗由是而厚，士心由是而纯，纪纲由是而张，国势由是而一矣"。⑦ 又如《典则》成化二十三年十月"丙子，有星飞流亘天，求直言"条，目文引翰林院庶吉士邹智的《应诏封事疏》，详载邹智借星变之机应诏上疏，指陈朝政得失，并论述天理与

---

① 祝世禄：《昭代典则序》，见黄光升著，颜章炮点校《昭代典则》卷首，第2页。
② 顾起元：《国朝列卿纪序》，见雷礼《国朝列卿纪》卷首，《四库全书存目丛书》史部第92册，齐鲁书社，1996，第425页。
③ 雷礼：《皇明大政纪》卷3，第364页。
④ 黄光升著，颜章炮点校《昭代典则》卷8，第293~294页。
⑤ 黄光升著，颜章炮点校《昭代典则》卷22，第924~929页。
⑥ 雷礼：《皇明大政纪》卷14，第2161页。
⑦ 黄光升著，颜章炮点校《昭代典则》卷17，第740页。

人欲的关系，劝诫刚即位的孝宗对于天理须"敬以养之"，对于人欲须"敬以克之"，如此方能明辨是非，进君子、退小人，进而革天下之弊。①而《大政纪》叙述此事时，仅略载邹智建议孝宗要远离内阁的万安、刘吉、尹直三个"小人"，重用大臣王恕、王竑、彭韶三位"君子"。②

最后，对于人物具体事迹行实的记载，《大政纪》比《典则》更为重视。例如《典则》正统十三年"六月，命侍郎杨宁巡抚江西"条，仅有简短的纲。③而同年《大政纪》"六月，命刑部侍郎杨宁巡抚江西"条，则有目文记载了担任巡抚的杨宁到达遭受草寇侵扰的江西后，采取修城垣、立排栅、团集乡兵等积极防御措施，同时遍历诸郡，访求民瘼，将江西治理妥善，使得"远近畏慕"。④又如《典则》正德五年"冬十月，致仕吏部尚书许进卒"条，亦只有简短的纲，且十月所载史事仅此一条。⑤而对同年十月的史事，《大政纪》不仅在"致仕吏部尚书许进卒"条下记载许进一生任职兵部、吏部的主要功绩和为官特点，称其"有古大臣风"，还另外记载了费宏、张芹、林俊、储巏、罗钦顺、白钺数人在当时的行实。⑥再如《典则》对于名臣王守仁一生的经历仅有 16 条记载，除去其中关于王氏官职变动的简短纲文，《典则》只有 6 条记载略述王氏谪龙场驿丞、擒宁王朱宸濠于鄱阳湖和征八寨断藤峡三事。而叙述王守仁在正德朝事迹的《大政纪》，则花费大量篇幅，用近百条记载详述王氏自兵部主事谪龙场驿丞后的具体历官、行实，对王氏担任江西巡抚后治理民生的种种施设，剿伏为患当地多年的流寇山贼的详细经过，及其平定宁王叛乱的本末细节，靡不毕载。足见《典则》与《大政纪》二书叙事侧重点与详略上的差异。

（三）史论的差异

在铺叙史实的同时，通过史论评议具体的历史事件与人物，是中国古代史家表达其历史认知与观念的主要方式。而反映史家评判客观历史不同价值取向和标准的史论，则是不同史书各具特点的一大体现。

---

① 黄光升著，颜章炮点校《昭代典则》卷 21，第 875~877 页。
② 雷礼：《皇明大政纪》卷 16，第 2685~2686 页。
③ 黄光升著，颜章炮点校《昭代典则》卷 15，第 637 页。
④ 雷礼：《皇明大政纪》卷 11，第 1760 页。
⑤ 黄光升著，颜章炮点校《昭代典则》卷 24，第 1026 页。
⑥ 雷礼：《皇明大政纪》卷 19，第 3163~3165 页。

就总体史论数量来说，《典则》共有 74 条，《大政纪》明显减少，有 21 条。二书的史论大多数以按语的形式附于史事的目文之后，少数间杂在目文中，未作单独分列。其中，引自他人的史论《典则》有 64 条，《大政纪》有 7 条；属于作者自撰的史论前者有 10 条，后者则有 14 条。较之引自他人的史论，对比《典则》和《大政纪》中作者自撰史论间的差异，能更直接地体现黄、雷二人衡评历史的不同出发点，以及二书不同的撰述旨趣。

《典则》中作者自撰的史论呈现出两个方面的特点。一是讲究正统，强调华夷之别，从天命论的角度解释元明两朝的更替，在宣扬明朝得国之正的同时极力否定元朝的正统地位。前文于此已作探讨，兹不赘述。

二是围绕以三纲五常为核心的儒家伦理道德观念来评议史实与人物。如该书正统十四年八月"癸酉，立皇长子见深为皇太子"条，目文先是记载孙太后因明英宗被瓦剌俘虏，遂下诏立朱见深为太子，并命郕王朱祁钰监国以稳定朝局。随后黄光升就此发表了自己的看法，认为该诏所言乃解决"土木之变"危机的最好办法，当时的文武群臣应当与郕王协力辅政，讨虏迎驾，但尚未逾月竟然违背诏命拥立郕王为帝，"何其忘君父之难，而急于富贵之图如此也"？① 又如景泰元年四月"大同参将许贵请遣使赴虏议和，不许"条，目文记载于谦察知景泰帝无意迎驾，便以"中国与寇虏有不共戴天之仇，和则背君父而违大义"为由，移文诘责许贵，拒绝和谈。对于于谦的做法黄光升表示反对，在他看来只有与瓦剌和谈，主动迎回明英宗，才能彰显臣子应尽的忠君之道。相比之下，和谈带来的屈辱是次要的、可以接受的，"夫和固为背违君父，而虑虏有无厌之求，不和则兵终不可罢，而君父终不可回。岂臣子之忠义之道乎"？② 再如《典则》隆庆二年"始议夫卖妻律"条，记载时任大理寺少卿王诤不满刑部皆依卖休买休律定罪夫卖妻者，认为"若非因奸，合从其卖，应与买者照旧完聚"，因此上疏奏参刑部，隆庆帝遂命刑部会同都察院定议。后在左都御史王廷的支持下，经首辅李春芳票旨批准，"凡民因贫或有疾病不能相养，俱听卖妻"得以增入律例。黄光升评议此事时言辞愤慨，他指出《大明律令》"原无贫病听其卖妻之法"，强烈反对这种违背夫妇之道的卖妻行为，认为"审如廷之会议、春芳之票旨，则三纲五伦各废其一"，更是严厉批评当时

---

① 黄光升著，颜章炮点校《昭代典则》卷 15，第 642 页。
② 黄光升著，颜章炮点校《昭代典则》卷 16，第 654 页。

的刑部尚书毛恺"依违卖妻之议，是以刑败教矣，岂非古今一大异哉"！①

　　与《典则》相比，《大政纪》中作者自撰的史论既不探讨正统，也不以儒家的伦理道德观念为评价标准，其特点表现从史实本身出发，针对具体的历史事件和人物进行分析解释。例如《大政纪》洪武三十二年二月"更定官制"条，目文记载建文帝即位后对洪武官制所作的更改。对于建文帝此项重要的改制举措，雷礼给出的评价是"盖不免轻易擅改之诮云"。②又如该书宣德十年七月"命司礼监太监王振偕文武大臣阅武于将台，振矫旨超升隆庆右卫指挥佥事纪广为都指挥佥事"条，记载备受宠信的太监王振引导明英宗在朝阳门外的将台大阅诸将骑射，并借机谎奏亲信纪广为第一名，使其得以破格提拔。随后雷礼就此事发表看法，认为"盖宦官专政柄、制国命，自此始"。③再如弘治十四年七月"给事中王洧奏太常寺缺少卿，请简用儒臣，不报"条，记载当时吏部主推王佐、储巏、陈旸、李堂等人补太常寺少卿的职缺，却有旨命"太常寺堂上官内推两员来看"。对此，雷礼指出身为吏科给事中的王洧之所以奏请任用儒臣为太常寺少卿，原因在于朝中佞幸欲升用道士出身的太常寺丞赵继宗，"故洧奏乞扶持正道"。④

　　包括上举三例在内，雷礼自撰的史论大多就具体史事而发，基本在10~20字，非常简短，唯有《大政纪》书末最后一条探讨明朝历史变迁的史论多达400余字。在这条史论中，雷礼先是发出感慨："臣辑我明大政至正德年间时事，未始不叹多难迭臻，故天所以开世宗之中兴也。"接着历数刘瑾擅权、流贼遍地、安化王朱寘鐇与宁王朱宸濠叛乱等种种出现在正德朝的重大政治、军事危机，并指出正德朝之所以出现"骄帅跋扈不恭，剧盗纵横日炽，强藩称乱相望"的历史乱象，"皆阉竖窃政致之也"。随后话锋一转，赞扬明世宗继位后"拨乱反正，尽洗正德敝政，与天下更始"的革新举措，称世宗为正统朝以来唯一一位继承太祖遗志的帝王，其丰功伟绩当万世谨守。⑤不难看出，对世宗的歌颂虽有溢美之嫌，但雷礼评价世宗历史地位的依据是后者的历史功绩而非道德水准，且在通过论述武宗治下的弊政以衬托世宗新政的重要意义时，雷礼也是围绕客观历史事

---

①　黄光升著，颜章炮点校《昭代典则》卷28，第1251页。
②　雷礼：《皇明大政纪》卷5，第667~668页。
③　雷礼：《皇明大政纪》卷10，第1645页。
④　雷礼：《皇明大政纪》卷18，第2931~2932页。
⑤　雷礼：《皇明大政纪》卷20，第3425~3427页。

实来展开的。由此可见《典则》与《大政纪》中作者自撰史论的明显差异。

三 《昭代典则》与《皇明大政纪》异同相形的根源

任何史家都不能够脱离自身所处的时代，抽象地进行史学领域的精神活动与实践活动。在思考历史、编纂史书的过程中，史家总是会自然而然地注入那些长期浸染他们思想的时代气息。《典则》与《大政纪》之所以存在明显的异同，究其根源，是因为黄光升和雷礼编纂二书时所倾注的蕴藏在各自头脑中的"时代气息"，既有相同之处，又有相异之别。

黄光升与雷礼主要活跃于嘉、隆时期。彼时，"吏治日偷，民生日困"，① "北虏南倭，并为国患"，② 政治、军事、经济上日益暴露出的严峻问题，不断激化的内外矛盾，让已经走过一半多生命历程的明王朝面临巨大的危机与挑战。于是，不少有识之士开始着手探索治疗社会弊病的良方。他们提倡重视读史习史，从过往历史中借鉴相应的经验教训，掀起了史学领域中的经世思潮，使得当代史的编纂开始勃兴。③ 史家陈建率先执笔，"欲为当世借箸之筹，以挽回祖宗之盛"，④ 撰成纲目体明史《皇明通纪》，冲破了明人私修当代史的禁区。在陈建《皇明通纪》的引领下，郑晓《吾学编》、薛应旂《宪章录》紧随其后，相继刊布，当代史编纂呈现"人各操觚"的局面。与此同时，长期秘藏深宫的《明实录》经少数史官、阁臣的私抄，逐步流入社会，⑤ 为后续的私修当代史提供了更为丰富可靠的史料来源。正是在这样的社会背景和史学风气的影响下，同样关切国家危亡的黄光升和雷礼也加入了私修当代史的行列。二人吸收借鉴陈建、郑晓、薛应旂的史学成果，搜集包括《明实录》在内的各种明史资料，采用当时颇为流行的纲目体纂成了《典则》与《大政纪》。故稍晚成书的《典

---

① 郑晓：《郑端简公文集》卷7《书西墅卷后》，《四库全书存目丛书》集部第85册，齐鲁书社，1997，第301页。

② 何乔远撰，张德信、商传、王熹点校《名山藏》卷77《臣林记·嘉靖臣六·沈炼》，福建人民出版社，2010，第2328页。

③ 钱茂伟：《明代史学的历程》，社会文献科学出版社，2003，第214页。

④ 陈建撰，钱茂伟点校《皇明通纪》卷首《皇明通纪序》，中华书局，2008。

⑤ 详见钱茂伟《〈明实录〉编纂与明代史学的流变》，《学术研究》2010年第5期；金久红《火灾、政争与实录的外传——嘉靖中期之后私人撰述本朝史兴盛的契机新探》，《史学月刊》2019年第12期。

则》和《大政纪》在诞生原因、体裁、史料构成等方面的相似与相同，并非凭空、偶然产生的，而是建立在共同的时代基础之上。

另外，《典则》与《大政纪》的不同之处，同样根植于它们赖以生长的时代土壤。二书之间鲜明的差异是在同一时代环境中不同思想因素的影响作用下形成的。

"天下之学出于二"，① 程朱理学与阳明心学并道而行，是嘉靖后明代思想领域出现的一大新特点。受到不同学术思想熏陶的学者，其学术实践自然带有相应思想流派的印记。一生恪守程朱理学的黄光升编纂《典则》不仅是为了记录本朝历史。如前文所述，黄氏在《典则》中以带有强烈民族主义色彩的正统观去更定纪年，从天道的高度否定元朝法统而抬高明朝地位；又侧重详载关于礼制与反映纲常伦理的史实；并按照儒家的伦理道德准绳评史论人。凡此种种，表明受理学思想指导的黄光升的撰史方式乃"以理揆之事，以事考诸理"，② 旨在通过历史书写来体认天理，彰显义理，让读者认同他所推崇的理学价值理念，进而"会归一理之纯粹"，③ 实现其虽未曾直言但清晰可见的撰史旨趣——"明理"。由此可见，融汇了黄光升理学思想的《典则》是一部标准的义理史学作品。是书讲正统、别夷夏、重礼法、正纲常、明人伦、立褒贬，与明官方所修《续资治通鉴纲目》一样，遵从"朱子凡例"，"扶天理而遏人欲，正名分以植纲常"，④ 呈现纲目体史书作为义理史学代表性产物那与生俱来的显著职能特征。充分展现了黄光升作为纯正的程朱后学，身处"从王氏而诋朱子者，始接踵于人间"，⑤ 社会传统伦理道德风尚"渐漓矣"的时代环境中，⑥ 如何在他所捍卫的朱学旗帜下积极地进行史学实践，将以史经世的落脚点置于"明理"之上，力图重振他所倡导却日渐衰微的伦理道德与纲常秩序。

① 高攀龙：《高子遗书》卷9《王文成公年谱序》，《景印文渊阁四库全书》集部第1292册，台湾商务印书馆，1986，第545页。
② 胡寅：《致堂读史管见》卷16《炀帝·隋纪》，《续修四库全书》史部第449册，上海古籍出版社，2002，第19页。
③ 李芳子：《资治通鉴纲目后序》，见朱熹撰，清圣祖批《御批资治通鉴纲目》卷首下，《景印文渊阁四库全书》史部第689册，台湾商务印书馆，1986，第29页。
④ 《明宪宗实录》卷159，成化十二年十一月乙卯，中研院历史语言研究所，1962，第2910页。
⑤ 顾炎武：《日知录》卷18《朱子晚年定论》，《景印文渊阁四库全书》子部第858册，台湾商务印书馆，1986，第812页。
⑥ 沈鲤：《亦玉堂稿》卷4《典礼疏》，《景印文渊阁四库全书》集部第1288册，台湾商务印书馆，1986，第263页。

然而，在信奉阳明心学的雷礼看来，长期备受尊崇的程朱理学导致"天下沉溺于俗学久矣"，正是阳明心学的出现，"如照皎月于中霄"，① 打破了思想领域单调、沉闷的旧格局。相较"析心与理为二"，强调"心"对至高无上的、超然的天理具有绝对服从性的程朱理学，以"心即理""致良知"为核心观点的阳明心学主张"心外无理"，将被程朱理学视为万物渊薮的外在的天理与个体的"心"（良知）相融合，从内在的维度强调拥有本体意义的"心"统摄着包括天理在内的世间万物，并能赋予它们以相应的价值。当程朱理学日趋僵化之时，提倡自我的"作主"与"觉悟"，包含强烈自我意识的阳明心学表现出高扬人的主体性、不迷信经典和权威等方面的积极理论意义，② 遂得以风靡天下。这套反思人的认知模式的哲学思想产生的学术影响深远且广泛，它对史学的影响主要表现为两个方面。一方面，阳明心学倡导的"心即理""致良知"等核心理念赋予了作为史学主体的史家以极大的能动性和自主性，使得史家敢于跳出明建国以来那深受经官方改造的程朱理学长期浸淫的、唯道德与义理是取的传统历史解释模式及书写框架，进行多元化的历史纂述。另一方面，阳明心学的"五经亦史"说调配了经、史在"心"中各自的地位占比，大大降低了代表"天理"的经的权威，客观上为提高史的地位和价值释放了空间，有利于史学摆脱经学的束缚迈向学术独立，也促使史家更多地从史学本位出发，注重史学自身的发展诉求。可以说，新兴的阳明心学"成为明代中后期史学自我意识觉醒的重要理论依据之一"。③

被后世称为"明习朝典，以史学自任"的雷礼，④ 有着自觉的史家意识和明确的史学志向。雷礼曾与明代史学家郑晓在吏部共事，在工作之余"彼此辄以所撰相质"。见到郑晓当时所撰《吾学编》书稿后，雷礼称郑氏所著乃"俱原本始、核事情，于予心若相契者"，期望待郑书著成，"彼此考订，以竟初志"。⑤ 用雷礼自己的话来说，他的"初志"就是"生逢盛世，当究心昭代典故、前修得失"，⑥ 修撰一部足以龟鉴后世的当代史。作

① 雷礼：《镡墟堂摘稿》卷 12《阳明先生传》，《续修四库全书》集部第 1342 册，第 349 页。
② 宋志明：《正统理学的总结者：阳明心学发微》，《中国人民大学学报》2010 年第 4 期。
③ 李德峰：《明代理学与史学关系研究》，人民出版社，2018，第 186 页。
④ 纪昀总纂《四库全书总目提要》卷 48，河北人民出版社，2000，第 1328 页。
⑤ 雷礼：《吾学编序》，见郑晓撰《吾学编》卷首，《四库禁毁书丛刊》史部第 45 册，北京出版社，1997，第 3~4 页。
⑥ 雷礼：《吾学编序》，见郑晓撰《吾学编》卷首，《四库禁毁书丛刊》史部第 45 册，第 2 页。

为阳明后学的雷礼在实践"初志"的过程中，其史学意识贯彻着心学对史学的影响，使得他撰史的标准、方式皆源自本心。即"原本始""核事情"，以"纪实"的方式进行历史撰述，强调所载录史事的完整性与客观真实性。

所以我们能看到，虽然在雷礼生活的时代，"社会中普遍弥漫着一股仇恨蒙古的民族情绪"，[1] 但他并未在《大政纪》中谈蒙元正统之辨，而是肯定元朝的统绪，以尊重客观历史进程的态度叙述明朝开国史。在书写本朝历史时，雷礼尽可能地以相对简练的目文记载更多的史实，尤其注重名臣、硕辅的事迹行实与经国政事，使得记载断限止于正德朝的《大政纪》所载史实多达 10509 条，大大超过了动辄载录上千字反映纲常礼制的史事、记载断限止于隆庆朝但史实条数只有 4609 条的《典则》。同时，雷礼的史论以平实的史家眼光，从历史实际出发就史实本身展开较为客观的论述，评史论人以事功为标准，不作道德主义式评判。这说明雷礼没有按照义理史学"以理阐史""以史证理"的传统编纂《大政纪》，不去追求义理史学所标榜的形而上意义的"理"，而是立足史学本位，将目光聚焦于作为史学基本构成要素的形而下意义上的"事"，把纲目体当作便于载事的史书体裁，重在"纪实"，以客观的态度书写明朝"多难选臻"的历史。因为雷礼遵从其发自内心的史学认知，所谓"盖述往所以镜来，而得失之林鉴戒系焉，固不徒托之空言已也"。[2] 这要求雷礼抛弃义理史学旨在"明理"的书写模式，通过史、事、实三位一体的撰述方式来更准确地实现"鉴"，如此才能达成"知行合一"，按照自我的史学体认见盛观衰、以史经世。

《大政纪》与《典则》的显著差异，表明长期统治明代史坛的义理史学发生了裂变，出现了受阳明心学理念主导的"心性史学"。以《大政纪》为代表的"心性史学"处于发展前期。其特点在于强调史家应直面本心，在史学中阐发良知，摆脱义理史学纲常伦理的说教风气和书写标准，不遵循旧的正统观，依照自我的史学认知撰史论史，尊重事实，注重"纪实"，最终会之于心而自得之。后世的"心性史学"则在此基础上有了进一步的发展。例如王学左派代表李贽就继承了"心学史学"，在正统观和伦理观上，对程朱理学进行了颠覆。李氏在《藏书》中批判了传统的尊华斥夷、

---

① 刘浦江：《元明革命的民族主义想象》，《中国史研究》2014 年第 3 期。
② 雷礼：《镡墟堂摘稿》卷 4《重修大名府志序》，《续修四库全书》集部第 1342 册，第 214 页。

尊王黜霸的正统史观，确定了秦、隋、元三朝分别在"混一诸侯""混一南北""华夷一统"上的历史地位；并鲜明反对传统的儒家伦理观，指出"咸以孔子之是非为是非，故未尝有是非"。[①] 李贽抒自本心，带有强烈批判性的"翻案"史论，反映了"心性史学"在晚明王学左派的影响下，评鉴史实恣意纵横、任由本心的后期特点。这与在史论上相对收敛，着墨较少的《大政纪》又有不同，体现阳明心学的变化发展对"心性史学"不同时期特点的形成所产生的影响。

四 结语

经前文的比较分析可知，《典则》与《大政纪》采用相同的纲目体体裁编排处理多有相似的史料，在书写断限相近的明朝历史时呈现不同的撰述特点。《典则》以带有浓厚华夷意识的正统观否定元朝法统，着重详载反映纲常、礼制的史实，评论史事强调道德褒贬，是一部有着"明理"旨趣的义理史学著作。相较之下，跳出充斥正统观与纲常伦理观的历史书写窠臼，大量记载国朝名臣的事迹行实，评述史事注重事实判断的《大政纪》，则是一部注重"纪实"，依从作者本心良知的"心性史学"史著。

《典则》与《大政纪》之间鲜明的异同不是在孤立状态下偶然形成的，归根结底，是深刻的时代原因造就了它们密切相关、辩证统一的共性与个性。嘉靖以来日益加剧的社会危机，促使人生经历相似、心系国运盛衰的黄光升和雷礼乘着逐渐开放私修国史之风，在经世史学思潮的助推下投身当代史的编纂。与此同时，思想领域的多元化氛围让黄、雷二人踏向不同的学术路径。在传统程朱理学与新兴阳明心学的分别影响下，黄光升和雷礼的史学思想分道扬镳，最终使得《典则》与《大政纪》成为异同相形的两部纲目体明史。

由此可以认识到，中国传统史书的编纂绝非脱离思想指导的单纯技术工作，"它的每一个变化都反映了史学内涵的变化"。[②]《典则》与《大政纪》的"貌同心异"从微观上反映出嘉靖后明代义理史学变化发展的内部脉络：长期作为明代主流史学形态的义理史学不再占据绝对的统治地位，

---

① 李贽：《藏书》卷首《藏书纪传总目前论》，《四库全书存目丛书》史部第 23 册，齐鲁书社，1996，第 293 页。

② 王记录：《理学与两宋史学的义理化特征》，《学习与探索》2014 年第 2 期。

面对新思想的冲击，明代义理史学在保持自身原有征貌的同时发生了"裂变"，以阳明心学为内核的"心性史学"应运而生，回应变化的时代向史学提出的新要求。进一步而言，在明中后期史学转型的过程中，义理史学与"心性史学"并不是完全对立隔绝的。它们在不同史学创作主体的能动作用下，既有各自独立的一面，又有彼此联系的一面。而这种具有不同内涵的史学形态间的交融互动，正是明代中后期史学走向繁荣，以及中国古代史学具有丰富内涵和不竭发展动力的重要原因所在。

徐乾学幕府与康熙《大清一统志》的编修

孙广辉

（中国社会科学院历史理论研究所，北京　100101）

摘　要：幕府修史是清朝修史机制的重要组成部分。徐乾学幕府是清朝最早的幕府之一，它凭借优势条件编修康熙《大清一统志》。其编修分为京师和苏州两个时期。在整个编修的过程中，徐乾学广聚遗民学者组建幕府并领导幕府修成陕西、河南、山东、直隶、山西、江南统志，成果显著。徐乾学幕府由幕府组建、史料选用、工作程序形成一套自身独特的修史机制，这套修史机制催生了多部重要典籍的成书，对新的修史局面的形成和政治理念的统一产生了促进作用。

关键词：徐乾学幕府　康熙《大清一统志》　幕府修史

清朝共修成三部《一统志》，分别为：始修于康熙二十五年（1686），成书于乾隆八年（1743）的康熙《大清一统志》；初修于乾隆二十九年（1764），成书于乾隆四十九年（1784）的乾隆《大清一统志》；始修于嘉庆十六年（1811），成书于道光二十二年（1842）的嘉庆《重修大清一统志》。康熙《大清一统志》是一部重要的官方地理总志，其独立建馆和幕府参修的编修模式，与后两部完全以他馆承修的编修模式形成鲜明对比。徐乾学幕府是清朝最早成立的学术幕府，且是《一统志》编修的主力军，其主修《一统志》开启了清朝幕府修史的先河，这在清代史学史上是一种非常重要的政治和社会文化现象。学界对徐乾学幕府编修康熙《大清一统志》的研究多侧重修史过程及成果的考察，而在修史原因、修史特点的探讨上还较为薄弱。① 《一统志》是徐乾学幕府修史的重要成就之一，其编修呈现官私结合的特征，探讨徐乾学幕府与《一统志》编修的关系，对于研究徐乾学幕府的学术贡献并进而探讨幕府修史在清朝修史机制当中的作用都具有重要的学术意义。

一　徐乾学幕府编修康熙《大清一统志》的缘起

对于徐乾学幕府编修《一统志》的原因，学界极少关注，仅有学者在研究其他问题时对此有所涉及。② 清朝统治者一直怀有戒备心理，尤忌讳学者文人聚会结社，且方志编修本属官方活动，不应由幕府负责，但徐乾学幕府却可广聚幕宾进行修志活动，而不曾受清廷的干预。徐乾学幕府因何能承修官方史籍且备受皇家支持，究其原因，主要归结为三点。

（一）满足清廷进一步借修史笼络明遗民学者的需要

在明亡清兴之际，一批遗民士人深感国破家亡的悲愤和对华夏文化传承的担忧，故而坚守民族气节不与清廷合作。他们成为在政治上和士林中颇具影响力的脱离于国家体制的新兴社会群体，成为一股隐性的社会和政治离心力量。同时，清廷在军事征伐节节胜利的局面下，面临如何治理封建社会高度发达的广大关内地区的问题，继承明朝的统治机构和政治制度成了不二选择，继而网罗统治人才成为清廷维护其统治秩序的迫切需求。清朝统治者发起"官者归来复其官，民者归来复其业"③的号召，并采取了为崇祯帝发丧、尊孔重儒、开科取士等羁縻人心的措施，从而以招抚的故明兵将、官吏以及通过科举选拔的汉族士人为重要的政治和军事基础，建立起全国政权。

---

① 尚小明、王记录分别简要谈及徐乾学幕府编修《一统志》的过程，王大文较为细致地探讨了康熙《一统志》的编修过程及成果。参见尚小明《学人游幕与清代学术》（增订本），东方出版社，2018，第135~141页；王记录《论清代史馆修史、幕府修史及私家修史的互动》，《史学史研究》2007年第2期，第50~51页；王大文《文献编纂与"大一统"观念：〈大清一统志〉研究》，方志出版社，2016，第30~49页。

② 参见尚小明《学人游幕与清代学术》（增订本），第129页："清朝统治者在政治统治地位确立并巩固之后，为了笼络逸老遗民，加强思想统治而采取的重要措施，也是发展学术文化的需要。"

③ （清）钱仪吉纂，靳斯标点《碑传集》卷4《内秘书院大学士范文肃公墓志铭》，中华书局，1993，第67页。

鉴于清政府在民族融合与文化认同上的历史局限性和自身根深蒂固的首崇满洲思想以及激进的民族同化政策，清政府又表现出国家治理上的不成熟。清政府在不断与人数众多的汉族地主阶级结成联盟来加强对全国统治的同时，又通过兴起"科场案""奏销案"等大狱，防止和抑制汉族地主官僚势力的过分强大，不仅使入仕的士绅阶层踌躇徘徊，更无益于遗民的归附。"三藩之乱"的爆发真正使清王朝认识到人心向背对于政权稳固的重要性。面对国家政权仍不被汉族士人接受的现实，在满汉民族矛盾依然尖锐的背景下，为安抚新朝士人和扭转遗民不与新朝接触、合作的态度，康熙帝施行了广开出仕门路和迎合遗民故国情怀的笼络政策。

清廷以更加主动的态度特开"博学鸿儒科"奖掖儒学，更以行政手段强请必欲罗致的山林隐逸赴京，不论应试与否一应委以官职，试图以附属的特权和待遇收揽或孤立遗民。借修《明史》寄托故国之思和延续汉文化一直是遗民的夙愿。清廷在"博学鸿儒科"之后随即重开《明史》馆，此连续举措确实争取到了部分遗民及其子弟的响应，遗民社会就此发生明显分化，然而收拾人心并非一次制科和官修一部经典就能一蹴而就的。想要收服人心，就要一以贯之地实行崇儒重道的文化政策，以程朱理学作为全社会的指导思想，从而扩大对文人的号召力，树立清廷在思想文化领域的统治地位。待到修《一统志》时，清廷为扩大借修史笼络遗民学者政策的成效，争取遗民社会的彻底合流，遂把目光投向了遗民聚集的学术幕府——徐乾学幕府。幕府参修官方史籍是清廷瓦解遗民社会的一次新方法的探索，也是对崇儒重道文化政策成效的检视。

（二）史学经世致用思潮的影响

经世致用是中国史学的优良传统。明清之际，宋明理学逐渐暴露出学理上的种种缺陷，走向空谈性理、不问时务，不仅无补于社会，而且造成了对封建纲常秩序的空前冲击，并在改良政治、重振学风的呼声中走向衰落，随之经世史学重新进入士人的视野。加之商品经济繁荣，出现了资本主义生产方式的萌芽与市民阶层势力的成长壮大，反对封建专制、张扬自我的启蒙思想随之产生，同时讲究科学务实之西学传入，这些新生因素又进一步推动着经世思潮向前迈进。

经过长期兵戈扰攘后，国家经济残破凋敝，整个社会处于严峻的危机之中。社会现实的强烈变化在学术界引起了极大的震动，带有遗民情节的学人在反清复明活动失败后，纷纷转入学术研究，贬斥空谈心性的理学，积极提倡明体达用、经邦济民的经世实学，使得自明末以来兴起的经世思潮空前高涨。顾炎武主张"文须有益于天下"，指出："文之不可绝于天地间者，曰明道也，纪政事也，察民隐也，乐道人之善也。若此者有益于天下，有益于将来，多一篇，多一篇之益矣"，反之，则"多一篇，多一篇之损矣"，① 这种经世史学思想也反映了他深切的历史使命感。黄宗羲于传统经学内寻求出路，倡导经史统一，"学必原本于经术，而后不为蹈虚；必证明于史籍，而后足以应务"，② 主张"六经皆载道之书"，③ 且"二十一史所载，凡经世之业，亦无不备矣"，④ 也就是说，六经载道，史籍记事，道事相连，经史难分，这正是黄宗羲尊经重史，谋求致用思想的突出写照。

　　总之，经过清初学人殚力宣扬，经世致用的史学思想已成为学术界的共识。在此历史时期，徐乾学与明遗民学者积极倡导经世致用，注重学术的实际效用，希冀通晓古今治国之道来解决国计民生的现实问题，直接把历史编纂作为明道救世、千古永垂的大业。徐乾学主张："史以为纬，雅擅事辞，天人之际备矣，帝王之用该矣。"⑤ 顾祖禹提到："世乱则由此而佐折冲，锄强暴；时平则以此而经邦国，理人民。"⑥ 陶元淳说："工制义而嗜古，志薪经世，洞见史传理乱机要，其议论雄辟，而归于崇本核实。"⑦ 面对清廷严禁聚会结社，诸学人迫切地希望通过组建幕府书局构建表达思想和理念的新平台，寓史事考辨、总结历代兴亡之道于著述之中，以求真、务实的历史经验为社会提供治理良方。

---

① （清）顾炎武：《日知录》卷 19《文须有益于天下》，《顾炎武全集》第 19 册，上海古籍出版社，2011，第 739 页。

② （清）全祖望：《鲒埼亭集》卷 16《甬上证人书院记》，朱铸禹汇校集注《全祖望集汇校集注》中册，上海古籍出版社，2018，第 1061 页。

③ （明）黄宗羲撰，吴光主编《南雷诗文集》序类《学礼质疑序》，《黄宗羲全集》第 19 册，浙江古籍出版社，2012，第 21 页。

④ （明）黄宗羲撰，吴光主编《南雷诗文集》序类《补历代史表序》，《黄宗羲全集》第 19 册，第 70 页。

⑤ （清）徐乾学：《憺园文集》卷 1《赋·经史赋并序》，《清代诗文集汇编》第 124 册，上海古籍出版社，2010，第 265 页。

⑥ （清）顾祖禹：《读史方舆纪要》总叙三，中华书局，2005，第 18 页。

⑦ （清）钱仪吉纂，靳斯标点《碑传集》卷 94《康熙朝守令中之上·陶先生元淳墓表》，第 2673 页。

（三）徐乾学幕府的特殊性

幕主徐乾学才学深厚，撰著等身，颇受康熙帝赏识。徐乾学诗书传家，八岁能作文，十岁应童子试，十三岁通五经，顺治十七年（1660）中顺天乡试，康熙九年（1670）以一甲三名进士及第，授翰林院编修。康熙二十四年（1685），徐乾学以《经史赋》《班马同异辨》等文章被康熙帝列为翰林榜首。徐乾学始终以学问傍身，撰有《通志堂经解》《读礼通考》《资治通鉴后编》。徐乾学入值南书房，"凡朝章国故之巨，郊庙礼乐制度之沿革，廷议纷拏，必折衷于公"，[①] 成为深得康熙帝器重的文学词臣。徐乾学参与编修《圣训》《大清会典》《御选古文渊鉴》《鉴古辑览》诸书，在主持编修《大清一统志》前，还担任《明史》监修，修史能力突出，承担《一统志》编修重任也势所必然。

徐乾学与明遗民保持密切的联系。徐乾学是明遗民后代，其舅父是大儒顾炎武，其学术思想深受顾炎武文脉影响。徐乾学在治学上又与黄宗羲相知相惜。徐乾学遣门人问学黄宗羲，请黄宗羲观传是楼藏书，与黄宗羲讨论《明史》中是否设立《理学传》的问题。黄宗羲派弟子万斯同、其子黄百家参修《明史》，支持徐乾学的领局修史工作。徐乾学喜好延揽饱学之士，在其所延聘的幕宾中，就有乾嘉汉学的先驱人物胡渭与阎若璩。徐乾学与明遗民学者群体有一种天然的亲近感，又因诸多学术往还加深了徐乾学与明遗民之间的密切关系，从而更容易为清廷搜罗实学之才。

徐乾学通籍后，历任日讲起居注官、翰林院侍讲学士、詹事府詹事、内阁学士兼礼部侍郎、左都御史、刑部尚书等职，入值南书房，其自身既是清廷政策的制定者，又是施政主体。学者型官员开办的幕府自然就具备了存在的合法性，成为清朝制度建设中的新尝试。徐乾学返回苏州前因得明旨返乡修书，并得御书"光焰万丈"匾额，使其幕府修史在清朝国家体系中仍旧具有存在的正当性，其幕府编修《一统志》得以顺利开展。

徐乾学幕府以其学术积淀和与政府的独特关系被时代推到了前台，并创造性地运用幕府承修官方史籍的方式收拢遗民学者，此举在保全遗民气节的同时，间接将遗民纳入政府组织加以管控，成为朝廷继续利用遗民大儒的影响力展示怀柔政策的新渠道。

---

① （清）徐乾学：《憺园文集》卷首宋荦序，《清代诗文集汇编》第 124 册，第 258 页。

二　徐乾学幕府编修康熙《大清一统志》的两个阶段

康熙二十五年（1686）《一统志》开馆之际，徐乾学担任总裁，专理《一统志》馆务。徐乾学幕府一同开始了《一统志》编修工作，直到康熙三十三年（1694）结束。其间因徐乾学职务变动，徐乾学幕府编修《一统志》被迫分成了两个时期，分别是京师时期（1686~1689）和苏州时期（1690~1694）。

（一）徐乾学幕府与京师时期的《一统志》编修

徐乾学幕府成立于《一统志》开馆之前，幕府随着徐乾学受命总裁而投入《一统志》的编修工作，以下主要从幕府经费开支、延请修史人员、制定体例和幕宾的分工情况来说明幕府的编修工作是怎么展开的。

幕府修志所需编修人员薪水、笔墨纸砚、桌椅箱柜等各项开支均由《一统志》馆承担，至于幕宾修志酬金的支取则略有不同。清代修书各馆在管理上往往依循前例或借鉴他馆。雍正三年（1725）二月，《一统志》馆副总裁蒋廷锡奏报："一统志馆'一切应用纸张、器用等物，纂修、提调、收掌、誊录、供事人员等饭银，康熙二十五年题定照会典馆之例支取，臣等悉照例遵行'。"① 康熙二十五年（1686）会典馆的经费管理办法为"其桌饭银两及纸匠等工食，行文户部支给；至应用箱柜、桌机、笔砚、纸墨、糊麫、灯油、炭木等物，酌量于工部取用"，② 也就是说《一统志》馆和幕府书局的薪酬和物资消耗分别由户部、工部一应列支。然而，在薪俸接收上，徐乾学幕府却有些特殊。顾祖禹拒绝接受清朝的官职，"在志局时，乾学将荐起之"，③ 祖禹断然回绝，"书成，将列其名上之，祖禹不可，至欲投死阶石，始已"，④ 可见其未接收馆俸，只接受幕主提供的幕酬。刘献廷则不同，虽接受了馆俸，却只是抄录史馆藏书的权宜之计，

---

① 中研院历史语言研究所藏内阁大库档案，登录号：186223。
② 《清会典馆奏议》，全国图书馆文献缩微复制中心，2004，第 11 页。
③ （清）秦缃业：《光绪无锡金匮县志》卷 21 儒林《顾祖禹传》，《中国地方志集成·江苏府县志辑 24》，凤凰出版社，2008，第 346 页。
④ （清）姚椿：《晚学斋文集》卷 6《顾处士祖禹传略》，《清代诗文集汇编》第 522 册，第 442 页。

"昆山归里，继庄以馆俸之得，抄史馆秘书无算"。①

碧山堂是徐乾学在京居所，位于绳匠胡同，今休宁会馆，是供幕宾进行日常生活和开展学术活动的场所，徐乾学幕府修《一统志》的书局即设于此。徐乾学幕府能一直从事重要的学术活动，得益于幕宾多为饱学之士，这与徐乾学喜好延揽宾客有很大的关系。胡渭自康熙二十一年（1682）六月辞别冯溥后进入徐幕。康熙二十二年（1683），阎若璩游历福建归来后，馆于碧山堂。黄仪精于地理学，于康熙二十三年（1684）来到徐乾学幕府。顾祖禹亦擅长地理，早在康熙十九年（1680）即馆于徐乾学昆山冠山堂，致力于写作《方舆纪要》，待到康熙二十六年（1687），为编修《一统志》，馆于碧山堂。刘献廷于康熙二十六年（1687），应顾祖禹、黄仪邀请参修《一统志》。

《一统志》书局成立后，修志的首要工作就是拟定体例，订立编修原则。徐乾学亲自制定了《大清一统志凡例》，"然以健庵一心力，勤考据，发凡起例，规模大定之书"，② 此凡例可视为《一统志》最早的编修纲领。徐乾学对《一统志》的"古今沿革、山川形胜、都邑人物、田赋户口"方面，均"考之详而辨之明"，③ 并与书局同人协商后，以"体国经野""观民省方"的经世思想为宗旨，采用"自《禹贡·职方》及于近世，博采古义，参决群言，标其大凡"的方法，按照"务使识其大而略其细，考其实而阙其疑，取类周详，措辞质古，展卷之下，条析缕分"的标准和原则，最终拟定出类目22条。④ 有学者将徐乾学拟定的《大清一统志凡例》与成书的康熙《大清一统志》凡例进行比较，指出了二者的异同。⑤ 可见徐乾学制订的凡例为《一统志》体例的成型，寻启了门径，培植了初基。

饱学之士会聚徐幕，悉心撰述，往来论学，为编修《一统志》贡献才智。书局成立伊始，阎若璩积极参与探讨修史原则，贡献较大。面对万斯

---

① （清）刘坊：《万季野先生行状》，方祖猷主编《万斯同全集》第8册附录《行略 年谱》，宁波出版社，2013，第511页。

② （清）陈廷敬著，王道成点校《午亭文编》卷39《与徐少宗伯论〈一统志〉书》，人民出版社，2017，第569页。

③ （清）韩菼：《有怀堂文稿》卷18《资政大夫经筵讲官刑部尚书徐公形状》，《清代诗文集汇编》第147册，第241页。

④ （清）徐乾学：《憺园文集》卷35《大清一统志凡例》，《清代诗文集汇编》第124册，第716页。

⑤ 参见王大文《文献编纂与"大一统"观念：〈大清一统志〉研究》，方志出版社，2016，第159页。

同"撰《一统志》，奚必及人物，人物自有史传诸书"的疑问，阎若璩指出编修《一统志》的原则是"庐名宦、流寓、人物、列女四项，但取其言与行关于地理者，方得采辑"，"盖不惟其人，惟其地"，并以杜君卿"言地理者，在辨区域，征因革，知要害，察风土"①的言论强调了编修《一统志》的总体原则。黄仪在《一统志》编修上，"凡两都十四国之方舆沿革异同是非，莫不总于一人之手，而定于一人之口"。②刘献廷"为昆山定河南《一统志》稿"。③

在《一统志》编修进行得如火如荼的康熙二十八年（1689）底，徐乾学深陷党争旋涡，为避人祸决心返乡续修《一统志》。京师阶段的编修工作也宣告结束。至此，《一统志》编修工作已历时三年多，保定府、江西统志稿已始修，④河南一统志稿亦基本完成。⑤

在京师时期，徐乾学奉命主修《一统志》，既是史馆的副总裁和专理员，又是幕府《一统志》书局的领导者，突出贡献在于制定了《大清一统志凡例》。在徐乾学的诚挚延请下，阎若璩、胡渭、黄仪、顾祖禹、刘献廷参加到《一统志》书局中，成为书局编修队伍的主体。徐乾学幕府主宾协作，依托官方的力量支持，使《一统志》编修初具成果，为后续编修打下了基础，但总体来看成效较小，究其原因，除了修史工作自身的繁复性外，也受《一统志》《明史》《大清会典》等多个修史工程同时进行的影响。

（二）徐乾学幕府与苏州时期的《一统志》编修

徐乾学卸下所有行政职务，回到会聚文史大家的江浙地区，在拥有了更充沛的精力和条件后，择驻地、延幕宾，随即着手幕府修史工作。

康熙二十九年（1690）三月，徐乾学携《一统志》书稿返回苏州，选定太湖洞庭东山望族翁天浩亭馆数处邀集同人编辑所携诸书，"东山有数大姓，最著者翁氏。君翁姓，讳天浩，字元直，别号养斋……岁庚午，余

---

① （清）阎若璩撰，黄怀信、吕翊欣校点《尚书古文疏证》卷 6 上《第八十八 言晋省毂城入河南，安国传已然》，上海古籍出版社，2013，第 401~402 页。

② （清）裘琏：《横山文集》卷 3《琴川黄子鸿纫兰草叙》，民国三年（1914）铅印本。

③ （清）刘献廷：《广阳杂记》卷 4，中华书局，1985，第 180 页。

④ 据陈廷敬著，王道成点校《午亭文编》卷 39《与徐少宗伯论〈一统志〉书》（人民出版社，2017，第 569~575 页）可推知保定府、江西统志稿的纂修情况。

⑤ 参见刘献廷《广阳杂记》卷 4（中华书局，1985，第 180 页）"余在都门为昆山定河南《一统志》稿"。

请告归里，特恩以书局自随。避城市喧嚣，就君假馆焉"。① 不久书局辗转嘉善，后迁至苏州华山之凤村。

徐乾学不仅主持修志克尽厥职，审慎求善，"公核校精严，务极根柢，稗言荪字，片只多士，或集多士，送难于登临，或抽架帙，刻烛于飞觞，拨繁一虑，不疲以乐，公于是书（按《一统志》）可谓勤矣。夫揽大纲者，多忽细故，善器使者，或略躬亲，公则体国奉公，不辞劳勤，一日之耗，动逾中产，公犹必以尽善切属多士，而不务求速成塞责"，而且仅凭一人之力承担书局的一应费用，"陛辞之日……仍力辞帑资并应领二品奉给，且勿烦所在官司供亿"。②

有感于徐乾学"再疏苦辞归，愿以书局老"③ 的表现，不少士人追随其归乡修书。"尚书徐乾学奉诏修《一统志》，开局洞庭山，延常熟黄仪、顾祖禹、太原阎若璩及渭分纂。"④ 刘献廷亦随徐乾学返吴修书，"尚书既去官，继庄亦返吴"。⑤ 归乡前，徐乾学还向康熙帝题请姜宸英、黄虞稷随其南下，随其南归修书的还有查慎行。回到苏州后，徐乾学"复延访四方耆儒名宿，共襄厥成，郁郁彬彬，络绎奔诣，皆大国词人之选"。⑥ 裘琏受黄宗羲推荐，于"康熙三十年辛未春，至洞庭书局"。⑦ 此外，王原、徐善、马潇也被延请至幕府。⑧ 韩菼适逢假归苏州，亦参与了编务。其间，陆续入幕参与修志的还有李良年、邵长蘅、沈佳、吕澄、陶元淳、吴暻、

---

① （清）徐乾学：《憺园文集》卷 29《翁元直暨配席孺人合葬墓志铭》，《清代诗文集汇编》第 124 册，第 635~636 页。

② （清）裘琏：《横山文集》卷 7《纂修书局同人题名私记》。

③ （清）韩菼：《有怀堂诗稿》卷 2《归愚集·上健庵师诗八章以既明且哲以保其身为韵》，《清代诗文集汇编》第 147 册，第 23 页。

④ 王钟翰点校《清史列传》卷 68 儒林传下一《胡渭传》，中华书局，1987，第 5458 页。

⑤ （清）全祖望：《鲒埼亭集》卷 28《刘继庄传》，朱铸禹汇校集注《全祖望集汇校集注》上册，第 529 页。

⑥ （清）裘琏：《横山文集》卷 7《纂修书局同人题名私记》。

⑦ （清）裘琏：《横山文集》卷首《裘琏年谱》。

⑧ 参见（清）王原《西亭文钞》卷首《王原传》，《清代诗文集汇编》第 171 册，上海古籍出版社，2010，第 304 页："从刑部尚书徐乾学修《一统志》于包山（此为苏州包山）"；夏定域《清初胡朏明先生渭年谱》，《新编中国名人年谱集成》第五辑，台湾商务印书馆，1979，第 13 页："康熙二十九年庚午（1690）五十八岁……注：敬可（徐善）时亦与修《一统志》"；李桓《国朝耆献类征初编》卷 425《马潇传》，清光绪十六年（1890）湘阴李氏刻本："康熙中，诏修《一统志》，徐尚书乾学延洄其事。"

唐孙华、顾士行、顾秦业。① 在徐乾学的勤力征罗下，苏州书局便有了
"供事之员、善书之士，及奔走使令之役，复三四十人"。② 幕府的修书盛
况，可谓"一堂宾从之贤，皆九等人表之最，官书如此慎重，岂复私家著
述所能比肩"。③

幕宾各尽其责，齐心于操觚染翰之业。在《一统志》编修上，学者们
讨论了《一统志》的地理范围，尤其值得提及的是阎若璩的考证工作。阎
阐述了体例中"四至""八到"的含义，极大地突出了《一统志》在一些
关键点上的精确度，显示了《一统志》编修工作的成效。姜宸英站位国家
角度写成《一统志江防总论》《一统志海防总论》《一统志日本贡市入寇
始末》，表达了对国家社会现实问题的热切关注，为国家处理边防事务提
供历史借鉴。裘琏编写湘、广《一统志》，其所修《三楚人物志》被徐乾
学称赞为"最工且速""整齐慎核"。④ 刘献廷从社会功用的角度对《一统
志》编修内容提出了开创性意见，"继庄首言郡县宜记经纬度，故《一统志》
每府必记北极测地若干度"。⑤ 以上种种表明清廷崇儒重道的文化政策成效显
著，汉族文人发自内心对清朝廷统治之正当性与合法性的认同。

康熙三十年（1691）四月，徐乾学受官场倾轧，书局被撤。朝廷仍命
徐乾学接续修订书稿。徐乾学备感仕宦艰险难料，加之修志之事乃文人追
求名山事业的心头之重，故带领幕宾先后迁至嘉善、华山凤村避居兼续书
稿。康熙三十三年（1694）七月，徐乾学"病中口占疏谢恩，进呈续完一
统志书若干卷"，⑥ 未及奉旨入京，旋惊悸而死。幕府解体而终，苏州阶段
的纂修工作随之结束。康熙二十五年（1686）至三十三年（1694），徐乾

---

① 参见（清）裘琏《横山文集》卷7《纂修书局同人题名私记》："德清胡渭生，无锡顾祖
　禹，子士行、秦业，晋江黄虞稷，山左阎若璩，太仓唐孙华、吴暻，常熟黄仪、陶元淳，
　钱塘沈佳，仁和吕澄，慈溪姜宸英、裘琏"；（清）唐孙华《东江诗钞》卷3《哭座主玉
　峰尚书徐公》诗中"两年书局幸从游，鹤盖成阴聚胜流"之句的自注，上海古籍出版社，
　1979，第150页。
② （清）裘琏：《横山文集》卷7《纂修书局同人题名私记》。
③ （清）陈康祺撰，晋石点校《郎潜纪闻初笔二笔三笔·郎潜纪闻初笔》，中华书局，1984，
　第59页。
④ （清）裘琏：《横山文集》卷首《横山文钞序》。
⑤ 《章太炎全集·演讲集》下册，上海人民出版社，2015，第996页。
⑥ （清）韩菼：《有怀堂文稿》卷18《资政大夫经筵讲官刑部尚书徐公行状》，《清代诗文集
　汇编》第147册，第239页。

学幕府与官方合力修成陕西、河南、山东、直隶、山西、江南统志，① "各省志书三百五十一本"。②

　　苏州时期，徐乾学重建书局，依托宫中珍本及传是楼藏书，携手幕宾接续编修《一统志》。徐乾学幕府完成占全国三分之一省份的编修任务，贡献不可不谓之巨大，所纂志稿虽有细繁之嫌，但其涵盖之广博，考订之详尽，却不失为后纂者的完备底稿。基于徐乾学幕府的纂修成果，乾隆八年（1743）刻成的康熙《大清一统志》，由京师（直隶）、盛京、江南、山西、山东、河南、陕西、甘肃、浙江、江西、湖北、湖南、四川、福建、广东、广西、云南、贵州十八省及外藩统志组成，每省设立统部，再依次由诸府及直隶州到诸县，按各所涉类目分次撰述，共 342 卷，后附外藩及朝贡诸国志书，总计 356 卷。③ 徐乾学幕府编成的康熙《一统志》整体呈现材料来源广泛、内容宏富、考证精要、体例赅密的特点，史料价值较高，为其后一统志馆的纂修工作奠定了重要的基础。

三　徐乾学幕府修史的特点及贡献

　　纵观碧山堂书局和苏州书局两个时期，徐乾学幕府编修《一统志》呈现出一种特殊的修史机制，这种修史机制不仅对当时史学的繁荣发展具有重要的价值，而且在更广阔的意义上对民族融合与文化认同产生深远影响。

（一）徐乾学幕府修史的特点

　　徐乾学幕府修史是区别于官方修史与私家修史的一种特殊修史形式。徐乾学幕府开展修史活动既不具有史馆修史的强制性，也不像私家修史那样完全受控于个人意志，具有一套自身存在和运行的修史机制，其独特性表现在幕府组建、史料选用和工作机制方面。

---

① 参见（清）刘献廷《广阳杂记》卷 4（中华书局，1985，第 195 页）："辛缵修陕西统志，余问以连昌宫故迹，亦不辨也。查之《通志》《西安府志》皆不见，余意其或在东京，更检河南统志，亦不见。问之景范，云在陕州，而《方舆纪要》不载，当必不谬耳"；姜亚沙、经莉、陈湛绮主编《内阁大库奏档》第 2 册（全国图书馆文献缩微复制中心，2010，第 4~5 页）："奉命撰述《一统志》，将次脱稿，奉馆中移文取回书籍，臣前所领《一统志》总裁官敕书例应本恭缴。除山东志已经进呈外，兹将直隶、山西、江南三处稿本装潢成帙，共计二十套，特呈御览"。
② 中研院历史语言研究所藏内阁大库档案，登录号：186223。
③ 见《康熙大清一统志》清乾隆九年武英殿本。

1. 幕府组建。徐乾学以深厚的学养、崇重学者的态度、雄厚的财力以及平稳的仕途形成向心力，于幕中会聚了大批学界名流。徐乾学不仅爱好读书且富于藏书，建有盛极一时的藏书楼传是楼，他还是清初最著名的学术活动赞助人。钱澄之《田园全集》、吴兆骞《秋笳集》、归有光《震川先生集》、朱彝尊《日下旧闻》等书均因得徐乾学资助而付梓问世，阎若璩《尚书古文疏证》、顾祖禹《读史方舆纪要》、胡渭《禹贡锥指》的成书也得益于传是楼的丰富藏书。同时，徐乾学身为康熙帝倚重的朝廷重臣，于幕府中营造出宽松的治学环境，为学者提供了无惧朝廷禁令而自由聚会的政治庇护和衣食无忧的生活保障。受限于秘藏典籍难以周览、私家作史多受禁忌和因私家著述成书周期长造成的财力难以为继，又因徐乾学幕府以从事学术活动而闻名，私家学者遂将目光投向幕府。

2. 史料选用。京师时期的徐乾学幕府在清廷的支持下积极利用官方资料，除了各省提供的《通志》、各地呈送的舆图外，清宫藏书也是重要的资料来源。徐乾学曾奏请利用文渊阁藏书以供修志参阅："徐尚书总裁《一统志》，请权发文渊阁故书，以资考验"。① 到了苏州时期，徐乾学返乡时携带了大量宫廷藏书，其中不乏珍贵的前代地理志残本，"黄俞邰言：'徐司寇健庵奉旨归吴修《一统志》，借内府书有元岳璘所修《一统志》残本尚二十余大册，计全书不下千卷'"。② 除此之外，徐乾学还拥有自己的藏书楼——传是楼，传是楼"贮书若千万卷，区为经史子集四种，经则传注义疏之书附焉，史则日录、家乘、山经、野史之书附焉，子则附以卜筮、医药之书，集则附以乐府、诗余之书，凡为橱者七十有二"，③ 以藏书数量大、收藏范围广、宋元秘本多为特点。徐乾学携书局归乡后，幕府在资料征集上亦可从传是楼中灵活选用，资料择取渠道极为畅通。

3. 工作机制。徐乾学幕府修史是在秉持官方意志的前提下由史馆与幕府协同推进的，幕主起主导和统筹作用，幕宾发挥主纂和辅助作用。幕府承担国家大型文化工程时刻贯彻着官方修史思想。京师时期，徐乾学官僚、学者一身二任，作为《一统志》馆的行政主官直接把握修史动向，协调幕府与史馆工作。到了苏州时期，徐乾学退出史馆管理层，幕府修史除了需要谨遵随修随次第进呈的规定，"其所修《一统志》陆续缴送，俟馆

---

① （清）杨绍和：《楹书隅录》卷 2《史部·宋本舆地广记三十八卷十二册》，清光绪二十年聊城海源阁刻本。

② （清）王士禛：《居易录》卷 1，清康熙四十年刻雍正印本。

③ （清）汪琬：《尧峰诗文钞》卷 23《传是楼记》，清康熙三十二年林佶写刻本。

阁诸臣详定汇呈御览"，凡遇重大工作事项都要经史馆批准后方可执行，如史书内容的厘定需要由京师《一统志》馆官员共同议定，"《一统志》例载本朝人物，凡朝廷恩恤大臣，及德行卓绝者，理应采录，但臣愚昧浅见，不敢轻为出入，应俟在馆诸臣公同酌定"。① 徐乾学作为幕府的领导者，主导了修志材料的选择、整理及编修思路的制定。徐乾学组建幕府，为学者提供相互切磋、交流的平台，统筹幕宾合力编修《一统志》，并亲自督视修志的每一具体环节，为之倾注了大量的心血。同时，徐乾学幕府在《一统志》编修上取得的成就，很大程度上得益于幕宾的襄助。幕宾多为社会清流，且多担当学术领袖，不涉仕途，不受官府羁绊，在秉承幕主指导思想的前提下，相互切磋、交流，最大限度发挥史家的独创性，襄助幕主编修《一统志》，既保障了《一统志》的质量，又促进了学术的发展。

（二）徐乾学幕府修史的价值

在清初官方修史与私家修史二元并行的史学发展模式下，具有"半官方半私人"性质的徐乾学幕府修史，是一种新生且独特的修史机制，其对清代史学发展具有重要意义。

幕府编修成果多且精。徐乾学幕府进行了众多大型史籍的编修工作，参修《明史》《一统志》，独修《资治通鉴后编》《读礼通考》《通志堂经解》等，成绩显著，对后世影响深远。康熙二十九年（1690），《明史》"历十二年而《史稿》初就，凡四百十六卷"，② 基本上奠定了乾隆四年（1739）殿本《明史》的主体架构。康熙三十三年（1694），告竣的六省《一统志》稿"博大精确，一洗向来诸志之陋"，即使是后来重修之书，也"无能出其范围"。③《资治通鉴后编》成书一百八十四卷，记述了起于宋太祖建隆元年（960），迄至元顺帝至正二十七年（1367）的历史，此书"所载舆地尤为精核"，"订误补遗，时有前人所未及"，④ 其体例、历史细节及文字表述多被毕沅幕府所修《续资治通鉴》所沿袭。《读礼通考》一

---

① （清）徐乾学：《憺园文集》卷 10《备陈修书事宜疏》，《清代诗文集汇编》第 124 册，第 388～389 页。
② （清）杨椿：《孟邻堂文钞》卷 2《再上明鉴纲目馆总裁书》，《清代诗文集汇编》第 238 册，上海古籍出版社，2010，第 25 页。
③ （清）王峻：《艮斋文集》卷 1《新修〈徐州府志〉序》，《清代诗文集汇编》第 275 册，第 197 页。
④ 《清文渊阁四库全书》本《资治通鉴后编》卷首提要。

百二十卷，"博而有要，独过诸儒""是书搜罗富有，秦蕙田五礼通考即因其义例而成之，古今言丧礼者盖莫备于是焉"。①《通志堂经解》一千八百六十卷，收录宋元经学要籍一百四十种，虽未精于校勘，但"其于经学，凡唐宋以来先儒经解世所不常见者，靡不搜揽参考，雕板行世"。②《四库全书荟要》经部的65%均出自此编，《通志堂经解》使刊刻书籍不仅限于存古，更注重于学术研究，且引领清代刻书理念转向辑刻"专著"。

幕府修史开启了修史新局面。在史料利用上，徐乾学幕府首开私家学者利用官方资料的先例。学人受聘于幕府参修《一统志》，可以极为便利地参阅宫廷秘籍善本及各省志书舆图。刘献廷抄录了大量史馆资料，"持归苏之洞庭，将约同志为一代不朽之业"。③顾祖禹的《读史方舆纪要》和胡渭的《禹贡锥指》均得益于《一统志》馆中手抄和传是楼藏书。任用修史人员更加灵活，徐乾学不仅可以自主延聘学者，还能从史馆调用史才。追随徐乾学南归修书的人员中就有一直在史馆供职的姜宸英、黄虞稷。在修史程序上，幕府修史借鉴了官方修史的多人分修模式，设置类似总纂、纂修的职位，组建了以阎若璩为核心的《一统志》编写队伍，"昆山徐尚书以文章被眷遇，领纂修数局，所邀与商略，皆天下名士，而先生（阎若璩）为首，周旋累年，敬礼不衰"。④在保证工作进度的同时，最大限度发挥史家的创造性，增益学术成果。

幕府修史开辟了统一思想的新途径。清廷在进行了较长时期的统一战争和经济复苏后，逐步认识到文化认同对维护国家政权的重要性，而史学在文化中又占据极其重要的地位。于是清廷在承袭传统史学的同时，引领史学向有利于自身统治的方向发展，从历史的角度阐明自身的正统性，贯彻儒学思想体系内的纲常名教准则，大力宣扬传统史学的"大一统"思想。官方主导的史学活动成为统一思想，进而维护政治统一的途径。在开展贯彻清廷认可的史学思想与历史观念的史学活动中，清廷已不满足于史馆修史，更是把触角伸向私家修史，幕府修史就由此诞生了。徐乾学幕府

①　（清）永瑢等：《四库全书总目》卷20"《读礼通考》一百二十卷"条，中华书局，1965，第168页。

②　（清）韩菼：《有怀堂文稿》卷18《资政大夫经筵讲官刑部尚书徐公行状》，《清代诗文集汇编》第147册，第241页。

③　（清）刘坊：《万季野先生行状》，方祖猷主编《万斯同全集》第8册附录《行略 年谱》，第511页。

④　（清）张穆撰，邓瑞点校《阎若璩年谱》，中华书局，1994，第70页。

参修官修史正值清廷平定三藩之乱、收复台湾的历史时期，加之私家学者有感于明亡教训，清廷"大一统"思想与私家学者的"经世致用"思想，在徐乾学幕府开展的官方史籍编修活动中相交融。徐乾学幕府开展《明史》《大清一统志》编修工作，对推进官方政治历史理念透过幕府渗透到私家思想层面和私家史学认可官方史学领导地位的演变进程意义深远。

在政治上清朝政府笼络明遗民和学术上经世致用的时代环境需求下，徐乾学幕府凭借其特殊条件开展了包含京师时期和苏州时期在内的《一统志》编修工作，其修史不仅在幕府组建、史料选用、工作呈现方面具有自身的特色，而且对清朝史学发展和政治思想贯彻产生了重要的促进作用。徐乾学幕府编修《一统志》的"半官方半私人"性质，决定了幕府所行乃朝廷之事，所仰赖乃幕府集体襄助，这就使幕府的史学活动既有宏阔的史学编纂，又有细碎的历史考据；使得《一统志》的编修融合了官方的政治意图和私家学者的治史理念；又使得史馆处于修史主导地位并给予幕府相应支持，史馆与幕府良性互动。这种性质既彰显了徐乾学幕府修史活动的特色，又推动了清朝修史结构的创新性发展。徐乾学幕府所修《一统志》是清朝《一统志》初修阶段的重要成果，在清朝三部《一统志》中起到了关键的学术示范作用，成为清初史学的重要组成部分。徐乾学幕府编修《一统志》拉开了清朝幕府修史的帷幕。受其启发，李光地幕府纂修《朱子全书》《周易折中》《性理大全》《音韵阐微》，毕沅幕府纂修《续资治通鉴》《史籍考》，曾国藩幕府校勘文汇、文宗两阁《四库全书》残本，翻译西洋科技书籍，张之洞幕府纂修《洋务辑要》等，这些幕府的修史活动推动了清朝幕府史学的发展。

清代官修《明史·李自成传》撰述的嬗变

张宇轩

（南开大学历史学院，天津　300350）

摘　要： 清代官修《明史·李自成传》的差异主要集中于万斯同与王鸿绪的稿本间。从传承关系看，万斯同、毛奇龄奠定了《李自成传》的框架，王鸿绪确立了《李自成传》的面貌。但万斯同稿本《李自成传》流露出明显的遗民意识，王鸿绪稿本《李自成传》则完全贯彻了清代官方意志。两部稿本中遗民意识与官方意志的此消彼长，体现了史家个人立场与现实政治对历史撰述的影响，也反映出官方史学的最终走向。

关键词： 李自成　《明史·李自成传》　官方史学　遗民意识

李自成起义深刻影响了明末历史进程。为记录这段历史，清朝官修《明史》开创性设立了流贼列传。[①] "闯、献二寇，至于亡明，剿抚之失，足为炯鉴，非他小丑之比，亦非割据群雄之比，故别立之。"[②] 清朝官方认为李自成、张献忠身份与一般叛乱、割据者不同，从这段历史中能够得到明亡教训，所以单独书写。众所周知，《明史》编纂过程中，先后形成了万斯同、王鸿绪、武英殿三个版本，故《李自成传》也留有三个文本，三者之间既有联系又有区别。[③] 如何看待这种变化，其背后的根源是什么，

---

① "（明史）列传从旧例者十三，创新例者三，曰阉党，曰流贼，曰土司。"详见纪昀《四库全书总目提要》卷46《史部二·正史类二》，河北人民出版社，2000，第1280页。

② （清）纪昀：《四库全书总目提要》卷46《史部二·正史类二》，第1280页。

③ 为方便行文，下简称万稿、王稿、殿本《李自成传》。

厘清这些问题，有助于进一步认识《明史》文本形成的复杂性，把握中国古代官方修史的特点。

一 万斯同、毛奇龄奠定《李自成传》的框架

万稿《李自成传》是现存首部完整记录李自成起义始末的清代官修史稿。本文取自《续修四库全书》，即国家图书馆藏《明史》416卷本。《李自成传》所在列传称《盗贼》，共有上下两卷，上卷记陈永定、唐赛儿等洪武至天启年间农民起义事迹，下卷载李自成、张献忠事迹。万稿《李自成传》具体编纂过程今已失佚，但从《明史》纂修相关资料与研究成果中可求得旁证。

清代官方《明史》编纂虽始于顺治二年（1645）五月，但实际修史活动的开展，要等到康熙十八年（1679）清廷重开明史馆后。康熙帝任命徐元文为监修，叶方蔼、张玉书为总裁官，特选朱彝尊、毛奇龄等五十名博学鸿儒参与修史。康熙十九年（1680），徐元文补充王士祯、王鸿绪等十六人为纂修官，后又吸纳徐乾学、汤斌等人入馆，构成了《明史》纂修的班底。

徐元文任监修的同年，万斯同受徐氏邀请入京，参修《明史》。尽管始终是布衣身份，但万斯同对《明史》纂修的影响厥功至伟。清人全祖望写道："诸纂修官以稿至，皆送先生覆审……《明史稿》五百卷，皆先生手定。"[①] 依全氏描述，万斯同几乎承担了所有史稿的审阅工作。近人黄云眉言："斯同固受徐氏王氏之专委者，当发起凡例时，其大部分必为斯同所主张，而馆臣意见之贡献，亦可想其泰半取决于斯同。"[②] 他指出万斯同在《明史》体例的制定中，发挥了决定作用。黄爱平更确凿地表示《明史》列传传目由万斯同初步拟定。[③] 所以明代农民起义领袖单独列传，大概率也由万斯同策划。

《李自成传》的执笔者是毛奇龄。按照徐元文制定"分阶段撰写初稿，再合稿校阅"的方案，《李自成传》初成于康熙二十年（1681）六月至二十一年（1682）四月间。毛氏私著《后鉴录》专记明代"盗贼"事迹，

---

① 全祖望原著，黄云眉选注《鲒埼亭文集选注·万贞文（斯同）先生传》，商务印书馆，2018，第276页。
② 黄云眉：《史学杂稿订存·明史编纂考略》，齐鲁书社，1980，第137页。
③ 黄爱平：《〈明史〉纂修与清初史学——兼论万斯同、王鸿绪在〈明史〉纂修中的作用》，《清史研究》1994年第2期。

清人称"其事迹今率见正史中，无大异闻"。① 学界普遍认为此著是毛奇龄修史的删余之稿。② 王兴亚曾将其中的《李自成传》与万稿作比较，发现两稿内容近乎相同，但万稿的部分叙事要详于《后鉴录》。③ 所以更准确地说，《后鉴录》中的《李自成传》是毛奇龄在明史馆写成的草稿。康熙二十四年（1685），毛奇龄离馆，史官又在该稿的基础上，点校形成了今见之万稿《李自成传》。

冯甦《见闻随笔》是毛奇龄撰写《李自成传》的主要史料来源。"（见闻随笔）国朝冯甦撰……是编首载《李自成张献忠传》……毛奇龄分纂《流寇传》，其大略悉取材於此。"④ 毛奇龄亲撰《见闻随笔》叙言也印证了此说法。

冯甦撰《李自成传》的目的是探究明末农民起义兴衰原因，考察"朝廷用舍之是非，封疆剿抚之得失"，⑤ 因此写得十分用心。冯甦记史有两大特点：一是时间表述清晰，记事能够精准到日；二是史事描写详尽，各类要素齐全。比如"左光先击败之于高陵、富平间，斩四百四十有奇"，⑥ 悉心统计了左光先的杀敌人数；又如冯甦记述开封之战，明军与农民军交战过程的详细程度，要远胜于大部分同类史书；⑦ 再如李自成在襄阳加官进爵，冯甦不厌琐碎地将所封官职与受封者姓名悉数载明。⑧ 此外，李自成每破一城，冯甦都要详细记录下殉难明臣事迹，如"西关守将王某，北关守将赵某，犹苦战，势不敌，两将自焚"，⑨ 即使无法得知守将姓名，冯甦也要将其遗事留于青史。可以说作为史料来源，冯甦的《李自成传》逻辑通顺，因果转承交代完整，历史细节的丰富性也毋庸置疑。

万稿《李自成传》全篇时间跨度自崇祯元年（1628）起，至顺治六年

---

① （清）纪昀：《四库全书总目提要》卷 54《史部十·杂史类三》，第 1495 页。
② 参见李晋华《〈明史〉纂修考》，收录于姜胜利编《〈明史〉研究》，中国大百科全书出版社，2009，第 87~168 页；周怀文《毛奇龄研究》，山东大学 2010 年博士学位论文；段润秀《毛奇龄与〈明史〉修纂新探》，《红河学院学报》2009 年第 1 期；等等。
③ 参见王兴亚《万斯同在〈明史〉修纂中的贡献》，收录于虞浩旭、饶国庆主编《万斯同与〈明史〉》，宁波出版社，2008，第 193~211 页。
④ （清）纪昀：《四库全书总目提要》卷 54《史部十·杂史类二》，第 1493 页。
⑤ 冯甦：《见闻随笔》，收录于《四库全书存目丛书·史部五六》，齐鲁书社，1996，第 5 页。
⑥ 《四库全书存目丛书·史部五六》，第 7 页。
⑦ 《四库全书存目丛书·史部五六》，第 13 页。
⑧ 详细情节见《四库全书存目丛书·史部五六》，16~17 页。
⑨ 《四库全书存目丛书·史部五六》，第 14 页。

（1649）止，从叙事框架来看，基本脱胎于冯甦《见闻随笔》，但也有出入。① 按照起义阶段，万稿《李自成传》可划分为"李自成身世""李自成起义经过""大顺军北京活动情况""清军入关与李自成败走"四个部分，包括李自成年幼事迹、应募银川驿、杀官投军、缺饷哗变、投奔高迎祥、车箱峡之困、荥阳大会、火烧皇陵、交恶张献忠、妻妾不忠、米脂省亲、继任闯王、兵进四川、十八骑走商洛、谷城遇险、鱼腹山自尽、谋士投靠、三围开封、祖坟被掘、柿园败敌、襄阳建制、击溃孙传庭、攻克西安、经略三边、西安改元、兴师东伐、宁武关之战、北京陷落、大肆拷掠、山海关之战、败走北京、大顺军分崩离析、九宫山身死、李过抗清等核心故事。

万稿《李自成传》整体上简于《见闻随笔·李自成传》，但继承了冯甦以史为鉴的书写原则，② 侧重描写农民军活动情况与明臣剿抚事迹。文中保留了许多李自成农民军组织纪律、战略战术等方面的细节。"贼攻城，无梯冲，但创拆城法。责一甲士拆一砖，得者即归营解甲，卧折已穿穴。穴初容一人，渐至十百。次第传土出，留一土柱，巨缒缒柱间，万人负缒而绝之，则一呼而城崩矣。"③ 万稿《李自成传》记录了李自成农民军所用"拆城法"的操作流程。"以硝炭宝瓮填城穴，火发瓮裂，名大小放进"，④ 描述了李自成农民军的爆破战术；"临阵列马三万，名三堵墙。而各有帜色，红一、黑一、白一，望若云锦。马战久，则步排而前。长矛三万，刺击若飞。达之，则马兵再合，无孑遗"，⑤ 叙述了李自成农民军的马步协同战法；"水惟黄河阻辔，他悉翘足马，皆径渡，后者斩"，⑥ 渡河落后者会被处斩，体现了李自成农民军的组织性与纪律性。

万稿《李自成传》记述明臣剿抚事迹，褒贬态度鲜明。如"陕抚乔应甲阉党，贪且贸。有劫道臣吴养和者，反胁养和取千金，置盗不问。盗自

---

① 例如万稿《李自成传》有"红娘子委身事信""红娘子搭救李岩出狱"等情节，而相关内容未见冯氏文中。此问题涉及万稿《李自成传》史源考证，暂不在此讨论。

② 即"以明治乱得失之由，考世者可以观焉"，总结明朝处置农民起义得失的经验教训。见万斯同《明史》卷 407《盗贼·序》，《续修四库全书》第 331 册，上海古籍出版社，2002，第 425 页。

③ 万斯同：《明史》卷 408《盗贼下·李自成传》，第 457～458 页。

④ 万斯同：《明史》卷 408《盗贼下·李自成传》，第 458 页。

⑤ 万斯同：《明史》卷 408《盗贼下·李自成传》，第 459 页。

⑥ 万斯同：《明史》卷 408《盗贼下·李自成传》，第 459 页。

是益横，而被盗者莫敢告"，① 批评陕西巡抚乔应甲玩忽职守，放任盗贼之责，也指出了阉党对国家的荼毒。提到宁武关之战，"宁武总兵周遇吉殊死战，凡十日杀贼数万，贼迭战被执，不屈磔之。其妻蒙古，犹巷战，焚死。自成叹曰：使守将尽如周将军，吾安能至此哉"，② 不仅详细描写了周遇吉的战斗经过，还特别借李自成之口，表达对周遇吉宁死不降的赞颂，从中能够看出史官寓论于史，以"个别事例褒贬法戒"之用意。

这样的书写方式垂鉴意味虽浓郁，却也带来了叙事冗繁的缺陷，如"点灯子犯沁水时，千里内无守堡者。独张忠烈铨其妻霍氏守，不去。人称之曰夫人堡"，③ 讲述了殉明辽东巡按张铨的妻子霍氏同农民军领袖点灯子赵胜英勇战斗的故事，内容上与李自成毫无瓜葛。这类情节占据过多篇幅，影响了李自成起义主线叙事的展开。除此以外，万稿《李自成传》也有体例方面的硬伤，比如时间信息模糊，除开头有"崇祯元年""是年"等标注外，通篇不见时间信息。行文口语化、通俗化也是频发问题，尤其体现在官职称谓上，"西抚耿如杞""科臣刘懋""边将曹文诏"等皆系简称，更甚者出现了"大司马李精白"这种坊间对兵部尚书的俗称。④

万稿《李自成传》还有丑化李自成之嫌，文中称其"生而狞恶"，⑤ 认为凶恶是李自成的天性。再者，侮辱当事人私生活，是古代史官攻讦人物的惯用手法，如万稿《李自成传》言"其妻韩氏，故娼也，与县皂淫"，⑥ 后文又说"自成妻邢氏多智，掌军资……与杰通"。⑦ 这两句话虽亦取自《见闻随笔》，但娶妻不贤，暗与人私通，这种事信伪难以判断，记录与否也不关乎起义大局，只是为李自成增添污名。另外，万稿《李自成传》巧用笔法，拉低了李自成的历史形象，称大顺军在北京"发权将军拷掠索金，自嘉定伯、成国公、陈演、魏藻德下皆熨体、炙项、夹胫、箍脑，无宁日……凡数万饼括骡车千、驰千，谋载归陕。尝曰：陕父母国形胜，朕将建都。马富贵归故乡，十燕京岂易一西安哉"，⑧ 营造了一种大顺政权毫无治国安民打算，只为搜刮金银的话语氛围。同样以清朝立场叙事

---

① 万斯同：《明史》卷408《盗贼下·李自成传》，第452页。
② 万斯同：《明史》卷408《盗贼下·李自成传》，第461页。
③ 万斯同：《明史》卷408《盗贼下·李自成传》，第453页。
④ 俗称滥用的问题亦见冯甦《见闻随笔·李自成传》。
⑤ 万斯同：《明史》卷408《盗贼下·李自成传》，第452页。
⑥ 万斯同：《明史》卷408《盗贼下·李自成传》，第452页。
⑦ 万斯同：《明史》卷408《盗贼下·李自成传》，第455页。
⑧ 万斯同：《明史》卷408《盗贼下·李自成传》，第462页。

的《平寇志》却这样表述："及平西师至，自成幡然改图曰：陕，我父母国也，富贵必归故乡，即十燕京岂易一西安乎？"① 促使李自成做出归陕决定的，不是北京钱财已搜刮殆尽，而是针对吴三桂拥兵入关做出的军事决策。这般塑造，万稿中李自成的历史形象显然低于《平寇志》。

总之，万斯同、毛奇龄从冯甦《见闻随笔》取材，奠定了《李自成传》的叙事框架。书写时兼顾农民军活动情况与明臣剿抚事迹，呈现了农民起义从坐大到失控的完整过程，史鉴意味浓厚。但体例不完善、部分情节拖沓、叙事缺乏条理等缺陷也比较突出。从文本质量上讲，万稿《李自成传》不能算是合格的官修前代正史的传记，未能通过审核也是情理之中。之后，史官王鸿绪取万稿《明史》，辅以其他明史著述继续修订。

二　王鸿绪确立《李自成传》的面貌

王鸿绪《明史稿》成文于明史馆式微之时。康熙三十三年（1694），王鸿绪升任总裁官，尚有万斯同予以协助。万斯同去世后，至雍正元年（1723），王鸿绪之子王图炜将《明史稿》呈进给雍正帝，王鸿绪几乎独自完成了这部史稿的修缮。这期间，王鸿绪的仕途受到政治风波影响，但也未辍修史工作。②

王鸿绪的编纂思路与毛奇龄有所不同。毛奇龄将李自成、张献忠与陈永定、唐赛儿等人一同列入盗贼列传，实际上忽视了李自成、张献忠起义的特殊性质。王鸿绪看出此问题，把篇名由"盗贼"改为"流贼"，并将陈永定、唐赛儿等人事迹，归入剿贼诸臣传，让李自成、张献忠的传记单独成篇，称"独志其亡天下者"，突出了李自成和张献忠起义对明亡的重大影响，以史为鉴的意识更为强烈。随后，王鸿绪重新撰写了六百余字的绪论，发表了对明末农民起义与明亡的认识。

王鸿绪从以下方面，对《李自成传》进行了修改。其一，规范行文书写。王鸿绪仔细校订万稿，丰富了《李自成传》的时间信息；"西抚耿如杞""科臣刘懋""边将曹文诏"等所用简称，也调整为"山西巡抚耿如

---

① （清）彭孙贻辑《平寇志》，上海古籍出版社，1984，第239页。
② 康熙四十八年（1709），王鸿绪卷入党争，被迫回籍。回乡前，他将《列传》诸稿一同带回，继续审校、编排，以求完善；康熙五十三年（1714），王鸿绪之子王图炜将王氏修订的《列传》转呈给康熙帝；康熙五十四年（1715），王鸿绪回朝修史，取《本纪》《表》《志》与《列传》合稿订正，最终汇编成《明史稿》三百一十卷。

杞""给事中刘懋""孤山副将曹文诏"等正式称谓。

其二，删繁就简、润色语句，以期精悍文本。此改动见于全文多处，王鸿绪对"车箱峡之困"的精简就非常典型。万稿对"车箱峡之困"的描述如下：

> 自成则奉闯王，奔入兴平之车箱峡。峡四山立，中亘四十里无去路。而土兵用垒石滚木围堵，而瞰若眢井。春夏连月雨，衣粮绝，弓矢脱烂，人马死过半，贼不得已赂奇瑜左右诡降。而奇瑜妄人好自用，籍丑党上军门稽名，得三万六千人。指顾解散，以为神。且檄诸路军按兵，所过府县为具糗传送。而贼甫度栈大噪，杀护监官十五员，破所过县七。①

王鸿绪删略了对陈奇瑜性格的介绍，也省去了对明军作战情况的描写，只保留了李自成的脱困过程：

> 自成等俱陷于兴安之车箱峡。会大雨两月，马乏刍多死，弓矢皆脱，自成用君恩计，贿奇瑜左右，诈降。奇瑜意轻贼，许之，檄诸将按兵毋杀，所过州县为具糗传送。贼甫渡栈，即大噪，尽屠所过七州县。②

如此改动，叙事中心转向李自成，车箱峡之困的事态发展更加清晰。

又如"献忠掠小黄门十二人，名'响手'，酒半奏伎。自成请得之，献忠不与"。③ 万稿《李自成传》交代李自成与张献忠产生矛盾的原因，却插入了对小黄门的描述，缺少条理性。王鸿绪润色语句之后，文本变得简明扼要："自成从献忠求皇陵监小阉善鼓吹者，献忠不与。"④ 此外，王鸿绪还删去了万稿的论赞部分，认为正文已经暗含对史事的评价，无须再写。

其三，通过增补史事，丰满叙事。比如提到荥阳大会，万稿《李自成

---

① 万斯同：《明史》卷 408《盗贼下·李自成传》，第 454 页。
② 王鸿绪：《明史》第 7 册《流贼·李自成传》，文海出版社，1962，第 62 页。
③ 万斯同：《明史》卷 408《盗贼下·李自成传》，第 454 页。
④ 王鸿绪：《明史》第 7 册《流贼·李自成传》，第 63 页。

传》的记述略简："自成乃号召诸贼合七十二营。"① 王鸿绪增补："议拒敌，未决。自成进曰：'匹夫犹奋，况十万众乎！官兵无能为也。宜分兵定所向，利钝听之天。'皆曰：'善'。"② 显示出李自成在大会中发挥的作用。而增补最多的是关于甲申之变的情节。该情节后文还将论及，此处不赘。

一些考辨性内容也被加入《李自成传》。提及农民军领袖，万稿《李自成传》多呼诨号，少言真实姓名。王鸿绪留心于此，将繁多复杂诨号与真实姓名对应，有"汝才即曹操"③ "马守应、贺一龙、贺锦、刘希尧、蔺养成等皆附自成。即贼魁所称老回回、革里眼、左金王及争世王、乱世王者"④ 等多处注明。李公子救民是明末广为人知的传说，从计六奇《明季北略》获知："予幼时闻贼信急，咸云李公子乱，而不知有李自成。及自成入京，世犹疑即李公子，而不知李公子乃李岩也。故详志之。"⑤ 当时人们不清楚李公子的身份。万稿比较绝对地讲李公子是李岩："信乘间归，因于官。红娘子来救，破囚。饥民从德之者，同时起曰：李公子活我。"⑥ 王鸿绪则谨慎记为："自成从之，屠戮为减。又散所掠财务赈饥民。民受饷者不辨岩、自成也，杂呼曰：李公子活我。"⑦ 注意到民众对李自成、李岩的混淆。再有关于李自成之死，王鸿绪在保留万稿"陷泥沼中锄而死"说法的同时，增加了清将阿济格奏报"李自成自缢死"的说法。

其四，王鸿绪纠正了一些史误。"贼诡词乞抚，抚臣常道立信之，因监军太监卢九德以请，会天寒河冰合，贼且降且走，骤从渑池县策马径渡。"⑧ 万稿《李自成传》认为导致农民军窜入河南的祸首是巡抚常道立与宦官卢九德。王鸿绪驳正为："监军太监杨进朝信之，为入奏。会天寒河冰合，贼突从毛家寨策马径渡入河南。"⑨ 万稿《李自成传》责备督军杨嗣昌战法死板僵硬："贼稍稍自保，旋复为官军所围。督军杨嗣昌令围师必

---

① 万斯同：《明史》卷408《盗贼下·李自成传》，第454页。
② 王鸿绪：《明史》第7册《流贼·李自成传》，第62页。
③ 王鸿绪：《明史》第7册《流贼·李自成传》，第65页。
④ 王鸿绪：《明史》第7册《流贼·李自成传》，第65页。
⑤ 计六奇：《明季北略》下册卷13《李严归自成》，中华书局，1984，第226页。
⑥ 万斯同：《明史》卷408《盗贼下·李自成传》，第457页。
⑦ 王鸿绪：《明史》第7册《流贼·李自成传》，第64页。
⑧ 万斯同：《明史》卷408《盗贼下·李自成传》，第453页。
⑨ 王鸿绪：《明史》第7册《流贼·李自成传》，第62页。

缺，缺则自成遁。"① 王鸿绪帮杨嗣昌洗脱了责任，更正为："陕西总督郑崇俭发兵围之，令曰围师必缺。自成乃乘间走，突武关，往依献忠。"②

王鸿绪对《李自成传》文本质量的提升有目共睹。修改之后，《李自成传》的行文更加规范，原文体例缺陷基本消除，李自成事迹得以突出，文本的流畅性、可读性大有改善。考辨性内容加入后，也使《李自成传》的史料价值进一步提升。

张廷玉等史官以王鸿绪稿本为底本，修订殿本《明史》时，只对《李自成传》作了较少改动。一些删改非常细微，如将"贼遂自邢台摩天岭西下，抵武安"③ 改为"贼自邢台摩天岭西下，抵武安"④，删除了虚词；将"自成谓真得天命，金星率贼党三表劝进，自成从之"⑤，改为"自成谓真得天命，金星率贼众三表劝进，乃从之"⑥，承前省略了主语。部分语句进一步凝练，如将"自成尽亡其卒，独与刘宗敏、田见秀、张鼐、李过、李双喜、谷可成、张世杰、李弥昌、任继荣、任继光、王虎、刘文魁等十八骑溃围，走窜伏商、洛山"⑦ 改为"自成尽亡其卒，独与刘宗敏、田见秀等十八骑溃围，窜伏商、洛山中"⑧，删减了部分姓名；将"时帝忧自成甚，特以故尚书傅宗龙为陕西总督，使专办自成"⑨ 改为"帝以故尚书傅宗龙为陕西总督，使专办自成"⑩，删除了对崇祯帝的描述；只有少量影响不大之事，"诏以诸太监分监诸将军督战"⑪ "郧阳抚治蒋允仪部，兵仅七百五十人，力不敌别贼"⑫ 等被彻底剔除。简言之，殿本《李自成传》对王稿虽有修改，但基本维持了其原貌，未见王鸿绪对万稿那样大幅度改动，可见清代官方对王鸿绪稿本的认可。

至此清修《明史·李自成传》书写嬗变过程已很清晰。《李自成传》的叙事框架由万斯同、毛奇龄奠定。王鸿绪对万稿的修改，获得了官方认

① 万斯同：《明史》卷 408《盗贼下·李自成传》，第 456 页。
② 王鸿绪：《明史》第 7 册《流贼·李自成传》，第 64 页。
③ 王鸿绪：《明史》第 7 册《流贼·李自成传》，第 61 页。
④ 张廷玉等：《明史》卷 309《流寇·李自成传》，中华书局，1974，第 7951 页。
⑤ 王鸿绪：《明史》第 7 册《流贼·李自成传》，第 69 页。
⑥ 张廷玉等：《明史》卷 309《流寇·李自成传》，第 7966 页。
⑦ 王鸿绪：《明史》第 7 册《流贼·李自成传》，第 64 页。
⑧ 张廷玉等：《明史》卷 309《流寇·李自成传》，第 7955 页。
⑨ 王鸿绪：《明史》第 7 册《流贼·李自成传》，第 65 页。
⑩ 张廷玉等：《明史》卷 309《流寇·李自成传》，第 7957 页。
⑪ 王鸿绪：《明史》第 7 册《流贼·李自成传》，第 61 页。
⑫ 王鸿绪：《明史》第 7 册《流贼·李自成传》，第 62 页。

可，确立了《李自成传》的文本面貌。殿本仅在王稿上做了简单删补。那么王稿《李自成传》被认可，是得益于其更高的文本质量吗？笔者认为不排除此原因，但问题的根源在于能贯彻统治者意志。

三　清代官方意志对《李自成传》历史撰述的影响

王鸿绪通过删繁就简、增补史事等手段，提升了万稿《李自成传》文本质量。这些改动看似停留在史学层面，实则有更深的政治根源。恰如孙卫国所说："王鸿绪是清朝重臣，尽可能消除万稿中的遗民意识，更趋向于贯彻清朝官方意志。"① 王稿《李自成传》彻底落实统治者意志，才是其得到官方认可的关键。

清朝作为少数民族政权，统治合法性一直受到"夷夏之防"等传统观念的挑战。在一些遗民眼里，清朝是"夷狄窃夺天位"，拒绝与清朝合作。为了论证政权入主中原的正义性和合法性，清帝屡就明清易代的历史发表意见。康、雍二帝的表述具有代表性。先看康熙帝。

> 自古得天下之正，莫如我朝。太祖、太宗初无取天下之心。尝兵及京城，诸大臣咸奏云当取。太宗皇帝曰："明与我国，素非和好，今取之甚易。但念中国之主，不忍取也。"后流贼李自成攻破京城，崇祯自缢。臣民相率来迎，乃剪灭闯寇，入承大统……我朝承席先烈，应天顺人，抚有区宇，以此见乱臣贼子，无非为真主驱除耳。②

康熙帝将历史上溯至努尔哈赤、皇太极时期，表明清朝从无觊觎天下之心，承认明朝是中国之主。清军入关是受中国臣民之邀，铲除李自成之乱的顺天应人之举，将清朝取得天下的道德优越性摆上最高位置。

雍正帝更进一步表示：

> 本朝之得天下，较之成汤之放桀、周武之伐纣，更为名正而言顺。况本朝并非取天下于明也，崇祯殉国，明祚已终。李自成僭伪号于北京，中原涂炭，咸思得真主为民除残去虐。太宗文皇帝不忍万姓

---

① 孙卫国：《清官修〈明史〉对万历朝鲜之役的历史书写》，《历史研究》2018 年第 5 期。
② 《清实录：圣祖仁皇帝实录》卷 275，中华书局，1985，第 695 页。

沉溺于水火之中，命将兴师，以定祸乱。干戈所指，流贼望风而遁。李自成为追兵所杀，余党解散。世祖章皇帝驾入京师，安辑畿辅。亿万苍生咸获再生之幸，而崇祯帝始得以礼殡葬。此本朝之为明报怨雪耻，大有造于明者也。①

在康熙帝的基础上，雍正帝指出"崇祯殉国，明祚已终"，明确了甲申之变是明朝灭亡的标志，否定了南明政权的合法性。他更详细论述了清军驱除流寇、安辑百姓、礼葬崇祯帝的功德，以说明政权转移比汤武革命还要合理合法，驳斥社会上满清非正统的论调。

清帝的表述将明清易代史的关键直指甲申之变。实际上，清帝很早就开始关注甲申史事，顺治帝曾要求礼部详细记录甲申之变中的殉明事迹。"明末寇陷都城，君死社稷，当时文武诸臣中岂无一二殉君死难者？幽忠难泯，大节可风。尔部会同各部院堂官，详访确察死节职名，并实迹具奏，勿遗勿滥。"② 顺治帝希望借助宣扬明朝忠臣事迹，号召臣民忠于清朝。康熙五十二年（1713），康熙帝对张玉书等人说："明末去今，为时尚不甚远。传闻李自成兵到，京师之人，即以城献。又闻李自成麾下之将李定国在西便门援城而上，由此观之，仍是攻取，可云献乎？此等载入史书，甚有关系，必得其实。"③ 命令史臣务必将李自成攻陷北京的详细过程，载入史书。

作为官修前代正史，《李自成传》有责任对明清易代、天命转移的必然性作出诠释，对皇帝关心的甲申史事进行详细描写。冯甦《李自成传》很好地做到了这一点，他整理的甲申殉难官员名单非常翔实。④ 更直接的是，冯甦明确表示明之亡"非自成献忠之能亡之。乃天命有归，特产二寇为之驱除祸难耳"，⑤ 为清朝承接天命留足了书写余地。而以此为史料的万稿《李自成传》，却带有鲜明的个人立场。

---

① 《清史资料》第四辑，中华书局，1983，第20~21页。
② 《清实录·世祖章皇帝实录》卷70，顺治九年十一月至十二月，中华书局，1985，第551页。
③ 《清实录·圣祖仁皇帝实录》卷254，康熙五十二年三月至四月，第517~518页。
④ 《四库全书存目丛书·史部五六》，第22页。
⑤ 《四库全书存目丛书·史部五六》，第4页。

万斯同、毛奇龄均是明遗民。① 姜胜利指出明遗民治明季史，主要围绕"崇祯帝与明亡的关系""明季大臣的亡国之责""明亡原因的深层反思"等问题展开。② 万稿《李自成传》的书写亦见这种倾向，如文中尖锐批评陈奇瑜、杨嗣昌、常道立等明季大臣玩忽职守、贻误战机，③ 问责之意非常明显。明遗民通过嘉尚忠义，表达对明朝政治的认同，如万稿《李自成传》除了褒奖霍氏、周遇吉等人的牺牲，对降明农民军领袖的殉节也尤为称道，当言及降将飞虎、射塌天因抵御农民军而死时，万稿《李自成传》特意注明了其真实姓名："降将刘国能、李万庆，即十五家贼所称飞虎、射塌天者。"④ 万斯同、毛奇龄不厌其烦地讨论这类问题，也间接导致了万稿《李自成传》叙事冗繁的不足。更直接的证据体现在对李自成的有意贬斥上。⑤ 明遗民普遍憎恨李自成亡其故国，所以万斯同、毛奇龄在叙事上相对情绪化，有意抹黑李自成的历史形象。

经过深刻反思，万斯同、毛奇龄将明朝灭亡归咎于三百年来过于轻武，却在清朝统治合法性的论述上，出力甚少。记述北京城陷之事，二人只用一句"京师陷事具烈皇帝纪"⑥潦草带过。描写李自成农民军在京活动情况，万斯同、毛奇龄几乎将全部笔力用在凸显其贪婪残暴上，未对清军入关等事进行辩护。这种书写自然不能令统治者满意。

王鸿绪生活的时代不同于万斯同、毛奇龄，王鸿绪生于顺治二年

---

① 万斯同与毛奇龄均为遗民。万斯同的遗民身份很典型。除了不受清朝职衔与俸禄，以布衣身份修史，万斯同还有不少诗文斥责清军，讴歌忠义。万斯同入京修史期间，和刘坊、王源等遗民也保持着过密的交往。毛奇龄在明亡时"哭学宫三日"，避世不出。顺治初年，毛奇龄加入族叔毛有伦的西陵军，参与抗清，目睹了清军对江南的屠戮。后毛奇龄虽应征入仕，但在《自为墓志铭》中言："吾生十年殇，五年兵戈者，十年奔走道路，二十年能再生乎。"早年的经历始终是毛奇龄的心结（参见毛奇龄《西河文集》卷101《自为墓志铭史》，商务印书馆，1937，第1170页）。晚年，毛奇龄好友朱彝尊作诗戏曰："湘湖遗老（毛叟奇龄）旧清狂，白发相逢笋蕨乡。已分今宵共沉顿，不妨跋扈少年场。"被称为"湘湖遗老"，足见毛奇龄对明朝的感情（参见朱彝尊《曝书亭集》卷二十《八日汪上舍（日祺）招同诸公夜泛五首·其二》，商务印书馆，1935，第329页）。
② 详见姜胜利《明遗民与清初明史学》《安徽大学学报》（哲学社会科学版）2003年第1期。
③ 陈奇瑜、杨嗣昌事迹可见本文一二节，对常道立的批评如下："贼诡词乞抚，抚臣常道立信之……会天寒河冰合，贼且降且走，骤从渑池县策马径渡。而于是中原贼祸从此始。"尽显对常道立因愚蠢，轻信诡言，致使农民军祸乱中原的无奈。（万斯同：《明史》卷408《盗贼下·李自成传》，第453页）
④ 万斯同：《明史》卷408《盗贼下·李自成传》，第457页。
⑤ 详见本文第一节。
⑥ 万斯同：《明史》卷408《盗贼下·李自成传》，第461页。

（1645），他与父亲王广心均经清朝科举入仕。王鸿绪备受康熙帝赏识与提携。他对明朝没有感情，对统治者修史意图的理解也更为透彻。

为了宣扬清朝统治的合法性，王鸿绪增加了对清军活动的叙述。如"五月二日，大清兵入京师，下令安辑百姓，为帝后发丧，议谥号，而遣将偕三桂追自成"。① 这一方面突出了清军保境安民的功绩，另一方面突出了清廷对明政权的尊重，确认明政权亡于李自成之手，清军入关是为了替明复仇，道义上无可指责。

王鸿绪还补充了许多李自成与大顺政权不得天命的描写。"自成升御座，忽见白衣人长数丈，手剑怒视，座下龙爪鬣俱动，自成恐，亟下。铸金玺及永昌钱，又不就。"② "八月建祖祢庙成，将往祀，忽寒栗不能就礼。"③ 登御座，铸金玺、钱币，祭祀祖祢庙等都是象征皇权的行为，在重视受命于天的古代社会，李自成这些活动的失败，彻底否定了大顺政权的合法性。既然李自成并非真龙天子，那么清军受明将吴三桂的乞求，挥师入关，赶走窃位的李自成就是非常正义的。更应注意的是，此处所称"忽见白衣人长数丈"，白色恰好是满族所崇尚的颜色。④

王鸿绪对甲申之变的描写更加详细，增补了"大顺军侦查北京""降贼太监杜勋缒绳入见崇祯"等情节，收录了范景文、刘文炳等四十余名文臣、勋戚，魏氏等二百余宫人的殉明事迹，甚至记录了宫内豢养的大象在明亡后哀吼流泪的情意："文臣自范景文、勋戚自刘文炳以下，殉节者四十余人。宫女魏氏投御河，从者二百余人。象房象皆哀吼流泪。"⑤ 而下面这一段描述了来向李自成求官的贰臣朱纯臣、魏藻德等人被嘲弄的情景，体现了对贰臣的抨击："越三日己酉昧爽，成国公朱纯臣、大学士魏藻德率文武百官入贺，皆素服坐殿前。自成不出，群贼争戏侮，为椎背、脱帽，或举足加颈，相笑乐，百官慑伏不敢动。太监王德化叱诸臣曰：'国亡君丧，若曹不思殡先帝，乃在此耶！'因哭，内侍数十人皆哭，藻德等亦哭。"⑥ 满朝文武竟不如一位宦官懂得何为忠君，褒贬态度明了，进一步

---

① 王鸿绪：《明史》第 7 册《流贼·李自成传》，第 69 页。
② 王鸿绪：《明史》第 7 册《流贼·李自成传》，第 69 页。
③ 王鸿绪：《明史》第 7 册《流贼·李自成传》，第 70 页。
④ 关于满族人的白色崇拜，可见赵允卿《东北民族天神崇拜研究》（中央民族大学博士学位论文，2005）；陈伯霖、舒畅《东北亚古代民族白色崇尚初探》（《黑龙江民族丛刊》1991 年第 4 期）等文章。
⑤ 王鸿绪：《明史》第 7 册《流贼·李自成传》，第 68 页。
⑥ 王鸿绪：《明史》第 7 册《流贼·李自成传》，第 68 页。

提升了《李自成传》的教化意义。

王鸿绪竭力清除《李自成传》中的遗民意识。这从他对万稿"会天寒河冰合，贼且降且走，骤从渑池县策马径渡。而于是中原贼祸从此始"①的修改就能看出。王鸿绪将这段话重新陈述为："会天寒河冰合，贼突从毛家寨策马径渡入河南，诸军无扼河者。"② 语气更加平缓地描述了农民军进入河南的过程，没有了万稿"中原贼祸从此始"的悲愤感。在王鸿绪笔下，李自成的历史形象也有所改观，出现了"自成不好酒色，脱粟粗粝，与其下共甘苦。汝才妻妾数十，被服纨绮，帐下女乐数部，厚自奉养，自成尝嗤鄙之"③ 等正面叙述，但篇幅非常有限，仍以"贼""寇"等污名相称，毕竟农民起义在古代一直是封建王朝的心腹大患。

总而言之，万斯同、毛奇龄并没有充分理解统治者修史的政治要求，而王鸿绪对官方的修史立场了解十分透彻，在《李自成传》中对明清易代问题进行了合理的解释和书写，因而得到了官方的认可。他对《李自成传》文本技术性的提升则是锦上添花。透过清代官修《明史·李自成传》书写的嬗变，我们看到了史家个人立场与官方意志的此起彼落。这不仅反映了个人、政治等因素对历史书写的影响，也呈现了清朝官方寻求掌握历史书写话语权的过程。客观地说，虽然古代史家标榜记史求真与秉笔直书，但历史书写不可避免地受到各种因素制约，尤其是官方史学，必然会走向维护本朝统治，服务现实政治的道路。

---

① 万斯同：《明史》卷 408《盗贼下·李自成传》，第 453 页。
② 王鸿绪：《明史》第 7 册《流贼·李自成传》，第 62 页。
③ 王鸿绪：《明史》第 7 册《流贼·李自成传》，第 66 页。

中国近现代史学研究

郭沫若撰著《青铜时代》
与《十批判书》考述

肖　薇　王嘉川

（扬州大学社会发展学院、兽医学院，江苏扬州　225002；
扬州大学社会发展学院，江苏扬州　225002）

摘　要： 郭沫若于 1943~1944 年连续发表了多篇关于先秦诸子的研究成果，主要集中在《青铜时代》和《十批判书》两部著作中，他的学术道路转变、研究与现实的矛盾以及创作历史剧的经验与条件，都影响着这些成果的形成。《青铜时代》诸篇体现了郭沫若研究先秦学术从史实考证渐而走向理论梳理，《十批判书》则表明郭沫若正式建立了完整的先秦学术研究的理论体系，两部著作见证了郭沫若研究先秦学术的一个由"破"到"立"的过程。

关键词： 郭沫若　《青铜时代》　《十批判书》　先秦诸子学

郭沫若于 1943~1944 年连续发表了一系列论文，主要为先秦诸子研究，大部分被收录在《青铜时代》和《十批判书》中。以往学者多将这两部著作分开进行研究，或简单梳理文章写作思路，[①] 可郭沫若曾明确表示："《青铜时代》是原拟的前编，《十批判书》是后编。"[②] 而前者偏于史事考

---

① 谢保成：《郭沫若史学研究的重要时期——郭沫若治史道路研究》，《郭沫若研究》（第四辑），文化艺术出版社，1988，第 250 页。

② 郭沫若：《后记——我怎样写〈青铜时代〉和〈十批判书〉》，《郭沫若全集·历史编》第 2 卷，人民出版社，1982，第 485 页。

证，后者偏于思想阐发，相辅相成的地方很多，所以他在为《青铜时代》作序时又推荐继续阅读《十批判书》。① 可知两部著作应具有内在的联系，使得郭沫若对先秦诸子的研究隐然构成了一个体系。而在这个体系的背后，又有着复杂的写作背景与渐变的研究结构。

一 《青铜时代》与《十批判书》复杂的写作背景

（一）郭沫若早期对先秦诸子的认知

郭沫若在年幼时便接触先秦诸子学问，首读《庄子》，被其形而上的思想所陶醉，他后来"讴歌过泛神论，事实上是从这儿滥觞出来的"。但是"纯粹的旧式教育在十二三岁时便开始结束"，到日本留学之后，"便差不多完全和旧式教育甚至线装书都脱离了"。② 不过早期的泛神论思想对他影响很大，"对于泛神论的思想感受着莫大的牵引"，③ 最终使得其泛神论思想具有中西杂糅的特点。

林甘泉先生认为泛神论对郭沫若早期思想的影响，包括对中国古代神话传说的认识，以及对先秦诸子思想的论述。④ 20 世纪初，随着"民主"与"科学"的思潮涌动，学界的先秦诸子研究相继开展，其中对墨子的研究成为热潮，如梁启超和胡适均对墨子展开过研究，二人的共通处之一便是认为墨子哲学有经世的实用性：梁启超称墨子"既以见学术之影响于国民性者至巨，且以见治古学者之当周于世用也"，⑤ 胡适的观点则更明确："墨子在哲学史上的重要，只在于他的'应用主义'。"⑥ 然而，当时郭沫若并不认可这一观点，并于 1923 年发表《读梁任公"墨子新社会之组织法"》，提出《墨子》的本质是"神权起源论"。在他的眼里，墨子始终是教主、宗教家，胡适、梁启超却把这宗教性质从墨子身上剥离，"他这

---

① 郭沫若：《青铜时代·序》，《郭沫若全集·历史编》第 1 卷，人民出版社，1982，第 315 页。

② 郭沫若：《后记——我怎样写〈青铜时代〉和〈十批判书〉》，第 464~465 页。

③ 郭沫若：《我的作诗的经过》，《郭沫若全集·文学编》第 16 卷，人民出版社，1990，第 216 页。

④ 林甘泉：《郭沫若早期的史学思想及其向唯物史观的转变》，《史学史研究》1992 年第 2 期，第 2 页。

⑤ 梁启超：《墨子学案》，商务印书馆，1921，第 4 页。

⑥ 胡适：《墨家哲学》，《胡适全集》第 7 卷，安徽教育出版社，2003，第 372 页。

座圣堂只好颓然倒地，剩下些散材零石了"。① 这一年正好是郭沫若学生时代结束的时候，他的思想还处于歌颂泛神论的时期。

但也是在 1923 年，郭沫若对泛神论的态度有了一定的转变。该年年底，郭沫若撰有《惠施的性格与思想》，文中称墨子"注重在逻辑的建设，《墨经》更多关于物理数理的考察"。② 这与同年批判梁启超、胡适的观点已然产生区别。到 1924 年，郭沫若的学术信仰出现了极大转变：在翻译河上肇的《社会组织与社会革命》时，他被书中的马克思主义理论深深折服，在同年致信成仿吾时道："我现在成了个彻底的马克思主义的信徒了！马克思主义在我们所处的这个时代是唯一的宝笺。"③ 并认为以往称赞的牛顿、歌德、托尔斯泰等，"不是贵族的附庸，便是贵族自己"，即理论在实用与传播上无法适用于广大群众，不具有普遍性。到 1930 年，郭沫若已经完成从讴歌泛神论到坚持马克思主义的转变，对梁、胡二人也从早先针对其墨子研究的批判扩大为对整个先秦诸子研究的批判，他在为《中国古代社会研究》作的序中直批胡适《中国哲学史大纲》尚未触及古代实际情形的"一些儿边际"，"我们对于他所'整理'过的一些过程，全部都有从新'批判'的必要"④。这种批判其实也是郭沫若对自己讴歌泛神论时期的先秦诸子研究所做的一番矫正，所以即便是对梁、胡二人有关诸子研究的批判，也因他学术道路的转变而存在区别。

郭沫若在系统研究先秦诸子前，学术道路出现了两次变化。第一次始于十二三岁，旧式教育逐渐被新式教育取代，郭沫若开始用突破传统的眼光审视学术，并在翻译《社会组织与社会革命》前主要以泛神论思想考虑先秦诸子问题；第二次为翻译《社会组织与社会革命》后，由泛神论者转变为坚定的马克思主义信奉者。学界如今多关注第二次变化的情况，实则就其先秦诸子研究的历程来说，前后两次的转变对《青铜时代》《十批判书》中相关史学成果的呈现均有影响。

---

① 郭沫若：《读梁任公"墨子新社会之组织法"》，《创造周刊》1923 年第 7 期，第 8 页。
② 郭沫若：《惠施的性格与思想》，《郭沫若全集·历史编》第 3 卷，人民出版社，1984，第 275 页。
③ 黄淳浩编《郭沫若书信集》（上），中国社会科学出版社，1992，第 229 页。
④ 郭沫若：《中国古代社会研究·自序》，《郭沫若全集·历史编》第 1 卷，人民出版社，1982，第 7 页。

（二）史学革新与现实矛盾促使郭沫若对先秦诸子进行一番"总清算"

皖南事变后，身处重庆的一批马克思主义史家积极进行学术创作，其中侯外庐、杜国庠等人发起成立了"新史学会"，郭沫若是成员之一。① 他们多有史学成果出产，《十批判书》《青铜时代》二书即在其中。

郭沫若自称周围不断有以新史学立场所写的古代史或古代学说思想史的鸿篇巨制出现，这对他则是鼓励："我的近两三年来的关于周、秦诸子的研究，假使没有这样的刺激或鼓励，恐怕也是写不出来的。"他将这次先秦诸子的研究比作登山，"有时候是往下蹿"，"爬过了一个高峰要到达另一个高峰，必须蹿下一个深谷"，又称自己已经到了"一个深谷的绝底里"，"而比较轻快的是我卸下了一些精神上的担子，就是这五十年来的旧式教育的积累"。可见，郭沫若表明要摒弃旧式教育的积累，为此他不惜将自己置于"绝底"。从研究的成果可以看出，这个"绝底"应是对前期梁启超、胡适等学者建立起来的诸儒之学进行彻底的推翻，这样才能建立一个全新的研究，从而"达到另一个高峰"，正如郭沫若自己说的："今天已经不是宋儒明儒的时代，但也不是梁任公、胡适之的时代了。"②

1943 年 8 月，郭沫若在《群众》第 8 卷第 15 期发表《墨子的思想》，之后将其收录于《青铜时代》。该文的最大特点是对墨子做了鲜明且极具颠覆性的批判："墨子始终是一位宗教家。他的思想充分地带有反动性——不科学、不民主、反进化、反人性，名虽兼爱而实偏爱，名虽非攻而实美攻，名虽非命而实皈命。"在大胆批判的同时，郭沫若已经考虑到该文观点上的争议性："我并不怕别人替我'着急'，我也不想替别人'着急'，就再隔二十年，我的这种见解才能得到承认，我也并不感觉得太迟。"③ 然而，郭沫若也不是全无顾虑，他自言："在同道的人中得不到谅解，甚至遭受敌视，那却是很令我不安。"④ 这里的"同道"应指同为马克思主义陈营或与郭沫若有共同旨趣的学者。例如，侯外庐也明确捍卫墨子，并批判以往学界的墨子研究："最近几年来学者对于墨子或偏爱为革

---

① 侯外庐：《韧的追求》，生活·读书·新知三联书店，1985，第 138 页。
② 郭沫若：《后记——我怎样写〈青铜时代〉和〈十批判书〉》，第 467~468、479 页。
③ 郭沫若：《青铜时代》，第 463、476 页。
④ 郭沫若：《后记——我怎样写〈青铜时代〉和〈十批判书〉》，第 476 页。

命者，或偏恶为反革命者，著者认为皆应改正之研究态度。"① 侯外庐虽未明确批判郭沫若的墨子研究，但在捍卫墨子的过程中很多观点已与郭沫若截然不同。② 郭沫若明知自己的观点是大胆的，与当时学者相异甚至相反，在受到批驳后依然受到"刺激"，这说明他并未完全预料到《墨子的思想》所能引起的学术争议的程度，他认为不同道的学术攻击实属正常，但同道的否定或质疑则使他"不安"。所以，在通过墨子的研究批判进行史学革新时，郭沫若感到的压力是巨大的。但是，身处史学革新和外界学术压力矛盾中的郭沫若对自己所坚持的研究问题的方式依旧自信，认为只要材料和方式正确，那所得结论和看法就能经受检验，"友人们是可以说服的"，所以他决定对先秦诸子研究做"一番总清算""总答覆"③。

（三）郭沫若在 1940 年代的先秦历史剧创作为其先秦诸子研究提供范例与准备

郭沫若擅长研究历史人物，创作历史剧或历史人物小说对于他而言是研究历史人物的准备工作。在撰写《墨子的思想》等文章的前一年（1942），郭沫若创作了《屈原》《虎符》《高渐离》《孔雀胆》等多种历史剧，当年他将主要工作放在历史剧的创作上。④ 创作历史剧与历史研究一样需要历史依据，否则便有杜撰、曲解的嫌疑。郭沫若在作《屈原》之前便写有《屈原考》，考证屈原生卒年月，驳胡适、廖平怀疑屈原存在的观点。⑤ 又作《屈原研究》，对屈原的身世、时代、作品、思想等各方面进行综述研究，⑥"这不仅为创作《屈原》，还为《虎符》《高渐离》等剧本提供了历史根据"。⑦ 郭沫若对历史剧的创作极富热情且极为认真，"关于人物的性格、心理，时代的风俗、制度、精神，总要尽可能的收集材料，务

---

① 侯外庐：《中国古代思想学说史》，文风书局，1946，第 98 页。
② 安妮：《捍卫墨子：论侯外庐对郭沫若墨子明鬼主张之驳议》，《学术月刊》2014 年第 4 期，第 147 页。
③ 郭沫若：《后记——我怎样写〈青铜时代〉和〈十批判书〉》，第 476 页。
④ 林甘泉、蔡震主编《郭沫若年谱长编（1892~1978 年）》，中国社会科学出版社，2017，第 904~976 页。
⑤ 郭沫若：《屈原考》，《郭沫若全集·文学编》第 19 卷，人民出版社，1992，第 99~101 页。
⑥ 郭沫若：《屈原研究》，《郭沫若全集·历史编》第 4 卷，第 7 页。
⑦ 谢保成：《郭沫若史学研究的重要时期——郭沫若治史道路研究》，《郭沫若研究》（第四辑），第 260 页。

求其无瑕可击"。① 这为之后研究先秦诸子学提供了范例与准备。

同时，郭沫若还将先秦诸子研究与历史剧创作联系在一起，自言许多历史人物的研究"是作为创作的准备而出发的"。② 并明确表明："我的从事古代学术的研究，事实上是娱情聊胜无的事。假如有更多的实际工作给我做，我倒也并不甘心做一个旧书本子里面的蠹鱼。"在 1943～1945 年中，郭沫若偶然阅得《剿闯小史》手抄本，他的"史剧创作欲又有些蠢动了"，作了《甲申三百年祭》。这一时期也是郭沫若研究先秦诸子的时间，这时他便萌生了与古代研究"告别"的想法，然而事与愿违，"史剧没有写成功，想和古代研究告别也没有办到"，只能继续从事先秦诸子研究。在《青铜时代》与《十批判书》即将成书出版时，郭沫若还表露："依我原先的计划本来还想写到艺术形态上的反映，论到文学、音乐、绘画、雕塑等的情形。"③ 可见郭沫若对先秦诸子的研究计划不止于学术思想的梳理，那么，历史剧或历史小说或许便是下一阶段的创作目标，这也符合他的研究旨趣。所以丰富的历史剧创作和历史人物研究经验与积极的研究态度，成为郭沫若完成《十批判书》及《青铜时代》各篇的有利条件。

二　《青铜时代》与《十批判书》由"破"而"立"的内在联系

郭沫若如何开展先秦诸子的研究？考察《青铜时代》各篇，《先秦天道观之进展》《秦楚之际的儒者》两篇论述的是学者群体，《〈周易〉之制作时代》是考订《周易》的制作时代和作者，《由周代农事诗论到周代社会》是考察周代的社会性质，《青铜器时代》是总结中国青铜器的分期和相应的社会生产方式，其余各篇是对先秦个别学术人物的论述。再看《十批判书》，除首篇《古代研究的自我批判》外，其余各篇均为先秦学者个人或学者群体的研究。显然，二书的研究对象基本一致，即先秦思想家和学者。在分析儒家学说时，郭沫若提出："应该从分析着手，从发展着眼，各人的责任还之各人。这可算是对于古人的民主的待遇。"因为在他看来，儒家的发展，"也有系统上的进展和个人思想上的分歧"，④ 所以即便是研

---

① 郭沫若：《历史·史剧·现实》，《郭沫若全集·文学编》第 19 卷，第 297 页。
② 郭沫若：《屈原研究》，第 3 页。
③ 郭沫若：《后记——我怎样写〈青铜时代〉和〈十批判书〉》，第 466～487 页。
④ 郭沫若：《青铜时代·后记》，第 613 页。

究一个体系内的学术，也应注重体系内代表学者各自的独特性及相互间的区别。所以他准备逐一研究先秦主流学术思想，并最终将这些文章串联成对整个先秦学术思想的研究。

关于《青铜时代》和《十批判书》的史学关系，除作者自己讲述外，此后学者的观点大致有两类：一是对两部书的史学关系继续进行阐发，以林甘泉的观点为典型；二是对两部书中各篇写成逻辑进行讲述，以谢保成的观点为典型。林甘泉认为郭沫若常将"批评"融于"考证"之中，"这说明郭沫若的'独断之学'并不是一种想当然之论，而是以'考索之功'为基础的"。① 理论建立在事实研究的基础之上，这是历史研究的基本路径，但并非郭沫若此番研究的特点，因为这是任何一本合格的学术著作必须满足的标准。谢保成指出《十批判书》"反映他重视'有关思想方面的人物'"，《青铜时代》则是"对《十批判书》中论及到的历史人物作相应的补充和进一步的论证"。② 这也是有待商榷的，因为《青铜时代》中多篇创作于1943年，而《十批判书》中诸篇主要创作于1944年，从撰写的时间先后上说，只能是后来撰写的《十批判书》对前面撰写的《青铜时代》进行补充和进一步论证，不可能是前面撰写的对后面撰写的进行补充和论证。

根据上述郭沫若复杂的写作背景，以及各篇写作的顺序和各自内容，《青铜时代》与《十批判书》二书的联系应有另一种现实的情况。

（一）《青铜时代》：从史实考证到理论分析的摸索

《青铜时代》中《先秦天道观之进展》《〈周易〉之制作时代》《老聃、关尹、环渊》三篇是作者于1934～1935年创作的。其中，《先秦天道观之进展》被编于该著首篇，"以示其系统研究诸子的思想脉络"。③《〈周易〉之制作时代》是一篇明确的考证性质文章，即利用《周易》相关资料否定伏羲、文王、孔子在制作《周易》一书过程中的真实性。《老聃、关尹、环渊》考证了老子其人、《老子》成书以及环渊其人三个主要问题。三篇文章在内容呈现上更偏向基本的史实考证，所得理论也是对所要考证资料

---

① 林甘泉：《从〈十批判书〉看郭沫若的史学思想》，《郭沫若百年诞辰纪念文集》，社会科学文献出版社，1994，第204页。

② 谢保成：《郭沫若史学研究的重要时期——郭沫若治史道路研究》，《郭沫若研究》（第四辑），第256页。

③ 叶桂生、谢保成：《郭沫若的史学生涯》，社会科学文献出版社，1992，第203页。

的定性。而最后一篇是写于 1945 年的《青铜器时代》，是郭沫若依据十几年来研究青铜器所得结论，"率性"写出来的，是"为使《青铜时代》的名称更有所凭借"。① 这也使得后世学者包括郭沫若本人都认为《青铜时代》偏于考证。但是，郭沫若真正决定全面梳理先秦学术是从《墨子的思想》开始的，所以《墨子的思想》才是探讨郭沫若全面研究先秦学术的起点。

《墨子的思想》观点鲜明，对墨子进行了大胆的全面批判。郭沫若自言该文与《驳〈说儒〉》一脉相承，《驳〈说儒〉》也收录于《青铜时代》，二文均对当时学界扬墨思潮进行了驳斥。《墨子的思想》被送审时，郭沫若听闻当时有学者认为墨家参加了陈涉、吴广的农民起义，他不同意这一种观点，于是又作《秦楚之际的儒者》，证明在秦汉之际的农民起义中墨家起到的作用微乎其微，反而是儒家人物在起义或变革中发挥了重要作用，并严厉批评："吃人的礼教到底应该归谁来负责？""到现在还有人在提倡复兴墨学，这和提倡复兴孔学的人真可以说是'鲁卫之政'。"② 与此同时，郭沫若"由于研究《墨子》引起了对吴起的同情"，故而作《述吴起》，在他看来，吴起是"真正的儒家的代表"。③ 而有关儒墨的争论，郭沫若认为有必要弄清儒家是如何理解音乐的，于是作《公孙尼子与其音乐理论》和《公孙尼子追记》，其中《公孙尼子追记》作为附文与前篇共同收入《青铜时代》。郭沫若曾计划在清算意识形态后，将研究的范围扩大至文学、音乐、绘画、雕塑上，《公孙尼子与其音乐理论》则是他实际尝试的成果。同时，因欲明儒墨之争，郭沫若才去研究公孙尼子，并认为他可能是孔子直传弟子，这篇文章本是单纯地通过考证去批评墨家对音乐的理解，但钱穆认为《乐记》是抄袭《荀子》《吕览》《毛诗》等书而成，断定公孙尼子是荀子门人，郭沫若称钱穆观点论据"实在是薄弱得可笑"，故在 1943 年 9 月 8 日夜作《公孙尼子追记》进行反驳，④ 这样本是趋于考证的文章又有了和时人争辩的性质。

在《公孙尼子与其音乐理论》后，郭沫若的兴趣"又掉换了一个方向"，但这个研究方向开始并不具体，他先后有过撰写《荀子与韩非之比

---

① 郭沫若：《后记——我怎样写〈青铜时代〉和〈十批判书〉》，第 486 页。
② 郭沫若：《秦楚之际的儒者》，《郭沫若全集·历史编》第 1 卷，第 597 页。
③ 郭沫若：《述吴起》，《郭沫若全集·历史编》第 1 卷，第 527 页。
④ 郭沫若：《后记——我怎样写〈青铜时代〉和〈十批判书〉》，第 472 页。钱穆的观点见其《先秦诸子系年》，九州出版社，2011，第 25 页。

较研究》《子思孟轲之思想体系》《庄子与施惠》等文的打算，可是都没有写成。在摸索过程中，郭沫若对《韩非子》进行了研究，起初想从"真伪的考证入手"，不久他觉得这种研究方式实在不符合个人兴趣，便选择了放弃，不过还是写了《〈韩非子·初见秦〉篇发微》（以下简称《发微》），虽然该文撰写于1943年12月27日，但撰写想法产生于1943年10月13日，郭沫若在当天日记中业已说明。10月22日郭沫若对《韩非子》的研究，"废弃了最初预计的考证式的打算"，转为采用"单刀直入的办法"，直接对韩非学说做理论性的研究批判，于1944年1月20日撰写了《韩非子的批判》，后收录在《十批判书》中。《〈韩非子·初见秦〉篇发微》被郭沫若自称为《韩非子的批判》的"副产品"，被收录在《青铜时代》中。《韩非子的批判》是意识形态层面的理论研讨，《〈韩非子·初见秦〉篇发微》则是考证辨伪性质的文章，从撰写的先后顺序上看，郭沫若是先做了考证梳理的准备工作后，才开始对《韩非子》进行理论研究；虽然郭沫若把《发微》作为《韩非子的批判》的"副产品"，可他原本是考虑先研究《发微》的，只是因为对《韩非子》的考证实在拖沓无益，又不符合其研究兴趣，所以才决定改变方式，但前期的考证工作还是为后期的理论工作打下了基础。《宋钘尹文遗著考》在1944年8月写成，是郭沫若梳理儒家八派与黄老关系时通过考证《心术》《白心》《内业》而得到的副产品，因形式上偏向考证，故郭沫若将此篇也录入《青铜时代》中。首先，这篇文章的撰成与《〈韩非子·初见秦〉篇发微》的撰写过程近乎相反：在撰写《宋钘尹文遗著考》前，郭沫若先做了理论探索，并得出"新的发现"："忽悟《心术》《白心》《内业》与《庄子·天下篇》宋钘、尹文之学说为近，乃比较研究之，愈觉若合符契。"于是在后期梳理时将这篇考证性质的文章写了出来。其次，研究儒家八派与黄老关系符合郭沫若的兴趣，而研究《韩非子》的过程对他而言并不愉快，所以在完成《韩非子的批判》的同时，郭沫若便准备写《从周代农事诗论到周代社会》，并自言："我的念头又转换到社会机构的清算上来了。"[①] 可以看出，在研究《韩非子》后期，郭沫若已不再将研究工作放在史实考证上，虽然其中也有相应考证成果，但此时他已偏向对先秦社会及思想文化做理论的分析与研究。

由上述分析可见，《青铜时代》可按撰写时间分成三个阶段：第一个

---

① 郭沫若：《后记——我怎样写〈青铜时代〉和〈十批判书〉》，第475页。

阶段，早期的三篇文章《先秦天道观之进展》《〈周易〉之制作时代》《老聃、关尹、环渊》在性质上为考证类文章，但在作者立意撰写《青铜时代》之前已经完成并发表，由于主题、性质相近，作者才在出版《青铜时代》时把它们一起收进书中，因此在确定《青铜时代》一书的性质上不占主要位置。第二个阶段，以《墨子的思想》为核心，加上之前撰写的《驳〈说儒〉》，以及由《墨子的思想》衍生的《述吴起》《秦楚之际的儒者》《公孙尼子与其音乐理论》三篇文章，这几篇文章有考证的内容，但都是为了与当时学界主流学说进行辩论，并予以批判，其批判性远大于考证性，并通过批判前人的立说，"总答覆"前人的不同观点，建立自己对先秦诸子的研究，即"总清算"。第三个阶段，此时郭沫若开始对先秦社会机构及学术意识形态进行梳理、总结和批判，《〈韩非子·初见秦〉篇发微》《宋钘尹文遗著考》虽为考证性质的文章，但从撰写目的而言均非单纯的考证，《从周代农事诗论到周代社会》更是明确地清算社会机构性质的文章。所以，从文章立论方式、写作手段上说，《青铜时代》的文章确实偏于史实考证，但从撰写立意和最终目的上说又并非偏于史实考证，而是如上面说的：通过批判前人的立说，"总答覆"前人的不同观点，建立自己对先秦诸子的研究，即"总清算"。当然，《青铜时代》只是"总清算"的两个成果之一，另一个是《十批判书》，换句话说，"总清算"的成果不仅仅是《青铜时代》，"总清算"只是始于《青铜时代》中所收入的《墨子的思想》一文。

（二）《十批判书》：正式理论框架的建立

1943 年 9 月 4 日，郭沫若完成《公孙尼子与其音乐理论》，9 月 7 日，他在杜国庠家中见到并借阅钱穆《先秦诸子系年》，次日写成《公孙尼子追记》，对钱穆书中有关公孙尼子一节提出反驳。之后他的研究兴趣"又掉换了一个方向"：按其本来打算，他要接着研究惠施，但在阅读《吕氏春秋》收集有关惠施材料的时候，"忽而意动，欲写《吕不韦与秦始皇》，写此二人之斗争"，感觉"细心考之，必有所得"，于是写出了"四万字左右的长文"。[1]

此后几天，郭沫若酝酿了几个题目，但都没有照原定计划进行，其注意力逐渐集中到韩非子身上，"先想从真伪的考证入手，每篇文章都一一

---

① 郭沫若：《后记——我怎样写〈青铜时代〉和〈十批判书〉》，第 472~473 页。

加以考核，也着手写过十几页。但那样必然成为干燥无味的学究式的流水账"，这与他的兴趣不相符，于是他果断中止，"废弃了最初预计的考证式的打算"，改为"单刀直入的办法"，① 直接从理论上分析研究韩非子的思想，写出《韩非子的批判》。由此，他决定以这种方式直接对先秦时期社会机构及其思想做一番清算，于是从第二天开始撰写后来收入《十批判书》中的其他文章。

从郭沫若这一研究兴趣的转变，可以看出他在写完《公孙尼子与其音乐理论》后，连续数天都在考虑并尝试接下来先秦诸子研究的方向和方式；更可以看出，他所制定的先秦诸子研究计划此时并没有固定的框架和内容上的限制，而是随着研究的实际状况进行相应的灵活调整。这种顺藤摸瓜、灵活变通的研究与写作情况，实为学术研究中的正常现象，是每一个学人都会遇到的，对郭沫若来说，更是如此：在写《从周代农事诗论到周代社会》时，他因偶然读到《剿闯小史》，便转向了历史剧的倾力创作。这种在研究过程中具体探究论题的转换情况，是郭沫若治学的一个习惯，与他的性格、志向及研究路径均有一定关系。

从 1943 年开始撰写《墨子的思想》到写完《公孙尼子与其音乐理论》，这时的郭沫若尚未形成体系化的研究框架，但是他的研究目的、研究旨趣始终如一，就是对先秦诸子思想做"一番总清算"。继《墨子的思想》等文章后，郭沫若先后确立过几篇文章题目，但均无成文，《韩非子的批判》也是在反复思考，改变研究方法和撰写方法之后才写成。可知在这个过程中，不断尝试新的研究方法和思路，是郭沫若确立题目而没有成文的主要原因。郭沫若"总清算"先秦诸子，最后将研究成果编成《青铜时代》和《十批判书》两书并分别出版，但实际上，这两本书可看作一本书，因为《墨子的思想》以来的所有文章，都是在对先秦诸子"总清算"目的之下的"一连串的研究"，郭沫若自己说得非常清楚："我本来是想把它们集合成为一部书，分为前编和后编的。但为出版上的便宜起见，把它们分成了两部：《青铜时代》是原拟的前编，《十批判书》是后编。"② 他在《青铜时代》已经单独出版，《十批判书》已经编定而即将出版之时，非常清楚明白地说："假使这两个集子有合印成一部的机会，应该恢复我

---

① 郭沫若：《后记——我怎样写〈青铜时代〉和〈十批判书〉》，第 473～474 页。

② 郭沫若：《后记——我怎样写〈青铜时代〉和〈十批判书〉》，第 485 页。

原来的命名：《先秦学说述林》。"① 可见，这两本书不但是一本书的前后两个部分，而且是前编和后编、上卷和下卷、第一册和第二册的关系。《十批判书》的写作，只是郭沫若之前没有完成的写作计划的继续。

因此，郭沫若于这一时期的研究目的自始未变，即清算先秦社会机构及其对应的思想。以《公孙尼子与其音乐理论》作为研究的转折点，他的研究计划的前后区别在于：在此之前，他对先秦诸子的研究是以《墨子的思想》为主线，进而研究《墨子》之学的分支，以史实考证为主，并有表明自己鲜明观点的色彩；在此之后，他作《韩非子的批评》，通过清算学派的意识形态，开始有意识地将史实考证转变为"单刀直入"的理论研究，并最终确定将研究目标"转换到社会机构的清算上来"，② 故又作《由周代农事诗论到周代社会》。文中也有反对时人的意见，指出"有些朋友又把周代农事诗解为地主生活的纪录，把孟子式的井田制解为庄园的刍形，那更完全是过于自由的纯粹的臆想了"，③ 但文章的主体内容是对周代社会的性质、井田制的状况做出解释，确实是在清算社会机构，而非与时人论辩。

然而，郭沫若撰写《十批判书》诸篇的过程并非一帆风顺，而且撰写各篇时遇到的问题也不尽相同。

在《韩非子的批评》和《由周代农事诗论到周代社会》的基础上，郭沫若从 1944 年 7 月 3 日开始撰写《古代研究的自我批判》（该文收入《十批判书》中），再一次修正、确认了自己在《中国古代社会研究》中有关周代社会性质、断代分期和井田制性质等方面的观点，这样"社会机构得到明确的清算，从这里建立起来的意识形态然后才能清算得更明确"。④ 由于该文是对自己过去观点中一些不合适的说法进行重新论证，故郭沫若将该文列为《十批判书》的第一篇，也就是说，《十批判书》由清算自己过去对先秦社会制度、社会性质等的研究开始，然后才是《孔墨的批判》等文（后简称《批判》类文章）对先秦诸子思想进行逐一清算。

在撰写《古代研究的自我批判》时，郭沫若便已有将先秦诸子研究系统化的意识。他想由社会机构写到意识形态，写成一部长篇论文，后改成单独的论文来写，"而综合起来却又可以成为条贯"。这些"批判"类文章

① 郭沫若：《后记——我怎样写〈青铜时代〉和〈十批判书〉》，第 487 页。
② 郭沫若：《后记——我怎样写〈青铜时代〉和〈十批判书〉》，第 475 页。
③ 郭沫若：《由周代农事诗论到周代社会》，《郭沫若全集·历史编》第 1 卷，第 433 页。
④ 郭沫若：《后记——我怎样写〈青铜时代〉和〈十批判书〉》，第 478 页。

的题目实际多来自郭沫若前期的成果，如《孔墨的批判》是因为《墨子的思想》受到当时学人的普遍批评，而郭沫若"却得到了更加坚定的一层自信"，并发现"有一项重要的资料，《墨子》书中的《非儒篇》把孔、墨之所以对立的关系突露得非常明白"，他坚信自己对儒墨的看法是正确的，故作《孔墨的批判》，并认为只要有确凿的证据，友人也会为之信服。然而，这篇文章的内容虽为对先秦社会机构及其对应思想的梳理，却仍透露着郭沫若对时人意见的看法："我的看法和两千多年来的看法多少不同。假使我错了，应该举出新的证据来推翻我的前提。拘守着旧式的观念来排击我的新观念，问题是得不到解决的。"① 可见郭沫若对自己《墨子的思想》发表后受到的质疑和反对并不认同，所以《孔墨的批判》仍带着与时人论辩的色彩。

此后，郭沫若仍想继续探索儒墨之间的关系，但因结果不能令他满意，便调转了方向，开始梳理儒家八派和黄老学派，《稷下黄老学派的批判》《儒家八派的批判》便是梳理成果。在写《稷下黄老学派的批判》的同时，他完成了考证文章《宋钘尹文遗著考》，后将其收入《青铜时代》。郭沫若在撰写《庄子的批判》《荀子的批判》时也都遇到了困难。他在研究墨子时，发现墨家辨者有两派的不同，认为惠施、公孙龙被古人当作墨者看待乃是出于误解，故作《名辩思潮的批判》。② 之后，郭沫若的古代意识形态研究体系大致成型，他自己说："在前我已经写了法家的韩非和杂家的吕不韦，从春秋末年以来一直到秦代，我算已经作了一个通盘的追迹。"他将意识形态清算比作一座桥梁，其中尚未安装的一节断径便是对韩非子以前法家思想的清理，故又写了《前期法家的批判》。但该文的撰写也不尽如人意："很想清理《管子》书中的法家思想，也反覆研究了好几遍，象《法法》《任法》《明法》诸篇，无疑是田骈、慎到一派的传习录。但因找不出其它的证据，这一清理终竟没有完成。"③

《名辩思潮的批判》完成后，一个较为完整的先秦诸子学派研究体系便基本成型了。从其整个进程，可知郭沫若研究先秦社会机构及对应思想的变化：首先，从最初单一长篇论文撰写变为分学派的单独文章撰写；其次，因文献本身的研究困难以及客观形势的紧迫，郭沫若也在写作节奏和

① 郭沫若：《后记——我怎样写〈青铜时代〉和〈十批判书〉》，第476~479页。
② 郭沫若：《名辩思潮的批判》，《郭沫若全集·历史编》第2卷，第284页。
③ 郭沫若：《后记——我怎样写〈青铜时代〉和〈十批判书〉》，第485页。

内容上做出了相应的调整，当然也留下部分难以研究透彻的遗憾。但是，《十批判书》诸篇的完成，终于使得郭沫若在先秦诸子研究这一方面体系上达到了圆满。因为在《青铜时代》中，无论是考证还是理论分析，主要是郭沫若对以往学问的质疑与批判，其中大多篇章属于"破"的状态，即便有"立"，那也是在理论研究框架成型前的分散的成果。《十批判书》则将郭沫若对先秦社会及学术的思考正式架构起来，其研究也由"破"走向了"立"。发现并破除前人的偏见、误解当然是重要贡献，但如果仅有破而无立，终究没有形成自己对问题的成熟见解和系统认识，于是郭沫若主动调整学术路径，采取"单刀直入的办法"，按照辩证唯物史观，正面阐述和构建他对先秦诸子思想的研究。这是以往学者尚未认识到的《青铜时代》与《十批判书》之间的关系。

三　小结

以上就是郭沫若写作《青铜时代》和《十批判书》的大致情况，通过这一梳理与分析，我们可以得到如下认识：

首先，《青铜时代》与《十批判书》有着密切的内在联系。从整体上看，两本书基本上完成了郭沫若对先秦学术思想的"总清算"这一任务，体现出郭沫若研究先秦学术思想这一由"破"向"立"的完整过程。两本书中大部分文章间，或有研究成果递进的关系，或有研究方式转变的关系，或有衍生附属的关系，正是这些复杂的史学联系使得《青铜时代》与《十批判书》不可完全分割审视。从部分上看，两本书又相对独立，《青铜时代》主要体现着"破"的特点，即对已有的先秦社会及学术思想的相关研究发起批判；《十批判书》主要体现着"立"的特点，即从由批判带来的无休止的争论中抽身而出，开始用平和且体系的眼光梳理总结先秦社会及当时的学术思想。

其次，《青铜时代》与《十批判书》的撰写受到了主、客观因素的共同影响，是必然性和偶然性的结合，郭沫若自身独特的治学特点与习惯也影响着研究的走向。对于郭沫若而言，对先秦诸子的学术思想做个"总清算"，是他始终坚持的研究目标，但他的研究则经历了一个从不断摸索到逐渐明晰的过程。郭沫若通过《墨子的思想》开启了系统研究先秦诸子思想的工作，但随着研究深入，他对现有的研究方式和思路渐渐感到厌倦，提不起兴趣，其间还经历了采取何种研究方式更为有效的路径转换的巨大困扰，甚至一度想摆脱现有的古史研究。调整了研究模式后，最终才"把古代社会的机构和它的转变，以及转变过程在意识形态上的反映，可算整理出了一个比较完整的轮廓"①。郭沫若是一位集研究欲和创作欲于一体的学者，他将研究方式调整的直接原因是"兴趣"的转变，从深层次而言则是他接受且习惯的研究状态在当时并未出现。而在此后，郭沫若在处理多篇文章时又处于一种"摸着石头过河"的状态，他依旧是先拟了一个研究大纲，接着便直接动手，一边写作的同时一边阅读、理解文章，但这样很容易遇到困难。此外，客观上，时局愈加动荡，战火不断，身处危难中的郭沫若一方面不能再维持每日稳定的研究写作，另一方面他也想尽快结束研究，所以最终的成果与他最初的想法也就存在着出入。郭沫若最初只明确研究的最终目标，但写作中随着主客观因素而随时调整，且这些因素更多的是制约研究写作的因素。所以他所自言的"整理出了一个比较完整的轮廓"，也并非没有缺陷，他自己就认为，《十批判书》中有数篇均有尚未理解透彻的遗憾，另外他"本来还想写到艺术形态上的反映，论到文学、音乐、绘画、雕塑等的情形"，但因种种原因，没有在"总清算"的目标下，将它们写出来，"只好等待对于这一方面感觉兴趣的人去继续从事发掘了"。因此，《青铜时代》与《十批判书》中诸篇的联结，只构成了郭沫若在研究先秦诸子思想框架上的完整，而非内容上的完整，这也是在研究两书内容及其在先秦社会研究中的学术意义时，需要注意的。

---

① 郭沫若：《后记——我怎样写〈青铜时代〉和〈十批判书〉》，第487页。

翦伯赞的史料观

韩建萍

（云南师范大学历史与行政学院，云南　昆明，650500）

摘　要：翦伯赞一生编纂了大量的史料，在实践当中形成了丰富的史料观。他作为公认的史观派的代表人物和史料学的著名学者，将史观与史料两大学术谱系熔为一炉，在批判两种错误史论观点的过程中阐发了史论结合的原则；他继承了中国传统史学的分类方法，也有新史学家的史学意识，由此解释了各类史料的应用价值；他还按照逻辑顺序将史料运用方法归纳为搜集、考证和整理三个方面。翦伯赞史料观的形成，反过来也促进了他史料编撰实践的进一步发展。

关键词：翦伯赞　史料　史论

翦伯赞是中国马克思主义史学"五老"之一，终身致力于中国通史、民族史、史料学、历史哲学等方面的研究，成就卓著，为中国的史学发展做出了重大贡献。他在有关史料的实践和理论方面有颇多创见，在继承和发展了以往史料学的经验和理论的基础上，直接推动了现代史料学的纵深研究，为 20 世纪的中国史学写下了浓墨重彩的一笔。

一　秉持史论结合的原则

新中国成立后，其实有一部分的马克思主义史学家注意到了史料与理论的问题，但当时的问题焦点在于到底是以唯物史观为指导还是以唯心史观为指导；是以客观的历史事实为依据还是以虚构的史料为依据。翦伯赞没有把史料与理论看作互不相干的两个方面，而是想到了史论结合的问题，为此他不但旗帜鲜明地表达了自己的观点，而且指出了两种割裂史料与理论观点的问题。

翦伯赞治史非常重视史论结合，特别是马克思主义理论与史料的结合，为此他提出了"理论挂帅"的治史原则。"理论挂帅不是用一般原则去套历史，把史料硬塞进原则中去作为理论的注脚；而是用理论去分析史料，通过史料的分析，对历史事件或问题，做出理论的概括。不是用原则代替历史，而从历史引出原则"。① 理论挂帅也不是先写一段理论，再写一段史料，或者先写一段史料，再写一段理论，在翦伯赞看来，这只会使理论与史料相分离，正确的做法是要将理论与史料融合成一个有机整体，使得理论与史料相统一。历史研究者应该深入史料中间去探寻历史的真相，但同时也要跳出具体的史实，从宏观上把握历史的脉络。翦伯赞建议人们可以运用历史唯物主义的观点，在具体的历史语境中把握历史事件和历史人物，但前提是用无产阶级的观点对知人论世的具体史料加以说明。如果脱离了这种观点，就会落入客观主义史学的窠臼之中。他认为马克思和恩格斯虽然没有为中国具体历史事件和历史人物下现成的结论，但是因为理论本身具有普遍性，所以历史研究者应该在系统学习并掌握马克思主义理论后，结合中国的史料，对历史上的问题进行概括和判断。他还讲到了理论与史料应该如何结合成有机整体的问题，不论是用理论去硬套历史，还是用史料去迁就理论都是错误的。"要做到观点与材料的统一，应该是把史料融解在理论之中，或者说把理论体现在史料之中，而不是在其外。"②

应该用什么样的理论去结合史料呢？针对这一问题，翦伯赞在编写《中国史纲要》时，提出了几条历史理论的运用标准："不要公式化，要条理分明，脉络贯通，能够画出历史的轮廓，能够显示出历史发展的倾向；不要概念化，要把历史问题提高到理论的深度和原则的高度；不要表面化，要通过历史的现象，揭示出那些隐蔽在历史背后的本质，不能从本质上来谈本质，要从现象中发掘出本质来；不要简单化，不要繁琐，不要堆砌，要能扼要地把历史发展的过程和典章制度的具体内容写出来；不要片面化，要能分辨清楚主要、次要，有所侧重，既不片面的夸张，又要重点突出。"③ 他指出过去中国的史学家认为自己的任务就是史料堆砌，以为这

① 《翦伯赞全集》第 4 卷，河北教育出版社，2008，第 402 页。
② 《翦伯赞全集》第 4 卷，第 417 页。
③ 《翦伯赞全集》第 4 卷，第 466 页。

才是历史学的正途，但实际上堆砌史料只是历史研究的第一步，不经过理论分析，历史研究的任务就根本不可能完成。因为历史学的终极目的就是通过纷繁复杂的史料找到历史发展的规律，不学习理论的话，是很难做到这一点的。翦伯赞认为理论与史料本身并没有任何对立的问题，关键在于用什么样的理论去驾驭史料，如果用马克思主义的观点来驾驭史料，那么史料越丰富，得出的结论就越正确，在这问题上他反对厚此薄彼。翦伯赞的史料观在相当程度上强调了理论的重要性，他说如果用不正确的理论来分析研究，史料也不会发挥出自己的作用。他认为，必须先学习理论，只有具备了理论分析的能力，才能正确地处理史料，否则，碰到具体的历史问题，理论和史料就分了家，史料归史料，理论归理论，分道扬镳，各不相关。他说："要学好理论，当然要系统地学习马克思主义，并且通过史料的分析，练习理论的运用。更好的办法是通过百家争鸣的办法提出一些具体的历史问题、事件或人物展开争论，只有在学术论争中，才特别感到理论的重要，也特别感到资料和理论相结合的重要。"①

"只要有此一堆堆的材料，便易使人对此等材料继续去自由探讨，便于使人对历史不断有新鲜活泼之观点与发现，易于使人对历史有新体悟。"② 翦伯赞作为一名马克思主义史学家，强调史料对历史研究的确有着基础性的作用："研究历史没有史料是不行的，史料是弹药，没有弹药专放空炮是打不中敌人的。"③ 这实际上也继承了马克思恩格斯重视史料的优良传统："研究必须充分地占有材料，分析它的各种发展形式，探寻这些形式的内在联系。只有这项工作完成以后，现实的运动才能适当地叙述出来。"④ 在翦伯赞看来，史料对于历史研究者来说就是历史知识，如果没有历史知识，也就没有历史研究了。他认为史料如果不被放在整体中进行考察，或者研究者忽视了史料间的联系，那么它们就是孤立的历史碎片，没有什么用处；研究者如果不重视史料，或者企图不通过史料的分析就来说明历史，也是行不通的。"我欲载之空言，不如见之于行事之深切著明也。"⑤ 翦伯赞认同孔子的这句话，认为研究历史就必须从真实而又具体的史料出发，不能从空话出发，研究必须在占有丰富史料并分析史料的基础

① 《翦伯赞全集》第 4 卷，第 379~380 页。
② 钱穆：《中国历史研究法》，九州出版社，2019，第 193 页。
③ 《翦伯赞全集》第 4 卷，第 417~418 页。
④ 马克思：《资本论》第 1 卷，人民出版社，2004，第 21~22 页。
⑤ （汉）司马迁：《史记》，中华书局，1959，第 3297 页。

上展开，"而要这样做，就须不凭主观想象，不凭一时的热情，不凭死的书本，而凭客观存在的事实，详细地占有材料，在马克思列宁主义一般原理的指导下，从这些材料中引出正确的结论"。①

翦伯赞批判了当时存在的两种错误的史论观，明确地表达了自己的态度。第一种就是"以论带史"的史论观。翦伯赞认为这种观点的错误之处在于：容易使人误解研究历史要从理论而不是史料出发。从马克思到毛泽东都一直强调研究历史要从史料出发，不能从理论出发，这是因为"理论和概念是研究具体史实得出来的结论。如果从理论和概念出发，那岂不是先有结论，然后按照结论去武断历史？岂不是从理论到理论，从概念到概念，从抽象到抽象？这种研究方法，不是辩证法而是形而上学的方法"。② 对于"以论带史"，他认为这个观点本身并不符合马克思主义的应有之义，"共产主义不是教义，而是运动。它不是从原则出发，而是从事实出发"。③ "我们讨论问题，应当从实际出发，不是从定义出发。……我们是马克思主义者，马克思主义叫我们看问题不要从抽象的定义出发，而要从客观存在的事实出发，从分析这些事实中找出方针、政策、办法来。"④ 翦伯赞指出"以论带史"违背了历史唯物主义的原则，同时也给历史学界带来了消极影响。他举了两个例子。第一个例子就是有一些研究者不讲具体的历史事实，他们通过摘抄经典著作中的理论来代替史料，"但是，历史学的任务，并不是要我们重复人所周知的道理，而是要用马克思主义的原则来分析具体的历史，找出历史发展的规律"。⑤ 第二个例子就是有些人也引用一点史料，但只是把史料作为理论的注脚，把马克思主义经典著作当成历史研究的标签，"一般说来，对于德国许多青年作家，'唯物主义的'这个形容词不过是一个套语，他们用这个套语去处理各种事物，再也不花什么气力去作进一步研究，也就是说，他们一把这个标签贴上去，就以为一切都解决了"。⑥ 这两个例子都说明了"以论带史"观点对历史研究者意识的危害。

第二种是史论分家的史论观。他批评当时有部分学者在写史学文章

① 《毛泽东选集》第 3 卷，人民出版社，1991，第 801 页。
② 《翦伯赞全集》第 4 卷，第 409 页。
③ 《马克思恩格斯选集》第 1 卷，人民出版社，2012，第 291 页。
④ 《毛泽东选集》第 3 卷，第 853 页。
⑤ 《翦伯赞全集》第 4 卷，第 415 页。
⑥ 《马克思格斯书简》，人民出版社，1965，第 51 页。

时，总是写一段史料后加一段理论文字，或者反过来做，在翦伯赞看来，这两种做法实际上都属于史论分家。特别是研究者在史学论著中引用马克思主义理论时，将经典语句当作通用的法则，不仅随意套用，还大量引用，以此显示出自己高超的马克思主义理论水平，以致研究者将大部分精力用于寻找这些经典语句，而忽略了作为史学工作者应该重点关注的史料问题。他指出正确的做法应该是研究者将马克思主义理论当作指导原则来研究具体的历史问题，从史料中得出历史结论。因为马克思主义理论只是告诉我们历史发展的规律和历史发展的一般性原则，它并没有也不可能对每个具体的历史问题做出分析，"不把唯物主义的方法当作研究历史的指导线索，而把它当作现成的公式，将历史的事实宰割和剪裁得适合于它，那末唯物主义的方法就变成和它相反的东西了"。① 翦伯赞认为，马克思主义理论尽管是放之四海而皆准的真理，但并不意味着它可以代替史料，如果那样的话，世界各国只需一部历史就可以了，"然而有些同志总想从马克思主义的文库中找出现成的结论，而且有些同志竟然'找到'了每一个这样的结论。在我看来，这种作法，如果不歪曲马克思主义，便要歪曲具体史实"。② 而且，翦伯赞并不认为反对这种本本主义，就意味着放弃学习马克思主义经典理论，因为这些理论是马克思主义者在分析大量史料的基础上归纳总结出来的，它们做到了理论与史料的统一。他列举了新中国成立十三年后在历史研究、历史教学、资料编纂和古籍整理方面的史学成就，同时也指出了理论的重要性："所有这些，都是我们在历史科学方面取得的成绩，但更大的成绩还不是上述各方面的成就，而是我们在历史科学领域内巩固地树立了马克思列宁主义旗帜，确立了毛泽东思想的指导地位，解决了历史科学的方向问题和道路问题。"③

二　厘清史料分类及价值

翦伯赞对史料分类和史料价值的认识，不仅继承了刘知幾对史料的看法，而且承袭了梁启超史学的观点。他不仅重视传统文献资料价值，而且认可四部之外的资料，特别是考古资料对历史研究的作用，甚至出现了

---

① 《马克思、恩格斯、列宁、斯大林思想方法论》，人民出版社，1963，第 204 页。
② 《翦伯赞全集》第 4 卷，第 410 页。
③ 《翦伯赞全集》第 4 卷，第 413 页。

"《中国史纲要》的两篇序文，读来竟像是为考古学做广告"① 这样的评价。

翦伯赞对文献资料的认识是全面的，他把文献资料分成了正史、正史之外的诸史、史部之外的群书、四部以外的文字记录四个大类，"在史料学中仍应论述分类法的重要性及各种处理史料分类的方法或设想"。② 他认为不仅经、史、子、集部是史料，而且四部以外的一切文献资料都属于史料，"一切具有历史意义的文字记录，无一不是史料或包含有史料"。③ 这实际上发展了章学诚"六经皆史"的说法，"'诸子亦史'，'诸诗集、文集、词选、曲录、传奇、小说亦史'，乃至政府档案、私人信札、碑铭、墓志、道书、佛典、契约账簿、杂志报纸、传单广告以及一切文字的记录，无一不是史料。若并此等史料而合计之，其数量又百倍千倍于史部的文献"。④ 按照他的说法，中国历史上的史料本应该是非常多的，他把史料比喻成一座矿山，现在大部分还没有被开发出来，特别是史部之外的史料。他认为，就史料价值而言，史部以外的史料甚至比史部诸史更加可靠，因为这部分史料并非如史部史料那般是为了保存史料而作，而是在自己创作的过程中无意保留下来的，"在这一类书籍中所表现的主观意识之本身，就是客观现实之反映；因而他不但不破坏史料的真实，反而可以从侧面反映出更真实的史料"。⑤ 正史以外的别史和杂史这一类私家著述，由于不受政府管制，所以史家能尽量写出其所见所闻，也较为真实，"翦伯赞肯定野史、杂史的价值，如不太摆史官的架子，所记较正史为真切，敢于暴露史实的真相等等，都是对的"。⑥ 而他说的正史，是在统治者监督下写成的，经过了统治者的层层筛查，符合统治者的意志，其所依据的史料为前代的实录和官书。但是以当代人写当代史，在他看来也很难客观真实地反映历史。

翦伯赞对不同史料的重视程度反映出他对中国历史典籍史料价值的认识。首先，他对正史史料价值的定位是：用纪传体写就的二十四史是一部史料的集成。其中会出现前后相隔和彼此抵牾之处，这是因为纪传体是以

---

① 许冠三：《新史学九十年》，岳麓书社，2003，第 425 页。

② 白寿彝：《中国史学史》第 1 卷，上海人民出版社，2006，第 17 页。

③ 白寿彝：《史学概论》，宁夏人民出版社，1983，第 5 页。

④ 《翦伯赞全集》第 3 卷，河北教育出版社，2007，第 296 页。

⑤ 《翦伯赞全集》第 3 卷，第 297 页。

⑥ 齐世荣：《史料五讲》，首都师范大学出版社，2014，第 9 页。

人物为中心纪事的，这样一件事的过程可能被分于数人传记之中，历史有碎片化的风险。①

其次，刘知幾认为正史以外的诸史分为十种："一曰偏纪，二曰小录，三曰逸事，四曰琐言，五曰郡书，六曰家史，七曰别传，八曰杂记，九曰地理书，十曰都邑簿。"② 翦伯赞于是按照《史通》的划分逐一对这十种史料进行了分析。他认为偏纪不是断代史，而是只记录断代史的一个片段或史家耳濡目染之事。小录不像正史那样记录一代人物，而是仅记录作者熟悉的人物。逸事则是既记言也记事："这类著作，后来向三个方向发展：其一为辑逸，即从现存的文献中，搜集古书的逸文，辑而为书。其二为补逸，即根据其他书类增补史籍上的遗漏，或就原书注释，另为史补一书。其三则为存逸，即作者预知此事，若不及时记录，后来必然湮没，故因其见闻而随时记录之。辑逸与补逸，其性质已属于逸史之收集与补充，惟存逸而属于逸史之创造"。③ 琐言虽是记言，但并不是记载正史中的诏令、奏章和君臣对话，而是"小说卮言，街谈巷议，民间言语，流俗嘲谑"。④ 郡书记录人物，也不是如正史那样记录全国人物，而是仅记录地方乡贤，后来发展成为地方志，从史部中独立出来，成为方志之书。家史记家族世系，但不像正史中的世家，记录贵族世系，而是作者记录自己或贵族之外的家族世系。别传记录人物，不像正史列传仅记录大事，而是记录委曲细事，详其平生："这种人物，或不见正史列传，或即见正史列传而不详，或已见于小录、郡书，或不见于小录、郡书。"⑤ 杂记记录鬼怪神仙，但是不像正史五行志那样，专门记载祥灾图谶之事，而是记录民间异闻。地理书也不像正史地理志那样综述一代地理形势，"其最大的特点，则在专志一地，其所志之地，或为其本乡，或为其曾经游历之异域。而其内容，则侧重于山川形胜、风俗习惯。"⑥ 因为历代正史里没有专门记载城郭的志篇，所以都邑簿主要记录宫阙郭邑，辨明其规模和制度。由此可知，这十种史料的价值在于所记录的史实为正史纪事或纪人所缺或所略。翦伯赞对这十种史料评价很高："总上所述，可知中国史部杂著之丰富……因杂史

---

① 《翦伯赞全集》第 3 卷，第 300 页。
② （唐）刘知幾著，（清）浦起龙通释《史通通释》卷 10，上海古籍出版社，2009，第 253 页。
③ 《翦伯赞全集》第 3 卷，第 307~308 页。
④ 《翦伯赞全集》第 3 卷，第 308 页。
⑤ 《翦伯赞全集》第 3 卷，第 309 页。
⑥ 《翦伯赞全集》第 3 卷，第 310 页。

所记，多系耳闻目见之事，而且其所记之事又多系民间琐事，故其所记，较之正史，皆为真切，而且皆足以补正史之遗逸缺略乃至订正正史之讹误。"①

再次，翦伯赞对史部之外的群书，也就是经、子、集部的史料价值进行了探究。他先对经部，特别是古文经的史料价值进行了积极评价。他指出古文经是西汉末年很多学者根据今文经和其他古典文献编纂而成的，也是有史料价值的，例如，"《左传》，虽为《春秋》古文，但其所记，为《春秋》的史实，而且纠正了今文《公羊》上的若干错误，只要我们不为它的八股式的书法所蔽，仍然是研究春秋社会历史的最好史料。《毛诗》是古文，但其所录，为西周、春秋的诗歌。只要我们不为那种武断诗的时代、歪曲诗的本义之《毛诗序》所蔽，则《毛诗》仍然是研究西周、春秋社会的最好的史料。《周礼》虽伪，但其中有一部分仍可以认为战国史料。《孝经》虽伪，但由此可以看出汉人的伦理观念"。② 翦伯赞认为子部书是研究先秦学术思想的史料，由于其中也有反映前代史和当时社会内容的记述，所以它具有研究先秦学术思想史和社会史的史料价值。他指出集部书主要具有研究文学史的史料价值，从历史发展的角度来看，这些文学资料实际上都可算作史料，因为它们也是各时代的社会写照，可以算作历史记录，而这些资料恰恰为正史所缺。他举了大量的例子来说明这一点，以《楚辞》为例，他说其中的《天问》篇记录了楚国流传的神话传说，《离骚》篇记录了楚国的党争，其他各篇记录了战国末年楚国的风俗。这些是战国史书所缺的内容。"总之，自楚辞，汉赋、唐诗、宋词、元曲，以至明、清之传奇小说，乃至现在的许多文艺作品，它们表现出中国文学自己发展之一系列的历史过程；也反映出历史上所不载的社会发展的内容，所以它们是文学，同时也是史料。"③

最后，翦伯赞强调研究者要特别重视四部以外各种文字记录的史料价值，实际上这承袭了梁启超扩展史料范围的一些观点："中古及近代之小说，在作者本明告人以所记之非事实；然善为史者，偏能于非事实中觅出事实。……须知作小说者无论骋其冥想至何程度，而一涉笔叙事，总不能脱离其所处之环境，不知不觉，遂将当时社会背景写出一部分以供后世史

---

① 《翦伯赞全集》第 3 卷，第 311 页。
② 《翦伯赞全集》第 3 卷，第 320 页。
③ 《翦伯赞全集》第 3 卷，第 326 页。

家之取材。"① 翦伯赞对清代档案的遗失痛心疾首，他认为这些当时被当作废纸拍卖的档案里有大量关于鸦片战争和清朝外交的珍贵史料，他指出碑铭墓志类的史料可以补文字史和社会史的阙失，同时私人信札也是适当补充正史中所缺人物生平的史料。翦伯赞认为中国文学作品中蕴含着丰富的史料价值，这在他的戏剧史研究中有集中体现，他秉持历史唯物主义的原则，认为艺术来源于历史，研究者应该剔除戏剧作品中艺术夸张的成分，将历史的真相呈现出来。比如，他通过对元代戏剧作家创作的堕落者、逃避者、控诉者、谴责者和叛逆者五种典型人物的分析，揭示出元代社会的黑暗面："假使把元代戏剧作家所描绘的一个一个的鬼影拼合起来，那就可以使我们看出 13 世纪中国社会的具体形像。因此，我以为元代的戏剧作家并没有放弃他们的艺术使命。"② 其实，他最重视的还是考古学资料在历史研究中的作用。他指出现代的古史研究之所以能进一步向前发展，实有赖于考古学的新发现，这些新发现能够给历史研究以新的活力，既能考订文献资料的真伪，又能补充文献资料的缺失。因此，"接收考古学的成果，使考古学与历史学结合为一，这是历史科学的任务"。③ 他在《中国史纲要》前两卷中大量使用考古学材料即是证明。

翦伯赞曾经对中国历史上各种史料的价值做过一个总结：就史料的价值而论，正史不如正史以外诸史，正史以外诸史又不如史部以外群书，"只有掌握了更丰富的史料，才能使中国的历史，在史料的总和中，显出它的大势；在史料的分析中，显出它的细节；在史料的升华中，显出它的发展法则"。④

三　总结史料运用方法

因为史料具有零碎分散和真伪混杂的特点，所以在明确史料的范围后，翦伯赞认为还需要有运用史料于具体研究中的方法，才能真正发挥史料的作用。他的运用史料的方法包括史料的搜集、考证和整理三个方面。

"惜乎世人多未注意。故凡深通史学者于著作之先，必以研究及搜求

---

① 梁启超：《中国历史研究法》，上海古籍出版社，1998，第 53 页。
② 《翦伯赞全集》第 3 卷，第 527 页。
③ 《翦伯赞全集》第 2 卷，河北教育出版社，2007，序第 11 页。
④ 《翦伯赞全集》第 3 卷，第 298 页。

史料为要。"① 关于史料的搜集，翦伯赞认为并不容易："因为中国的史料……和矿石一样，埋藏在我们所不知道的许多地方，需要我们耐烦去探求。考古学的资料不必说，沉埋在各种地层之中，不易发现；就是文献上的资料，也是散在各种典籍之中，不易找到。因之，探求史料，正如采矿一样，有时在一个地方可以发现一大批，有时在许多地方竟至找不到丝毫。"② 他认为学者在历史研究过程中面临的首要问题应该是搜集史料。首先应该通过目录学的内容来了解相关文献的名字、作者、版本等信息，然后通过逐书搜求法和追注搜求法来找寻切合目的的史料。所谓逐书搜求法实际上就是找与主题相关的史料，比如搜求屈原的史料，先通过《史记·屈原列传》了解屈原生平，知道他与楚怀王、张仪有联系，再找两人的传记，同时也可以按图索骥，搜集屈原的文艺作品。他认为通过这种方法可以把与屈原有关的主要资料搜求完备。其他史料的搜集，他认为可以通过追注搜求法来完成，"使自注之例得行，则因援引所及，而得存先世藏书之大概"，③ 具体做法是从书的引语和注解中寻找与这一史料有关的其他文献。因为几乎所有的文献都会引用其他文献，在注解中都会标明出处，所以可以循着注解找寻其他相关文献，在这一过程中，还可能引发连锁反应，找到更多的相关文献，实际上很多清代学者就是依靠此法辑成了卷帙浩繁的佚书。

"纬候图谶之书，多托之孔子。其中叙述古事，神奇怪诞，颇动听闻，诂经述史之士，或多采撷，以乱其真，故其源流不可不辨也。"④ 因为中国古籍中有大量伪书，这会影响研究者出现判断的偏差，最终导致历史研究的错误，所以翦伯赞认为史料考证先要进行古籍辨伪。尽管从古代到近代辨伪之书众多，但是他认为其中的一些结论不一定完全正确，想要确定的话，还需要自己亲力亲为进行辨伪。他所提供的具体方法有如下几种：一是通过相关年代的文献目录书查阅书名，特别注意不在其中的书可能是伪书；二是辨析文献作者是不是历史上真实存在的人物，虚构人物所作之书一定为伪书；三是考察文献资料著作时代是否已有文字，是否符合当时的文体，是否为当时的制度和器物，不符的大多为伪书。他认为辨伪实际上还是为了找真实的史料，但伪书也并非没有价值，"例如，《周髀算经》不

① 陆懋德：《史学方法大纲》，商务印书馆，2019，第30页。
② 《翦伯赞全集》第3卷，第330页。
③ （清）章学诚著，叶瑛校注《文史通义校注》，中华书局，1985，第239页。
④ 朱希祖：《中国史学通论》，上海古籍出版社，2013，第12页。

当作周公或商高作而当作汉初的算术书；《素问》、《难经》不当作黄帝及秦越人作，而当作秦汉间的医书；《山海经》不当作大禹或伯益作而当作汉代相传的古地理书；各种纬书不当作孔子作，而当作战国末年流传下来的神话集成；则这些伪书都有了真书的价值了"。①

在辨别书籍真伪之后，研究者还要对史料真伪问题进行辩证，这跟前者是一脉相承的关系。翦伯赞通过祖述中国古代的史料考证，认为清代学者在这方面出力最大，成效也最显著，"中国文献上的史料，在清代曾经经过一度精密的考证。清代的学者，或通考诸史，或专考一史，或仅考一史中的某一部分，皆能撷拾遗佚，博采群书，属辞比事，刊误释疑"。② 清代学者的考证方法是以甲书上的史料辩证乙书上的史料，以真书上的史料订正伪书上的史料，以各书上一般的通论，指斥某一书上独特的异说。但是他们的文献考证，在翦伯赞看来是没有做到完全的，之所以这样说，是因为清代学者的考证对象只是文献，而近代以来大量出现的考古学资料，他们既很少接触，也认识不到其价值所导致的。翦伯赞把考古学资料比喻成矿石，他说如果没有选矿学的知识，那么在其中找寻相关资料将会非常困难。比如，甲骨文发现之初，章太炎认为它们是古董商伪造的，甚至到现在还有部分学者怀疑史前时期文物的真伪。清代学者对前史书志的考证，集中在地理志和艺文志，而对天文和律历等志则考证较少，至于食货志、刑法志、舆服志等，则几乎没有考证过。杨鸿烈的观点可以解释这种现象："第一，专门科学家对于他们所擅长的科学的原理因为太过亲密的原故，所以对于那种比较遥远或稍微不常习见的观念就很难明白了解。第二，历史材料的发现，利用和解释等等的技术都应该有一长期而且特别的训练，但这种训练惟历史家才能有。"③ 翦伯赞呼吁学者们要在上述清代学者考证的薄弱环节下功夫，更要利用考古学资料进行历史考证，他认为此天地大有可为，例如，青铜器物的时代尚待考证，甲骨文字的字义尚待训释，汉代的石刻画像尚待说明，汉晋木简和唐人写经尚待整理和考释。特别是石器时代的文物遗存，需要研究者进行详细而精密的科学研究，才有可能变成史料。因此，他强调学者们既要对清代考证成果批判地继承，也要对考古发掘的新资料进行考证，只有如此，才能完成最终的史料考证工

---

① 《翦伯赞全集》第 3 卷，第 337 页。
② 《翦伯赞全集》第 3 卷，第 340~341 页。
③ 杨鸿烈：《史学通论》，岳麓书社，2012，第 51 页。

作。"新史料之发见与应用，实是史学进步的最要条件；然而但持新材料，而与遗传者接不上气，亦每每是枉然。"①

在辨伪工作完成之后，需要对史料进行整理。首先，是史料归纳的方法，翦伯赞认为可以用笔记的方式对史料进行摘录，并注明出处，以备后用。研究者应该按照史料的性质进行有目的的查找，他指出这样可以提高研究者的专注力，也可以使搜寻的史料自动显示出系统性。他认为研究者还应该时刻保持专业敏感性，能够从各种史料的正面内容看出其反面内容，这是暗示性的历史内容，在翦伯赞看来，这些内容的史料价值也很高。他强调研究者要学会运用历史统计学的方法来研究历史，用综合的、分析的、类比的方法来统计中国历史上各朝代的人口、田赋、土地等，如此一来，许多原本看起来价值不大的史料就会变成极有用的史料。他通过对比三国时期人口数量与东汉末年人口数量之差，来说明东汉末年的混战对社会造成巨大的破坏。其次，翦伯赞所阐述的具体的整理工作就是将史料按性质进行分类。比如，研究者划定经济、政治、文化三类，然后将所有搜集规划的史料都归到这三个门类之下。随着研究的深入，研究者对史料的分类会越来越细，把已经归到经济、政治和文化三大类中的史料，再依其特殊的性质，分别归入各小类之中。他认为随着史料分类越来越细，研究的框架也会逐步显现出来，"这样，我们在史料分类以后，便要进行史料的分节，即把每一组的史料依其所特征的史实之先后加以再编制，使之成为时间的系列。经过这种再编制，则史料所突出来的便不仅是它的性质，而且也是它所说明的史实之发展过程了"。② 经过时间分节的史料，研究者要分类汇集，使它们成为一个有机整体。在翦伯赞看来，史料整理只是表面工作，关键要在唯物史观的指导下，从大量史料中找寻精华，提炼出历史理论，对之进行辩证综合，经过再一次的抽象演绎而成历史法则。然后研究者再用历史法则来贯串史料，这样，原来"死"的历史就"活"了过来，"我们研究历史的任务是：（一）整理事实，寻找它的真确的证据；（二）理解事实，寻出它的进步的真理"。③

要之，翦伯赞是中国近代史上的风云人物，他参加过五四运动、北伐运动和社会史大论战，新中国成立后担任过北京大学和中国史学会的重要

---

① 傅斯年：《史学方法导论》，中华书局，2015，第34页。
② 《翦伯赞全集》第3卷，第347~348页。
③ 李大钊（李守常）：《史学要论》，商务印书馆，1999，第73页。

职务，他学贯古今，一身正气，在历史学领域做出了卓越贡献。翦伯赞的史料观为世人所推崇，他反对割裂理论与史料的错误观点，提出要史论结合；继承了古代史料分类的方法，发展了近代史料学中有关范围、价值和运用的观点，提倡在马克思主义史学家的著作中多用考古资料和其他非文字资料来说明历史问题。"识断之精审，固在傅斯年'史学本是史料学'之上　更非并时之史的唯物论者所能企及。"① 他的史料观对当今史学仍然有着深刻影响和意义，他集坚持原则的品质和深厚的史学素养于一身，载誉史坛，实为后世史学工作者之楷模。

① 　许冠三：《新史学九十年》，第 426 页。

邓之诚与聂崇岐学术交谊述论

邓智中

（华中师范大学历史文化学院，湖北武汉　430079）

摘　要： 邓之诚和聂崇岐是中国近现代史上的重要学者。他们既是燕京大学同事，又是蒋家胡同同舍，双方保持了长达二十五年之久的深厚友谊。邓之诚为聂崇岐的近代史资料编纂提供图书文献，有力地推动了《捻军》《锡良遗稿 奏稿》等资料的问世。聂崇岐也积极帮助邓之诚修改校订《中华二千年史》，为邓氏学术志业的实现贡献了自己的力量。这些资料或著作时至今日仍具有强劲的学术生命力和持久的学术影响力。两人于近现代中国史学的发展，实有筚路蓝缕之功。而邓之诚和聂崇岐之间的交往亦书写了学术史上的一段佳话。

关键词： 邓之诚　聂崇岐　燕京大学　《中华二千年史》

邓之诚（1887～1960），字文如，祖籍江苏江宁，生于四川成都，著名史学家。他幼入私塾，酷爱读书，曾先后就读于成都外国语专门学校、云南两级师范学堂，后任《滇报》编辑。1921年前后，邓之诚开始在北京大学、北平师范大学等高校任教或兼职。他一生笔耕不辍，著有《中华二千年史》《滇语》《骨董琐记全编》《东京梦华录注》等史学名作。聂崇岐（1903～1962），字筱珊，河北蓟县人，中国近现代历史学家、古籍版本学家。1928年毕业于燕京大学历史学系，后在哈佛燕京学社引得编纂处主持引得编纂。1952年因全国高校院系调整，进入中国科学院近代史研究所工作。

邓之诚和聂崇岐在燕京大学相识、相知、相交，并在频繁的交往中结下了深厚的友谊。回顾他们之间的交往①，不仅可以看到前辈学者之间令人动容的情谊，更可以给予后人以深刻启迪。

一　从燕京大学同事到蒋家胡同同舍

曾经坐落于北平西郊海淀镇的燕京大学是一所闻名遐迩的高等学府。邓之诚与聂崇岐即相识于此，或缘起于洪业。

1930 年 9 月，北大史学系教授邓之诚兼任燕大历史学系讲师，开设课程"魏晋南北朝史"。② 次年 7 月 10 日，经过慎重考虑的邓氏决定出城，③"电复洪业语以接受燕大聘书"，④ 专任历史学系副教授。⑤ 邓之诚正式移席燕大后，除继续在历史学系开设"中国通史""秦汉史""魏晋南北朝史""隋唐五代史"等课程外⑥，还担任了"中文书籍审购委员会"委员。"中文书籍审购委员会"隶属燕大图书馆委员会，负责为图书馆购置中文图书时提供"咨询及审查"。⑦ 1931 年 9 月 15 日，燕大图书馆委员会举行该学期首次会议，"派定"各委员会委员。⑧ 会议商定"中文书籍审购委员会"由马季明、田洪都、顾颉刚、容庚（容希白）、邓之诚组成。⑨ 入职燕大仅两个月的邓之诚得以出任委员，或是洪业提议的结果。洪业和邓之诚早在1928 年就已经相识，且正是因为洪业的多方努力，邓之诚才最终赴燕大之聘。⑩

---

① 关于邓之诚与聂崇岐之间的交往，仅王秋月《邓之诚"错综为体"的史学探索——论〈中华二千年史〉的编纂特点》[《南开学报》（哲学社会科学版）2019 年第 5 期] 有所涉及，但探讨得较为简略。

② 《燕京大学历史学系（1930）》，王应宪编校《现代大学史学系概览（1912—1949）》下，上海古籍出版社，2018，第 530、535 页。

③ 李雷波：《1931 年邓之诚去职与北大史学系人事革新》，《北大史学》2013 年第 18 辑。

④ 邓之诚：《五石斋日记》1931 年 7 月 10 日。转引自李雷波《1931 年邓之诚去职与北大史学系人事革新》，《北大史学》2013 年第 18 辑。

⑤ 《燕京大学历史学系课程一览（1931）》，王应宪编校《现代大学史学系概览（1912—1949）》下，第 536 页。

⑥ 《燕京大学历史学系课程一览（1931）》，王应宪编校《现代大学史学系概览（1912—1949）》下，第 538~539 页。

⑦ 《图审购委员会本年委员发表：田洪都谈经费来源》，《燕京新闻》1940 年 10 月 19 日，第 1 版。

⑧ 《图书馆委员会本学期首次会议》，《燕京大学图报》1931 年 9 月 30 日，第 1 版。

⑨ 《图书馆委员会本学期首次会议》，《燕京大学图报》1931 年 9 月 30 日，第 1 版。

⑩ 关于邓之诚何以入职燕京大学，参见李雷波《1931 年邓之诚去职与北大史学系人事革新》，《北大史学》2013 年第 18 辑。

尽管各委员会委员"每年由大学图书馆委员会聘任之",① 但主任提议实具有较大影响力。而时任燕大图书馆主任和图书委员会主席的正是洪业。② 洪业主政图书馆,自然需要得力之人协助,与自己关系匪浅③的邓之诚当然是不二人选。此外,由"熟悉掌故,有'活史料'之称"④ 的邓之诚担任委员也能更好地发挥其所长为图书馆服务。

在邓之诚兼任燕大讲师的同时,聂崇岐也于 1930 年秋季应洪业之邀进入哈佛燕京学社引得编纂处担任编辑。⑤ 成立于 1930 年的引得编纂处旨在把"中国最主要的经书史籍有系统地重新校刊,用现代眼光加以诂评,并编以引得(索引)"。⑥ 这项工作不仅满足了国内学者的需要,也满足了域外学人寻检中华典籍的要求。为了就近利用燕大图书馆的资源,引得编纂处将工作地点设在图书馆内。引得编纂处"着重于十三经、二十四史和先秦诸子",⑦ 需要大量的古籍文献,而具体负责编辑工作的聂氏自然要同洪业及"中文书籍审购委员会"的成员就图书采购事宜进行商议。因此,同在燕大工作,或还有业务往来的二人极有可能因洪业而相识。

1935 年 5 月,法国汉学家伯希和来华,受到了国内学术界的热烈欢迎。6 月 1 日,燕大校务长司徒雷登为伯希和举办了欢迎茶会。参加当天茶会的人有"魏楷、Mecloud、志韦、雷登、煨莲、子通、洪都、文如、亮丞、季明、崇岐、洪太太、起潜、博晨光、嗣禹、容媛、海松芬、书春、独健、严群"。⑧ 由此可知,邓之诚和聂崇岐至迟在 1935 年 6 月就已相识。过了一段时间,也就是 7 月 7 日,聂崇岐与顾廷龙等共同设宴款待友人,

---

① 燕京大学图书馆编《燕京大学图书馆概况》,燕京大学图书馆,1933,第 3 页。

② 《校务纪闻:洪煨莲先生任图书馆主任》,《燕京大学校刊》1929 年 10 月 11 日,第 1 版;《校务纪闻:洪煨莲先生将为图书委员会主席》,《燕京大学校刊》1930 年 3 月 14 日,第 2 版。

③ 如邓之诚因家有妻妾,为部分燕京大学外籍教师非议,认为其观念作风陈旧落后,与时代潮流不符,建议司徒雷登解除聘任。司徒雷登听取洪业意见,尊重邓之诚的学问、人品,对非议之论不予采纳。参见王蕾、梁益铭、肖鹏《聂崇岐致顾廷龙信札考释(1939—1958 年)》(三),《高校图书馆工作》2021 年第 4 期。

④ 《燕京大学历史学系(1948)》,王应宪编校《现代大学史学系概览(1912—1949)》下,第 776 页。

⑤ 闻黎明:《聂崇岐》,刘启林主编《当代中国社会科学名家》,社会科学文献出版社,1989,第 263~264 页。

⑥ 〔美〕陈毓贤:《洪业传》,商务印书馆,2013,第 191 页。

⑦ 聂崇岐:《简述"哈佛燕京学社"》,《文史资料选辑》编辑部编《文史资料精选》第 2 册,中国文史出版社,1990,第 369 页。

⑧ 顾颉刚:《顾颉刚日记》第 3 卷,联经出版事业股份有限公司,2007,第 349~350 页。

而宾客之中就有邓之诚。据顾颉刚日记载：

> 今日同席（借吾家设宴）：齐思和（归国）、翁独健（将去国）、邓文如、容希白夫妇、邓嗣禹、田洪都夫妇、容女士、闻在宥、世五、丕绳、予（以上客），崇岐、书春、起潜叔、朱士嘉夫妇（以上主）。①

此后，聂崇岐亦曾邀请邓之诚饮宴。1936 年 5 月 30 日，聂崇岐和朱士嘉在东兴楼请客，"今午同席：洪煨莲、邓文如、毕乃德、田洪都、邓嗣禹、张星烺、李瑞德"。② 他们两人还经常参加同一活动。如 1937 年 4 月 20 日，参加顾颉刚和顾廷龙举办的午宴，"今午同席：桥川时雄、本多龙成、小竹武夫、平冈武夫、煨莲、文如、希圣、钱稻孙、于思泊、于式玉、希白、八爰、筱珊、鸿舜、洪都、佩韦、张孟劬、士嘉"。③ 5 月 30 日，同到玉华台赴陈鸿舜宴，"今午同席：煨莲、文如、筱珊、裘开明、伯平、马锡用、起潜叔、朱士嘉、田洪都、薛瀛伯"。④ 他们在燕园的交往中进一步加深了彼此的了解和信任。或正因为如此，邓之诚才将聂崇岐"呼为洪门二大弟子之一，燕京史系少壮派中坚份子"。⑤ 然而宛平城外的枪声使和平的生活成为泡影，中国陷入战争的苦难中。尽管神州板荡，但二人在燕园建立起来的情谊，反而因战争而越发弥坚。

日军在卢沟桥事变后占领了北平，燕京大学以其教会背景得以继续办学。但太平洋战争的爆发打破了燕园的宁静，日军迅速占领燕大，并开始逮捕燕京学人。邓之诚、洪业、陆志韦、赵紫宸、张东荪等先后被捕入狱。聂崇岐和邓之诚在燕大相识相交，如今，昔日的好友同事遭逢厄运，他更加急切地关注他们的情况。1942 年 5 月，身陷囹圄达半年之久的邓之诚被释放出狱，"友人来慰者众，已不复能悉记，就所忆及者，则有……聂崇岐……"⑥ 邓氏甫一出狱，友人聂崇岐立即前往慰问，关切之情跃然

---

① 顾颉刚：《顾颉刚日记》第 3 卷，第 363~364 页。
② 顾颉刚：《顾颉刚日记》第 3 卷，第 479 页。
③ 顾颉刚：《顾颉刚日记》第 3 卷，第 632 页。
④ 顾颉刚：《顾颉刚日记》第 3 卷，第 647~648 页。
⑤ 王蕾、梁益铭、肖鹏：《聂崇岐致顾廷龙信札考释（1939—1958 年）》（一），《高校图书馆工作》2021 年第 1 期。
⑥ 邓之诚：《南冠纪事》，燕大文史资料编委会编《燕大文史资料》第 1 辑，北京大学出版社，1988，第 39 页。

纸上。日渐康复的邓之诚失业在家，聂崇岐在燕校封闭后，也"尚居旧寓"，①并和附近的朋友下棋娱乐以遣时光。于是，邓之诚"携长生（邓珂）访聂小山"，②偕聂崇岐到原燕大校长吴雷川家中畅谈。③这也再次证明二人关系颇深。

邓之诚一生很喜欢记日记，每天读书的心得体会、师友往还、时局看法，以及家庭琐事都加以记载。④1942年8月15日，他当天的日记写道："聂小山来，以《四库书目提要索隐》见示，未收崔华之集，流行不广，犹可言也。尤侗《西堂杂俎》及《栖怀阁集》俱未收，实不解其故。"⑤聂崇岐之所以到邓之诚家中，是为了和他谈论《四库书目提要索隐》收录书籍之事。邓之诚不仅精通史学，还擅长版本目录之学，在古籍方面具有较高的造诣。而聂崇岐也雅好购书藏书，对版本目录之学亦是深有研究。共同的兴趣爱好，让两人的来往变得密切起来。在邓氏日记中，有不少关于他们书籍往来的记录。如邓之诚"以《劳玉初全集》赠聂"等。⑥在两人的交往中，书籍也成为连接彼此的桥梁和纽带。

抗战胜利后，聂崇岐得以重回燕大工作；而邓之诚也继续在燕大任教，双方依旧保持着较为紧密的联系。在燕京大学，1946年10月27日，聂崇岐借邓之诚"所藏书有题识者十余册，将录以登报"。⑦次日，"聂崇岐来还书，又借十余册去"。⑧不久之后，聂崇岐又"借书衣题识，还前所借者，又借十余册，与之。久谈，留晚饭始去"。⑨在哈佛燕京学社，邓之诚应陈观胜之邀，到学社"看铜器数件，皆可以不必买者，共索美金五百。聂崇岐主张还价三百，予遂和之，此所谓'和光同尘'也"。⑩聂崇岐"依照邓文如先生提示"草成《书院和学术的关系》一文，探讨书院历史

①　王蕾、梁益铭、肖鹏：《聂崇岐致顾廷龙信札考释（1939—1958年）》（三），《高校图书馆工作》2021年第4期。

②　邓之诚：《邓之诚文史札记》上，邓瑞整理，凤凰出版社，2016，第242页。

③　吴雷川：《吴雷川日记》，李广超整理，商务印书馆，2020，第373页。

④　邓之诚：《邓之诚文史札记·序》上，第1页。

⑤　邓之诚：《邓之诚文史札记》上，第134页。

⑥　邓之诚：《邓之诚文史札记》上，第548页。

⑦　邓之诚：《邓之诚文史札记》上，第395页。

⑧　邓之诚：《邓之诚文史札记》上，第395页。

⑨　邓之诚：《邓之诚文史札记》上，第397页。

⑩　邓之诚：《邓之诚文史札记》上，第444页。

和书院制度在学术上的重要性，后发表在《现代知识》上。[①] 燕园的这些活动为他们未来友谊的发展奠定了坚实的基础。

新中国成立后，邓之诚和聂崇岐相互帮衬、彼此守护。1952 年，全国高校院系调整，燕大被拆分合并，"燕京成为历史名词矣"。[②] 自己服务长达二十余年的燕大就此消逝，邓之诚心中的不舍可以想见。不仅如此，合并后的学校"燕京旧人任教者寥寥"，[③] 邓氏更显落寞。因此，新环境下的他更加思恋过往。1952 年 12 月 8 日，聂崇岐移居成府路蒋家胡同二号的西屋和南屋，与邓之诚比邻而居。欣喜的邓氏在当天的日记中写道："'德不孤，必有邻'耶！从此过吾门者，必更趑趄不前矣。"[④] 邓之诚以"德不孤，必有邻"之句为喻，这表明他已经将聂崇岐视为志同道合的知己。此后，邓之诚在日记中多将聂崇岐呼为"同舍"。他们既是前燕大同事，现在又是低头不见抬头见的同舍，原本感情深厚的二人往来更加频繁，无话不谈。如邓之诚"晚邀同舍谈昔年燕校洪、刘旧事"，[⑤] "招同舍闲谈，知陈垣已出医院，回家静养，会客有限制，由刘乃和安排"，[⑥] "晚，招同舍来谈，微箴予宜谨言，此良规也"[⑦] 等。而聂崇岐也经常在闲谈中将自己的近况告诉邓之诚。1954 年，毛泽东委托吴晗等标点《资治通鉴》，聂崇岐在顾颉刚的点名邀请下，[⑧] 参加了标点小组。11 月 17 日，邓之诚"招同舍来谈，言：标点《通鉴》，凡十一人，由顾总其成，是史研第三所发起者"。[⑨] 1957 年，中国科学院对历史研究所的组织结构进行调整，[⑩] 聂崇岐夜告邓之诚"历史三所改组，彼得任近代史料丛书组长"。[⑪] 不管是学人动

---

① 聂崇岐：《书院和学术的关系》，《现代知识（北平）》1947 年第 2 卷第 2·3 期，第 23~26 页。

② 邓之诚：《邓之诚文史札记》下，邓瑞整理，凤凰出版社，2016，第 675 页。

③ 邓之诚：《邓之诚文史札记》下，第 700 页。

④ 邓之诚：《邓之诚文史札记》下，第 691 页。

⑤ 邓之诚：《邓之诚文史札记》下，第 745 页。另，此处原书文字为"晚邀同舍（聂崇岐）谈昔年燕校洪、刘旧事"，括号内之"聂崇岐"应系整理者所加。本文在行文过程中凡遇"同舍（聂崇岐）"或"（同舍）聂先生"，则只称"同舍"，下不赘述。

⑥ 邓之诚：《邓之诚文史札记》下，第 796 页。

⑦ 邓之诚：《邓之诚文史札记》下，第 805 页。

⑧ 夏自强：《功不可没的聂崇岐教授》，张世林编《学林往事》中，朝华出版社，2000，第 1006 页。

⑨ 邓之诚：《邓之诚文史札记》下，第 840~841 页。

⑩ 赵庆云：《创榛辟莽：近代史研究所与史学发展》，社会科学文献出版社，2019，第 44 页。

⑪ 邓之诚：《邓之诚文史札记》下，第 1041 页。

态、时局看法，还是近来工作、治学情况，乃至北京建筑物的变化等，均在他们的谈论之列。聂崇岐陪邓之诚秉烛夜谈，消遣时光，这给老年的邓之诚带来了不少安慰。

于邓之诚而言，在翁独健、齐思和、王钟翰、容媛、顾颉刚、谭其骧等燕京旧人中，聂崇岐无疑与他的关系最为亲切。如 1955 年 4 月 15 日，邓之诚的妻子病逝，"邀同舍及陈仲夫、许大龄、夏自强来，商后事。同舍暂假五百元"。晚年丧妻的邓之诚独自在卧房流涕，"同舍日来共语，为予排遣悲怀"。① 此种交往，已非寻常学人之间的情谊，而是知音老友间才可见到的情景。他们在生活上彼此守护的同时，在工作和学术上也相互帮衬。

二 近代史资料编纂与邓之诚的鼎力相助

1949 年 7 月，中国新史学研究会筹备会在北京成立。为推进近代史研究，新史学研究会筹备会于不久之后成立了由蒯伯赞、陈垣、胡绳、邵循正、白寿彝等 11 位著名学者组成的"中国近代史资料丛刊"（下简称"丛刊"）总编辑委员会，计划整理出版《义和团》《太平天国》《捻军》等专题资料。② 聂崇岐即应蒯伯赞之邀，负责编纂《捻军》资料。③ 捻军是

---

① 以上引文见邓之诚《邓之诚文史札记》下，第 867 页。
② 蔡美彪：《范文澜与中国史学会》，《中国史研究动态》1994 年第 1 期。
③ 承陈晓维先生惠赐史料，谨致谢忱！现将聂崇岐《捻军》题识照录如下："一九五〇年夏，齐致中约蒯伯赞先生便饭，邀余作陪。饭后闲谈，蒯先生谓计划编纂中国近代史资料，丛惠致中及余分任《鸦片战争》及《捻军》二题。余于秋初开始搜录，至一九五二年初，大致完成。会三反运动起，工作停顿。至春初，又着手整理、标点、编排，每通宵从事，至十一月全部交由中国史学会转上海神州国光社承印。一九五三年一月，开始校对印样，至三月底，全部竣事。故此书之成，自始至终，皆出余一人之手。方稿之交出也，蒯先生谓余在三反中成为重点，单独署名不甚宜，且此种资料丛书亦无只用一人名义者（实则白寿彝编回军起义，即由其一人出名，余虽知之，未当面点破蒯先生所云之不合实情），因建议署名由范文澜先生领衔，蒯居其次，余列第三。又嘱推荐二人以凑成五人之数。余以许大龄、陈仲夫二名应命。孰知蒯先生未用许陈，改以其助手林树惠、王其榘二人充选。于是此书编者项下遂居然有五人矣。一九五八年五月，历史三所开批判资产阶级名利思想大会。中间休息时，范先生语余，此后《捻军》再版，可将未参加工作者名字剔去，只由余一人出名，以便名实相符。余以此书已重印三次，若于以后重印时编者一项，由五人变为一人，无乃不着痕迹，因婉言向范先生谢绝。故于一九五九年第四次重印时，编者项下，一仍旧贯，未予改动也。据段君昌同言，当此书署之补充二人也，蒯先生向其助手五人说和，嗣乃决定用林王二人。段君当时颇不以此种作法为然。呜呼！义利之不明久矣，彼寝馈儒经者尚难辨此，又何责于今之人哉？筱珊 一九五八，六，五"。

太平天国时期北方部分地区的农民反清武装力量，主要活跃在江苏、山东、河南和安徽北部等地区。所以，在这些地区的地方志以及清军将领的著作中，保留了不少有价值的史料。1952 年 7 月 27 日，邓之诚在日记中说：

> 聂崇岐遣其子持书来，借《山东军兴纪略》去。①

聂崇岐自受命以来，广泛汲取史料，尽最大可能搜集材料。资料编纂建立在大量参考书籍的基础之上。在编纂资料专题的过程中，若所需书籍不齐或不全，聂崇岐自然要设法寻找。而好友邓之诚购书颇多，藏书丰富，且不乏数量可观的近代史资料，这些都为聂氏所深知。于是，忙碌的聂崇岐让儿子带上书信向邓氏借阅《山东军兴纪略》。抄阅完毕后，聂氏于第二天亲自登门送还。②《山东军兴纪略》，二十二卷，清张曜撰。是书编撰于同治年间，详细记述了咸同时期清军在山东镇压太平军、捻军和山东各地农民起义反清等史实。③ 而《捻军》第 4 册辑录的就是《山东军兴纪略》的相关内容。④《捻军》出版后，聂崇岐即赠送同舍邓之诚一套，⑤以示感谢。

1952 年，失业在家的聂崇岐在范文澜的亲自邀请下进入近代史所，并与孙瑞芹、张雁深（张天护）等原燕京同人组成资料编辑室，负责编纂"丛刊"。⑥ 除《捻军》资料外，由聂崇岐主编或参编的资料还有《洋务运动》《中法战争》《中日战争》等。《中法战争》资料除"清光绪朝中法越南交涉资料"的选录校对工作是由他人完成外，"其删减、标点工作则是中国科学院历史研究所第三所近代史资料编辑室同志代作的"。⑦ 中国科学院历史研究所第三所近代史资料编辑室即之前由聂崇岐具体主持的近代史所资料编辑室。因此，资料是由聂崇岐"与孙瑞芹、张天护共纂"。⑧ 书前

---

① 邓之诚：《邓之诚文史札记》下，第 662 页。
② 邓之诚：《邓之诚文史札记》下，第 662 页。
③ 参见郑天挺、谭其骧主编《中国历史大辞典》第 1 册，上海辞书出版社，2010，第 175 页。
④ 参见中国史学会主编《捻军》第 4 册，上海人民出版社，1957。
⑤ 邓之诚：《邓之诚文史札记》下，第 718 页。
⑥ 赵庆云：《创榛辟莽：近代史研究所与史学发展》，第 42 页。
⑦ 中国史学会主编《中法战争·中法战争资料叙例》第 1 册，新知识出版社，1955，第 5 页。
⑧ 邓之诚：《邓之诚文史札记》下，第 679 页。

的"中法战争资料叙例"亦是由聂氏亲自撰写。他在叙例中提到："这部资料编纂过程中……邓之诚教授，都帮了很多的忙，我们在此敬致谢意。"① 《北洋军阀》专题作为"丛刊"的最后一种资料，亦曾由聂崇岐主持编辑。② 为了编辑资料，聂崇岐从邓之诚处借阅雷飚所撰《蔡松坡事略》（《蔡松坡先生生平事略》），计划将书中七、八两段编入《北洋军阀》史料丛刊。③ 由此可知，邓之诚在聂崇岐编纂"丛刊"的过程中提供了不少帮助。

聂崇岐除主持编纂"丛刊"外，还负责整理其他近代史资料。锡良（1853~1917），字清弼，晚清重臣。曾先后在山西、河南、热河、四川等地任职，为官清正廉洁，卓有时评，逝后追谥"文诚"。锡良历同光宣三朝，留下了不少的往来电稿和奏议，对研究近代史有一定的价值。④ 因此，历史三所决定将锡良遗稿标点付印。

锡良留存的公私函牍大致可分为三类：一是任知县以后的札牍；二是任按察使，主要是任巡抚以后的奏稿；三是任巡抚以后的电稿。锡良之子斌循曾将第二、三类整理过两次，第一类整理过一次。新中国成立后，锡良后人将第一次整理的三类清稿和残存的原件全部赠送给了历史研究所第三所。但令人遗憾的是，斌循在第一次整理时，将奏稿删汰约有一半，电稿删存的不及四分之一；在第二次整理时又有些增删。幸运的是，斌循第二次整理的奏稿和电稿在早些年就为邓之诚所收藏。⑤ 获悉情况后，聂崇岐随即拜访同舍邓之诚。1958 年 7 月 28 日，邓氏日记中的文字是：

> 同舍来，言：将借印《锡文诚电稿》，有稿费。允其借印而辞稿费，以此书非我所有也。⑥

为了编纂资料，聂崇岐主动上门向邓之诚借印电稿，并表示"有稿

① 中国史学会编《中法战争·中法战争资料叙例》第 1 册，第 5~6 页。
② 中国史学会、中国社会科学院近代史研究所编《北洋军阀·前言》第 1 册，上海书店出版社，2021，第 3 页。
③ 邓之诚：《邓之诚文史札记》下，第 953 页。
④ 中国科学院历史研究所第三所工具书组整理《锡良遗稿 奏稿·说明》第 1 册，中华书局，1959，第 3 页。
⑤ 以上均见中国科学院历史研究所第三所工具书组整理《锡良遗稿 奏稿·说明》第 1 册，第 3、5 页。
⑥ 邓之诚：《邓之诚文史札记》下，第 1104 页。

费"。邓之诚晚年的经济情况并不乐观，常要借钱度日。而聂崇岐主动提及"有稿费"，当有改善邓氏生活状况之意。可见，聂崇岐一直心系老友邓之诚。但邓氏"允其借印而辞稿费，以此书非我所有也"。借到稿件的聂崇岐随即着手编辑。8 月 17 日，邓之诚在日记中写道：

> 同舍来，言：《锡文诚奏议》编竣，删去十分之二，约留八十万言。将于后跋中，述我所说东三省清乡局事，笑允之，此书遂有印行之日，予得稍偿宿诺，何快如之？①

因历史三所接收的锡良公私函牍删汰较多，影响了全书的完整性和史料价值。所以，这次整理，奏稿和电稿是以借自邓之诚所藏第二次整理的清本为准。② 依日记可知，聂崇岐告诉邓之诚《锡文诚奏议》即将"编竣"，且将在后跋中加上他所说的"东三省清乡局事"③，邓氏"笑允之"。

刘知幾有言："每篇有序，敷畅厥义。"④ 序言既是对全书的介绍，更是对作者思想的凝练总结，不了解作者生平者不能作。邓之诚在对古代史进行深入研究的同时，在近代史方面也有不少撰述。其日记中更是不乏他阅读明清史料的相关记录。博览群书的邓之诚对近代史实了然于胸，对明清史事、人物的臧否更是独到。如他阅读完《翁同龢日记》后说："戊戌去官，代之者不荣而王。荣（禄）为帝（光绪）所恶也。以协办予孙，亦帝师也。知孝钦纯弄机智，世人仅目为凶狠，失之远矣！"⑤ 这是较为通达的见解。不仅如此，邓之诚还撰写过《锡良与东三省》，叙述了锡良在东三省的作为。⑥ 因此，聂崇岐力邀熟稔锡良史事的邓之诚为《锡文诚奏议》

---

① 邓之诚：《邓之诚文史札记》下，第 1108~1109 页。
② 中国科学院历史研究所第三所工具书组整理《锡良遗稿 奏稿·说明》第 1 册，第 5 页。
③ 宣统元年（1909），锡良调东三省总督。"其时朝鲜为日并，锡良以事势益迫，欲固民心，先厚民力，当以防匪为名，设立清乡局，筹备预备巡警，部以兵法，实即民兵。"参见赵尔巽等《清史稿》卷 449《锡良传》，中华书局，1977，第 12533~12534 页。
④ （唐）刘知幾著，（清）浦起龙通释《史通通释》卷四《序例》，上海古籍出版社，2009，第 80 页。
⑤ 邓之诚：《邓之诚文史札记》下，第 1160 页。
⑥ 《锡良与东三省》，网址：https://auction.artron.net/paimai-art24180139/，引用时间：2022 年 10 月 18 日。

作序。① 1959 年 4 月,《锡良遗稿 奏稿》由中华书局出版。5 月 17 日,邓之诚收到了聂崇岐赠送的"新印《锡良遗稿》二册"。②

正是在邓之诚等友人的帮助下,《捻军》《中法战争》《锡良遗稿 奏稿》等资料才先后问世。这些资料时至今日仍是研究相关史事最基本的材料。聂崇岐殚精竭虑,经营擘画之功自不可没,但好友邓之诚等也为近代史资料的编纂贡献了自己的力量。当然,聂崇岐也经常帮助邓之诚。

三　共同校改《中华二千年史》

清代学者章学诚曾以"通史家风"喻指中国史学具有通史著述的传统。③ 这一传统在"在民国时期得到继承和发扬,形成了中国通史编撰的热潮",并产生了"众多有影响的中国通史著作"。④ 《中华二千年史》就是其中之一。

《中华二千年史》原名《中国通史讲义》,是邓之诚在北京各大学讲授中国通史时为"供诸生参考"而"纠集史材"所编写的课程讲义。⑤ 1934年,上海商务印书馆出版时将书名由《中国通史讲义》更改为《中华二千年史》,并分上、中册依次出版秦汉至宋元部分,下册明清部分尚未编写。⑥ 《中华二千年史》自问世以来即备受学界称赞。如顾颉刚在评论近代通史撰述时,将其视为"较近理想"的通史著作之一。⑦ 新中国成立后,中华书局计划重印久已绝版的《中华二千年史》以飨读者。接受约稿的邓之诚当即着手校对原稿,更正错误。邓氏自云:"老病侵寻,精力日减。"⑧虽是自谦之词,不可信以为真,但仍可反映出老年的邓氏精力似有所未逮。思量再三,邓之诚委托聂崇岐校改《中华二千年史》。从邓之诚日记

---

① 王钟翰、邓珂所撰《邓文如传略》附"邓文如主要著述目录"列有一栏,其内容为"锡文诚公奏议序 1958 年中国科学院近代史研究所编印"。由此推知,邓之诚曾为近代史研究所编印的《锡文诚公奏议》写序。参见王钟翰、邓珂《邓文如传略》,晋阳学刊编辑部编《中国现代社会科学家传略》第 2 辑,山西人民出版社,1982,第 118 页。
② 邓之诚:《邓之诚文史札记》下,第 1158 页。
③ 《"中国史学史上的'通史家风'"笔谈》"编者按",《史学月刊》2020 年第 7 期。
④ 《民国时期的中国通史书写》"编者按",《史学史研究》2018 年第 1 期。
⑤ 邓之诚:《中华二千年史·叙录》,中华书局,1983,第 9~10 页。
⑥ 王秋月:《邓之诚"错综为体"的史学探索——论〈中华二千年史〉的编纂特点》,《南开学报》(哲学社会科学版)2019 年第 5 期。
⑦ 顾颉刚:《当代中国史学》,上海古籍出版社,2006,第 85 页。
⑧ 邓之诚:《中华二千年史·叙录》,第 10 页。

中可以看到聂崇岐工作的情形：

> 1954 年 2 月 28 日，招同舍托其改订《二千年史》语不中程者。①
> 1954 年 3 月 3 日，同舍来，商改《二千年史》错处。②
> 1954 年 3 月 5 日，同舍为改订《二千年史》四册，与时抵触者，
> 四日而毕。③

新中国成立后，处在过渡时期的知识分子难免有所忐忑，邓之诚亦是如此。于是，他托聂崇岐改订《中华二千年史》中如"夷狄、寇盗，及属于帝王专用名辞，如：征讨、巡狩、诏诰、崩弑、叛服之类，以及地理所注今名"④ 等与之相类的"语不中程者"。接受邓之诚嘱托的聂崇岐仅用四天时间就将"《二千年史》四册，与时抵触者"改订完毕，并及时交还给了邓氏。在特殊的时代环境下，这些举动更显难能可贵。《中华二千年史》出版后，引起了强烈的反响。就连邓之诚本人也觉得"此书尚能卖，亦出意外"。⑤ 不久后，中华书局的王剑英即来信说："《中华二千年史》再印一千部，须全部修改。"⑥ 收到信件的邓氏于次日清晨即开始"改《二千年史》提纲"，⑦ 并仍托好友聂崇岐审看改稿。主持资料编纂的聂崇岐虽然工作繁忙，但还是抽出时间帮助邓氏改订著作，并于四天后"举以见还"，⑧二人情谊可见一斑。

在修订旧稿的同时，中华书局和邓之诚商定将《中华二千年史》明清部分纂修出版。⑨ 为此，邓氏还特地邀请远居上海的史学家陈懋恒进京协助。⑩

陈懋恒（1901～1969），陈宝琛侄女，毕业于燕京大学历史学系，主要著作有《明代倭寇考略》《中国上古史演义》等。1956 年 6 月 1 日，邓之

① 邓之诚：《邓之诚文史札记》下，第 785 页。
② 邓之诚：《邓之诚文史札记》下，第 786 页。
③ 邓之诚：《邓之诚文史札记》下，第 786 页。
④ 邓之诚：《邓之诚文史札记》下，第 786 页。
⑤ 邓之诚：《邓之诚文史札记》下，第 894 页。
⑥ 邓之诚：《邓之诚文史札记》下，第 896～897 页。
⑦ 邓之诚：《邓之诚文史札记》下，第 897 页。
⑧ 邓之诚：《邓之诚文史札记》下，第 900 页。
⑨ 邓之诚：《邓之诚文史札记》下，第 794～795 页。
⑩ 邓之诚：《邓之诚文史札记》下，第 937 页。

诚得"陈懋恒复书，允即北来"。① 但陈氏在京并无居室，住在邓家亦不妥当，而居住过远则可能会影响书籍编纂，经济也恐成问题。于是，邓之诚邀请聂崇岐前来商议，准备借其所住南屋。为了老友的学术事业，聂氏慨然应允，这更显他们友情真挚。② 6 月 6 日，陈懋恒平安抵京，邓之诚设宴为其接风洗尘，并邀聂崇岐作陪。③

《中华二千年史》清史部分止于辛亥革命清亡之时，包括鸦片战争、太平天国、中法战争等近代史事。编纂清史最理想的史料莫过于内阁大库档案，但新中国成立后，这些明清旧档归故宫博物院收藏保存，一般人无缘得见。而当时的聂崇岐正负责编纂"丛刊"，与故宫博物院时有工作往来，抄阅起来或比较方便。于是，邓之诚招"同舍来，托其暇日陪陈懋恒往故宫博物院钞档案"。④ 几天后，再"邀同舍来谈，托其陪陈懋恒往故宫博物院商量钞档案事"。⑤ 不仅如此，聂崇岐还主动提供相关资料给邓之诚，如"晚饭后，同舍来，赠我《辛亥年搢绅》"，⑥ "同舍借来《蒙古大观》，所列蒙古条约及参考书籍，极有用"⑦ 等。正是在大家的共同努力下，陈懋恒仅用两个月的时间就编成了清史部分书稿。书稿虽已编成，但尚需删削处理。邓之诚本人亲自改订的同时，也邀请他人帮助编稿。1956年 8 月 13 日，邓之诚日记中的文字是："（王）钟翰来，同舍两来，皆为编稿删改事。"⑧ 1956 年 8 月 14 日，"同舍来商稿"。⑨

邓之诚原计划《中华二千年史》清史部分编纂三十万言即可，但经陈懋恒整理的成稿"约十九册，六十万字"，不仅体量庞大，而且略显冗杂。⑩ 此外，尽管陈氏在编稿过程中仔细认真，但书稿中仍有不少错误。由日记可知，邓之诚邀请聂崇岐、王钟翰等友人帮助"编稿删改"，而聂崇岐也就所遇问题同邓氏往来商议，力求精益求精。经众人之手改定后，

① 邓之诚：《邓之诚文史札记》下，第 939 页。
② 邓之诚：《邓之诚文史札记》下，第 939 页。
③ 邓之诚：《邓之诚文史札记》下，第 940 页。
④ 邓之诚：《邓之诚文史札记》下，第 951 页。
⑤ 邓之诚：《邓之诚文史札记》下，第 952 页。
⑥ 邓之诚：《邓之诚文史札记》下，第 883 页。
⑦ 邓之诚：《邓之诚文史札记》下，第 889 页。
⑧ 邓之诚：《邓之诚文史札记》下，第 952 页。
⑨ 邓之诚：《邓之诚文史札记》下，第 953 页。
⑩ 邓之诚：《邓之诚文史札记》下，第 952 页。

邓之诚才让中华书局来取编稿。① 1958 年,《中华二千年史》清史部分出版,② 这标志着《中华二千年史》全部编写完成。此书几经辗转,在聂崇岐、王钟翰等人的帮助下,"荏苒二十余年终得行世"。收到新书的第二天,邓氏即"以一部赠同舍",略表心意。③

《中华二千年史》是邓之诚"中国通史教学与研究的结晶",④ 更被其视为得意之作。⑤ 而邓之诚多次邀请聂崇岐帮忙改订自己的得意之作,足证两人情谊深厚。除了校订《中华二千年史》,聂崇岐还帮助邓氏勘校《滇语》⑥、修改《梦粱录》句读⑦、覆核《太平御览》标点⑧等。暮年的邓之诚之所以能在学术上取得较多成果,除了自身的勤奋努力外,还得益于友人的帮助。好友聂崇岐主动提供帮助,为邓氏的工作和研究提供了有力支持。

四　结语

邓之诚和聂崇岐都是中国近现代学术史上的重要学者。就年龄而言,邓之诚长聂崇岐 16 岁,是前辈学者;就声望而言,邓之诚执教京华,誉满学界时,聂崇岐还在燕京默默求学。年纪、身份的差异并不影响他们结下深厚的学术友谊。作为学界前辈的邓之诚奖掖支持聂崇岐,作为后学的聂崇岐也关心帮助邓之诚。正是在频繁的交往过程中,邓之诚的《中华二千年史》、聂崇岐的近代史资料等学术成果才日臻完善。这些著作或开拓学术之区宇,或补前修所未逮,真正做到了转移一时之风气,而示来者以轨则。⑨ 两人于近现代中国史学的发展,实有前驱先路之功。

从燕京大学的同事到蒋家胡同的同舍,邓之诚和聂崇岐保持了长达二

---

① 邓之诚:《邓之诚文史札记》下, 第 959 页。
② 邓之诚向中华书局交稿后, 中华书局因故延至 1958 年出版。具体可参见邓之诚《邓之诚文史札记》下, 第 1021、1068 页。
③ 以上引文见邓之诚《邓之诚文史札记》下, 第 1068 页。
④ 王秋月:《邓之诚"错综为体"的史学探索——论〈中华二千年史〉的编纂特点》,《南开学报》(哲学社会科学版) 2019 年第 5 期。
⑤ 邓之诚:《邓之诚文史札记》下, 第 1069 页。
⑥ 邓之诚:《邓之诚文史札记》下, 第 830 页。
⑦ 邓之诚:《邓之诚文史札记》下, 第 911 页。
⑧ 邓之诚:《邓之诚文史札记》下, 第 1027 页。
⑨ 陈寅恪:《王静安先生遗书序》,《金明馆丛稿二编》, 生活·读书·新知三联书店, 2001, 第 247 页。

十五年的密切交往，并因此成为忘年之交。新中国成立后，两人的情谊也因环境变动而臻于佳境。他们相互关怀、相互依赖，给彼此精神以慰藉，书写了中国近现代学术史上的一段佳话。1960 年 1 月 6 日，邓之诚走完了他的人生旅程，病逝于北京五石斋。两年后，聂崇岐也因身体原因悄然离世。《诗经》有"投我以木桃，报之以琼瑶"① 之语，用以形容邓之诚和聂崇岐之间的交谊最为合适。

---

① 周振甫译注《诗经译注》，中华书局，2002，第 93 页。

周一良和他的师友们[*]

——以《周一良全集·书信》整理为中心

聂文华　王　健

(重庆师范大学历史与社会学院，重庆　401331)

摘　要：《周一良全集》第 10 册所收书信，以当时的条件，仍有些书信漏收，且在书信的释读、定年上难免有些失误，本文以该书信集中收录的照片及相关图录与相应录文对校，纠正一些释读错误，对信函内容略作解释；另补充两封现在能看到的相关书信，以示周一良书信的收集仍大有作为，并就他与师友的关系略作阐释。此书信集若有机会重印，希望能再仔细校勘一过，为学界提供一个更准确的标准版本。

关键词：周一良　傅斯年　胡适　洪业　书信整理

2015 年高等教育出版社出版的《周一良全集》第 10 册《书信·色纸》(以下简称《书信》)之"本册编辑说明"指出，是册由家属负责收集、汇总档案馆及周一良师友处所藏书信，并由他们负责大部分信件的录文，但因当时条件所限，周一良 1970 年之前的书信保存很少。现《书信》仅收录了傅斯年图书馆藏的 7 通书信，致胡适、杨联陞等、谭其骧书信各 1 通。我们在阅读、使用过程中，发现编者对以上书信的录文或定年不无

---

* 本文系教育部人文社会科学研究项目"邓广铭档案整理与近现代学术史研究"(21YJC770020) 的阶段性成果。我的学生张文世同学为周一良致洪业书信提供了初步录文，史语所陈韵如女史代为复制傅藏周一良档案，党宝海老师提示文献，谨此致谢。本文系我们上《传记史学》一课的副产品，特请王健同学撰写了初稿，然后再由我改写。时王健即将进入大四，现为华中师范大学历史文化学院 2023 级硕士研究生。特此说明。

问题，并且没有详细交代这批书信的出处。此外，周一良书信的收集、整理仍有空间，即使就当时条件而言，辑录也难称全面，有一定的遗漏，整理也存在一些问题。本文就周一良与傅斯年、胡适、洪业等书信略作补充，并就他与这些师友的关系稍作阐释。为避烦冗，凡提及学者名讳时均不加尊称，直呼其名，非敢不敬也。

一

傅斯年1928年建立的历史语言研究所（以下简称史语所）在中国近现代学术史上占有重要地位。周一良1936～1937年入该所第一组（历史组）任助理员，奠定他魏晋南北朝史研究的基础，对他后来的学术影响甚大，这点他在《史语所一年》一文中有详述。故从学术史的角度论，若要发掘他与史语所的关系，傅斯年图书馆（以下简称傅图）所藏档案关系极大。而傅图档案实有两个系统：一是傅斯年私人档案，文件号以罗马数字为首，只能室内查询其目录；二是史语所公文档，以汉字为首，可在官网查询到目录（以下简称《目录》），并有简扼的"摘由"和部分定年。《书信》收录的7通傅图藏书信即源自公文档。

首先，查史语所公文文档目录，确实只能查到7通周一良的书信，已全部收入《书信》中，但傅斯年私人档案中仍藏有5通致傅斯年函和1通致陈寅恪信，事关他回国后去何处工作，却未能收入《书信》。

其中周一良致骥尘信（档号：李16-15-11），《目录》已将收信人确定为史语所的陈钝，《书信》未能吸收，且将其系于1938年，亦有误。陈钝资料较少，据《中央研究院职员录》（1929、1935、1947年度），知其字骥尘，1904年生，安徽和县人，在上海南方大学肄业，1928年11月入史语所作练习助理员，1935年已升为助理员，但似未随史语所西迁，1946年史语所复员时又重新入职，10月已成为史语所北平图书史料整理处事务管理员。与周一良同属皖籍，故周在信中询及其父情况。信中问及"京中又大遭空袭"，那此信应作于南京史语所1937年西迁前后。

信中尚有数事，稍需解释。周一良和余逊（字让之，余嘉锡之子，即下文的让兄）均在"七七事变"前离南京回北平，8月中周氏已回天津英租界家中。"浙江兴业银行"是史语所发给薪酬之银行，"洋二百元"疑为助理员二月之薪酬，陈钝通过周一良给余逊寄钱、给陈寅恪寄信，是其职责所在。信中录文略有不确，如"寄平嘱转寅公函件"即被点断。信中所说"寅公际此事变，复遭大故"之"大故"，指陈寅恪之父陈三立去世。

其次，致傅斯年的 5 通书信，有 2 封落款年份明确，其余 3 封中 1 封编者推定的年份有误，1 封据已出版之书信影印件对照，录文颇有错误。现分别说明如下。10 月 9 日致傅斯年信（档号：李 16-15-13），《书信》将其系于 1938 年，实误。"彦通先生"指陈寅恪之弟陈方恪。1937 年 9 月 14 日陈三立在北平绝食而死，陈家兄弟需"北来奔丧"。周、陈两家均系官宦子弟，有通家之好，故周一良知悉陈寅恪家情况。信首录文亦有问题，当为"昨奉手书，衹悉一是。汇津之二百元，已转让兄；汇平之款，以到时一良早已返津，舍亲亦俱离平，止余仆人留守，遂将汇条退回"，内容恰与前述书信相合。

1939 年 4 月 24 日致傅斯年信（档号：李 15-3-2），周一良谈他治学的兴趣和为何去哈佛等问题，对了解其学术有重要意义，但录文存在一些问题，可据《史语所旧档文书选辑》所收周一良信校正。① 如"不意两年来索居北国，亲炙末由"，"索""末"误作"所""未"。"一良大约八月初由沪启行，去国年限既不能定，所中助理员职务似应呈请辞去"，"似"误释为"自"。原信无标点，故录文有些标点不合理，此仅就点断不当者略举二三。"藉作游历，亦可一扩眼界也"，"临颍神驰，不尽依依"，录文均未点断。"无任感激待命"，系书信熟语，"待命"误属下。

最后，周一良致夏鼐、芮逸夫信（档号：京 28-30-3），《目录》中已将其定在 1948 年，《书信》却将其系于 1947 年，有误。公文档中有几封陈寅恪未刊书信说及此事，宗亮即据此材料，对此有详细的介绍。② 程曦是陈寅恪在成都燕京大学任教时的学生，1948 年初毕业于燕大国文系，陈对他的毕业论文《恽南田研究》评价很高。当时陈寅恪为清华大学史学系教授兼任史语所研究员，已失明，傅斯年为照顾他的特殊情况，批准史语所北平图书史料整理处给他预留一个助理员的名额，陈氏特提出程曦"堪称适当"。但 1947 年 6 月，傅斯年赴美就医，由夏鼐代理所务，李济、芮逸夫等史语所老人辅助，程曦入职事在沟通中略有波折。在这种情况下，陈寅恪不仅给他熟识的史语所同人陈槃、李济等写信推动此事，还让在史语所工作过、时在清华任教并常来陈家帮忙的周一良写信，询问相关情况。信末提及"又一良所存书籍北运事，亦祈赐与方便"，涉及傅斯年对

---

① 王明珂主编《史语所旧档文书选辑》，中研院史语所，2018，第 192~194 页。
② 宗亮：《陈寅恪与弟子程曦》，《中华读书报》2013 年 10 月 9 日，第 7 版。

周一良的赏识和爱护。

周一良 1937 年夏回北平探亲，只是临时请假，并没想到会有抗战、留学等事，故他在南京鸡鸣寺史语所之藏书，一直未取回。而傅斯年一直很看好周一良，即使 1938 年 4 月 24 日周一良给他的信中，明确提出辞职，并说"存韭菜园书籍，想不至有意外，将来规复以后，仍盼能寄存所中，如无处存储，请饬亚农兄等函告内子或舍弟珏良，当设法搬运"（第 17 页，亚农指史语所庶务员吴巍，江苏茸城人。以下正文所引页码均指《书信》中的页码）。后在史语所迁转过程中，傅斯年还特意叮嘱李光宇，"各助理书酌运，周一良书全运"（档号：李 45-17/18）。据 1940 年 11 月 13 日周一良致傅斯年信（档号：李 15-3-4，第 18~20 页），在周一良哈佛尚未毕业之时，傅斯年就已经"代擘画归国后位置"，并"保留（周）所中地位"。周一良虽认为史语所"为唯一理想职业"，但限于与燕京大学之默契，"道义上有尽先至母校服务之义务"，"恐难他就"，并提出"万一燕京方面不见聘，定当回所服务，薪俸名义皆所不计"。1945 年 9 月傅斯年暂代胡适为北大校长，10 月 17 日致胡适信，积极规划北大史学系人才，明确提出"周一良甚好，乞先生接洽一下，但他恐非教授不可（也值得）"，[1] 可见他对周一良的器重。这也是当时很多大学者的共识，赵元任1946 年 1 月给傅斯年写信，"史语所需要 new blood，周一良是第一个要紧的人，万万不可放去!!!"[2] 史语所欲聘周一良为专任研究员，但洪业要求他仍按原约，最终进燕大国文系，北大则因宿舍条件未备而未能如愿，史语所不得已乃聘请他作兼任研究员。

二

《书信》中有 1 通周一良致谭其骧的书信（第 38~39 页），编者将此信系于 1939 年 7 月 27 日，其定年、录文亦有些问题。

此信最早见于 1997 年出版的《悠悠长水——谭其骧前传》中，[3] 葛剑雄已定为 1938 年，非常准确，但他对书信的解释尚有不够确切处。史语所西迁昆明后，周一良原打算销假返所，1938 年 10 月 3 日致傅斯年信（档

---

① 王汎森、潘光哲、吴政上主编《傅斯年遗札》，社会科学文献出版社，2015，第 3 卷，第 1243 页。

② 王汎森等编《傅斯年文物资料选辑》，中研院史语所，1995，第 198 页。

③ 葛剑雄：《悠悠长水——谭其骧前传》，华东师范大学出版社，1997，第 108~110 页。

号：李 15-3-1）中说："因室人有身，恐不堪舟车劳顿，决意俟明年春间只身入滇"（第 15 页）。故此信中"南行约在冬末春初"，是指他拟从天津经上海、香港、越南等地前往昆明的史语所。但 1939 年春夏之际，周一良经洪业推荐，决定领取哈佛燕京学社奖学金前往哈佛留学，并于该年 8 月由津到沪，乘坐邮船赴美。这样的话，此信就不可能作于 1939 年 7 月，编者系年显有误。

1938 年，谭其骧正在北平的燕京大学等校兼课，而周一良滞留天津英租界家中。当时，严景珊（周一良的姐夫）和吴玉如（吴小如之父）在天津英租界基督教女青年会办了一期补习班，为中学生补习国文、英文和算术，周一良在这个补习班教初中国文。曾廙指后来著名历史翻译家姚曾廙，1934 年燕京大学政治学系毕业，毕业论文题为"一九一七年来之中俄关系"，1935~1936 年在广州学海书院与谭其骧同事，当时住北平基督教青年会。

信中还说到了俞大纲和邓嗣禹的近况，颇有价值。周、谭、俞、邓四人系燕京大学先后同学，是非常要好的朋友。俞大纲后来才成为戏剧史专家，前在光华大学历史系读书时受徐志摩影响写新诗；在燕京大学研究院时则研治唐史，1933 年入史语所，1936 年 12 月正式辞职去浙江大学附属工农高级中学，后转入仕途。而周一良 1935 年燕京大学史学系毕业，先入研究院肄业一年，后才由陈寅恪推荐进入史语所工作。信中所说的"庆曾"指俞大纲的内弟邓庆曾，后成为协和医院的医生，也是谭其骧的朋友。邓嗣禹字持宇，1935 年燕大研究生毕业，留校任史学系讲师，1937 年应同学房兆楹之邀参与编写美国国会图书馆亚洲部主任恒慕义（Arthur William Hummel，1884—1975）主编的《清代名人传略》，1938 年获哈佛燕京学社奖学金，在哈佛念博士，指导老师为费正清，信中却称"佐外人治清史"。当时出国留学研究中国史者多已学有所长，对美国汉学水平评价一向不高（当时汉学研究中心在法国，且以社会科学方法治史尚不流行），外人多需依靠他们研读中国材料，与现在形势迥异，两人此时正合作撰写《清代行政管理》书中三文，后均发表在《哈佛亚洲学报》上。

另外，此信录文亦有多处错误，姚曾廙是"住青年会"，而非"往青年会"；邓嗣禹"兼领"哈燕奖金而非"弟领"；"韶华中学"应作"耀华中学"；"幽忧穷感"应作"幽忧穷蹙"；"八字足以当之"应作"八字足以尽之"；"日者径佐"应作"暑后佐"。

其余致谭其骧书信亦有一些释字断句之误。如 1978 年 10 月 21 日信

（第 41 页），"以供将来认真读此十二部正史者之参考"中"供"字误作
"待"，"匆匆敬候，盼能赐我好音"，原未点断，且将"匆匆"释作"为
之"。1978 年 11 月 11 日信（第 43 页），"录奉吾兄，以见当时心情一二"，
原作一句，且误"录"为"亦"。1983 年 1 月 29 日信指出（第 50 页），
"过从较密之友朋，自愧弗如者又有三人"，"又"字误作"仅"，指邵循
正、张政烺、杨联陞，其中"张、杨两公著述皆不断，有新意，非一般所
跂及"，原句读有误，且"所"误作"者"；邓庆曾"景况甚好"，而非
"景观"；"记性更日坏"，"更"误作"亦"。1983 年 11 月 30 日信（第 53
页），"终乏科学良心"，"乏"误作"亏"；商鸿逵"教授职称事生前解
决"，"生前"误释"去年"；"昏迷后曾尽一切手段"，"尽"字未识出；
明清史"郑（天挺）、谢（国桢）二公之后又弱了一个"，"弱"误释为
"殁"；春寒、秋暖、老健、君宠不可恃，"虽为封建社会语"，"虽"误释
作"好"。1988 年 2 月 10 日（第 59 页）信，说及邓广铭为陈寅恪纪念论
文集请周一良向谭其骧约稿，"故径函阁下，邓公并告"，原未断开，误。
1990 年 4 月 24 日信（第 60 页），末有"知注"而非"知往"。1990 年 8
月 31 日信（第 61 页），"便中祈嘱健雄同志见告"，原录文中间有句读，
亦误，"健雄"应指葛剑雄。尚有几处漏字，文繁不录。

三

中国社会科学院近代史研究所胡适档案中有 3 通周一良致胡适的信，
其中 2 封已收入 1994 年黄山书社出版的《胡适遗稿及秘藏书信》第 29 册，
但《书信》只收录了 1945 年 7 月 21 日周一良请胡适帮他家老二（启博，
周父所取）取名字的信，估计是家属从 2001 年新世界出版社出版的《郊
叟曝言·前言》所附照片整理的，故没注意到《胡适遗稿及秘藏书信》还
有一封 1948 年 9 月 6 日的信，此信学术价值更高，兹先录文如下：

适之先生：

美林兄交下您的信的改定稿，多谢多谢！承您答应我们在《东方
语文学会会报》中发表，尤其不胜荣幸。您是我们会里的赞助会员，
真可谓名符其实了，我希望锡予先生读了拙作后，也能给我们他的宝
贵的意见！

您给家父的信已转寄。大著中讲"建德周氏"，我们这个小县县

名却屡有更易，清代称"建德"，民国初改"秋浦"，在民廿左右又改名"至德"。不知道您征引时是否用"至德"更合适些？

勿勿，敬请

着安！

晚一良谨上　九月六日

"大著中讲'建德周氏'"，大著指胡适 1948 年 7 月刚写成的《戴震自定〈水经〉一卷的现存两本》，其中一本即周一良父亲周叔弢送给胡适的《水经注》抄本（抄自戴震乾隆三十年的写定本）。原文称呼周叔弢为"建德周氏"，胡适后听取了周一良的意见，故现在的《胡适全集》中收录的修改本已作"至德"。①

季羡林是北京大学 1946 年新成立的东方语言文学系主任，周一良与他及北平其他几位对东方学有训练、感兴趣的学者，如北大的金克木、马坚、王森，燕大的翁独健，清华的邵循正组织东方语文学会，或是鉴于国内相关刊物稀少，拟出《东方语文学会会报》发表他们的成果，并与国外相关学术刊物交换。② 但此时国内动荡，没有特别的经费支持，刊物维持已甚艰难，更别提创刊，此刊应是胎死腹中了。周一良 1948 年暑假作的《〈牟子理惑论〉时代考》，原本准备发表在该会刊上，此文最终发表在 1949 年 6 月的《燕京学报》第 36 期，时北平已经和平解放，但在学报主编齐思和的支持下，文后还是附了胡适讨论此文的长函。

胡函即本信中所说"您的信的改定稿"，原函已退还给了胡适，现收入《胡适遗稿及秘藏书信》第 19 册。公开发表的改定稿论学书信与私下的原函文字差别挺大，后者信首有长段关于《水经注》的讨论，与此文主题不符，故由胡适做了删改，行文和逻辑也做了调整。1960 年 1 月 19 日胡适又对此信做了修正，并取名为《从〈牟子理惑论〉推论佛教初入中国的史迹》，体现他对中国早期佛教传播的认识。"锡予先生"指在北大哲学系任教的汤用彤，著名的佛教史专家，著有《汉魏两晋南北朝佛教史》一书，该书第四章"汉代佛法之流布"专节讨论《牟子作〈理惑论〉》，这

---

① 《胡适全集》第 15 卷，安徽教育出版社，2003，第 409 页。

② 关于东方语文学会成立背景、活动和结局，可参看陈明《中国东方语文学会旧史钩沉》，《中国文化》2022 年第 1 期，第 173~189 页。

个问题也是十多年来中国佛教史学界讨论的热门话题，像周叔迦、余嘉锡、陈垣等都有参与讨论。周一良在周叔迦编《牟子丛残》上有一题记："近年稍稍涉猎内典，于此书颇致疑惑，终以序文史实之确切莫能解释。今日复取阅一过，恍惚若有所悟，亦不敢自信耳必是也。……时三十七年七月十六日灯下炎热识于清华园。"又有一 1950 年 6 月 26 日的补记云："予撰《理惑论时代考》既系，汤锡予先生见告朝鲜有单行本《牟子》，与弘明本颇有异同，而遍觅不得。"① 正可与信中所言印证。

又据台湾胡适纪念馆网上公布的胡适档案检索系统，知北京近代史研究所胡适档案中尚存一封未出版的书信，落款在 7 月 21 日，信中提及两点，"（1）还胡适赵太太的自传。（2）写了一篇介绍的文字请胡适指正"。赵元任太太杨步伟 1947 年出版了《一个中国女人的自传》英文版，周一良夫妇合写了一篇书评，发表在天津《大公报·图书周刊》1947 年 11 月 29 日第 31 期第 6 版上，故知此信作于 1947 年。可能是胡适告诉了赵元任此篇书评的作者是谁，赵元任、杨步伟在"戊子年元旦"寄赠一本给"一良邓懿惠存"②。

四

洪业是燕京大学史学系的灵魂人物，对众多燕大出身的学者有极深的影响——不仅体现在他们早年的史学训练上（洪业开设史学方法课程），还因为他是哈佛燕京学社在中国的代理人，掌握雄厚资源，往往能规划他们的学术人生。周一良就是其中代表性的学生之一。1946 年，洪业去哈佛访学后一直留美未归，其国内藏书后归中央民族学院（1993 年改为大学），在美国的藏书和档案则留在哈佛燕京学社，里中或许有不少周一良致洪业的书信有待发掘。现在仅能从周兴陆《洪业〈杜甫：中国最伟大的诗人〉出版的前前后后》（《文汇报·文汇学人》2015 年 6 月 12 日，第 23 版）一文的网络版《见信如晤：洪业〈杜甫〉出版前后》，见到一封应出自哈佛燕京学社洪业档案的周一良来信，内容非常丰富，兹先录文如下：

---

① 周启锐整理《周一良读书题记》，海豚出版社，2012，第 33~34 页。"既系"疑有释读错误，或为"既成"之误。

② 《周一良读书题记》，第 32 页。戊子年为 1948 年。

煨莲夫子大人函丈：

前托伊同兄转呈一书，谅达记室。钟翰兄返国，复获悉近况一二，知道履康强为颂为慰。一良乏善可陈，生活困苦如故。金圆券发行后曾稍稍安定，而一月之后，情形又变，原定发二亿之金圆券竟发至十亿，油粮肉等，数日中涨十倍，其他限价之物资，复因商家不售，形成抢购状态。各大都市皆尔，棺木寿衣俱成抢购目标。

公教人员之生涯濒于绝境，而军事局面亦日益险恶，国外报章所载或较在平所闻为多，平津是否能维持过冬，殊未敢断言，但盼不至如长春之围困过久，以至人相食，亦不至如开封、济南之巷战，即为大幸。而过渡期间之恐怖与混乱，自不能免矣。

中共对知识分子态度如何不可知，传闻齐鲁大学已开课，中共广播称梅校长可留、胡校长必去，至对教会大学如何处置尚无所闻也。

一良本年就清华，授亚洲诸国史一门，日文二门，在燕京授日本史一门、魏晋六朝史一门，颇为忙碌。内子亦应观胜兄之约，在燕京授洋人国文。近年学术界沉寂异常，盖从事研究撰述者不少，而纸张过贵，印工复昂，各种刊物皆不能出版也。南方唯有中研院史语所之《集刊》颇有佳作，北方则燕京、清华两《学报》而已。燕京方面，似陆志韦、高名凯两先生关于语音文法方面文字为多；清华则陈寅恪先生最勤，其《元白诗笺证》一书已写成，分章在各杂志刊布。

一良年来亦草成六朝史方面论文及敦煌写本题跋若干篇，分在两《学报》发表，均祈吾师郢政。暑假中又写《牟子理惑论时代考》一文，此书十余年来诸家皆目为真后汉三国时著作。一良细绎之，其序中史事虽不伪，本文则颇有问题，一部分为三国时著作，关于佛教部分则大似后人增益涂附。一良等近鸠合故都同志组织东方语文学会并拟出《会报》，此文即欲在《会报》中刊布耶。出后当寄奉诲正也。

余不一一，敬请

道安！

师母均此问安！

受业一良谨上　十月廿八日

懿附笔问安

此信作于 1948 年，周一良时在清华大学外文系任教，对时局、学界情形和个人近况都有详细介绍，对了解当时学术生态不无帮助。

　　信中提及的"伊同兄""钟翰兄""观胜兄"，指王伊同、王钟翰、陈观胜，三人同毕业于燕京大学，后均获得哈佛燕京学社奖学金去哈佛留学。陈观胜系华裔，燕大硕士，与周一良几乎同时在美留学，晚一年回国并主持哈佛燕京学社工作，治佛教史。王伊同 1944 年从成都金陵大学去哈佛，1949 年以《日明交聘史》取得博士学位，打破哈佛博士论文必须选译一部中文书籍的选题传统。王钟翰治清史，1946 年去美读博，1948 年夏回国，接替聂崇岐担任哈佛燕京学社引得编纂处工作。

　　信中特意提到"近年学术界沉寂异常"，但当时"从事研究撰述者不少"，只因刊印费用太贵而出版者少，故才有《东方语文学会会报》之创刊设想，后来未果，也应与国内时局动荡、物价飞涨等有关。

　　时局不稳、生活不定，但并没有影响到周一良的研究和激情，从他的学术训练、兴趣及人事关系看，在当时大有如鱼得水之感，他在上课、研究、学术组织活动等多个领域的锐意进取，已经隐然有大家之象。

　　周一良晚年回忆他回燕京大学时，说到燕大内部如史学系洪业与国文系陆志韦之争，影响到他在燕大的"待遇"。但或许他自始在洪业那里就受过些委屈，只是不提而已，这点他在致傅斯年的五封未刊书信中即有所披露。这些情况，当时人就有所闻，如 1946 年 6 月 17 日赵元任在给胡适的信中说："洪威廉来了，给周一良讲师名义，又非去不可，又不给太太旅费，但给陈观胜太太旅费，因为陈是美国籍，周气得要命。"[①]

<h2 style="text-align:center">五</h2>

　　杨联陞是周一良在哈佛的同学，也是他平生最佩服的几位同辈学者之一。1956 年 5 月 2 日，周一良响应国家号召，给他这些留学海外的同学好友写了封长函，介绍国内史学界的情况，内容非常重要，但《书信》录文颇有遗漏和错误。

　　如"希望慎重考虑我提出的问题"，而非"我们"；"诚恳地盼望大家都能早日归国"，而非"平日"；"我想一定也能了解一些"，原作"也许"，后发现错误，改正为"也能"；"我们回国以后又生男女孩各一"，缺"以"字；"历史系的课程和旧日残缺不完"，而非"不全"；"严仁赓

---

① 耿云志主编《胡适遗稿及秘藏书信》第 38 册，黄山书社，1994，第 455 页。

在北大经济系"，误释为"严红庚"；"以上所谈的可能都是你们所想要知道的事"后，原有"从这些情况"五字被遗漏；"请将此信先给洪先生一阅，将来我还要给他去信"，缺"先"和"还"二字；"卞学鑛兄夫妇、陈观胜兄如尚在剑桥"，这都是他在哈佛留学时的朋友，"兄"误作"氏"，"陈观胜兄"漏掉未释。

杨联陞很快就收到此信，5月14日致胡适信，"今天收得周一良由北大来长信一封，是给王伊同、邓嗣禹同我三个人的，起结都是发动回国。中间有很多关于师友同学的消息（如陈寅恪先生仍在广东，新发表文章讲王导的功业），日内抄出再奉上一阅"，16日即"附上油印周一良五月二日自'北京大学'（信封上印好四个大字，红色）来信，不足为外人道也"。① 不知《书信》中收录的此信照片源自何处？或是晚年周一良在美国时通过杨家复制。

与"义宁而后称祭酒"的唐长孺，周一良亦有五封信，但四封录文都略有问题。如1983年10月20日信（第33页），"匆匆致谢"而非"陈谢"。1984年7月23日信，"溽暑想兴居清吉为颂"，而非"如颂"；"又拟网罗海内外名贤诸家新说"，而非"明贤"；"诸公斧削"而非"斧前"。1984年12月8日信，"日前已皆顺利完成答辩"，而非"此前"。1991年5月18日信，"割除隐患"而非"革除"；"不胜惶悚"而非"愧悚"；"定将嘉惠士林"而非"定当"；"一二疑点仅供作者参考"而非"此数点"。

另《书信》第152页有一封致邓经元的信，云

> 兹有一事想麻烦你，听说邓广铭先生所编宋代文集索引你局有一份清样，不知尚在北京或已借给上海标点《宋史》的同志？如尚在京，请代查一下以下两人是否有传记或墓志铭之类！窦从周（此人见《京口耆旧传》），钟唐杰（此人燕京引得中找不到）。如已寄沪，请告是在上海师院或历史所，当再设法打听。我因写一有关中日文化交流小文，涉及这两人，所以想查一下。

落款在11月17日，无具体作年。邓经元，1965年北京大学历史系研究生毕业，时任中华书局编辑。"小文"是指《介绍两幅送别日本使者的

---

① 胡适纪念馆编《论学谈诗二十年：胡适杨联陞往来信札》，安徽教育出版社，2001，第336~337、344页。

古画》，后发表在《文物》1973 年第 1 期（《全集》收录此文有增补），故此信作于 1972 年。

当时中日恢复邦交，中日友好关系进一步发展，周一良特意在 1963 年 12 月 31 日《光明日报》发表的《荣西与南宋时中日经济文化交流的几个侧面》基础上，进一步论证历史上中日文化交流的广泛进行。文中提及日本鸟尾氏旧藏南宋古画《荣西禅师归朝宋人送别书画之幅》，有钟唐杰和窦从周赠别日本“上人”诗。虽然陆心源《宋诗纪事补遗》卷六六、六七已收录两诗，并有二人小传，但他想找更多更直接的数据，只能先从工具书入手，1939 年 2 月哈佛燕京学社引得编纂处编纂之《四十七种宋人传记综合引得》即是首选。他已经查过此书，但觉得不够用，想进而去查邓广铭在聂崇岐基础上编纂的《宋人文集篇目分类索引》，但此书编纂出版颇有周折，此时尚未正式出版，故去函询问出版社的编辑。

他为何不直接请教同在历史系任教的同事宋史学者邓广铭，而是辗转询问出版社未刊的《索引》校样？邓广铭此时应在忙于二写他的《王安石》，或许已经问过了，才知道这书校样很可能被《宋史》点校小组借到上海的事。这颇能反映周一良总结他与邓广铭之间关系“交往并不密切，但相知颇深”的前半部分。[①]

六

以上所举问题，大概是因为编者并非专研近现代学术史，且对书信的草体释读、内容和前人成果不熟悉所致；对可能收藏周一良信札的机构档案没有仔细排查，致有遗珠之憾：这也是整理出版书信集时难免出现的共性问题。好在不少书信录文都附有相关照片，这也是《书信》的优点，读者阅读使用时只需稍加对照，或能避免录文的误导。从书信整理的角度论，希望将来重印时，能请人再全部核对一遍，若再能将有些书信的来源出处一并补上，相信阅读体验会更佳。

2021 年 1 月动念；22 年 4 月底动笔，7 月 26 日完稿，10 月 13 日修订；2023 年 2 月 21 日再修订

---

① 周一良：《纪念邓先生》，《仰止集——纪念邓广铭先生》，河北教育出版社，1999，第 37 页。

论民国时期中国思想史研究中"两军对垒"撰述模式的产生[*]

谢辉元

(湘潭大学马克思主义学院,湖南湘潭 411105)

摘 要: 哲学史是唯物主义与唯心主义相互斗争的历史,这种认识在相当长的时间里贯穿马克思主义中国思想史、中国哲学史的研究和撰述中,由此构成了哲学史、思想史"两军对垒"的撰述模式。传统认为这种撰述模式,导源于 1947 年日丹诺夫提出的哲学史定义。这种认识不完全正确。因为在 20 世纪三四十年代苏、日、中等国的马克思主义哲学著述和哲学史著述中就已提出该观点并予以初步实践。"两军对垒"模式具有一定的马列主义理论依据,同时也潜藏简单化的风险。

关键词: 思想史 唯物主义 唯心主义 两军对垒 哲学党性

唯物主义与唯心主义两军对战的历史,是传统马克思主义中国思想史、中国哲学史叙事的主线,它作为一种研究定式,对中国思想史研究和哲学史研究产生过广泛而深刻的影响。对于这种叙事的形成过程,以往学界有过一定探讨,主要集中在马克思主义哲学研究领域,从哲学史学史角

---

* 本文系国家社会科学基金青年项目"民国时期马克思主义史家群体地域性聚集现象研究"(21CZS003)、湖南省教育厅优秀青年项目"抗战时期湖南地区马克思主义史学家群体研究"(23B0135)的阶段性研究成果。

度进行的探讨则相对较少，但也取得过一些重要成果。[①] 当前研究中对于上述过程的认识仍然存在模糊之处，如论者皆以上述模式是受苏共中央书记日丹诺夫 1947 年有关哲学史定义的影响，这点在 20 世纪五六十年代、七八十年代国内有关中国哲学史研究对象和范围的探讨中得到确证。然而，如果往前追溯则会发现，这种认识是有待补充的，起码早在 20 世纪三四十年代陈伯达、赵纪彬等人的哲学史著述就有类似主张，马克思主义哲学界对该问题的介绍和讨论更早。对此，笔者此前做过初步探讨，[②] 但未能深入。鉴于该问题的重要性，本文拟对此做一番更为细致的考察，以就教于学界同人。

一　经典作家有关哲学基本问题和党性问题的认识

过往哲学史被认定为唯物论和唯心论两种思想相互斗争和发展的历史，这种有关哲学发展的历史主线的认识，实际上导源于恩格斯、列宁有关哲学基本问题和哲学党性问题的认识，哲学基本问题则可追溯到恩格斯以前的西方哲学界。唯物论与唯心论的区分，与思维与存在、精神和物质的相互关系问题相挂钩，而思维与存在的关系问题虽然早在蒙昧时代就已经是人类社会需要思考的问题，但作为正式问题提出则是在近代。恩格斯言："思维对存在、精神对自然界的关系问题，全部哲学的最高问题，像一切宗教一样，其根源在于蒙昧时代的愚昧无知的观念"，"只是在欧洲人从基督教中世纪的长期冬眠中觉醒以后，才被十分清楚地提了出来。"[③]

在近代西方哲学界，黑格尔和费尔巴哈都曾明确讨论过思维与存在的关系问题。黑格尔在《哲学史讲演录》中就说道："思维与存在的对立是

---

① 参见黄枬森《哲学基本问题和哲学党性原则》，《哲学研究》1981 年第 10 期；张建忠《从哲学基本问题到哲学党性——基于列宁哲学党性理论的历史研究》，华东师范大学硕士学位论文，2008；闫顺利《重新审视"唯物主义唯心主义"哲学模式》，《吉首大学学报》（社会科学版）2012 年第 4 期；陈卫平《破除"两军对垒"教条主义的思想前驱——论 1957 年"中国哲学史座谈会"》，《学术月刊》2013 年第 12 期；乔清举《当代中国哲学史学史》，上海古籍出版社，2020。

② 谢辉元：《关于推进中国思想史研究的几点认识》，《中国史研究动态》2019 年第 6 期；《唯物史观与中国马克思主义史学（1919-1949）》，福建教育出版社，2021，第 174~175、177 页。

③ 恩格斯：《路德维希·费尔巴哈和德国古典哲学的终结》，《马克思恩格斯选集》第 4 卷，人民出版社，2012，第 230 页。

哲学的起点，这个起点构成哲学的全部意义。"① 费尔巴哈也曾说："神是否创造世界，即神对世界的关系如何，这个问题其实就是关于精神对感性、一般或抽象对实在、类对个体的关系如何的问题……这个问题是属于人类认识和哲学上最重要又最困难的问题之一，整个哲学史其实只在这个问题周围绕圈子，古代哲学中斯多葛派和伊壁鸠鲁派间、柏拉图派和亚里士多德派间，怀疑派和独断派间的争论，中古哲学中唯名论者和实在论者间的争论，以及近代哲学中唯心主义者和实在论者或经验主义者间的争论，归根结柢都是关于这个问题。"② 这说明，思维与存在的关系问题其实是西方哲学先贤曾经热衷于思考的问题，黑格尔和费尔巴哈的言论已经蕴含了后来马克思主义者不断引申和推论的基础。

马克思、恩格斯对辩证唯物主义和历史唯物主义的阐发，将人们对思维与存在关系的理解推进到科学的境地。恩格斯在《路德维希·费尔巴哈和德国古典哲学的终结》中指出："全部哲学，特别是近代哲学的重大的基本问题，是思维和存在的关系问题。""哲学家依照他们如何回答这个问题而分成了两大阵营。凡是断定精神对自然界说来是本原的，从而归根到底承认某种创世说的人……组成唯心主义阵营。凡是认为自然界是本原的，则属于唯物主义的各种学派。"③ 恩格斯的上述论断，一方面将思维与存在的关系提升到一个新的认识高度，从而正式提出了哲学基本问题的命题；另一方面则将唯物论与唯心论的对立及其划分标准指明了出来，为人们理解近代哲学的发展提供了指导。为了说明上述论断，恩格斯还曾结合哲学史进行论述，并强调："像唯心主义一样，唯物主义也经历了一系列的发展阶段。甚至随着自然科学领域中每一个划时代的发现，唯物主义也必然要改变自己的形式；而自从历史也得到唯物主义的解释以后，一条新的发展道路也在这里开辟出来了。"④ 这就既从概念、内涵上，又从历史的角度对唯物论与唯心论的区分作了阐明。这成为后世马克思主义者认识中西方哲学史的基本理论依据。

① 〔德〕黑格尔：《哲学史讲演录》第3卷，贺麟、王太庆译，商务印书馆，2017，第320页。
② 〔德〕路德维希·费尔巴哈：《费尔巴哈哲学著作选集》下卷，荣震华等译，商务印书馆，1984，第621~622页。
③ 恩格斯：《路德维希·费尔巴哈和德国古典哲学的终结》，《马克思恩格斯选集》第4卷，第229、231页。
④ 恩格斯：《路德维希·费尔巴哈和德国古典哲学的终结》，《马克思恩格斯选集》第4卷，第234页。

　　恩格斯对于哲学基本问题的阐发，更多的是从哲学角度考虑的，后来的理论家则从政治角度对这个问题作了丰富。德国工人阶级哲学家狄慈根就肯定了恩格斯的上述认识，认为"唯物主义者和唯心主义者数千年来争论的问题成了这样一个问题：精神是世界的还是世界是精神的"，① 他还将唯物论与唯心论的对立类比为政治上的两个党派："正如政治上各党派日益集成两个阵营一样……科学也正在划分为两个基本集团：一边是形而上学者，另一边是物理学家或唯物主义者。……反动的蒙昧主义者称自己为唯心主义者，而所有那些竭力把人类理智从形而上学的荒诞思想中解放出来的人应当称为唯物主义者……如果我们把这两个党派比做固体和液体，那么中间就是一摊糊状的东西。"② 狄慈根将哲学基本问题朝政党立场和阶级立场大大推进了一步，反对居中调和的思想。

　　接续上述工作，列宁将哲学的基本问题直接归结为哲学的党性问题，这使得这个问题的阶级性、政治性和严肃性大大提升。在 1908 年写就的《唯物主义和经验批判主义》中，列宁在批评各种感觉论者、折中论者的过程中，正式提出了哲学具有党性的命题。首先，他认为马克思恩格斯一直是讲党性的："马克思和恩格斯在哲学上自始至终都是有党性的，他们善于发现一切'最新'流派对唯物主义的背弃，对唯心主义和信仰主义的纵容。"③ 这实际是要在马克思主义理论范围内为哲学的党性问题寻找理论渊源。其次，他认为唯物主义和唯心主义是哲学的两条基本路线，也是两个基本派别："透过许多新奇的诡辩言词和学究气十足的烦琐语句，我们总是毫无例外地看到，在解决哲学问题上有两条基本路线、两个基本派别。是否把自然界、物质、物理的东西、外部世界看做第一性的东西，而把意识、精神、感觉（用现今流行的术语来说，即经验）、心理的东西等等看做第二性的东西，这是一个实际上仍然把哲学家划分为两大阵营的根本问题。"④ 列宁把恩格斯所说的哲学家的两大阵营，扩展为两条基本路线和两大基本派别，这是从时间上作了扩展，从性质上作了严格区分。最后，列宁认为唯物主义和唯心主义是两个斗争着的党派，表现着敌对阶级

----

① 〔德〕狄慈根：《狄慈根哲学著作选集·论逻辑书简》，杨东莼译，生活·读书·新知三联书店，1978，第 143 页。
② 转引自列宁《唯物主义和经验批判主义》，《列宁选集》第 2 卷，人民出版社，2012，第 231~232 页。
③ 列宁：《唯物主义和经验批判主义》，《列宁选集》第 2 卷，第 231 页。
④ 列宁：《唯物主义和经验批判主义》，《列宁选集》第 2 卷，第 227 页。

的利益，哲学的党性从古至今都是存在的："在经验批判主义认识论的烦琐语句后面，不能不看到哲学上的党派斗争，这种斗争归根到底表现着现代社会中敌对阶级的倾向和意识形态。最新的哲学像在两千年前一样，也是有党性的。唯物主义和唯心主义按实质来说，是两个斗争着的党派，而这种实质被冒牌学者的新名词或愚蠢的无党性所掩盖。"①

列宁在恩格斯和狄慈根有关哲学基本问题认识的基础上，强化了唯物主义与唯心主义的派别性和阶级性，这与他的论述旨趣在于揭批折中论和不可知论的唯心主义认识路线实质有关。区别于恩格斯从本体论角度，即从世界本源的角度切入，列宁有关哲学的党性命题的观点，是从认识论角度，即从谁反映谁的角度切入哲学的基本问题的，因而列宁所谓唯物主义与唯心主义的斗争，实际是"用哲学上的'两条认识路线'概括了思维和存在关系问题的内容，把唯物主义和唯心主义对立起来，丰富和发展了恩格斯的哲学基本问题的理论"。他所谓哲学的党性问题，则是"两条认识路线的逻辑结论"，"首先指的是哲学的派别性，而阶级性只是党性的一个内容"。② 列宁的上述观点传入中国后，对中国马克思主义者影响甚大。但与之共同传入的，还有苏联学者对于列宁观点的引申和发展，后者对哲学史划定了更为清晰和严格的框架。

二　中国哲学界对哲学史发展主线问题的引介和阐述

中国哲学界有关哲学基本问题的讨论，是伴随马克思主义哲学的传入而兴起的。早在19世纪末20世纪初马克思的唯物论被中国学人介绍时，唯物论与唯心论就常被当作两个相对的概念被提及。"五四"前后李大钊传播马克思主义哲学时，也曾提到历史的"唯心的解释"或"唯物的解释"。③

瞿秋白则更进一步，他将唯心论与唯物论的对立视作哲学的基本问题，并对此作了系统介绍与阐述。在《社会哲学概论》（1923年）中，瞿氏以绪言"哲学中之唯心唯物"讨论该问题，指出："那时的希腊哲学

---

① 列宁：《唯物主义和经验批判主义》，《列宁选集》第 2 卷，第 240 页。

② 薛文华、吕国忱：《列宁对恩格斯的哲学基本问题理论的发展》，《社会科学战线》1985年第 1 期。

③ 李大钊：《唯物史观在现代史学上的价值》，《李大钊全集》第 3 卷，人民出版社，2013，第 277 页。

家便无论如何逃不过'我'与'非我','意识'与'实质'的问题了。直到如今,这一问题还是哲学中的根本问题。"各种哲学学派对于这一问题的答案大致可以分做两方面:"凡以客观为出发的,——只要他是一贯的思想家,有这勇气一直推究下去,——他必成唯物论中之一派。而以主观为出发的,——便是唯心论中之一派。"① 在具体论述时,他还罗列了西方思想史中唯物论、唯心论在不同时期的代表性观点进行佐证,并提到唯心论是"与唯物论相对抗的哲学",唯物论的学说"有哲学史和思想史足以证明"。② 可以说,到瞿秋白这里,"哲学的基本问题"这个命题开始正式在中国哲学界生根发芽了,而且与哲学史有着一定程度的结合。而他之所以提出上述主张,与他此前在苏联求学时对列宁、布哈林等的哲学思想的吸收有关。

同时,在他翻译的苏联历史学家、哲学家郭列夫的《无产阶级之哲学——唯物论》(1927 年)中,曾设"唯物论与唯心论"专章,其中云:"哲学之根本问题为宇宙之本质及现实的问题",对于其答案"唯心论和唯物论两派哲学总是相反的";"哲学之两大派别为唯心论及唯物论","无论有几多不同的哲学学说,各自都想有所独创,但实际上从古以来只有两个根本学派。"③ 郭列夫之书论述了恩格斯有关哲学基本问题的观点,在哲学史之派别论上作了更为独断性的引申,与列宁一样,强调唯物论与唯心论的自古以来的斗争问题,并且反对折中主义。这与瞿秋白的前述认识是一致的。该书也是国内较早系统论述哲学基本问题的译著。

1927~1937 年是国内学界新哲学思潮热流涌动的时期,苏联马克思主义哲学著作得到大量翻译和出版,相关著述中常常会介绍哲学基本问题和哲学党性问题。当然,这中间也经历了一个过程,即早期的著述更多地偏重对恩格斯哲学基本问题主张的介绍与阐述,后期的著述对列宁有关哲学党性问题的介绍日益看重,哲学史主线叙事日趋凸显,这与苏联教科书体系在 20 世纪 30 年代初逐步形成后,于 30 年代中期被中国学人大力译介和传播有关。

20 世纪 20 年代末 30 年代初,国内传播的苏联哲学著述内含的主要是

① 瞿秋白:《社会哲学概论》,《瞿秋白文集·政治理论编》第 2 卷,人民出版社,2013,第 306、307 页。
② 瞿秋白:《社会哲学概论》,《瞿秋白文集·政治理论编》第 2 卷,第 310、319、328 页。
③ 〔俄〕郭列夫:《无产阶级之哲学——唯物论》,瞿秋白译,见《瞿秋白文集·政治理论编》第 8 卷,人民出版社,2013,第 337、339、340 页。

20世纪一二十年代的哲学思想，体例和表述上比较多元，理论渊源更多地偏重恩格斯，其中对列宁哲学和斯大林哲学的吸收，不像后来的哲学教科书那样明显。译著中，布哈林的《辩证法底唯物论》（李铁声译，1929年）比较有代表性，其中第一部分"哲学内之唯物论与观念论客观底问题"讨论的就是哲学的基本问题，认为一切事物的发端、本源、基础是精神抑或是物质，"这是哲学上的根本问题"。"唯物论视物质是根源的，基础的东西；观念论则以精神。唯物论者以为精神是物质底一产物；观念论者则以为物质倒是精神底一产物。"① 该书还从思想史的角度论述了唯物论的起源。这是对哲学基本问题作了直白的呈现。该书实际为布哈林《历史唯物论》第三章"辩证法的唯物论"的节选，该书的中译本所记也大体一致。② 布哈林的《历史唯物论》在一段时期内曾作为苏联一些高校的哲学教科书使用，对中国留学生产生过较大影响。瞿秋白就是如此，其《社会哲学概论》在论述思路上与《历史唯物论》有相近之处。

中国学者的著作中，张如心的《无产阶级底哲学》（1930年，1932年又以"辩证法与唯物论"为名出版）比较有代表性。书中肯定了恩格斯提法的正确性，甚至指出了其本体论视角，说道："哲学，尤其是新时代的哲学底基本问题是精神与物质的联系问题，或者精神先于物质或者物质先于精神，由这个问题的解答便分开哲学的两大派别，即唯物主义承认物质先于精神，唯心主义承认精神先于物质，恩格斯这种以精神与物质联系问题即以前所谓本体论为哲学分类的标准观点是完全正确的。"他还进一步联系哲学史进行说明："我们知道在过去哲学史中各种哲学形式不同，差不多每一个哲学家有他自己的哲学系统形式，譬如唯心论哲学方面有古代希腊的柏拉图的二元的客观唯心论……唯物论哲学方面有古代希腊的唯物论……两派哲学在各时期中均有各种不同的表现形式，但是在这些复杂的形式中我们根据着本体论的原则可以概分为两派：即唯心主义，唯物主义。"③ 张如心对于恩格斯哲学基本问题的认识是比较深刻的，他也将该问题在哲学史的叙事上作了有力推进，哲学史的主线表述已经呼之欲出。类似地，吴理屏（吴亮平）的《辩证唯物论与唯物史观》（1930年）曾以专节"哲学的基本问题"讨论思维与存在、唯物论与唯心论的关系问题，还

① 〔苏〕布哈林：《辩证法底唯物论》，李铁声译，江南书店，1929，第60～61、65页。
② 〔苏〕布哈林：《历史唯物论》，刘伯英译，现代书局，1930，第55、58页。
③ 张如心：《无产阶级底哲学》，光华书局，1930，第42～43页。

肯定了马克思、恩格斯、列宁明白地划分哲学上的阵线的伟大功绩。①

到 20 世纪 30 年代前中期，以斯大林主义为指导编定的苏联哲学教科书，开始被大力引入国内，相关著述除了直接论述哲学基本问题外，还明确阐述了哲学的党性问题和哲学史的主线问题，如当时国内影响较大的三本苏联哲学教科书都有所体现。西洛可夫、爱森堡等合著的《辩证法唯物论教程》（李达、雷仲坚译，1932 年）的绪论，就是"哲学的党派性"。其中明确指出"哲学是党派的科学"，肯定列宁有关"哲学上两个根本的流派，即唯物论与观念论的党派性"的认识，并强调："互相斗争的种种哲学体系的多样性，总归著于两个党派、哲学上的两个根本流派……在哲学上要逃出两个党派的阵营，也是不可能的。"书中还强调："在哲学上也和在政治上一样，两个党派互相斗争着。特定的阶级在政治斗争上，或为一定世界观的担负者而出现，这件事是由什么决定的呢？世界观依存于特定阶级的历史地位与那阶级在社会的发展中所演的任务。新兴的革命阶级普罗列达里亚，是唯物论世界观的担负者，布尔乔亚在普罗列达里亚革命的时代，违背客观的现实，堕落到观念论或神秘主义方面。"② 这里强调了哲学的阶级性，将唯物论与无产阶级相联系，将观念论与资产阶级相联系。上述主张还没有超出列宁哲学党性原则所涉及的范围。

沈志远译述的米丁（M. Mitin）的《辩证唯物论与历史唯物论》则在列宁主张的基础上有所突破。书中设专节讨论"哲学中的两条路线"，其中谈道："在数量繁复的哲学体系底文字点缀之下，在五光十色的各种哲学学说底杂色商标底掩盖之下，隐藏着哲学中两条基本路线之长期的、酷烈的争斗；这两条路线，就是唯物论和唯心论。全部哲学史，就是这两个互相对抗的哲学派别底争斗和发展底历史。一切的哲学思潮和派别，都是这两个基本派别底变相（或化身）。"③ 米丁明显吸收了列宁有关哲学上的两条认识路线的思想，以及反对折中主义的思想，甚至作了引申，强调全部哲学史都是唯物论与唯心论相互对抗和发展的历史。这就明确提出了哲学史的发展主线的命题，这是列宁未曾明确言及的说法。米丁还进一步说道："所有的哲学学说都生长于具体的社会环境而为此种环境所决定；它

---

① 吴理屏编译《辩证法唯物论与唯物史观》，心弦书店，1930，第 6、11 页。

② 西洛可夫、爱森堡等：《辩证法唯物论教程》，李达、雷仲坚译，笔耕堂书店，1939，第 7~8 页。

③ M. Mitin（米丁）：《辩证唯物论与历史唯物论》上册，沈志远译述，商务印书馆，1936，第 40 页。

们表现着一定的诸社会集团底需要和愿望，反映着社会生产力发展底水平和人类认识自然底历史阶段。它们底命运，是要看它们满足社会集团底要求的程度如何为断的。""在全部历史过程中，这两条不可调和的哲学路线底生存底社会根源，是应当从阶级的、矛盾的社会结构中去找出来的。……唯心论在其历史的发展过程中，代表着剥削者群底意识形态，而往往起着反动的作用。唯物论底发展，是革命阶级底宇宙观抬头底表现。"① 类似地，米丁的另一本由艾思奇、郑易里译介的教科书《新哲学大纲》（1936年），也以"哲学中的两个方向"节，讨论了"唯物论""观念论"的划分和阶级性问题。

可见，米丁以列宁有关哲学党性学说为依据，将哲学史作了新的解读：第一，强调了哲学史的社会性，即哲学学说为社会生活和社会环境所决定，反映了社会生产力发展水平；第二，强调了哲学史的阶级性，哲学学说的社会根源应当从社会阶级结构中去寻找，其命运以满足特定阶级要求的程度如何为断，尤其认为唯心论代表剥削阶级的意志，起反动作用，唯物论则代表了革命阶级意志，起进步作用。

这些有关哲学史的新论断比列宁的相关表述更为明确和清晰，符合哲学教科书的需要，是对列宁哲学党性思想的引申，并非列宁自己的提法，但对后来的中国哲学史产生巨大影响。如何看待这个问题呢？黄枬森认为，列宁并没有讲过唯心主义是反动没落阶级的哲学，唯物主义是进步上升阶级的哲学，这是后来哲学家们的引申，这一引申原则上是对的，符合哲学史发展的基本事实，但历史是复杂的，哲学同阶级利益的关系往往是间接而又间接的，对于其代表性要作具体分析，况且一个阶级及其个人不可能在一切问题上都持同一种唯物、唯心的立场。② 这种认识是有道理的。

国内学者中，李达的《社会学大纲》（1937年）也论述了哲学的党性和哲学史的主线问题。书中针对"哲学的根本问题"论述道："一切哲学上的根本问题，是我们的意识与环境的关系如何的问题……即是物质与精神的关系如何的问题。"这个问题之解决"是规定各种哲学学说的本质的唯一标准，是划分一切哲学为两大派别的唯一标准"。③ "一切哲学的潮流或学说，因对于哲学的根本问题的解答不同，就分裂为唯物论与观念论两

① M. Mitin（米丁）：《辩证唯物论与历史唯物论》上册，沈志远译述，第41页。
② 黄枬森：《哲学基本问题和哲学党性原则》，《哲学研究》1981年第10期。
③ 李达：《社会学大纲》，笔耕堂书店，1938，第87~88页。

大阵营。全部哲学的历史,是唯物论与观念论的斗争和发展的历史。"① 李达在这里阐明了哲学的基本问题,以及哲学史的主线问题。这种认识在沈志远的《现代哲学的基本问题》(1936 年)中也有体现。②

围绕"哲学的阶级性",李达还表示:"任何哲学学说,都反映所属的时代的经济生活状况,反映当时自然科学知识的程度,并表现特定社会集团的利益和希望。所以唯物论与观念论的论战的历史,即是敌对社会中社会集团斗争史的反映。""在哲学的历史上,观念论常代表保守阶级的意识形态","唯物论常是代表进步阶级的意识形态"。③ 尽管指出了哲学的阶级性,但李达并没有将进步阶级与唯物论画等号,而是看到了"进步阶级也有用观念论表现自己进步的要求的",保守阶级"也有用唯物论表现自己的希望的",同一进步阶级"也有在反抗保守阶级时采取唯物论,而在其本身取得势力以后,就转变为保守阶级,同时放弃唯物论而采取观念论"。④ 李达的观点与前述米丁的主张比较相似,阐述哲学的社会性和阶级性时,将唯物论与进步阶级、唯心论与保守阶级对标,只是李达的主张更为灵活,注意到了哲学史的复杂性。

毛泽东的《辩证法唯物论(讲授提纲)》(1937 年)明显受到了米丁著作的影响,很多表述甚至是从《辩证法唯物论与历史唯物论》和《新哲学大纲》中直接摘录过来的。书中开篇就讨论了"哲学中的两军对战"问题,指出了哲学史的主线:"全部哲学史,都是唯心论和唯物论这两个互相对抗的哲学派别的斗争和发展的历史,一切的哲学思潮和派别,都是这两个基本派别的变相。"⑤ 书中同时还论述了唯心论和唯物论产生的社会根源和阶级根源:"各种哲学学说,都是隶属于一定社会阶级的人们所创造的。这些人们的意识,又是历史地被一定的社会生活所决定。所有的哲学学说,表现着一定社会阶级的需要,反映着社会生产力发展的水平和人类认识自然的历史阶段。哲学的命运,看哲学满足社会阶级的需要之程度如何而定。"⑥ 书中还认为:"唯心论和唯物论学说都是作为阶级斗争的工具

① 李达:《社会学大纲》,第 93 页。
② 沈志远:《现代哲学的基本问题》,生活书店,1948,第 9~10 页。
③ 李达:《社会学大纲》,第 94 页。
④ 李达:《社会学大纲》,第 94~95 页。
⑤ 毛泽东:《辩证法唯物论(讲授提纲)》,中国人民解放军政治学院训练部翻印,出版年不详,第 1 页。
⑥ 毛泽东:《辩证法唯物论(讲授提纲)》,第 1 页。

而存在，在阶级没有消灭以前，唯心论和唯物论的对战是不会消灭的"；唯心论"代表剥削阶级的意识形态"，唯物论"则是革命阶级的宇宙观"，"哲学的理论与政治的实践是应该密切联系着的"。① 可见，毛泽东对米丁的主张作了进一步发挥。

三　中国思想史撰述对唯物、唯心斗争主线的接纳

随着哲学基本问题和哲学党性问题的有关理念的传播与扩散，史学界对此也逐渐有所反响。以马克思主义理论指导中国哲学史的研究，可以追溯到"五四"时期的李大钊、胡汉民等人，而相关领域的全面开拓则是在中国社会史论战时期。在这个过程中，中国哲学史的叙事主线尚未构筑起来，这项工作是在20世纪30年代中期哲学的党性问题成为马克思主义哲学界的普遍认识后才逐步完成的。

较早将哲学基本问题与中国哲学史相结合，作专门、系统论述的是陈伯达。他在《哲学上的两条路向及其历史的演变——哲学知识谈座》（1937年）一文中指出：唯心论与唯物论争逐，是两千余年来中西哲学史的两个基本路向。文中以恩格斯和列宁的论断为理论依据，称赞其为"不朽之天才的论断"，认为"数十年来从事写作中国古代哲学的人，他们的所以还不能得到最好的成就，实在也是他们对于这哲学上的根本问题表示得迷糊，他们不能从这种根本问题去分析中国古代哲学的分野及其发展"。就此，他指出胡适、章太炎对于中国哲学史只提出了问题，却没有了解问题的本质；李季、叶青虽然假借新哲学的名义批判胡适，承认唯物、唯心两条路线的存在及其对立，但不能够很清楚地去分别；冯友兰对这两个路向更是主观上完全漠视其存在。② 随后，陈伯达简述了中西方哲学史上唯心论和唯物论的演变历程，称孔子的正名主义是中国唯心论哲学的开山祖，此后两千年间中国唯心论先后与道家、阴阳家以及佛家禅家等神学结合，成为神学的婢女，直到明末清初才开始动摇；老子的无名主义则不自觉地给中国唯物论建立了初步的形式，墨子则是中国古代辩证唯物论的创造者，战国以后中国最精深的辩证唯物论传统宣告中绝，到明末清初的颜

---

① 毛泽东：《辩证法唯物论（讲授提纲）》，第2页。
② 陈伯达：《哲学上的两条路向及其历史的演变——哲学知识谈座》，《自修大学》1937年第1卷第8期。

元、戴震才表现了唯物论的倾向。陈伯达的上述论断虽有许多可商榷之处，但在拿哲学的基本问题考察中国哲学史演变上，却属实做了前驱性工作。

1938 年，赵纪彬写就《中国哲学史纲要》，该书也是两军对战撰述模式的早期践行者。在书中，赵纪彬自称"中国唯物论史的写作，以本书为第一次"。① 从当时国内史学界的情况看，抓住哲学史的发展主线进行叙述的，赵著确实是比较早的了。他在书中宣称："唯物论史的建立，应以社会发展史及自然科学史的建立为前提，而这两种科学，在中国则十分幼稚，前者至今无统一的结论，后者则完全没有体系化的著作"，所以万不得已采纳了日本学者秋泽修二有关这两方面的意见。② 这说明赵氏是深明哲学史的社会和思想根源的，可惜他参照的对象错了。秋泽修二关于中国社会发展史的理论具有法西斯主义色彩，这是赵著受到后世诟病的最主要的原因。不过，赵氏的本意是要阐明中国哲学史发展的主线。他在正文开头就表示："我们的研究课题，是发现中国哲学中辩证法、唯物论要素的发展法则。"他认为有两种偏见影响了这项工作，即中国哲学否定论和特殊论。他认为中国哲学发展并没有脱离哲学发展的普遍法则——唯物论与唯心论的斗争的范畴（尽管他也承认中国哲学有其特殊性）。他相信哲学本身是"阶级斗争在意识形态中的综合的反映，或阶级斗争的一种形态"，变革阶级"常以合致于客观真理的辩证法、唯物论为斗争的武器"，保守阶级"常以歪曲现实的唯心论为斗争的工具"，"根据着唯物论为变革阶级的哲学与唯心论为保守阶级的哲学这种历史的事实，便可以知道唯物论与唯心论的斗争，就是哲学的发展法则；而真理的客观性与认识的党派性的辩证法的统一，也可由此而获得充分的证据"。③

这些论述反映了赵纪彬对恩格斯、列宁观点的采纳，也吸收了苏联哲学界有关哲学史发展主线的认识成果，还道出了这种认识形成的因由，即它体现了"真理的客观性与认识的党派性的辩证法的统一"。全书共五篇，从诸子时代的哲学讲到经学时代的哲学，再讲到经学发展的新阶段——宋明时代的新儒教哲学，最后讲到作为经学发展最高阶段的清代哲学，所有学者和流派的思想都要接受是否包含辩证法与唯物论的相关元素的检视。在这种情况下，作者突破了封建社会的正统观念，而着力发掘了唐代柳宗

① 向林冰（赵纪彬）：《中国哲学史纲要》，生活书店，1939，序第 1 页。

② 向林冰（赵纪彬）：《中国哲学史纲要》，序第 1 页。

③ 向林冰（赵纪彬）：《中国哲学史纲要》，第 1~7 页。

元、刘禹锡，宋代王安石等"异端人物"的唯物论思想，丰富了人们对中国哲学史的理解。

赵纪彬的中国唯物论史的研究受到日本学者秋泽修二的影响，其著在思想和体例上对后者的著述多有借鉴。在《西洋哲学史》（1938 年）与《东方哲学史》（1939 年）中，秋泽修二指出哲学史就是唯物论哲学发展的历史，认为在西方"哲学史明显地表现为唯物论与观念论斗争的历史，观念论的唯物论化与唯物论自身完成化的历史"，但这种一般公式却不适用于东方，虽然东方也有唯物论与观念论的斗争，不过由于社会发展的停滞，东方哲学的唯物论发展到一定阶段后也出现停滞。① 这说明，日本学者对于唯物论、唯心论相斗争的哲学史叙事主线也是认同的。虽然秋泽修二的论断在总体上存在方向性的错误，陷入了法西斯主义的谬误，但在具体论述各时代和学派的哲学思想时，对于其中的唯物论和辩证法思想的阐发还是时有新见的，而这也成为赵纪彬的工作的重要参考。赵纪彬有关中国哲学史的分期论和停滞论与秋泽修二的主张非常类似。尽管他志在建立中国的唯物论史，但由于秋泽修二及其理论存在为法西斯张目的问题，故赵纪彬的这本著作受到了马克思主义同道的批判："由于根本问题的错误，全书便不能不随之而归于错误了。"② 虽然如此，赵纪彬所探索的唯物论史的写作路径却指示了中国思想史的撰述方向。

杨荣国也是当时国内马克思主义思想史研究的开拓者之一，他的思想史研究工作比较注意揭示中国思想史中的唯物论传统。其方法论依据，受到毛泽东《辩证法唯物论（讲授提纲）》中有关哲学史主线的直接影响。杨荣国的女儿杨淡以曾回忆："在抗战时，一本毛泽东同志的《辩证唯物论提纲》的油印本他（按指杨荣国）随身保留数年，在 1946 年，他用'季埜'的笔名为此提纲写了前言，由桂林文化供应社出版，印发了两千多册，这本提纲，他读过不知多少遍，受到了深刻的教育与启示。他接受了毛泽东同志关于'全部哲学史，都是唯物论和唯心论两个互相对抗的哲学派别的斗争和发展史'，'所有的哲学学说，表现着一定社会阶级的需要，反映着社会力发展的水平和人类认识自然的历史阶级'的观点。他以此为指导思想，运用史论结合方法，创作了《中国古代思想史》、《孔墨思

---

① 〔日〕秋泽修二：《东方哲学史》，汪耀三、刘执之译，生活书店，1939，第 14、21 页。
② 叶蠖生：《抗战以来的历史学》，《中国文化》1941 年第 3 卷第 2 期。

想》、《中国十七世纪思想史》等书。"① 这说明，苏联哲学界有关哲学史发展主线的理论，辗转成为中国思想史家指导自己研究的方法论依据。

以杨荣国的《中国古代唯物论研究》（1940 年）为例，全书旨趣就在从先秦诸子思想中"发现唯物论的哲学思想"，② 选取了春秋战国时代的老子、墨子、杨朱和荀子，后汉的王充，作为论述对象，认为他们是中国古代的"五大唯物论思想家"。杨著受中国社会长期停滞论的影响，也认为汉以后唯物论思想是少见的。在分析方法上，杨著注意分析哲学思想的社会背景和阶级背景，写道："春秋战国时代，学术思想之所以那么发达……这当然是由于铁制农具普遍使用后，封建的生产力特别发达，并且商业资本已在封建社会内部抬头起来为一大原因。这在下列各章里叙述诸唯物论哲学家的时代背景时，当作详明的阐述。"③ 中国古代许多哲人，他们的思想在本体论和认识论上前后矛盾，往往是"为了维护他们的阶级地位起见"，"终不能不以'神'或'上帝'来做最后的解决，企图以人们的意识来支配客观的存在，并且妄想以协调的方式来解决阶级间的矛盾，以致在基本上成了反动的落后的观念论者"。④

除了上述作品外，20 世纪 40 年代的许多思想史著述都吸纳了哲学史发展主线的思想。侯外庐的《中国古代思想学说史》（1942 年）作为当时思想史研究的经典著作，就是其中代表。在这部书中，作者总结中国哲学史发展的"富于理论教训的事实"时指出："中国古代哲学的发展，也和一般思想史的场合同样，而为唯物论本身的发展。"⑤ 同样地，杜国庠 1945年针对冯友兰所谓中国哲学的主流是"极高明而道中庸"的主张，撰文评论道："客观的史实所示：思潮的发展，确如社会阶级的代兴一样，唯物论与观念论也迭为盛衰，时有偏倚，或继承或批判，交织而成一条总流。其间实有一脉之潜通，但无道统的独霸。"⑥

从 1947 年起，由侯外庐、杜国庠、赵纪彬等合力撰写的《中国思想通史》陆续出版，至 1960 年 5 卷 6 册全部出齐，成为中国思想通史领域的

---

① 杨淡以：《忆父亲杨荣国在广西》，张谷、魏华龄主编《桂林文史资料·第36 辑·国立桂林师范学院实录》，漓江出版社，1997，第112 页。

② 杨荣国：《中国古代唯物论研究》，桂林写读出版社，1940，第1 页。

③ 杨荣国：《中国古代唯物论研究》，第1 页。

④ 杨荣国：《中国古代唯物论研究》，第9~10 页。

⑤ 侯外庐：《中国古代思想学说史》，文风书局，1944，第271 页。

⑥ 林柏（杜国庠）：《玄虚不是中国哲学的精神——评冯友兰〈新原道〉》，《杜国庠文集》，人民出版社，1962，第413 页。原载《群众》1945 年第10 卷24 期。

经典巨著。该书吸收相关作者有关中国思想史研究的著述成果，注意展现中国古代唯物论与唯心论的斗争主线。书中谈汉代异端思想时说："有正统思想的'法度'化和庸俗化，就会产生反抗正统思想的'异端'，这二者中间的对立，正如恩格斯说的，通过中世纪历史的延续中有一条红线贯注着，这基本上就是唯心主义和唯物主义的斗争。"① 这说明作者撰写该书时，是注意到唯物主义与唯心主义斗争这条贯串思想史的"红线"的。在后来回忆该书的撰写过程时，侯外庐更加明确地说道："我们一致认为，中世纪思想史，必须着重研究异端思想和正统儒学的斗争，无神论和有神论的斗争，唯物主义和唯心主义的斗争，表彰中国思想史上唯物论的光辉传统。正统儒学的代表人物可以说是现成的，而许多异端思想家、无神论思想家，唯物主义思想家，则有待我们发掘。"② 因此，全书挖掘了司马迁、王充、范缜、柳宗元、刘禹锡等一系列人物的唯物主义思想，为学界所称道和瞩目。

又如陈伯达 20 世纪 40 年代的诸子学研究，为学界所肯定，其研究旨趣也多在揭示中国古代的唯物论思想的发展，叶蠖生就对此有所评论，称言陈伯达的研究"从周秦诸子中揭发其辩证的、唯物的思想因素，证明这些思想本为中国所固有，虽然发展还不高，只是片断的东西"。③

与此同时，20 世纪 40 年代的苏联哲学界发生了一件大事。1947 年 6 月 16 日至 25 日，由联共（布）中央委员会书记日丹诺夫主持的亚历山大洛夫《西欧哲学史》全苏讨论会召开，斯大林也参加了这次会议。日丹诺夫在其长篇发言中批评该书"脱离唯物主义的阶级性和党性"，④ 并对哲学史做了一番新的表述，即："科学的哲学史，是科学的唯物主义世界观及其规律底胚胎发生与发展的历史。唯物主义既然是从唯心主义派别斗争中生长和发展起来的，那么，哲学史也就是唯物主义与唯心主义斗争的历史。"⑤ 比较前述所引的苏联和中国学界三四十年代有关哲学史发展主线问题的言论，日丹诺夫的上述围绕哲学史所做的所谓"新定义"，其实并不新鲜。但作为联共（布）中央委员会书记，以及斯大林委任的负责意识形态工作的代表，日丹诺夫的提法具有规范性意义。它意味着唯物、唯心两

① 侯外庐等：《中国思想通史》第 2 卷，人民出版社，1957，第 160 页。
② 侯外庐：《韧的追求》，生活·读书·新知三联书店，1985，第 281 页。
③ 叶蠖生：《抗战以来的历史学》，《中国文化》1941 年第 3 卷第 2 期。
④ 日丹诺夫等：《苏联哲学问题》，李立三译，新华书店，1950，第 19 页。
⑤ 日丹诺夫等：《苏联哲学问题》，李立三译，第 5 页。

军对垒的哲学发展主线论开始成为意识形态领域的红线，而不仅仅如以前的教科书所展示的那样，只是一个学术的指引。日丹诺夫的发言在当年便被李立三译成中文，次年出版，[①] 题名《日丹诺夫在讨论亚历山大洛夫所著〈西欧哲学史〉一书会议上的发言》，此后数年间陆续以单行本《论哲学史诸问题及目前哲学战线的任务》《日丹诺夫同志关于西方哲学史的发言》以及收录本《苏联哲学问题》等形式广为传播，行销十余版，对国内的思想史研究产生了重大影响。

通观抗战以后至新中国成立前的马克思主义中国思想史研究，人们围绕思想史叙述模式的认知更加注意凸显其内在演变理路，而唯物论与唯心论的斗争则契合历史唯物主义和辩证唯物主义的内在要求，被视作贯穿整个中国哲学史乃至思想史的主线，它在某种程度上也被化约为唯物论的发展史。它既是阶级社会两大对立阶级意识形态斗争的反映，也是辩证法对立统一规律、否定之否定规律在思想史进程中的反映。

四　余论

新中国成立后，中国思想史研究面临转型，马克思主义哲学在国内哲学界的指导地位有待确立，思想史研究也面临教科书化的任务。在这个过程中，恩格斯的哲学基本问题说、列宁的哲学党性说、日丹诺夫的哲学史定义，成为基本的学术资源。对此，马克思主义的"新哲学家""新史学家"因为有以前的基础和经验，接受起来并不困难。但非马克思主义的"旧哲学家""旧史学家"则经历了一个慢慢领会的阶段。他们积极与马克思主义者接触，参与哲学座谈会，在会上认真学习和讨论日丹诺夫的哲学史定义，草拟新的哲学课程提纲，并尝试用该定义指导中国哲学史、思想史的撰述。这样，在各类哲学、哲学史、思想史教科书，以及诸多研究著述中，以"两军对垒"为哲学史发展主线的叙事模式逐步构建起来，日丹诺夫哲学史定义也因此声名在外。

可见，中国思想史研究中"两军对垒"的撰述模式，是在各种哲学观点层层累积、补充、丰富的情况下，经由不同研究者逐渐建构起来的，故相关理论的源头实际并不唯一。虽然在新中国成立后，很多学者都将其源头追溯至日丹诺夫的有关言论，但早在 20 世纪 30 年代，先是苏联学者，

---

① 李立三：《论哲学史诸问题及目前哲学战线的任务》，华北新华书店，1948，编者前记。

而后是日本学者、中国学者，都曾提出过类似主张，还开展过大量的哲学史撰述实践。毛泽东更提出过"哲学中的两军对战"的说法。如果将眼光放远，甚至恩格斯、列宁就已经结合哲学史做过一些初步的说明。尽管日丹诺夫的定义在新中国哲学史研究中影响广泛，但也不应独当"两军对垒"模式的理论依据。只是它对新进马克思主义哲学史研究者的影响更为明显，尤其是在新中国成立之初的学术转型期。

多国学者都曾提出过类似于日丹诺夫定义的论断，这也说明，"两军对垒"模式是有着马列主义的理论依据的。它实际是由恩格斯的哲学基本问题、列宁的哲学党性问题推导出来的。张岱年曾言："应该指出，日丹诺夫关于哲学史对象的定义，是以列宁的学说为依据的。"① 如果说"两军对垒"模式的"远缘"在哲学基本问题的话，那么"近缘"则在哲学的党性问题。尤其在哲学的党性问题中，唯物主义和唯心主义的斗争被提升至路线斗争、阶级斗争和哲学基本派别斗争的高度，"两军对垒"模式成为其自然的推论，只不过有关描述更富于战斗性和绝对性。

"两军对垒"模式将哲学家及其思想根据时代、阶级区分为不同类型的唯物论和唯心论思想谱系，实际是哲学基本问题与阶级分析理论、社会形态理论相融合的产物，一度给哲学史研究提供了一个稳定的、可供效仿的分析框架和撰述模式。对于其优劣得失，前人多有评析。一般来说，肯定者认为它抓住了哲学史的主要线索、主要矛盾，肯定了唯物主义的地位和价值等；批评者则认为它忽略了哲学发展的统一性、继承性，未讲辩证法和形而上学的斗争，未给唯心主义以应有地位，存在简单化、片面化倾向，等等。当然，这种评价仍然是在马克思主义哲学的评价体系内做出的。

---

① 张岱年：《关于中国哲学史的范围、对象和任务》，《中国哲学史研究》1980 年第 1 期。

外国史学研究

斯特拉波《地理学》文本编纂初探*

武晓阳

（北京师范大学 史学理论与史学史研究中心，北京 100875）

摘 要：斯特拉波的《地理学》是西方古代留存至今篇幅最长、规模最大的地理学作品。它的研究对象宏大，涉及范围广阔、主题多样，描述内容丰富。尽管有学者认为斯特拉波仅是一位枯燥的资料汇编者，但其文本编纂显然也有自己的特点。在描述顺序上，斯特拉波承继前人对人类居住世界的描述顺序，以伊比利亚为起点，由西向东沿着人类居住世界的北部边缘至印度，又沿着人类居住世界的南部边缘折回，自东向西至利比亚；在编纂文本中采用"总—分"的方式，对每一地区的描述亦有比较固定的模式和内容；在具体编纂过程中注意文本内容的过渡衔接与关照呼应，呈现内容时"详""略"结合。斯特拉波在文本编纂方面的努力，使《地理学》文本形成一个有机联系的整体。有自身特色的文本编纂成为奠定《地理学》在西方地理学史上地位的不可或缺之因素。

关键词：斯特拉波 《地理学》 文本编纂

斯特拉波的《地理学》描述的是人类居住的世界，研究对象宏大，涉及范围广阔、主题多样，描述内容丰富，在此基础上形成了西方古代留存至今的篇幅最长、规模最大的地理学作品。学术界此前对斯特拉波及其《地理学》的研究在具体问题考证、专题及综合性研究方面取得了

---

* 本文系国家社会科学基金一般项目"斯特拉波思想与观念研究"（16BSS013）的阶段性成果。

丰硕的成果，[①] 但关于《地理学》的文本编纂，学术界少有专门探讨。斯特拉波如何在这样宏大的文本中呈现广阔的人类居住的世界，如何编纂这样的文本，值得我们思考。这对于我们更好地理解和认识《地理学》中所反映的当时人类居住的世界，对我们比较客观地评价斯特拉波及其《地理学》的价值与地位及文本形成的时间有所裨益。

一

古希腊人有描述地理学和数理地理学的传统。斯特拉波对人类居住世界的研究和认识，采用了描述的方法，而不是数理的方法。他以文字的形式呈现人类居住的世界，与托勒密等地理学家以经纬度数字的形式呈现世界的作品大有不同。斯特拉波及其作品代表了西方古代描述地理学的一个高峰。

古希腊人描述地理学的传统，源头可以追溯至米利都的地理学家赫卡泰。他"赋予地理学以文学的形式"，"创立了描述地理学"。[②] 他的《旅行记》则可以看作描述地理学的开山之作。在赫卡泰之后，希罗多德、卡利斯提尼、阿里斯托布鲁斯、欧尼西克里图斯、波利比乌斯和波塞冬尼乌斯等人，在地理学方面，其方法一脉相承，都沿袭了描述传统。[③] 斯特拉

---

① 代表性作品有：Daniela Dueck, *Strabo of Amasia*: *A Greek Man of Letters in Augustan Rome*, London and New York: Routlege, 2000; Daniela Dueck, Hugh Lindsay and Sarah Pothecary, eds. , *Strabo's Cultural Geography*: *The Making of a Kolossourgia*, Cambridge: Cambridge University Press, 2005; Daniela Dueck, ed. , *The Routledge Companion to Strabo*, London and New York: Routledge Taylor & Francis Group, 2017; Ronald Syme, *Anatolica*: *Studies in Strabo*, edited by Anthony Birley, Oxford: Clarendon Press, 2003; Aubrey Diller, *The Textual Tradition of Strabo's Geography*, *with Appendix*: *the Manuscripts of Eustathius' Commentary on Dionysius Periegetes*, Amsterdam: Adolf M. Hakkert Publisher, 1975; Katherine Clarke, "In Search of the Author of Strabo's Geography", *The Journal of Roman Studies*, Vol. 87 (1997), pp. 92 - 110; Lawrence Kim, "The Portrait of Homer in Strabo's Geography", *Classical Philology*, Vol. 102, No. 4 (October 2007), pp. 363 - 388; Sarah Pothecary, "Strabo the Geographer: His Name and Its Meaning", *Menemosyne*, Fourth Series, Vol. 52, Fasc. 6 (Dec. , 1999), pp. 691 - 704. 关于学术界对斯特拉波及其《地理学》的研究状况，此处不再赘述，参见武晓阳《斯特拉波"东方世界"探研》，北京师范大学出版社，2015，绪论。

② 〔法〕保罗·佩迪什：《古代希腊人的地理学——古希腊地理学史》，蔡宗夏译，葛以德校，商务印书馆，1983，第36页。

③ 〔法〕保罗·佩迪什：《古代希腊人的地理学——古希腊地理学史》，第44~49、81~88、115~120、133~141页。

波同样承继了希腊人的这一传统，并将它推向古代描述地理学的高峰，使《地理学》成为描述地理学领域的卓越代表。

斯特拉波描述人类居住的世界，承继了希腊地理学描述人类居住世界的顺序。他在绪论的"写作纲要"中明确指出了对人类居住世界各个部分的描述顺序：以欧罗巴最西端的伊比利亚为起点，沿着人类居住世界的北部边缘，自西向东，凯尔特地区，意大利地区，欧罗巴其余的地区，包括希腊半岛及地中海的诸岛，此后，由欧罗巴入亚细亚，沿着亚细亚北部延伸至巴克特里亚、索格迪亚；继而印度，锡兰；然后折向西方，描述阿里亚纳，格德罗西亚，苏萨，巴比伦，亚述，阿拉伯，埃及，埃塞俄比亚，最后描述斯特拉波所谓人类居住世界的最后一个大陆利比亚。[①] 斯特拉波在《地理学》第 3～17 卷中，正是按照这样的顺序展开描述。[②] 这样的描述顺序显然继承了希腊地理学描述顺序的传统。这样的描述顺序最早可追溯至伪西拉克斯，自他以降，"赫卡泰、埃弗勒、伪西姆罗斯和斯特拉波等的著作中都是如此"。[③] 斯特拉波对整个人类居住世界的描述，大体上继承了希腊人传统的描述顺序。

斯特拉波把人类居住的世界分为多个地区和不同的描述单元。这些地区和描述单元各有特点，斯特拉波在具体展开地理学描述时，常常会以沿岸航行为观察的基点（所用史料来自早期沿岸航行的观测者）。不过，在斯特拉波考察或游历过的地区，也常常以他的旅行线路为描述的顺序（如意大利、埃及等地区）。在遥远而西方人少有到达的印度，斯特拉波在不少地方是以亚历山大远征时的线路为描述顺序的。他在具体对每个地区和地理单元进行描述时，其内容大体包括：所要描述地区的地理位置、地区的边界、地理沿革、河流水系、山岳地形、物产资源、特色产品、区域内

---

① Strabo, *Geography*, with an English translation by Horace Leonard Jones, London, Cambridge: Harvard University Press, 1917, 2. 5. 27–33. 关于斯特拉波的《地理学》，本文采用哈佛大学 1917～1932 年出版的洛布古典丛书本，下文注释不再标注详细出版信息，按国际惯例标示引文出处的卷、章、节。

② 斯特拉波的《地理学》，前两卷为绪论；第 3～17 卷的描述顺序为伊比利亚、高卢、不列颠、意大利、其余的欧洲、色雷斯、马其顿、希腊、小亚细亚、印度、波斯、两河流域、叙利亚、阿拉伯、埃及、埃塞俄比亚和利比亚。

③〔法〕保罗·佩迪什：《古代希腊人的地理学——古希腊地理学史》，第 38～39 页。保罗·佩迪什说，伪西拉克斯的著作，"局限于描述地中海和好客海地区，以及直布罗陀海峡以外的个别地方。"他的描述"从赫尔克列斯之柱开始，沿着欧洲海岸直到博斯普鲁斯，围绕黑海一圈，然后从小亚细亚经过非洲北部海岸，再回到原来的出发地"。

生活的民族、风俗习惯、神话、城市、市镇和乡村，其间时常穿插与当地相关的历史事件，以及与罗马人的关系等内容。

二

斯特拉波在编纂文本时遵循一定的章法，常常采取"总—分"的撰写模式。从形式上看，斯特拉波的《地理学》共17卷，其中前两卷为绪论部分，梳理地理学学术史，阐释地理学的基本性质和相关理论、撰写地理学的原则，呈现人类居住世界的边界及制定该书的写作纲要等。前两卷是全书的"总纲"；第3卷至第17卷，分卷展开对人类居住世界各个地区和地理单元的描述，是对"总纲"的具体展开。从内容层面看，绪论第2卷第4章第26~33节中，已经列出人类居住世界各个部分的写作顺序和主要内容，而后面第3~17卷中各卷的内容，则是对写作纲要中内容的详细呈现。

斯特拉波在描述人类居住世界的每个部分或地理单元时，一般也采用"总—分"的模式。比如，《地理学》第3卷主要描述伊比利亚，斯特拉波在开卷第1节中"总"述伊比利亚地区大小、形状和总体特性，此后，"分"论伊比利亚地区各个部分的具体情况。第4卷主要描述山北凯尔特地区，在第1章第1~2节中"总"论山北凯尔特地区大小、范围、物产、居民、区域划分，而后"分"论山北凯尔特内部的各个地理单元。

在《地理学》第5卷第1章第1~3节中"总"论意大利的民族、形状大小、地区构成等情况，从第4节以降至第6卷结束，"分"论意大利各个部分的具体状况，并且在第6卷末尾还对意大利做总结性描述。第9卷第1章，斯特拉波在完成对伯罗奔尼撒半岛的描述后，在新一卷第一章中交代自己在接下来将要描述的地区和对象，即希腊的"第二座半岛"和"第三座半岛"。"接下去，我会描述与其相连的其它半岛。① 第二座半岛使美加里斯归属伯罗奔尼撒半岛，结果克罗米昂（Crommyon）归属于美加里斯人而不是科林斯人。第三座半岛，除了第二座半岛之外，还包含阿提卡、彼奥提亚、弗西斯的一个地区和埃皮克尼米狄亚·罗克里亚人（Epicnemidian Locrians）的一个地区。因此，我必须描述这两个部分。"② 斯特拉波随后即按照这一次序展开了具体描述。

---

① Strabo, *Geography*, 9. 1. 1.
② Strabo, *Geography*, 9. 1. 1.

　　在具体的章节中，斯特拉波也常用"总—分"的撰述方式，如在第5卷第4章中，斯特拉波先总述自己的描述顺序，"我以阿尔卑斯山附近的部落以及亚平宁山脉与它们相接的部分为描述的起点，之后，越过后者，论述这一侧的所有地区，即位于伊特鲁利亚海和亚平宁山脉折向亚得里亚海，延伸至萨姆尼特人与坎帕尼人（Campani）所在地区那部分之间的区域。因此，现在我将回过头来，论述生活在这些山中的部落，还要谈及生活在大山之外延伸到亚得里亚海沿岸地带的山麓丘陵和这一侧丘陵地带的部落。不过，我要以凯尔特的边界为起点进行描述。"① 而后具体分述各个部分。

　　《地理学》无论在全书的结构安排，还是在卷、章的具体内容呈现上，都采用的是"总—分"的撰述方式，这成为斯特拉波描述人类居住世界的重要撰述方式。

三

　　斯特拉波在描述人类居住的世界之过程中，每卷描述不同的地区或者同一地区的不同部分。在卷与卷之间，在同一卷的章与章之间，斯特拉波都注意衔接与过渡。为使撰写文本过程中不同卷之间平稳过渡，他在新一卷开始前，常会综括上卷内容，进而过渡到新一卷所要描述的主题上。

　　斯特拉波完成《地理学》前两卷绪论部分后，从第3卷开始，分地区具体描述人类居住的世界。他在第3卷开篇说道："既然我已经论述了地理学的总纲，那么接下来，我将探讨人类居住世界的几个部分。当然，我曾说过要这样做。②我认为，目前，我已完成了对论著的合理布局。不过，出于同样的原因，我仍然必须以欧罗巴为起点，并且必须以我起初开始描写的那些部分作为描述的起点。"他又道："正如我所说，欧罗巴的第一个部分位于西部，也即伊比利亚。"③ 斯特拉波把欧罗巴的伊比利亚作为描述人类居住世界的起点。在第3卷中，斯特拉波主要描述伊比利亚半岛及其周围的岛屿。在该卷末尾，他以高度概括的语言作结，"对于伊比利亚及其沿岸的岛屿，就谈这么多"。④ 而在第4卷开篇，斯特拉波又以过渡性语

① Strabo, *Geography*, 5. 4. 1.
② 见 Strabo, *Geography*, 2. 5. 4。
③ Strabo, *Geography*, 3. 1. 1-2.
④ Strabo, *Geography*, 3. 5. 11.

言导入对山北凯尔特地区的描述："依照顺序①，接着是山北凯尔特（Transalpine Celtica）②。我已经③简要地谈过这一地区的形状与大小。不过，现在我应详细地论述它。"④ 斯特拉波在第4卷第1章第1~2节总体上描述山北凯尔特地区的特点之后，就按照奥古斯都·恺撒对这一地区划分的四个部分展开描述。⑤

斯特拉波在第4卷中，主要描述山北凯尔特、不列颠及阿尔卑斯山本身的居民及状况，在本卷末尾，他仍以过渡性语言作结："那么，以上就是我谈的关于阿尔卑斯山的内容。"⑥ 第5卷，他以过渡、衔接之语，引入对意大利地区的描述，"过了阿尔卑斯山山丘地带，就进入现在意大利的地区"。⑦ 他在论述意大利之名的起源，意大利地区的形状、大小，不同部分的划分等内容之后，开始描述每个具体部分："对于意大利现在的整体状况，我就谈这么多，不过仅是以笼统的方式描述的。但接下去，我将回过头来，详细谈论几个部分的情况。首先需要谈到的是阿尔卑斯山山脚下的地区。"⑧ 第5卷以"从塞壬努塞到西拉里斯河（Silaris）的距离为260斯塔迪亚"⑨ 作结，第6卷继续描述意大利其余的地区，不过，在开篇也注意过渡性语言的使用："过了西拉里斯河口，就到了卢卡尼亚和詹森所修建的阿尔戈的赫拉（Argoan Hera）神庙，在此附近50斯塔迪亚之内，还会到达波塞冬尼亚。"⑩ 从第5卷开始直至第6卷第3章，是斯特拉波对整个意大利及其附近岛屿的描述，第6卷第4章两节内容是对描述意大利的总结。第4章第1节开篇高度总结此前两卷中描述的内容："事实上，

---

① 即在伊比利亚之后。
② 罗马人的"山北高卢"（Transalpine Gaul）。
③ Strabo, *Geography*, 2. 5. 28 和 Strabo, *Geography*, 3. 1. 3。
④ Strabo, *Geography*, 4. 1. 1.
⑤ 斯特拉波说，"奥古斯都·恺撒把山北凯尔特分为四个部分：他把凯尔特划入那尔旁提斯（Narbonitis）行省；至于阿奎塔尼，他沿用了先前恺撒（尤利乌斯·恺撒）的划分方法，不过增加了生活于加鲁姆纳河（Garumna）与里格尔河（Liger）之间民族的14个部落。他把其余的地区分为两部分：其中一部分包括卢格杜努姆（Lugdunum）及远至利努斯河上游的地区；而另一部分则是贝尔加（Belgae）……尽管我在此仅从总体上描述了整个外凯尔特地区（outer Celtica），但我将会分别概要地描述四个部分。我首先来描述那尔旁提斯。"（Strabo, *Geography*, 4 1. 1-2）
⑥ Strabo, *Geography*, 4. 6. 12.
⑦ Strabo, *Geography*, 5. 1. 1.
⑧ Strabo, *Geography*, 5. 1. 3.
⑨ Strabo, *Geography*, 5. 4. 12.
⑩ Strabo, *Geography*, 6. 1. 1.

这就是意大利的大小和特性。"① 接着，他从地理位置、丰富资源的角度论述"使罗马人在今天达到如此尊贵地位""最为重要的因素"并"对意大利以及控制意大利并把它作为运作普遍霸权基地的罗马人"，做了高度凝练的总结。②

第7卷开篇，采用总结此前第3~6卷内容的方式进行衔接与过渡："既然我已经描述了伊比利亚、凯尔特和意大利的部落，以及附近的海岛，那么我接下去将要谈到的是欧罗巴剩余的部分，我将以大家公认的方式划分它们。"它们包括：跨越莱茵河（Rhenus）延伸至塔奈斯河（Tanais）③与玛埃奥提斯④湖口的地区，还有位于亚德里亚斯（Adrias）⑤和本都海左侧之间、被伊斯特河（Ister）⑥横断并一直延伸到希腊和普罗旁提斯⑦的所有地区。⑧ 遗憾的是，第7卷后面涉及马其顿和色雷斯的内容已经佚失，尽管古典学者从梵蒂冈和帕拉丁摘要以及攸斯塔提乌斯（Eustathius）的注释中辑出，似乎也保存了绝大部分原始材料，⑨ 但我们已经无法看到斯特拉波在本卷末的总结了。

斯特拉波在第8卷第1章开篇说："我以回顾内海与外海之间欧罗巴西部所有地区作为我描述的开端。⑩ 既然我已经考察过远至塔奈斯河的欧罗巴所有蛮族部落，以及希腊的一小部分地区——马其顿⑪，现在我将描述希腊其余地区的地理状况。"⑫ 他先概述本卷的主要描述地区和对象，然后进一步介绍荷马、埃弗鲁斯、波利比乌斯、波塞冬尼乌斯、希帕库斯及其他古典作家有关本地区已有的研究成果或作品："荷马最先论述了这一主题。在他之后，有几位作家对此作了论述，其中一些人撰写了专著，比如《海港》（Harbours），或者《沿岸航行》（Coasting Voyages），或者《大

---

① Strabo, *Geography*, 6. 4. 1.

② Strabo, *Geography*, 6. 4. 1.

③ 顿河（Don）。

④ 阿卓夫海（Azof）。

⑤ 亚得里亚海。

⑥ 多瑙河。

⑦ 马尔马拉海（The Sea of Marmora）。

⑧ Strabo, *Geography*, 7. 1. 1.

⑨ Strabo, *Grography*, Loeb Classical Library, with an English translation by Horace Leonard Jones, London, Cambridge: Harvard University, 1924, books 6-7, p. 321.

⑩ 地中海和大西洋。

⑪ 见第7卷, Frag. 9, in Vol. Ⅲ。

⑫ Strabo, *Geography*, 8. 1. 1.

地概述》（*General Descriptions of the earth*）以及其他这类作品。在这些作品中，也含有对希腊的描述。也有人在他们自己普遍史的单独章节中，阐释了大陆的地形学，例如埃弗鲁斯和波利比乌斯。还有人在他们的物理学与数学论著中夹杂着关于这一主题的某些论述，例如波塞冬尼乌斯和希帕库斯。尽管对其他人的论述易于作出判断，但对荷马的论述需要进行批判地研究，因为他以诗歌的方式讲述了古代而非现在的事情，而过去的事情随着时间的流逝，已变得模糊不清了。尽管如此，我会竭力对此进行探究。"① 这些成果成为他进一步描述的基础。接下去，斯特拉波水到渠成地引入本卷将要描述的地区："我将在我中断的地方继续描述。在西方和北方，我的描述分别以埃培罗提斯（Epeirotes）和伊利里亚部落作结；在东方，以生活于马其顿以及远至拜占庭地区的部落作结。在埃培罗提斯人和伊利里亚人之后，紧接着是希腊民族：阿卡那尼亚人、埃托里亚人、欧佐利亚·罗克里亚人（Ozolian Locrians）；接下去是弗西亚人和彼奥提亚人。与这些民族所在地区相对，大海狭长港湾对面，是伯罗奔尼撒半岛，它和这些地区环绕着科林斯湾。它限定了海湾的形状，但自身的形状也为海湾所限定。在马其顿之后，是瑟萨利（延伸至马里亚人所在的地区）、地峡之外其余民族的所在地②，当然也包括地峡以内的那些地区。"③

斯特拉波在第《地理学》第 8 卷除了描述希腊地区的整体状况、民族和特性外，主要描述了伯罗奔尼撒半岛的各个部分和地区。在第 9 卷第 1 章开篇，他就说："我已经完成了对伯罗奔尼撒半岛的描述，正如我以前所说，④ 它是希腊第一座也是最小的一座半岛，接下去，我会描述与其相连的其他半岛。"⑤ 斯特拉波通过总结前一章的主要内容，顺利过渡到第 9 卷将要描述的主要地区和对象。他在行文中用"正如我以前所说"的表述方式观照前述内容，即他在第 8 卷开篇所谈到的对希腊地区的划分状况，"（伯罗奔尼撒半岛）是希腊第一座也是最小的一座半岛"，进而引出他在接下来的一卷中依次需要描述的第二座和第三座半岛。斯特拉波在编纂文本的过程中，非常注意这种表述方式和方法的运用，这也使得他在完成对伯罗奔尼撒半岛的描述后，"水到渠成"地转向对"第二座半岛"和"第

---

① Strabo, *Geography*, 8. 1. 1.
② 也就是地峡以北地区。
③ Strabo, *Geography*, 8. 1. 1.
④ Strabo, *Geography*, 8. 1. 3.
⑤ Strabo, *Geography*, 9. 1. 1.

三座半岛"的描述，也使《地理学》第 8 卷和第 9 卷之间过渡自然，结构紧凑。

第 10 卷仍然是对希腊地区的描述。第 9 卷第 5 章是对瑟萨利地区的描述。斯特拉波在第 10 卷开篇，也使用了过渡衔接的语言，"既然除了两侧的末端之外，① 攸波亚与从苏尼乌姆到瑟萨利的整个海岸平行相对，那么，我将对这座岛的描述与在论述埃托利亚和阿卡那尼亚（它们是欧罗巴还未描述的部分）之前已经描述过的地区联结起来，是合适的。"② 第 10 卷以对地中海中的波拉德斯群岛的描述作结。③

《地理学》第 3~10 卷，主要是对欧洲的描述，从第 11 卷开始，斯特拉波开始转向对亚细亚的描述。在第 11 卷开篇，斯特拉波以简洁的语言完成了描述主题区域的转变，他说："亚细亚与欧罗巴毗邻，它们以塔奈斯河为界。接下去，我要详述这一地区，为了清晰明了，首先按照某些天然界线对它进行区域划分。也即，我必须像埃拉托色尼对人类居住世界整体进行准确划分④一样，对亚细亚进行划分。"⑤ 第 12~17 卷，斯特拉波同样非常注意编纂过程中卷与卷之间的过渡。

在第 17 卷，斯特拉波再次以概述此前所描述内容的方式，完成了描述主题的过渡与转换，并介绍在本卷中将要描述的主要地区，即尼罗河附近的地区和人类居住世界的"最后一个部分"利比亚。他说："既然在对阿拉伯的描述中，我已经谈过深入阿拉伯并使之形成半岛的海湾——我指的是波斯湾和阿拉伯湾，同时还描述了埃及和埃塞俄比亚的某些部分——我指的是特罗格罗戴提斯人所在的地区和部分民族生活的地区，后者与前者相接并一直延伸，远达出产肉桂的地区。那么，现在我应当描述与这些部落相连的其余地区，也即尼罗河附近的地区。此后，我将论述利比亚，它是我的整部地理学作品中所剩的最后一个主题。"⑥ 第 17 卷第 3 章则主要描述利比亚。

斯特拉波完成对人类居住世界最后一个部分即利比亚的描述后，在第

---

① 也温泉关和苏尼乌姆海岬，它们位于与攸波亚相对应的末端——塞纳乌姆（Cenaeum）和格拉斯图斯（Geraestus）之外。

② Strabo, *Geography*, 10. 1. 1.

③ Strabo, *Geography*, 10. 5. 19.

④ 见 Strabo, *Geography*, 2. 1. 1。

⑤ Strabo, *Geography*, 11. 1. 1.

⑥ Strabo, *Geography*, 17. 1. 1.

17 卷第 3 章第 24 节中，以相当简洁的语言总括了自己的描述工作："那么，这就是我们人类居住世界不同部分的分布状况。"① 他以罗马人在欧罗巴、亚细亚、利比亚"三个大陆"中占据着最优部分、居于主导地位和奥古斯都对罗马治下行省的划分与管理为《地理学》全书的结尾。

斯特拉波不仅注意卷与卷之间的过渡，还重视卷内章与章之间的过渡。试以以下几例观之。斯特拉波在第 6 卷第 2 章完成对西西里岛及其附近岛屿的描述后，以"对群岛就谈这么多"② 作为结语。第 3 章开篇，以过渡性语言"既然我已经详细研究过古老意大利远至美塔旁提乌姆的地区，我也必须谈及与它们相邻的地区。伊亚皮吉亚与它们相接"，③ 将描述主题转移至伊亚皮吉亚。斯特拉波在第 9 卷第 5 章主要描述瑟萨利地区，他在第 9 卷第 4 章末尾第 18 节中为接下去描述瑟萨利地区作铺垫："现在希腊人最大、最古老的混合区是瑟萨利人混合区。瑟萨利人部分地由荷马、部分地由其他几位作家进行了描述……但是，我必须以瑟萨利为开端进行描述，忽略诸如非常古老、富于神话色彩、多半难以达成共识的事情，正如我在其他所有情况下所做的那样，讲述那些适合于我创作目的的内容。"④

第 10 卷第 2 章主要描述阿卡那尼亚人，在该章最后一节（第 26 节），斯特拉波总结道："对于阿卡那尼亚人的具体描述就谈这么多。"⑤ 并说："现在我应该从整体上谈谈他们的历史，描述他们与埃托利亚人相互交织的历史，接下去，则叙述埃托利亚人的历史，增加我认为最有益于我先前描述的内容。"这为接下来的第 3 章描述埃托里亚人作了铺垫。在本卷第 4 章开篇，他采用综括此前所述内容并引入将要描述主题的方法，完成了前章与后章的衔接与过渡。斯特拉波说："既然我已经详细描述了伯罗奔尼撒半岛的岛屿，其中不仅包括其他的岛屿，而且包括在科林斯湾中以及位于它前方的岛屿，接下来，我需要论述克里特岛（因为它也属于伯罗奔尼撒半岛）及其附近的一些岛屿。其中，有基克拉泽斯群岛和斯波拉德斯（Sporades）群岛，有些岛屿值得述及，而有些则不太重要。"⑥

---

① Strabo, *Geography*, 17. 3. 24.

② Strabo, *Geography*, 6. 2. 11.

③ Strabo, *Geography*, 6. 3. 1.

④ Strabo, *Geography*, 9. 4. 18.

⑤ Strabo, *Geography*, 10. 2. 26.

⑥ Strabo, *Geography*, 10. 4. 1.

斯特拉波在描述人类居住世界的过程中，常常会观照前后描述的内容，文本撰写，前后呼应，形成联系紧密的整体。他不断以"我将在对××的描述中谈到它（它们）""我随后会讨论它（它们）""如我以前所说""我已经说过""回顾以前所述"等表述方式，既提请读者注意，又使文本有比较强的关联性。

斯特拉波在撰写文本的过程中，常常提前铺垫此后需要撰写的内容。我们以斯特拉波在第 8 卷中的相关描述为例予以说明。第 8 卷中，斯特拉波谈道："珀罗普斯的儿子特罗兹恩和皮特图斯（Pittheus）都来自皮萨提斯；前者留下了以他的名字命名的城市，后者继承了他的王位成为这里的国王。但是先前占据这里的安提斯人（Anthes）起帆远航，建立了哈里卡那苏斯（Halicarnassus）。但关于这一点，我将在对卡里亚和特洛伊的描述中谈到①。"② 斯特拉波在第 9 卷第 1 章第 22 节中说："从苏尼乌姆到攸波亚南端海岬［被称为鲁克·阿克特（Leucê Actê）］的航程为 300 斯塔迪亚。我随后会讨论攸波亚。"③ 而接下来一卷即第 10 卷的第 1 章，就是斯特拉波所要重点描述的攸波亚。④

斯特拉波在撰写文本时，不仅常常提前铺垫此后需要撰写的内容，而且会在后文中呼应前文。如他在第 8 卷第 5 章第 5 节中说："在赫拉克莱德人返回时，菲罗诺姆斯（Philonomus）叛投多里安人，亚该亚人从拉高尼亚迁移至伊奥尼亚，直到今天，这一地区仍然被称为亚该亚。不过，我将在对亚该亚的描述中谈及他们⑤。"⑥ 而在同一卷第 7 章第 1 节中，斯特拉波进行了呼应："当赫拉克莱德人变得强大时，俄瑞斯忒斯（Orestes）的儿子提萨美努斯（Tisamenus）争取到亚该亚人的支持，如我以前所说，⑦他们进攻了伊奥尼亚人，事实证明，他们比伊奥尼亚人更强大。"⑧ 又如，斯特拉波在第 16 卷第 1 章第 25 节中说："据说特里普托勒姆斯（Triptolemus）的儿子高尔戴斯（Gordys）定居在高尔戴纳（Gordyenê），后来埃勒特里亚人（Eretrians）也生活在这里，他们遭到了波斯人的驱逐。

① Strabo, *Geography*, 14. 2. 16.

② Strabo, *Geography*, 8. 6. 14.

③ Strabo, *Geography*, 9. 1. 22.

④ Strabo, *Geography*, 10. 1.

⑤ Strabo, *Geography*, 8. 7. 1.

⑥ Strabo, *Geography*, 8. 5. 5.

⑦ Strabo, *Geography*, 8. 5. 5.

⑧ Strabo, *Geography*, 8. 7. 1.

然而，至于特里普托勒姆斯，我很快将在对叙利亚人的描述中作清晰的说明。"① 他在第 16 卷第 2 章第 5 小节中又说："尼卡特还把我此前不久曾提到过的特里普托勒姆斯的后裔迁居至此。正因如此，安提奥卡亚人把他当作英雄敬拜，并在塞琉西亚附近的卡西乌斯（Casius）山上为他庆祝节日"。② 斯特拉波的写作，常常前文铺垫后文，后文观照前文，前后呼应，浑然一体。

在第 9 卷描述彼奥提亚时，斯特拉波表示："这一侧朝向北方，从奥罗皮亚（Oropian）地区向西延伸至美加里斯——我指的是阿提卡的山区，它有许多名字，是彼奥提亚和阿提卡的分界线。因此，正如我以前所说，③彼奥提亚两面临海，形成了上述第三座半岛的一个地峡，这个地峡包含朝向伯罗奔尼撒半岛的地区，即美加里斯和阿提卡。"④ 在谈及奥尔米尼乌姆（Orminium）时，他说："现在奥尔美尼乌姆位于皮立翁山脚下帕伽西提克湾附近，曾是德米特里亚斯殖民地的一座城市，我已经对此有所论述⑤。"⑥

在第 9 卷第 2 章开始描述彼奥提亚之前，回顾此前已经描述的内容，为读者提供更清晰的背景和知识。斯特拉波说："当讨论这一地区（彼奥提亚）及与之相连的部落时，为使论述清晰明朗，我必须回顾我以前所述。⑦ 如我以前所言，从苏尼乌姆到提萨罗尼塞亚的海岸向北延伸，略微向西倾斜，并始终位于大海的西侧。俯瞰着这一海岸的地区朝向西方，呈带状延伸的部分互相平行，穿越整个地区。在这些部分中，首先是阿提卡和美加里斯——呈带状延伸的地区，它的东侧是从苏尼乌姆延伸至奥洛普斯和彼奥提亚的海滨地区；它的西侧是地峡和阿尔塞尼亚（Alcyonian）海，它从帕加埃延伸至克鲁萨（Creusa）附近彼奥提亚的边界地区；它的其余的两侧是从苏尼乌姆到地峡的海岸地带以及与阿提卡和彼奥提亚边界线大体平行的山区。"⑧ 他在介绍已经描述的相关内容之后，再引入对彼奥提亚的描述，呈现它的大小，指出它的特性，"在这些部分中，其次是彼奥提亚。它自东向西呈带状延伸，从攸波亚海延伸到克里萨亚湾所在的大

① Strabo, *Geography*, 16. 1. 25.
② Strabo, *Geography*, 16. 2. 5.
③ Strabo, *Geography*, 9. 1. 1；8. 1. 3.
④ Strabo, *Geography*, 9. 1. 3.
⑤ Strabo, *Geography*, 9. 5. 15.
⑥ Strabo, *Geography*, 9. 5. 18.
⑦ Strabo, *Geography*, 2. 5. 21；7. 7. 4；9. 1. 2.
⑧ Strabo, *Geography*, 9. 2. 1.

海，其长度大体上与阿提卡相当，或者也许略小于后者的长度；然而，它的土壤远比阿提卡的土壤肥沃。"①

关于底格里斯河和幼发拉底河的流程及其形成的美索不达米亚平原，斯特拉波在绪论的第 2 卷中已经谈到过，在第 11 卷第 14 节中描述两条大河的流程时，再次提到前述内容，进行呼应。"底格里斯河在发源于尼发提斯山（Niphates）附近的山区以后，穿过阿尔塞纳湖（Arsenê）。因其水流迅疾，河水并未与湖水混合。底格里斯河由此得名，'箭'在米底语中就是'底格里斯'……它开始向欧皮斯（Opis）和人们所说的塞米拉米斯（Semiramis）城墙奔流，并将高尔狄亚人（Gordiaeans）和整个美索不达米亚平原置于它的右侧。与此相反，幼发拉底河使这一地区位于它的左侧。它们彼此接近，形成了美索不达米亚平原。前者流经塞琉西亚（Seleuceia）注入波斯湾；后者则穿过巴比伦流入波斯湾，我在对埃拉托色尼和希帕库斯②的批驳中，已经谈到了这一点。"③ 斯特拉波在第 16 卷第 1 章中描述幼发拉底河与底格里斯河的发源、流程及吸纳冰雪融水的情况时的说法，呼应了他在第 11 卷第 12 章第 3 节以及第 14 章第 2 节的内容："底格里斯河吸纳了巴比伦尼亚附近、亚美尼亚最南端的冰雪融水，它的水量并不大，因为这些冰雪融水源自南侧，与幼发拉底河相比，这条河也因此会更少泛滥。幼发拉底河吸纳了两部分的冰雪融水，并且不仅吸纳一座山上的融水，还吸纳了许多座山上的融水，对此，我在描述亚美尼亚时已经说得很清楚了。"④

从整个《地理学》文本看，斯特拉波在描述人类居住的世界、编纂《地理学》的过程中，非常重视文本内容前后呼应、联系紧密；文本不同层次内容的衔接与过渡则贯穿《地理学》文本始终。

四

斯特拉波在《地理学》中所要描述的是人类居住的世界，范围广阔，每一个区域不可能均衡用力，他在编纂《地理学》文本时体现出显著的"详""略"结合的特点。

---

① Strabo, *Geography*, 9. 2. 1.

② Strabo, *Geography*, 2. 1. 27.

③ Strabo, *Geography*, 11. 14. 8.

④ Strabo, *Geography*, 16. 1. 13.

斯特拉波根据古代传统把人类居住的世界划分为三个部分，即欧罗巴、亚细亚和利比亚。① 但对这三个部分的描述，分量上相差很大。《地理学》第3~17卷具体描述人类居住的世界，其中第3~10卷共8卷描述欧罗巴；第11~17卷的前两章描述亚细亚，而仅有第17卷第3章部分内容共23节13000多字论述利比亚。显然，在对人类居住世界的描述中，欧罗巴所占分量最重，而对希腊和意大利地区的描述更是占了5卷内容，分量之重是其他地区所不能比的；亚细亚次之，利比亚所占分量最轻。在描述分量上之所以有这样的差别，斯特拉波有自己的考量和安排。

斯特拉波在描述利比亚时明确指出："著作家根据大陆划分人类居的住世界，将其分为不同的部分，因为三分，就意味着划分为三个相等的部分。利比亚与成为人类居住世界的第三个部分相差甚远，即使把它与欧罗巴合在一起，似乎也无法与亚细亚相匹敌。或许它的面积甚至比欧罗巴还小。它的实力也大为逊色，因为内陆和海岸的大部分地区都是沙漠，其间点缀着一些小而分散的居住地，在那里活动的大部分也是游牧民。"② 一方面，利比亚在面积和实力方面与亚细亚和欧罗巴的巨大差距，让它并没有获得同等的关注。另一方面，斯特拉波及其他古典作家对这一地区的了解有限，斯特拉波甚至说，关于利比亚"顶点"（斯特拉波说利比亚的形状呈直角三角形）的地区，"我仅能以推测言之，因为那里难以到达，我甚至无法说出它的最大宽度。"③ "对于阿蒙神庙和绿洲以上远至埃塞俄比亚的地区，我们同样一无所知。我们无法确定埃塞俄比亚或者利比亚的边界，甚至不能准确判断与埃及相接地区的边界，更不用说与大洋相邻的地区了。"④

而欧罗巴则完全不同，它在人类居住的世界中占据着最重要的位置，斯特拉波丝毫不掩饰他的赞美之情。这在他的描述中体现得淋漓尽致："它不仅形式多变，享有大自然赋予的培育杰出人才、造就优秀政府的有利条件，而且以它的大部分优良而丰富的资源供给其他大陆。除了一小部分地区因寒冷而不适合居住外，它在整体上都适宜居住。""在欧罗巴可以居住的部分，寒冷的山区因自然条件限制，当地居民过着悲惨的生活。然

---

① Strabo, *Geography*, 17. 3. 1. 这种划分方式，和我们现在所熟知的亚欧非三州的划分方式不同。

② Strabo, *Geography*, 17. 3. 1.

③ Strabo, *Geography*, 17. 3. 1.

④ Strabo, *Geography*, 17. 3. 23.

而即使贫困和抢劫活动频发的地区，一旦有了优秀的管理者，都会变得文明起来。""整个欧罗巴平坦而气候温和，存在与她合力实现这些目标的天然条件。在大自然赐福的国家，所有一切都趋向安宁，在不友好的国家，所有一切都倾向使人好战与勇敢。因此，两种类型的国家可以相得益彰，后者可以为前者提供军事援助，前者可以用农产品、艺术和性格塑造来帮助后者。""整个大陆山脉与平原相间，结果在它的整个区域，农业与文明因素和好战因素比肩而立，但在这两种因素中，爱好和平的因素占据了优势，因此它支配着整个大陆；并且，处于领导地位的民族——起初是希腊人，随后是马其顿人和罗马人——进行了控制与经营。因此之故，无论在战争还是和平（问题上），欧罗巴都保持着最大限度的独立；因为她既有充裕的好战居民，又有大量的人口从事农耕，这保证了她的城市安全。""在出产优良水果、生活必需品和所有有用的金属方面，她也是首屈一指，但她也从外国输入香料和宝石——它们使缺乏它们的人们与在这方面充裕的人们完全一样幸福。因此，除了缺少野生动物外，欧罗巴提供了种类众多、数量丰富的家畜。"① 欧罗巴之所以受到如此重视，从斯特拉波对它赞颂的文字中可以找到答案。

　　斯特拉波对人类居住世界的中心地区描述得详细，边缘地区描述略简略；明显的例子是对莱茵河以外的地区、爱尔纳、图勒等的描述。按照斯特拉波的说法，图勒甚至在人类居住世界的边缘之外，而"我的职责是描述我们自己的人类居住世界的状况"，② 并且地处人类居住世界边缘的地区，价值不大，不值得关注，斯特拉波对不列颠地区的描述很能说明问题。他说："就政府的目的而言，了解这样的地区及其居民并无益处，如果人们生活的海岛因与外界隔离而无论如何都不会损害或者有益于我们，其状况尤其如此。罗马人尽管能够占据不列颠，却不屑于这样做，他们明白，不列颠人根本不会对自己构成威胁（他们不会强大到渡过海峡来攻击我们），占领并控制他们的地区不会带来与之相应的利益。就目前来看，如果我们扣除维持一支守卫岛屿、征收贡物的军队的费用，似乎收入更多地来自他们的商业税收，而并非贡物。这种占领而无利可获的情形，在不列颠周围的岛屿表现得更为突出。"③ 按照斯特拉波的说法，对国家无利、

---

① Strabo, *Geography*, 2. 5. 26.
② Strabo, *Geography*, 2. 5. 13.
③ Strabo, *Geography*, 2. 5. 8.

没有价值的地方，当然不值得去占领，也不值得给予过多的关注，他自然也不会予以详细描述。

斯特拉波在描述人类居住世界的每一部分时，也有"详"与"略"的区别。人们熟知的地区或城市、与重要历史事件相关的地方、在罗马统治当下发挥重要作用的地方或城市、与著名神话相连的地方，尤其是与《荷马史诗》内容相关的地点，无疑都是斯特拉波详细描述的对象。斯特拉波对于罗马城、埃及亚历山大城的详细描述就是典型例子。斯特拉波用 6 节近 4000 字的篇幅来描述埃及亚历山大城及相关内容。而有关罗马城建城的历史、天然优良的环境及对城市自身的描述，斯特拉波用了 4300 余字。斯特拉波用这么大的篇幅描述两座城市，足见对它们的重视程度。而他对部分地区的城市仅仅是罗列名字而已。描述中不均衡用力、"详""略"结合，成为斯特拉波编纂《地理学》文本的显著特点之一。

斯特拉波《地理学》的地位存在争议，有学者认为斯特拉波仅是一位枯燥的资料汇编者。尽管斯特拉波大量使用了前人的资料，但不可否认，他的《地理学》文本编纂，也有自己的特色。在描述上，斯特拉波承继前人对人类居住世界的描述顺序，以伊比利亚为起点，沿着人类居住世界的北部边缘由西向东至印度，之后又沿着人类居住世界的南部边缘折回，自东向西至利比亚；文本中采用"总—分"的模式，对每一地区的描述也有比较固定的模式和内容；在具体编纂过程中注意文本的过渡衔接与观照呼应，呈现内容时不均衡用力、"详""略"结合。斯特拉波在文本编纂方面的努力，让西方古代留存至今的篇幅最长、规模最大的地理学作品形成了一个有机联系的整体。而有特点的文本编纂成为奠定斯特拉波及其《地理学》在西方地理学史上地位的不可或缺的因素。

14—16 世纪普鲁士历史书写探析

刘嘉仁

（北京师范大学历史学院，北京　100875）

摘　要： 自 13 世纪末条顿骑士团征服普鲁士地区以来，普鲁士地区便长久处于条顿骑士团的统治之下。条顿骑士团起初一直作为一个宗教机构存在，1525 年转型成为波兰治下的普鲁士公国并进行了宗教改革，"普鲁士"从一个被征服地区的名字变成一个世俗化国家的名称。在这一历程中，条顿骑士团和普鲁士公国的历史书写经历了阶段性变化。在条顿骑士团早期史学中，普鲁士作为被征服对象出现；在条顿骑士团人文主义史学中，普鲁士成为有起源历史的叙述主体；随着普鲁士公国的建立，强调普鲁士独立性的国家历史正式开启。从历史书写中可见，最早记录普鲁士地区的编年史中并没有与普鲁士相关的民族认同感。随着条顿骑士团在普鲁士统治情况的变化，普鲁士历史书写中关于普鲁士的身份认同不断加强，体现了历史书写与其所处现实之间的张力。

关键词： 条顿骑士团　普鲁士公国　历史书写

1871 年，普鲁士王国统一了德意志并建立了德意志帝国，此后有关普鲁士的一切都与统一的德国紧密相连。德国民族主义史家将从条顿骑士团开始到普鲁士公国、勃兰登堡-普鲁士和普鲁士王国的历史，统一纳入他们所构建的宏大的民族主义叙事图景之中。但是，普鲁士最初并非德国的本土区域。条顿骑士团征服普鲁士地区后，将统治重心逐渐转移到此，直到 1525 年条顿骑士团转变为世俗化的普鲁士公国，普鲁士才开始成为一个政权的名称。从被征服者到近代德国精神和文化的代名词，普鲁士的早期历史与它后来在大众心目中的形象有着巨大差异。在 14～16 世纪条顿骑士团和普鲁士公国的史学作品中，关于普鲁士的形象和身份认同随着历史发展而变化，研究这一时期普鲁士的历史书写，对于认识早期普鲁士的历史具有重要意义。

德国史学界对条顿骑士团和普鲁士公国的史学研究有着悠久的传统。最早对条顿骑士团史学进行全面研究的学者是马克斯·特彭（Max Töppen），他于 1853 年出版的《从杜斯堡到许茨的普鲁士史学史》① 是最早关于 14～16 世纪普鲁士史学史的研究专著，他与其他学者合作主编的《普鲁士史料集》②是研究普鲁士史学重要的文献基础。二战后，关于普鲁士历史的研究越来越多元化，对于早期普鲁士史学的研究明显增多，视野也更为广阔。于尔根·萨尔诺夫斯基（Jürgen Sarnowsky）③ 和埃迪特·法伊斯特纳（Edith Feistner）④ 专门研究了在早期普鲁士编年史中作为"他者"形象出现的普鲁士人。乌多·阿诺尔德（Udo Arnold）⑤ 和诺伯特·克斯肯（Norbert Kersken）⑥ 则聚焦于从骑士团到世俗国家转型时期的普鲁士史学。这些研究虽然对了解早期普鲁士史学的发展有很高价值，但多集中在 16 世纪。对于 14～16 世纪普鲁士早期发展史及其特点缺少整体研究。目前国内学界对这一时期的普鲁士历史鲜有提及，对条顿骑士团和普鲁士公国的史学尚未有研究。

---

① Max Töppen, *Geschichte der Preußischen Historiographie von P. v. Dusburg bis auf K. Schütz*, Berlin: Wilhelm Hertz, 1853.

② Theodor Hirsch, Max Töppen und Ernst Strelke（Hg.）, *Scriptores rerum Prussicarum: die Geschichtsquellen der preussischen Vorzeit bis zum Untergange der Ordensherrschaft*, 5 Bände, Leipzig: S. Hirzel, 1861 – 1874. Udo Arnold（Hg.）, *Scriptores rerum Prussicarum: die Geschichtsquellen der preussischen Vorzeit*, Band 6, Frankfurt am Main: Minerva GmbH, 1968.

③ Jürgen Sarnowsky, "Das Bild der 'Anderen' in der frühen Chronistik des Deutschordenslandes Preußen", in Steffen Patzold, Anja Rathmann - Lutz und Volker Scior（Hg.）, *Geschichtsvorstellungen. Bilder, Texte und Begriffe aus dem Mittelalter*, Köln: Böhlau Verlag GmbH & Cie, Wien Köln Weimar, 2012, S. 224-252.

④ Edith Feistner, "Vom Kampf gegen das 'Andere'. Pruzzen, Litauer und Mongolen in lateinischen und deutschen Texten des Mittelalters", *Zeitschrift für deutsches Altertum und deutsche Literatur*, Bd. 132, H. 3, 2003, S. 281-294.

⑤ Udo Arnold, *Studien zur preussischen Historiographie des 16. Jahrhunderts*. Bonn: Rotaprint Universität Bonn, 1967.

⑥ Norbert Kersken, "Aspekte des preußischen Geschichtsdenkens im 16. Jahrhundert", in Udo Arnold, Mario Glauert und Jürgen Sarnowsky（Hg.）, *Preußische Landesgeschichte. Festschrift für Bernhart Jähnig zum 60*, Marburg: Elwert, 2001, S. 439-456.

14~16 世纪的普鲁士，经历了从条顿骑士团到普鲁士公国的转型，其历史书写在不同的历史时期也呈现出不同的特点。本文拟将历史发展与历史书写结合分析，探究这个时期从骑士团史学到普鲁士国家史学中普鲁士的形象和身份认同的变化，揭示普鲁士历史发展与历史书写之间的互动关系。

一 条顿骑士团视角下的异教普鲁士

第三次十字军东征期间，德意志十字军在攻打阿卡时损失惨重，一些来自不来梅和吕贝克的十字军战士和商人决定组建自己的医院修会，专门照料德意志伤员。1198 年，教皇克雷芒三世（Clemens Ⅲ，1187-1191 年在位）颁布了新的特许状，批准了这个医院修会改为军事修会的申请，他的继任者英诺森三世（Innocent Ⅲ，1198-1216 年在位）则要求这一修会成为一个骑士团。1226 年，在大团长赫尔曼·冯·萨尔察（Hermann von Salza，1210-1239 年在位）的领导下，条顿骑士团开始了对普鲁士地区①长达半个世纪的征服，在占领普鲁士地区后，将其统治中心逐渐转移至此。

关于条顿骑士团，最早的历史作品来自《条顿骑士团章程》（以下简称《章程》）。② 有学者考证这份章程的成文时间不早于 1244 年，③《章程》分为"序言""规则""法律"和"习俗"四个部分。就骑士团而言，《章程》本身就体现了骑士团的自我认知。《章程》中"序言"的开始部分以《条顿骑士团起源报告》④ 为基础，这份报告最早的出现时间约在 1204

---

① 普鲁士的地理概念在中世纪早期就已经存在，从杜斯堡开始，条顿骑士团的编年史就有对普鲁士地区范围进行界定的传统。杜斯堡将普鲁士分为 11 个区域，每个区域各自有一个占主导地位的部落。普鲁士的土地沿着波罗的海海岸线，从东北方的梅梅尔河延伸到西南方的维斯瓦河，与立陶宛、沃里尼亚、马佐夫舍和波美拉尼亚毗邻。

② Max Perlbach（Hg.），*Die Statuten des deutschen Ordens，nach den ältesten Handschriften*，Halle：Max Niemeyer Verlag，1890. Udo Arnold（Hg.），*Scriptores rerum Prussicarum：die Geschichtsquellen der preussischen Vorzeit*，Band 6，Frankfurt am Main：Minerva GmbH，1968，S. 22-34.

③ Max Perlbach（Hg.），*Die Statuten des deutschen Ordens，nach den ältesten Handschriften*，S. 47.

④ "Narratio de primordiis ordinis Theutonici（Bericht über die Anfänge des Deutschen Ordens）"，in Marian Tumler（Hg.），*Der deutsche Orden im Werden，Wachsen und Wirken bis* 1400 *mit einem Abriss der Geschichte des Ordens von 1400 bis zur neuesten Zeit*，Wien：Panorama，1955，S. 579-582.

年到 13 世纪中叶之间,① 它被认为是条顿骑士团史学的开端,是关于条顿骑士团起源最重要的原始资料。它描述了北德意志商人在 1190 年建立医院,之后在霍亨施陶芬王朝的推动下不断壮大,以及后来转变为条顿骑士团的过程。"序言"之后的内容将骑士团的历史与《圣经》联系起来,将用"骑士精神对抗不信教者"追溯到《圣经》中亚伯拉罕为他被俘虏的侄儿罗得而战的记载,② 明确了骑士团的任务,"上帝是教会的守护者,现在这些最近的地方需要更多的守护者",③ "骑士团发誓要遵守上帝的诺言和信条,为了基督徒本应拥有的圣地而奋斗",④ "骑士团是为了神圣的教会的利益而存在的"。⑤《条顿骑士团章程》虽然不是史学作品,但有重要的史料价值,条顿骑士团的身份认同也是基于《章程》建立的。此时的条顿骑士团没有强调自己与地域、民族相关的身份,强调的是宗教身份。

在被骑士团征服之前,由部落组成的普鲁士民族并没有留下自己的历史书写。关于"普鲁士"这个民族的历史最早见于骑士团的历史记录,在骑士团的早期历史中,普鲁士人是作为敌人以"他者"的形象存在的。虽然骑士团编年史家对普鲁士人的描述很可能不符合实际情况,他们的记载可能存在偏见,但是我们目前仅能从他们的著作中了解被征服前的普鲁士地区的情况,条顿骑士团早期的编年史是我们探讨骑士团与普鲁士二者之间关系如何发展变化的重要史料。

条顿骑士团最重要的编年史作品是彼得·冯·杜斯堡(Peter von Dusburg,约 13 世纪下半叶至 14 世纪下半叶)于 1326 年完成的用拉丁语写作的《普鲁士编年史》。⑥ 它记述了 13 世纪和 14 世纪初条顿骑士团对普鲁士人的征服。这部作品被称为"普鲁士古史最重要的纪念碑",⑦ 一度成为骑士团史学作品的创作基础,是后世诸多普鲁士史学作品的史料来源。杜

---

① Udo Arnold, "Die Anfänge der Ordensgeschichtsschreibung", in Bernhart Jähnig, Arno Mentzel-Reuters (Hg.), Neue Studien zur Literatur im Deutschen Orden, Stuttgart: S. Hirzel, 2014, S. 179.

② Udo Arnold (Hg.), *Scriptores rerum Prussicarum*, Band 6, S. 32.

③ Udo Arnold (Hg.), *Scriptores rerum Prussicarum*, Band 6, S. 33.

④ Udo Arnold (Hg.), *Scriptores rerum Prussicarum*, Band 6, S. 32.

⑤ Udo Arnold (Hg.), *Scriptores rerum Prussicarum*, Band 6, S. 34.

⑥ Peter von Dusburg, übers. u. erl. von Klaus Scholz u. Dieter Wojtecki, *Peter von Dusburg Chronik des Preussenlandes*, Darmstadt: Wissenschaftliche Buchgesellschaft, 1984.

⑦ Max Töppen, *Geschichte der Preußischen Historiographie von P. v. Dusburg bis auf K. Schütz*, S. 15.

斯堡在编年史开篇的献辞信中说明，这部编年史是在 1326 年提交给大团长维尔纳·冯·乌泽尔（Werner von Ursel, 1324-1330 年在位）审阅的，揭示了这部作品的官方性质。① 杜斯堡叙述的主题是条顿骑士团对异教的普鲁士人和立陶宛人的战争。在杜斯堡的描述中，普鲁士人在被骑士团征服之前是敌对的异教徒，杜斯堡从基督徒视角列举了普鲁士人典型的异教徒的暴行，例如普鲁士的苏道恩部落为了减少人口而杀害女婴和迫害妇女。② 双方的战斗也被描述成善良的基督徒与邪恶的异教徒的对立。但同时普鲁士人的形象也具有矛盾性，罗韦尔（S. C. Rowell）将杜斯堡对普鲁士人的矛盾性的叙述与塔西佗对日耳曼人形象的描述进行了对比，他认为，就如塔西佗将日耳曼人描述为腐朽的罗马人的榜样一样，杜斯堡也强调了普鲁士人的积极方面。③ 杜斯堡的记述中不乏对普鲁士人朴素的衣着、低物质欲望的生活方式的记录，他赞扬普鲁士人勇敢的美德，字里行间透露着对这些异教徒的怜悯之情。虽然此时还谈不上骑士团的衰落或其理念的消亡，但这也是杜斯堡对与过去相比纪律遭到破坏的条顿骑士团的警告。

在这部编年史完成之际，条顿骑士团正处于内外的压力之下：法国国王菲利普四世试图废除所有的骑士团，条顿骑士团面临与里加大主教的争执、与波兰关于波美拉尼亚地区的争夺等外部危机；同时，12 世纪末 13 世纪初骑士团的内部纪律也受到破坏，大团长戈特弗里德·冯·霍恩洛赫（Gottfried von Hohenlohe, 1297-1303 年在位）让条顿骑士团的修士们更严格遵守教规的计划遭到了反对，他因此辞去了职务。④ 此时的条顿骑士团需要向内外证明其作为反对异教徒堡垒存在的合理性。杜斯堡在这部编年史的开篇也表明了他的写作目的，是让骑士团征服异教的历史得以记录，"作为这一庄严事件的纪念留给后人"，⑤ 并不是想为普鲁士人记录历史。杜斯堡撰写编年史的主要动机是通过介绍骑士团的历史，向读者证明骑士团过去和现在存在的合理性。

---

① Peter von Dusburg, *Peter von Dusburg Chronik des Preussenlandes*, S. 26-27.

② Peter von Dusburg, *Peter von Dusburg Chronik des Preussenlandes*, S. 100-101.

③ Stephen Christopher Rowell, *Lithuania ascending: A pagan empire within east-central Europe, 1295-1345*, Cambridge: Cambridge University Press, 2014, p. 39.

④ Mary Fischer, "Biblical Heroes and the Uses of Literature: the Teutonic Order in the Late Thirteenth and Early Fourteenth Centuries", in Alan V. Murray ed., *Crusade and Conversion on the Baltic Frontier 1150-1500*. London and New York: Routledge, 2017, p. 263.

⑤ Peter von Dusburg, *Peter von Dusburg Chronik des Preussenlandes*, S. 26-27.

　　杜斯堡在编年史中将骑士团的起源描述为"一家德意志医院的复兴"。① 在介绍骑士团的早期历史时，杜斯堡通过《圣经》里的故事为骑士团寻找正义战争的理由，为骑士团的活动提供了神学上的支持。作为统治者的骑士团是由德意志的贵族组成的，在骑士团章程和杜斯堡的编年史中出现的骑士团要为之而战的祖国是德意志。条顿骑士团大团长的爵位是教皇和神圣罗马帝国皇帝授予的，杜斯堡在讲述萨尔察大团长被授予爵位时，强调了教皇和皇帝授予大团长爵位是为了让他受到更多的尊敬，② 强调了罗马教皇和神圣罗马帝国皇帝对骑士团的重要意义。此时条顿骑士团成员的自我认同不是普鲁士人，普鲁士人是作为被征服者出现的，骑士团成员一直认为自己是为神圣罗马帝国和罗马教会服务的，编年史在描写军事冲突时塑造了骑士团骑士的理想形象，为骑士团在世成员树立了榜样。

　　杜斯堡的这部编年史完全是一部战争史，以普鲁士地区为重点，没有对骑士团在其他地区的活动进行清晰的描绘，也没有为条顿骑士团统治普鲁士之前的活动留下任何记录，忽视了骑士团的中世纪起源。书中对条顿骑士团的行政管理、经济和与邻国的关系问题也只字未提，无法体现骑士团作为政治主体所取得的成就。从杜斯堡的写作意图来分析，他的目的是将骑士团作为上帝的战斗工具来展示，因而他将被征服的普鲁士地区作为主要的描述对象是可以理解的；在某种程度上，在杜斯堡著书之时，条顿骑士团已将普鲁士地区作为主要的统治区域，这也促使他在史学编纂中有了这样的地域选择。

　　在杜斯堡的编年史完成之时，普鲁士这片土地的统治者——由德意志贵族组成的骑士团，与这片土地的人民——普鲁士人，没有形成一致的身份认同。因没有他们自己的历史作品，我们无从得知普鲁士人的自我意识；条顿骑士团自身的定位是为神圣罗马帝国和罗马教会而出征的宗教团体，普鲁士是一片被征服的土地。杜斯堡的编年史非常符合条顿骑士团对自身形象的认知，因此，后来的大团长委托尼古拉斯·冯·叶罗欣（Nikolaus von Jeroschin，约 1290-1341）将其翻译成德文诗歌，③ 以便传达给不懂拉丁语的修士们。在叶罗欣的助力下，杜斯堡编年史的思想在条顿骑士团中得到了广泛的传播和接受。杜斯堡和叶罗欣的作品成为之后条顿

① Peter von Dusburg, *Peter von Dusburg Chronik des Preussenlandes*, S. 40-41.

② Peter von Dusburg, *Peter von Dusburg Chronik des Preussenlandes*, S. 54-55.

③ Nicolaus von Jeroschin, Mary Fischer ed, *The Chronicle of Prussia by Nicolaus von Jeroschin: A History of the Teutonic Knights in Prussia, 1190-1331*, Burlington, VT: Ashgate Publishing Limited, 2010.

骑士团和普鲁士公国编年史的基础。

二　人文主义视角下的叙事主体普鲁士

14世纪，条顿骑士团管理下的普鲁士十分富庶，还拥有但泽和柯尼斯堡这样经济发达的汉萨同盟城市。条顿骑士团在坦能堡战役失败后，与波兰签订了《第一次索恩和约》（Erster Frieden von Thorn，1411年），根据和约内容，条顿骑士团需要向波兰支付高额的税款，为了缴纳税款和扩充军队，条顿骑士团向普鲁士城市征收重税，引起了普鲁士城市的等级代表和居民的不满。同时，他们对骑士团的统治长久以来也心存不甘，统治普鲁士的骑士团成员全体不婚无后，接任他们的人员来自神圣罗马帝国内部，对于普鲁士当地的等级代表来说，这些人是外来的统治者。波兰与条顿骑士团一直以来存在领土上的纠纷，于是这些当地的等级代表和一些教士组成反对条顿骑士团的普鲁士联盟，并联合波兰共同对抗条顿骑士团，最终以条顿骑士团与波兰的十三年战争（1454～1466）结束而签订的《第二次索恩和约》（Zweiter Frieden von Thorn，1466年）为标志，宣告普鲁士联盟和波兰对抗条顿骑士团获得了胜利。和约规定西普鲁士①以保留普鲁士人自治政府为条件归波兰王室所有，条顿骑士团只剩下以柯尼斯堡（Königsberg）为中心的普鲁士东北部地区（称为东普鲁士）。和约还规定，条顿骑士团大团长放弃与神圣罗马帝国的联系，成为波兰的封臣。但此后多年，条顿骑士团的大团长一直利用骑士团与罗马教廷以及神圣罗马帝国的关系，想要不履行《第二次索恩和约》的规定。

在普鲁士联盟联合波兰共同对抗条顿骑士团的过程中，普鲁士历史的叙述主体发生了转变。原来条顿骑士团将普鲁士人视为被征服的异教徒，但现在视角发生了变化，普鲁士人成为历史叙述的主体。这里的普鲁士人不再是最初的异教徒，而是在普鲁士这片土地上生活的主人。

人文主义者是最先为普鲁士人书写历史的。② 他们延续了杜斯堡为普鲁士写作编年史的传统，并为普鲁士的历史增加了血统和起源的解释，这

---

① 西普鲁士（Westpreußen，也称为"皇家普鲁士"，Royal Preußen），包括埃姆兰、波美拉尼亚、库尔姆地区、米克劳以及马里恩堡、斯图姆和基督堡周围的土地，以及汉萨同盟城市但泽、埃尔宾和索恩。

② Michael Bauer, *Die Entdeckung des,Heidentums'in Preußen：die Prußen in den Reformdiskursen des Spätmittelalters und der Reformation*，Berlin：Akademie Verlag GmbH，2011，S.207.

些解释也反映了条顿骑士团这一时期的自我认识。劳伦蒂斯·布卢梅瑙（Laurentius Blumenau，1415-1484）和埃内亚·西尔维奥·皮科洛米尼（Enea Silvio Piccolomini，1405-1464）都以词源学的方式将普鲁士人与哥特人联系起来。

布卢梅瑙是普鲁士第一位人文主义者。他是骑士团忠实的拥护者，曾三次担任条顿骑士团大团长派驻罗马教廷的特使。① 在布卢梅瑙 1457 年完成的编年史②中，他从词源学的角度阐释"普鲁士"。他认为普鲁士的名字来自比特尼亚（Bithynia）国王普鲁西亚（Prusia）。③ 他在马克西穆斯和希罗多德的作品中找到这个名字，④ 并用一系列不连贯的故事牵强地将普鲁西亚与哥特人联系在一起，将后来的普鲁士的领地理解为哥特人的前定居点。

皮科洛米尼是普鲁士最著名的人文主义者，也是后来的教皇庇护二世（Papa Pio Ⅱ）。他曾穿越阿尔卑斯山，目的是在德意志推广人文主义，同时在皇帝面前倡导对土耳其人的十字军东征。他也对条顿骑士团与普鲁士联盟之间的审判感兴趣，在 1453 年的帝国议会中，皮科洛米尼见到了作为骑士团大团长顾问而来的布卢梅瑙，二人应该就普鲁士历史的起源问题进行过交流。皮科洛米尼将古代民族迁徙的元素与词源学联系起来，在他写于 1450~1456 年的作品《普鲁士的起源》⑤ 中，来自斯堪的纳维亚的哥特人赶走了最初居住在这里的乌尔米盖里人（Ulmigeri），他们继续前进后，部分哥特人又回到了这里，他们粗暴的生活方式使他们获得了"Bruteni"或"Pruteni"这个名称。⑥布卢梅瑙和皮科洛米尼找不到以普鲁士为名称的民族，就以词源学的方式勉强将普鲁士这个名字与哥特人相关联，将其认

---

① Theodor Hirsch, Max Töppen und Ernst Strelke（Hg.）, *Scriptores rerum Prussicarum*：*die Geschichtsquellen der preussischen Vorzeit bis zum Untergange der Ordensherrschaft*, Band 4, Leipzig：S. Hirzel, 1870, S. 35-39.

② Laurentius Blumenau, "Historia de Ordine Theutonicorum Cruciferorum", in Theodor Hirsch, Max Töppen und Ernst Strelke（Hg.）, *Scriptores rerum Prussicarum*：*die Geschichtsquellen der preussischen Vorzeit bis zum Untergange der Ordensherrschaft*, Band 4, Leipzig：S. Hirzel, 1870, S. 35-70.

③ Laurentius Blumenau, "Historia de Ordine Theutonicorum Cruciferorum", S. 45-46.

④ Michael Bauer, *Die Entdeckung des, Heidentums' in Preußen*：*die Prußen in den Reformdiskursen des Spätmittelalters und der Reformation*, S. 211.

⑤ Enea Silvio Piccolomini, *De Pruthenorum origine（De situ et origine Pruthenorum）*, Köln：Arnold Ther Hoernen, 1471.

⑥ Norbert Kersken, "Aspekte des preußischen Geschichtsdenkens im 16. Jahrhundert", S. 448.

作哥特人的一支，从而被算作重要的欧洲民族之一。他们的阐释明显是牵强的，但是从中可以看到人文主义者努力为普鲁士这一名称寻求独立于骑士团之外的意义。

伊拉斯谟·斯特拉（Erasmus Stella, 1460-1521）撰写了《普鲁士古代史》，[①]"普鲁士史前史第一次被提升到一个连贯叙述的主体地位"。[②]斯特拉在大力倡导人文主义发展的萨克森的弗雷德里希大团长的支持下完成了这部古代史，根据阿诺德的理解，这本书"显然是一种出于人文主义的编造，是一种历史构建"。[③] 斯特拉称普鲁士最初的居民乌尔米盖里人（Hulmigerii）为日耳曼人，他试图从历史上证明后来的条顿骑士团的土地最初是由日耳曼人居住的，只有新的"日耳曼"殖民，即后来所谓东进运动，才给普鲁士带来了真正的文化适应。[④] 可见斯特拉从溯源普鲁士历史的角度，为骑士团在普鲁士的统治寻求了一种合理性。他试图证明普鲁士历史从古至今的连续性是一种来自日耳曼人的连续性，反映了他对日耳曼人身份的认同。

15世纪条顿骑士团人文主义者的历史编纂常被后世的学者质疑其史料的来源价值，这就使得这些人文主义的历史编纂和普鲁士公国初期以这些人文主义者的史料为基础的历史编纂被后世学者称为"谎言编年史"，[⑤] 但不能因此就说15、16世纪普鲁士的编年史毫无价值，我们需要把它们置于历史环境中去考察，分析这些历史学家所处的环境、所代表的利益群体，来理解他们如此叙述普鲁士历史的意图。从1440年普鲁士联盟成立以来，在城市等级代表的带领下，普鲁士地区的人民越来越觉得自己是与这片土地联系在一起的整体，对骑士团的反对日益助长了这种趋势。这种起初只

---

① Erasmus Stella, *De Borussiae antiquitatibus*, Basileae: Frobenius, 1518.

② Udo Arnold, "Landesbeschreibungen Preusens", in Hans - Bernd Harder (Hg.), *Landesbeschreibungen Mitteleuropas vom 15. bis 17. Jahrhundert*, Köln: Böhlau Verlag, 1983, S. 98.

③ Udo Arnold, "Landesbeschreibungen Preusens", S. 99.

④ Johannes Helmrath, "Probleme und Formen nationaler und regionaler Historiographie des deutschen und europäischen Humanismus um 1500", in Konstanzer Arbeitskreis für mittelalterliche Geschichte (Hg.), *Spätmittelalterliches Landesbewusstsein in Deutschland* (*Vorträge und Forschungen* 61), Ostfildern: Jan Thorbecke Verlag, 2005, S. 369.

⑤ Arno Mentzel-Reuters, "Von der Ordenschronik zur Landesgeschichte – Die Herausbildung der altpreußischen Landeshistoriographie im 16. Jahrhundert", in Klaus Garber, Manfred Komorowski und Axel E. Walter (Hg.), *Kulturgeschichte Ostpreußens in der Frühen Neuzeit* (*Sonderdruck aus: Frühe Neuzeit. Band* 56), Tübingen: Max Niemeyer Verlag, 2001, S. 582.

是因为反对骑士团而产生的感情，转变成对这片土地及其历史的肯定。这在史学中的体现就是人文主义史家与骑士团的传统开始疏远，普鲁士的历史书写不再只从骑士团的角度出发，而是以普鲁士人为中心的全面的普鲁士历史书写。由此开始，在普鲁士史学中，史家们对于所属普鲁士这一地区的身份认同，超越了他们对所属骑士团的身份认同。人文主义者的历史编纂对了解条顿骑士团统治末期的历史具有重要意义，这种意义并不在于这些编年史多么真实地再现了普鲁士的历史，而在于这些不可靠的描述体现了史家们对当时事态的反应。他们构造的不是过去，而是他们当时所处的现实。

三 普鲁士公国初期视角下的世俗普鲁士

1511 年，霍亨索伦家族的阿尔布雷希特（Albrecht von Brandenburg-Ansbach，1490—1568）当选条顿骑士团大团长后，一直谋求普鲁士的独立，他拒绝服从波兰国王，发动了骑兵战争，但以失败告终，1521 年与波兰达成了一个为期四年的停战协议。在这四年期间，阿尔布雷希特在神圣罗马帝国境内寻求各方的帮助，但没有取得实质性进展。正是在神圣罗马帝国寻求帮助期间，他接触到了宗教改革思想。1523 年，路德发表著作公开反对条顿骑士团的统治，[①] 他认为骑士团统治的不合理性就在于精神统治和世俗统治的交融，建议条顿骑士团转变为世俗国家。之后阿尔布雷希特积极寻求与路德私下会面，并就有关宗教改革的细节询问了路德的意见。

1525 年 4 月，在四年停战期满之时，波兰与条顿骑士团签订《克拉科夫条约》（Krakauer Vertrags），阿尔布雷希特在克拉科夫被郑重授予普鲁士的统治权，普鲁士成为波兰的封地，条顿骑士团正式成为普鲁士公国。同年 7 月，阿尔布雷希特正式进行宗教改革，普鲁士公国成为第一个新教国家。对骑士团来说，1525 年条顿骑士团转变为世俗化国家并向波兰国王效忠，看似是这几十年与波兰斗争的失败，但是这确保了霍亨索伦家族在东普鲁士的统治，普鲁士公国成为霍亨索伦王朝君主国家不可分割的一部分。同时，通过这种方式，"阿尔布雷希特实现了外部安全，为其年轻公

---

① Martin Luther, "Martin Luther zur Umwandlung des Deutschen Ordens in Preußen", in *Werke. Kritische Gesamtausgabe*, Band 12, Weimar: Herman Böhlau, 1891, S. 232-244.

国的内部组织提供了保护"。① 在阿尔布雷希特公爵统治末期，普鲁士公国已完全成为封建等级君主制国家。这场变革后，普鲁士人民享受了 100 多年的平静生活，没有像神圣罗马帝国境内那样发生宗教或政治的战争，经济和文化也得以发展。

16 世纪的普鲁士史学发达繁荣，旧的编年史经常被复制和新编。西蒙·格鲁瑙（Simon Grunau，1470-1530）写作于 1517~1529 年的《普鲁士编年史》② 就是一部在斯特拉的编年史的基础上，有所删节并增加了他自己所处时代内容的编年史，这也是第一部涉及普鲁士宗教改革的普鲁士综合性历史著作。其中包含普鲁士的景观、农业、居民、习俗以及从最初到 1525 年普鲁士新教公国建立时的历史。格鲁瑙是一位多明我会修士和"宗教改革的反对者"，他对条顿骑士团的宗教改革持批评态度。他极力批判阿尔布雷希特公爵对旧有信仰的背离。格鲁瑙"对波兰具有倾向性的偏爱"，他认为波兰国王是"普鲁士天然的世袭统治者"。③ 格鲁瑙的编年史中偶尔虚构的叙述受到了后世史家诸多的批评，但他对原始资料的运用受到了肯定。他是一位四处流浪的修士，倾听了大量逸闻趣事并收录在他的编年史中，"市场和酒馆里的忙人，领主和议员前厅里的闲人，他在这里兜售他对人民的了解，在那里兜售他与波兰国王和罗马教皇的熟人关系"。④ 因而，格鲁瑙的编年史还揭示了普鲁士下层民众的生活，提供了关于普鲁士居民的语言、习俗和生活状况的重要信息。尽管格鲁瑙承认波兰对普鲁士的统治，但是他仍然把普鲁士当作一个整体的政治实体，明确描述了普鲁士的地理边界。即便他的编年史中的政治倾向与之后普鲁士公国的史学家有着极大的不同，他的编年史仍是后来的普鲁士公国史学家的重要资料来源。

1525 年，条顿骑士团转变成普鲁士公国，正式结束了以条顿骑士团为中心的编年史，开启了普鲁士的国家史学。普鲁士公国阿尔布雷希特公爵在保护普鲁士编年史的传统、促使新的国家记述形成方面做了巨大贡献。

---

① Bernhart Jähnig, "Bevölkerungsveränderungen und Landesbewußtsein im Preußenland", in *Blätter für deutsche Landesgeschichte* 121, 1985, S. 146.
② M. Perlbach, R. Philippi und P. Wagner (Hg.), *Simon Grunau's preussische Chronik*, 3 Bände, Leipzig: Duncker & Humblot, 1876–1896.
③ Wolfgang Neugebauer, *Preußische Geschichte als gesellschaftliche Veranstaltung: Historiographie vom Mittelalter bis zum Jahr* 2000, Paderborn: Ferdinand Schöningh, 2018, S. 28.
④ Udo Arnold (Hg.), *Scriptores rerum Prussicarum*, Band 6, S. 17.

他积极收集普鲁士各地的编年史，并组织人誊抄汇编。他写信给但泽市长汉斯·冯·韦尔登（Hans von Werden）和韦尔登的姐夫格奥尔格·舍韦克（Georg Schewecke），向他们借阅有关普鲁士的编年史来帮助他的编年史的写作工作，二人积极答复，答应借出史料并履行承诺。从他们的通信中能看出，普鲁士两大政治体一致肯定了记述历史的重要性。除了在普鲁士当地积极汇集历史资料文献，他还转向了邻国波兰，亲自写信打听波兰有关普鲁士史料的下落。① 近代研究东西普鲁士史学最著名的学者瓦尔特·胡巴奇（Walther Hubatsch）肯定了阿尔布雷希特公爵为普鲁士公国史学所做的种种努力，他对此评论道："国家的峥嵘岁月将被记录下来，供后人瞻仰，国家的创建将被置于历史进程的背景中，因此他毕生的心血将被赋予永恒的意义。"② 普鲁士公国的史学也确实如阿尔布雷希特公爵所愿，呈现全新的面貌。

卢卡斯·达维德（Lucas David, 1503-1583）是受到阿尔布雷希特公爵大力资助的史家之一。他从 1549 年 11 月起担任柯尼斯堡宫廷的公爵顾问，私下里一直从事历史研究。他的治史工作得到了阿尔布雷希特公爵和他的继任者的支持，他很可能还有自由进入阿尔布雷希特公爵的私人档案存放处的权力，达维德从这些史料和柯尼斯堡的档案中获取信息，编纂了《普鲁士编年史》。③ 此外，阿尔布雷希特的继任者阿尔布雷希特·弗里德里希（Albrecht Friedrich, 1568-1618 年在位），将达维德从官方事务中解脱出来，让他完全专注于"历史的阐述"。④ 他还资助达维德到索恩、但泽或埃尔宾进行旅行调研，允许他在那里的档案馆抄写资料。达维德记述的主题是基督教传入以来的普鲁士历史，重点是从 1410 年到他当时的内容。与条顿骑士团时期的编年史家不同，他认为异教时期的普鲁士史前史不那

---

① Theodor Wotschke, "Herzog Albrecht und die preußischen Chroniken", in *Altpreußische Monatsschrift* 49, 1912, S. 526-527.

② Walther Hubatsch, *Albrecht von Brandenburg-Ansbach, Deutschordens-Hochmeister und Herzog in Preußen von* 1490—1568. (*Studien zur Geschichte Preußens, Bd* 8.), Heidelberg: Quelle & Meyer, 1960, S. 279.

③ Ernst Hennig, Daniel Fridrich Schütz (Hg.), *Lucas David, Preussische Chronik*, 8 Bände, Königsberg: Haberland, 1812-1817.

④ Wolfgang Neugebauer, *Preußische Geschichte als gesellschaftliche Veranstaltung: Historiographie vom Mittelalter bis zum Jahr 2000*, S. 30.

么重要，是"为了喜欢那些古老事务的人而写"，① 因此达维德没有大篇幅地描绘普鲁士早期的历史，而是专注于条顿骑士团后期和普鲁士公国建立之初的历史。

达维德也得到了普鲁士公国等级代表们的大力支持。阿尔布雷希特大团长向波兰称臣（Hudig）这一事件，在波兰的历史叙述中具有重大的象征意义。在普鲁士公爵和等级代表们的支持下，达维德等普鲁士公国的史学家都倾向于对抗亲波兰的史学。达维德在其《普鲁士编年史》中以强烈的爱国热情驳斥了格鲁瑙和波兰历史学家的许多言论。② 达维德在叙述中，更是处处体现条顿骑士团与波兰的对立，例如在描述条顿骑士团与波兰争夺有争议的库尔姆地区（Kulmer Land）时，达维德的记述是"波兰人多次入侵库尔姆地区，无情地掠夺和蹂躏了库尔姆地区"③，而条顿骑士团出兵这一地区是不想这片土地上的人受苦，条顿骑士团占领这一地区，会让这片土地在"和平中建立起来"。④ 此外，他还运用神圣罗马帝国、条顿骑士团与勃兰登堡等多方的官方文件来证明库尔姆、波美拉尼亚等地区是属于骑士团的。⑤ 胡巴奇赞扬达维德道："他敏锐地把握住了行为者的动机，并从历史的原点出发探讨了当下的问题，他是第一个开始以批判的、科学的评价方式对原始资料进行基本比较的人。"⑥

与达维德有着很好私人关系的制图师卡斯帕·亨嫩贝格尔（Kaspar Hennenberger，1529-1600），于1576年首次出版了他绘制的第一张现代意义上的《普鲁士地图》（Prussiae），1584年，被称为欧洲第一本真正的现代地图集《寰宇大观》⑦ 收录了这幅地图，之后这幅地图便随着《寰宇大

①　Ernst Hennig（Hg.），*Lucas David，Preussische Chronik*，Band 1，Königsberg：Haberland，1812，S. 176.

②　Max Töppen，*Geschichte der Preußischen Historiographie von P. v. Dusburg bis auf K. Schütz*，S. 230.

③　Ernst Hennig（Hg.），*Lucas David，Preussische Chronik*，Band 2，Königsberg：Haberland，1812，S. 4.

④　Ernst Hennig（Hg.），*Lucas David，Preussische Chronik*，Band 2，S. 105.

⑤　Max Töppen，*Geschichte der Preußischen Historiographie von P. v. Dusburg bis auf K. Schütz*，S. 239.

⑥　Walther Hubatsch，"Lucas David"，in *Neue Deutsche Biographie 3*，Berlin：Duncker & Humbolt，1957，S. 537.

⑦　Kaspar Henneberger，"Prvssiae. Regionis Sarmatiae，Evropae Nobiliss. Vera Et Nova Descriptio"，in Abraham Ortelius（Hg.），*Theatre de l'univers，contenant les cartes de tout le monde avec une brieve declaration d'icelles*，Antwerp：Christopher Plantin，1587，S. 87.

观》的翻译和再版得到广泛传播。亨嫩贝格尔的地图主要是他根据自己亲自勘测的数据绘制的，就当时的制图水平而言，其精准程度令人惊叹。这幅地图不断被重印和复制，在1763年柏林科学院出版更为精确的普鲁士地图①之前，这幅地图一直是普鲁士所有地图的基础。1584年亨嫩贝格尔的《对普鲁士地区简短而真实的描述》② 一书出版，他根据大量有关普鲁士历史的抄本，按地名对普鲁士各地的历史进行简要介绍，并用丰富的不同时期的骑士团团长的盾形纹章作为配图。不同于达维德，在对普鲁士历史的记述中，亨嫩贝格尔颇为关注异教徒统治下的普鲁士。在书中的前言他说明了这样写的理由："根据神谕，了解我们的祖先所处的黑暗，当人们看到并了解到可怕而畸形的黑暗，才会领悟光是多么的高贵和光荣。"1595年，亨嫩贝格尔最重要的历史著作《对普鲁士大地图的解释》③ 在柯尼斯堡出版。虽然他对地图的解释具有历史性，但也表明他将自己主要视为制图师而不是编年史家。在这部作品中，除了对他自己之前的作品补充的地图之外，还有对整个普鲁士历史发展的概述，以及按字母顺序排列的地方史汇编。亨嫩贝格尔没有像其他史学家一样选择按时间顺序叙事的形式，而是从地理的角度进行叙述。亨嫩贝格尔宣称，他绘制地图是为了创造"整个普鲁士的理想"。④ 他的制图明确了普鲁士的疆界，把东西普鲁士连成了一个整体，同时，他的历史书写与所描绘的地点相融合，将普鲁士地区的历史、社会、文化环境和政治局势串联起来，使中世纪的普鲁士变得更加鲜活。

　　处于波兰治下皇家普鲁士的史学家卡斯帕·许茨（Kaspar Schütz，1540—1594）最有名的作品是《普鲁士帝国史》，⑤ 记述了普鲁士从异教徒统治时期，到1525年转型为世俗国家的历史。除了从条顿骑士团时期的编年史中获取史料外，他还继承了但泽诸多编年史的传统，从但泽的档案

①　A. Strukat, "Preussische Landkartenwerke aus dem 17. und 18. Jahrhundert", *Geographische Zeitschrift* 35, H. 2, 1929, S. 110–111.

②　Kaspar Hennenberger, *Kurtze und warhafftige Beschreibung des Landes zu Preussen*, Königsberg: Osterberger, 1584.

③　Kaspar Hennenberger, *Erclerung der Preussischen grössern Landtaffel oder Mappen*, Königsberg: Osterberger 1595.

④　Kaspar Hennenberger, *Erclerung der Preussischen grössern Landtaffel oder Mappen*, S. 4.

⑤　Kaspar Schütz, *Historia rerum Prussicarum oder Warhaffte und eigentliche Beschreibung der Lande Preussen*, Zerbst: Georg Olms Verlag, 1592.

馆、但泽的议会、波兰王室和汉萨同盟城市的档案中获取了丰富的材料。[1]
他还对那些与条顿骑士团有更密切联系的国家和民族的历史进行了详细研
究，参考了有关斯堪的纳维亚北部、俄罗斯、波西米亚，尤其是波兰的各
种作品。[2] 达维德和亨嫩贝格尔的作品是在普鲁士公国相对平静的政治环
境中写成的，而许茨的作品则写于与波兰有着激烈斗争的但泽。16世纪，
为了维护其特权独立和西普鲁士的特权独立，但泽与波兰进行了力量悬殊
的斗争，这些斗争的高潮事件也在许茨的历史叙述中有所体现。[3] 同时，
从许茨的叙述范围来看，他对东西普鲁士的叙述同样重视，也反映了16世
纪普鲁士的两个史学中心——但泽和柯尼斯堡具有东西普鲁士一体的
意识。

　　上述四位史家的作品是普鲁士公国国家史学编纂的开端。"格鲁瑙代
表的是下层天主教徒，达维德和亨嫩贝格尔服务于新教意义上的主权传
统，许茨则遵循但泽的传统。"[4]在格鲁瑙之后，无论是普鲁士公国的史学
家，还是来自西普鲁士的史学家，在他们的论述中，都可以看到他们对波
兰的统治并不认同，反而延续着骑士团史学时期对德意志的身份认同。达
维德、亨嫩贝格尔和许茨的作品共同构成了16世纪普鲁士史学的巅峰，[5]
他们的方法及对史料的批判性运用，开启了普鲁士史学的科学化、系统化
时代，为后来的普鲁士史学奠定了方法上和思想上的基础。从杜斯堡这样
的中世纪编年史家开始，到16世纪普鲁士国家史学的转变，再到后来普鲁
士民族史学的兴盛，尽管历史写作的内容、思想和形式都发生了变化，但
是普鲁士史学没有中断。

结　语

　　19世纪以来的民族主义史学家，往往把普鲁士塑造成纪律严明、服从
性强的铁血形象，并强调普鲁士一以贯之的民族特性是德国统一的重要内

---

[1] Max Töppen, *Geschichte der Preußischen Historiographie von P. v. Dusburg bis auf K. Schütz*, S. 253-254.

[2] Max Töppen, *Geschichte der Preußischen Historiographie von P. v. Dusburg bis auf K. Schütz*, S. 259.

[3] Udo Arnold, *Studien zur preussischen Historiographie des 16. Jahrhunderts*, S. 190.

[4] Udo Arnold (Hg.), *Scriptores rerum Prussicarum*, Band 6, S. 19.

[5] Udo Arnold, *Studien zur preussischen Historiographie des 16. Jahrhunderts*, S. 185.

驱力。但从普鲁士的早期历史来看，这种观点失之偏颇，普鲁士早期的历史书写中并没有关于普鲁士的民族认同。在 14~16 世纪普鲁士的历史书写中，"普鲁士人"一开始是以被征服地区的"他者"形象出现的。在条顿骑士团统治后期，随着等级代表们反抗骑士团的政治斗争的进行，普鲁士的民族意识也随之发展起来，有起源观念的民族在人文主义者的历史书写中得到追溯和强调，普鲁士人不再以骑士团史学中异教徒的形象出现，而是成为叙述的主体，有关骑士团的记录逐步趋于次要地位。1525 年条顿骑士团转变为世俗国家，普鲁士的历史书写也正式变为国家史学，虽然普鲁士公国臣属于波兰，但是在统治者和等级代表们的支持下，普鲁士公国的史学书写中独立于波兰的国家意识，能看出史学家在建构国家史学方面的努力，并且关于普鲁士的民族意识跨越了不同地区、不同语言和不同信仰，东西普鲁士的历史书写中依然体现着一体意识。从条顿骑士团到普鲁士公国，再到后来的勃兰登堡－普鲁士和后来的普鲁士王国，关于普鲁士的历史记述虽然有一定的连续性，但关于普鲁士的身份认同和国家观念是不断变化的，可以从历史书写窥见一斑。探讨从条顿骑士团统治和普鲁士公国建立之初的历史书写，既可以全面把握普鲁士文化认同和民族意识发展的阶段性特征，也可以深化对历史与历史书写之间互动关系的认识。

论英国中学历史教科书中的鸦片战争叙事[*]

论英国中学历史教科书中的鸦片战争叙事[*]

张利娟

（四川师范大学历史文化与旅游学院、基础教育研究院，
四川 成都 610068）

摘　要：本文选择 1991 年至今出版的英国中学历史教科书，对其中的鸦片战争叙事进行研究。英国中学历史教科书将中英"文化冲突"作为鸦片战争爆发的原因，淡化了鸦片战争英国侵略中国的这一事实。"文化冲突"不是鸦片战争爆发的根本原因。即使没有清朝的禁烟，英国也会发动战争。英国社会存在着对鸦片战争不同的声音，但是随着时间的流逝，经过社会绝大多数人的想象、过滤和重构，中国逐渐被塑造成一个封闭、落后、停滞、傲慢无知的鸦片帝国形象。

关键词：英国　中学历史教科书　鸦片战争

历史教科书"不仅传达事实，而且传播意识形态，追随政治趋势，并试图通过赋予教科书内容合法性来证明其正确性。"① 历史教科书难以做到价值中立，总在有选择、有遗漏地呈现历史。鸦片战争是中国近代史的开端，标志着中国从封建社会开始沦为半殖民地半封建社会。鸦片战争也是中英之间在近代爆发的第一次战争，英国是战争的发起者和受益方，英国

　* 本文系国家社会科学基金重大项目"外国历史教科书中的中国形象史料整理与研究"（21&ZD243）；国家社会科学基金西部项目"英国历史教科书中的中国形象研究"（18XZS025）的阶段性成果。

① Falk Pingel, *UNESCO Guidebook on Textbook Research and Textbook Revision*, Paris/ Braunschweig, 2010, p. 8.

中学历史教科书是如何书写鸦片战争的，学界并没有系统论述。① 本文选择 1991 年②至今的英国中学历史教科书，对其中的鸦片战争叙事进行研究，以洞悉他者视角和自身视角，填补学界研究空白。需要说明的是，鸦片战争包括第一次鸦片战争和第二次鸦片战争，本文着重分析英国中学历史教科书中的第一次鸦片战争。有关鸦片战争，英国中学历史教科书将重点放在了鸦片战争爆发的原因上，同时简单论述了鸦片战争中国失败的原因、鸦片战争的结果及影响。

一　关于鸦片战争爆发的原因

通过梳理多本英国中学历史教科书中的鸦片战争内容，我们总结出英国中学历史教科书中有关鸦片战争爆发的原因如下：中国人傲慢无知，拒绝与英国进行平等的贸易往来，对鸦片贸易的抵制为其表面原因，中西文化背后的冲突为其深层原因。

英国几本中学历史教科书都详细描绘了马戛尔尼访华事件。中国人狂妄自大、愚昧无知，拒绝平等对待外国人和拒绝与英国进行贸易往来在教科书对马戛尔尼访华事件的叙述中表露无遗。

英国教科书《发展中的历史（卷二）：1603~1901》首先指出："中国，从字面意思理解是处于中央的国家，即'中央之国'。几个世纪以来，中国一直认为自己是世界的中心，其他国家都不如中国。"③ 教科书呈现《马戛尔尼勋爵会见乾隆皇帝图》，向学生传达了中英两国关于行礼的差异。画中马戛尔尼头戴礼帽、手捧国书、单膝跪地。接下来，教科书呈现了两则史料：

---

① 据笔者眼力所及，仅发现一篇论文从教育学的角度，选择一本英国中学历史教科书中的鸦片战争内容，对其"叙述及理念"进行研究，详见陈伟壁、夏仁春《引致"鸦片战争"的叙述及理念——英国初中历史教科书透析之二》，《中学历史教学参考》2015 年第 1 期。

② 1991 年为英国教育史上第一个统一的《国家历史课程标准》颁布之年。随后，英国相继出版了系列中学历史教科书，故本文选择 1991 年作为研究的起点。

③ Nichola Boughey, Steve Day, Colette Roberts & Sarah Webb, *History in Progress Book 2: 1603-1901*, UK: Heinemann, 2008, p.28. 英国中学历史教科书其他地方还有类似表述，如：中国的统治者，出于某种原因，觉得自己是一个比世界上任何其他文明都优越的文明中心。详见 Geoff Stewart, *China 1900-1976*, UK: Heinemann, 2006, p.1; Jim Bryden, Kenny Elder, Brian McGovern & Duncan Murray, *Standard Grade Modern Studies: the World*, Paisley: Hodder Gibson, 2006, p.49。

史料 1：许多国家的国王带着各种各样的宝物，从陆路和海上而来。因此，正如你的特使和其他人所看到的那样，我们什么都不缺。我们一向不太重视奇怪的东西，也不再需要贵国的制成品。

　　　　　　——摘自 1793 年马戛尔尼勋爵回国时乾隆皇帝致英王乔治三世的信

史料 2：英国并不是唯一希望与我们帝国建立贸易关系的野蛮国家（barbarian land）。假设其他国家都仿效你的坏榜样（evil example），要求我给他们每个人都提供一个交易场所，我怎么可能同意呢？

　　　　　　——摘自 1793 年马戛尔尼回国时乾隆皇帝致英王乔治三世的信①

上文呈现的两则史料摘自 1793 年马戛尔尼勋爵回国时乾隆皇帝致英王乔治三世的信。史料 1 中文字对应的乾隆皇帝致英王乔治三世的信件中文原文如下：

（其实天朝德威远被，）万国来王，种种贵重之物，梯航毕集，无所不有。尔之正使等所亲见。然从不贵奇巧，并无更需尔国制办物件。②

乾隆皇帝致英王乔治三世的信件中文原文与英国历史教科书中的意思相近，但史料 2 很有意思，英国历史教科书呈现给学生的文字与中文原文意思有很大出入。乾隆皇帝信件中文原文如下：

况西洋诸国甚多，非止尔一国。若俱似尔国王恳请派人留京，岂能一一听许？是此事断难行。（岂能因尔国王一人之请，以致更张天朝百余年法度。）③

翻译成白话文为："况且西洋国家很多，并不是只有你英国一国。如果都像

---

① Nichola Boughey, Steve Day, Colette Roberts & Sarah Webb, *History in Progress Book 2: 1603-1901*, p. 29.

② 中国第一历史档案馆编《英使马戛尔尼访华档案史料汇编》，国际文化出版公司，1996，第 78 页。

③ 中国第一历史档案馆编《英使马戛尔尼访华档案史料汇编》，第 77 页。

英国国王一样请求派人来中国,我大清国岂能都答应?所以绝对不能答应你们此事。难道就因为国王你一人请求,就改变我天朝一百多年的法度。"单独抽离此话现在看来,是比较平和地陈述事实。但是我们看到的英国历史教科书呈现给学生的英文与中文意思相去甚远,文字已按照英国人的意愿进行了二次改编。① 英国教科书用到了 barbarian（野蛮的）、evil（邪恶的）等字眼,其意为中国人认为英国为野蛮国家,中国视英国想与中国贸易是一种邪恶行为,加之教科书前文对"中国"的解释。教科书这样的描述难免会给学生留下一个愚昧无知、狂妄自大,目中无人的中国形象。

另一本英国中学历史教科书《思想与机器:1750~1900 年的英国》也对马戛尔尼访华进行了详细描述。② 教科书呈现了一幅《马戛尔尼会见皇帝想象图》（见图 1）。

该图为马戛尔尼使团出行前,英国政治漫画家詹姆斯·吉尔雷（James Gillray）根据自己的想象描绘出的马戛尔尼会见乾隆皇帝的场景。马戛尔尼出使中国前,英国对其抱有极大期望。"伦敦朝廷早已得到充分的暗示,从这里派遣去的使节将获得中国皇帝优厚的接待。因此,大臣们严格地从政治上注意我国的商业利益,他们所筹备的使团,既符合大不列颠王朝的尊严,具有足以吸引中国人民的仪表,又能获得北京朝廷的尊重。"③ 马戛尔尼使团出使中国打的名义是给乾隆皇帝祝寿,使团出行前精心选择了代表当时欧洲科学和文化最优秀成果的礼物准备送给清朝皇帝。

图像也是一种话语表现形式。在英国历史教科书中,图像史料起着与文字史料同等价值的作用。从图 1 中,我们可以看出漫画作者心目中的乾隆皇帝和中国官员形象,这也代表了当时绝大多数英国人心目中的中国人形象。漫画中,大腹便便的乾隆皇帝半躺在床榻上,斜斜的小眼睛、叼着长长的烟斗、喷着浓烟,接待单膝下跪的马戛尔尼使团,背景中有代表中

---

① 其实这样的改编普遍存在。中英双方在翻译对方的信函中,都进行了不同程度的改编,详见王宏志《龙与狮的对话:翻译与马戛尔尼访华使团》,东方出版中心,2023;葛剑雄《世界上不止有中文——〈英使马戛尔尼来聘案〉与〈英使谒见乾隆纪实〉之对勘》,《读书》1994 年第 11 期;杨明星、张琰《中英外交翻译中"政治等效"与话语平等辩证关系分析——从马戛尔尼使华到共建"一带一路"（1792~2019）》,《上海翻译》2020 年第 5 期;等等。

② Jamie Byrom, Christine Counsell, Michael Gorman, Michael Riley, Andrew Wrenn, *Minds and Machines: Britain 1750-1900*, HongKong: Longman Press, 1999, pp. 105-106.

③ 〔英〕安德逊:《英国人眼中的大清王朝》,费振东译,群言出版社,2001,原书初版序言,第 1~2 页。

图 1　《马戛尔尼会见皇帝想象图》

国建筑特色的园林式房屋楼阁。从乾隆皇帝类似蒙古人肥硕的体型及其官员所戴的类似元朝官员的帽子，似乎可以看到成吉思汗统治下的元朝给英国人留下的极深印象之延续。乾隆皇帝及其官员细长上斜的眯眯眼、大饼脸、塌鼻子，与长期以来欧洲人对中国人的长相审美契合，反映了西方对亚裔族群的刻板印象。

　　这幅图在表现西方使节的表情神态上有一定的讽刺意味。英国使团带来的礼物如同玩具散落在地上。随行侍从或谄媚、察言观色，极力展示手中的物品，或匍匐跪地，高高翘起臀部。从这幅图中可以看出：启蒙时代欧洲仰慕中国的延续以及 17～18 世纪中叶前英国盛行的"中国热"中对充满财富的东方中国的想象。总的来说，《马戛尔尼会见皇帝想象图》既体现了马戛尔尼使团访华想要与清朝合作，开发中国市场的谄媚示好态度，也突出表现出西方人对盲目自大的清朝的嘲笑和不屑。

　　教科书《思想与机器：1750～1900 年的英国》接着叙述，当马戛尔尼想向皇帝出售商品时，乾隆皇帝回答："如你所见，我们需要的东西都有了。你们国家的产品对我们毫无用处。我一直对那些渴望和我们一样生活的王国的使者表现出极大的仁慈。你有责任理解我的感受并永远服从我的指示。"① 然后，乾隆皇帝赠送给英国人的礼物包括丝绸、玉器、书籍以及一双拖鞋，甚至还有两头奶牛以制作英式茶。从清朝角度讲，赠送礼物是一种礼尚往来的外交礼仪和对来访者的体恤与仁慈。但是对英国而言，这是清朝从言语到行动上，对自诩为当时世界上第一等国家英国君主和国威的侮辱。

英国本来期待数以百万计人口的中国成为销售英国商品的巨大市场，但是清朝说我天朝上国物产丰盈，无所不有，不需要与之贸易往来。中英贸易受阻，英国的预期愿望和后来的结果形成了极大的反差。英国使臣远道而来，历经风波，但是没有达成通商的目的。他们极度愤怒和沮丧，这为后文其通过战争完成马戛尔尼的通商使命作了铺垫。

马戛尔尼使团访华被誉为"世上最强大的国家"和"天下唯一的文明国家"② 之间的较量，在中英外交史上地位显赫，对英国的中国形象的转变起到了重要作用。"马戛尔尼使团来华是英人认识中国的一个转折点"。③通过马戛尔尼访华，以前传教士宣传的美好中国形象土崩瓦解。"西方从仰慕中国转向鄙视中国"。④ 在英国中学历史教科书对马戛尔尼访华事件的描绘中，中国成为对世界一无所知，愚昧、自傲、自大的庞然怪物。当时英国的主流观点认为，清朝自傲自大，愚昧无知，这正好为英国发动鸦片战争制造了一个很好的借口。如果中国彬彬有礼，注重礼尚往来，英国怎有发动战争的理由。所以当时中国的真实情况是什么不重要，重要的是当时英国主流社会需要一个什么样的中国形象，以服务于英国的政治需要，商人的利益需要，扩大海外殖民地、推销商品和原料市场的需要。"塑造

① Jamie Byrom, Christine Counsell, Michael Gorman, Michael Riley, Andrew Wrenn, *Minds and Machines: Britain 1750-1900*, p. 106. 中文原文为："天朝物产丰盈，无所不有，原不藉外夷货物以通有无。……所有齐到表贡之正副使臣，念其奉使远涉，推恩加礼，已令大臣带领瞻觐，赐予筵宴，叠加赏赉，用示怀柔。……尔国王惟当善体朕意，益励款诚，永矢恭顺。"见中国第一历史档案馆编《英使马戛尔尼访华档案史料汇编》，第 77、78、80 页。
② 〔法〕佩雷菲特：《停滞的帝国：两个世界的撞击》，王国卿等译，生活·读书·新知三联书店，2013，第 2 页。
③ 张顺洪：《了解与行动：英国社会对华的认识与鸦片战争》，《江海学刊》1999 年第 5 期，第 134 页。
④ P. J. Marshall, "Britain and China in the Late Eighteenth Century", in R. A. Bickers (ed.) *Ritual and Diplomacy: The Macartney Mission to China*, 1792-1794, London: The Wellsweep Press, 1993, p. 11.

一个被否定的、邪恶的中国形象，不仅为鸦片战争与殖民统治掩盖了毒品贸易与战争的罪恶根源，而且为掠夺与入侵提供了所谓'正义的理由'。"①英国中学历史教科书将"马戛尔尼使团访华"作为鸦片战争爆发的背景讲述有其合理性和可取性，② 但是教科书过度渲染该事件中的中国愚昧无知、自傲自大，实际上更多的是在为英国发动鸦片战争寻找借口。

鸦片战争为什么会爆发？中国人傲慢无知，拒绝与英国人进行平等的贸易往来是战争爆发的表面原因，背后的东西方两种文化冲突才是战争爆发的深层次原因。持这种观点的最典型英国教科书是《思想与机器：1750-1900 年的英国》。该书第 13 单元的章节题目"东西交汇——文化冲突如何引致英中战争？"（East meet West—How did a clash of cultures lead to Britain's war with China?）旗帜鲜明地表明了作者的观点。接下来该教科书通过文字描述、图片史料、系列学生探究活动详细阐述了文化冲突是如何引致鸦片战争的。

如前文所述，教科书《思想与机器：1750~1900 年的英国》利用《马戛尔尼会见皇帝想象图》呈现了英国人心目中的傲慢无礼、肥胖无教养的中国人形象。那么，中国人心目中的英国人又长什么样呢？英国中学历史教科书又呈现了另一张《老毛子：中国人对英国水手的印象图》（见图 2）。

图 2　《老毛子：中国人对英国水手的印象图》

---

① 周宁：《鸦片帝国》，学苑出版社，2004，第 3 页。
② 英国中学历史教科书将马戛尔尼访华放在一个长时段考虑。正是因为马戛尔尼访华使英国人认识到发动鸦片战争的必要性和可行性。清朝拒绝与英国贸易往来，必须依靠武力打开中国市场。清朝愚昧落后，英国可以通过战争打败中国。

该图是对英国中学历史教科书所呈现的下列文字的图像化补充。教科书文字如下：

> 林则徐认为欧洲人是劣等民族，中国人称之为"蛮夷"，即野蛮而奇怪的人，有着巨大、多毛的身体和奇怪的有色眼睛。

文字叙述加图像展示传递了中国人眼中的只有三个手指和两个脚趾、全身长毛、口吐滔滔大水，具有"人御之化为血水""刀剑不能伤""逢人便食"等骇人特征的英国人这一怪物形象，使英国学生更进一步形成清朝人民愚昧的形象。

教科书继续讲述，中国人只允许外国商人居住在广州一地，且中国人不想要英国的商品，于是他们找到了一种替代物：鸦片。这里，英国教科书特别用加粗加大的文字，突出强调是"很多中国人自己想要鸦片",① 因此"英国船只将鸦片从印度运往中国"。文字暗含的意思为：英国在中国销售鸦片，是因为中国人自己想要鸦片，英国人是在满足中国人的愿望。英国中学历史教科书在向学生宣传这样的观点，英国学界也持同样的看法。"18 世纪末英国人进入这个行当时，他们坚持认为他们只是在提供一种服务，是在满足一种需求，而不是在创造一种需求。从事鸦片贸易的英国人，尽力将其作为东方最为高尚体面的行当来呈现给国内的民众。"② 这里，英国中学历史教科书基本没有提及鸦片带给中国人民的伤害，而反过来强调是中国人自己想要鸦片，英国人只是在满足中国人的愿望而已。英国教科书在强词夺理。我们知道，当鸦片变成毒品时，它已经不是一种正常的货物。毒品不是商品，毒品不能用来交易，特别是在用外交手段行不通时，用武力来强行交易。

回到英国教科书，它们是如何围绕文化冲突引致鸦片战争展开叙事的呢？教科书首先用一幅《1841 年英国进攻广东的海战图》配合文字说明展示了英中之间的武器和军备差异，体现了英中之间工业文明和农业文明的冲突。接着教科书引入马戛尔尼访华事件，插入英国画家的想象图，进一步以文字描述这次会面的具体细节和对话。教科书以马戛尔尼使团面见中

---

① 这里，英国历史教科书不仅用加大加粗字体突出以下文字：many Chinese did want opium，而且用了"did"一词表示强调之意。此句翻译成中文为：很多中国人自己想要鸦片。

② 〔英〕蓝诗玲：《鸦片战争》，刘悦斌译，新星出版社，2020，第 29 页。

国皇帝的具体事例,展示英中双方在价值观念、思维文化上的巨大差异。英中双方均不愿意放弃自己固有的认知礼节,在赠礼中,一方送彰显英国先进工业文明的钟表、望远镜、战舰模型,另一方送彰显大清王朝气度的丝绸、玉器、牛奶,凸显了英中双方文化的巨大差异。马戛尔尼会见乾隆皇帝是磕头还是单膝下跪,表面上是中英礼仪之间的冲突,实际上是礼与利之间的冲突,即清朝要求遵循的朝贡之礼与英国想向中国倾销商品之利之间的冲突。礼仪之争是表面,利益之争是根本。教科书进而设置探究题,引入鸦片贸易以及《老毛子:中国人对英国水手的印象图》,加深学生对于不同文化的理解。最后全面探究鸦片战争爆发的原因,强调文化冲突的影响,说明中国人的傲慢以及文化的差异导致中国在鸦片战争中的失败。教科书在图片选择上,以马戛尔尼访华的图片,细致入微地刻画细节,突出利与礼之争;在叙事角度上,侧重于微观叙事,从乾隆皇帝接见马戛尔尼访华、互赠礼物来刻画文化冲突;在正文内容中,刻意引用林则徐对外认识不足的言论,从细节处反映文化冲突;在学生活动中,大部分问题都极具引导性,指向中英文化冲突导致鸦片战争。

　　除了上述两本英国中学历史教科书《发展中的历史(卷二):1603~1901》《思想与机器:1750~1900年的英国》对鸦片战争爆发的原因详细阐述外,另外几本英国中学历史教科书,如《二十世纪的世界史》《二十世纪的历史》《同一世纪的世界》《近现代中国的形成:1860~1997》还提到了鸦片战争爆发的其他因素:19世纪中叶,英国开始把拥有数百万人口的中国视为一个巨大的新市场,出售其工厂生产的商品和在印度种植的鸦片;① 但是,清政府只开放广州一地与外国人通商,不足以扩大英国与中国的贸易;② "清朝官员试图没收英国的鸦片,并停止在中国的鸦片贸易,导致英国宣战"。③ 上述英国教科书都将战争责任推给中国,多从中国方面找原因,说是清政府的行为导致英国宣战,压根不提为什么清政府要"停止在中国的鸦片贸易"。鸦片泛滥给中国带来极大危害:白银大量外流导

---

① R. D. Cornwell, *World History in the Twentieth Century*, UK: Longman Group UK Limited, 1993, p. 423; Bryn O'Callaghan, *A History of the Twentieth Century*, London and New York: Longman, 1992, p. 267; Neil DeMarco, *The World, This Century: Working with Evidence*, London: Collins, 2001, p. 179.

② Neil DeMarco, *The World, This Century: Working with Evidence*, 2001, p. 179.

③ Larry Auton - Leaf & Nick Shepley, *The Making of Modern China, 1860 - 1997*, London: Pearson Education Limited, 2017, p. 64.

致"银贵钱贱",国库亏空;官兵吸食鸦片,则使吏治腐败,军队战斗力减弱。"是使数十年后,中原几无可以御敌之兵,且无可以充饷之银。"① 有关鸦片的危害,连英国人蒙哥马利·马丁都这样写道:"可不是吗,同鸦片贸易比较起来,奴隶贸易是仁慈的;我们没有摧残非洲人的肉体,因为我们的直接利益要求保持他们的生命;我们没有败坏他们的品格,没有腐蚀他们的思想,没有扼杀他们的灵魂。可是鸦片贩子在腐蚀、败坏和毁灭了不幸的罪人的精神世界以后,还折磨他们的肉体。"② 英国历史教科书故意掩盖鸦片带给中国的危害。总之,鸦片战争中清朝是被动应战而非主动宣战。与马戛尔尼访华和中西文化冲突相比,英国中学历史教科书对以上这些因素着墨甚少,有的仅一两句话带过,教科书在有意回避鸦片战争爆发的真正原因。

那么,鸦片战争为什么会爆发?真的是中国傲慢无知、对鸦片贸易的抵制以及文化冲突导致的吗?笔者在后文有详细阐述。

二　关于鸦片战争中国失败的原因

关于鸦片战争中国失败的原因,英国中学历史教科书提到两点。第一,中国人愚昧无知、傲慢自大,对英国实力及意图认识不清导致战争失败。第二,英中两国军事实力差距过大导致中国战败。

英国中学历史教科书指出,中国人愚昧无知、傲慢自大,对英国实力及意图认识不清是失败的原因之一。"鸦片战争中国人失败,是因为中国人太骄傲狂妄了。"③ 中国战败显示了"中国对西方的无知、对西方的意图和军事实力的无知"。④ "中国的一位将军和他的士兵相信仅仅悬挂中国皇帝的旗帜就足以让敌人闻风而逃。"⑤ 英国中学历史教科书《中国:1900-1976》列出一段史料说明清朝认为英国不能远土作战,不足可畏。

---

① 中国第一历史档案馆:《鸦片战争档案史料》第 1 册,上海人民出版社,1987,第 361 页。
② 转引自《马克思恩格斯选集》第 2 卷,人民出版社,1972,第 23~24 页。
③ Jamie Byrom, Christine Counsell, Michael Gorman, Michael Riley, Andrew Wrenn, *Minds and Machines Britain: 1750-1900*, p. 109.
④ Larry Auton-Leaf & Nick Shepley, *The Making of Modern China*, *1860-1997*, p. 64.
⑤ Jamie Byrom, Christine Counsell, Michael Gorman, Michael Riley, Andrew Wrenn, *Minds and Machines Britain: 1750-1900*, p. 108.

英国野蛮人是一个微不足道的令人憎恶的种族，他们完全信赖强大的船只和大炮，但他们穿越遥远的距离到中国，季节性的补给品无法到达。如果士兵经历一次失败，失去给养，他们将意志消沉，没有信心。①

该教科书还列出了中国人愚昧无知，用原始落后的民间巫术与英国作战的例子，如中国人认为英国人有严重便秘，于是禁止出口大黄被认为是一种赢得战争的策略。中国人将携带原始炸弹的猴子带上英国船只，但往往猴子带着炸弹完好无损地返回。②

另外，关于鸦片战争中国失败的原因，英国中学历史教科书指出，鸦片战争中国失败与中英双方军事实力差距过大密切相关。"英国战胜中国的主要原因与其在工业革命期间发展的技术有关"。③ 战争暴露了中国技术的落后，中国的战船敌不过英国武装过的汽船和现代化的大炮。④ "到19世纪，中国在技术发展方面已经落后于西方，特别是在武器方面。因此，当英国等西方列强开始使用武力说服不情愿的中国开放港口与外国商人贸易时，中国的抵抗是无效和徒劳的。"⑤ "中国人没有获胜的机会。中国水兵的装备是弓和箭，他们的大炮是三百多年前设计的，大炮还没来得及开火就被击沉了。"⑥

上述英国中学历史教科书对鸦片战争中国失败的原因的阐述基本合理。但是，1840年的清朝即使对英国实力及意图认识清楚，也可能无法战胜英国。鸦片战争首先是中英两国军事力量之间的较量。要判断中国能否获胜，首先得考察清王朝的军事力量。鸦片战争的亲历者林则徐留下这样的记述：

彼之大炮，远及十里内外，若我炮不能及彼，彼炮先已及我，是

---

① Geoff Stewart. *China*: *1900-1976*, p. 13.

② Geoff Stewart, *China*: *1900-1976*, pp. 13-14.

③ Larry Auton-Leaf & Nick Shepley, *The Making of Modern China*, *1860-1997*, p. 10.

④ Geoff Stewart, *China 1900-1976*, p. 13; Larry Auton-Leaf & Nick Shepley, *The Making of Modern China*, *1860-1997*, pp. 10-11.

⑤ Robert Whitfield, *The Impact of Chairman Mao*: *China*, *1946-1976*, UK: Nelson Thornes Ltd, 2008, p. 2.

⑥ Jamie Byrom, Christine Counsell, Michael Gorman, Michael Riley, Andrew Wrenn, *Minds and Machines Britain 1750-1900*, p. 104.

器不良也。彼之放炮，如内地之放排枪，连声不断，我放一炮后，须辗转移时，再放一炮，是技不熟也……内地将弁兵丁，虽不乏久历戎行之人，而皆觌面接仗，似此之相距十里八里，彼此不见面而接仗者，未之前闻。故所谋往往相左。①

林则徐所言意思为：英军大炮射程远，我军打不到他，他能打到我，这是武器不行；英军可以连续放炮，而我军不能，"须辗转移时"，这是发射技术不熟练；清军虽有作战经验，但那都是面对面的作战，从来没有经历过这样相距十里八里的炮战。研究鸦片战争的著名学者茅海建先生指出："如果我们用一句话来概括鸦片战争时期中英武器装备各自的水平，那就是，英军已处于初步发展的火器时代，而清军仍处于冷热兵器混用的时代。"② 英国海军为当时世界之最，工业革命末期开始使用的铁壳蒸汽动力船航速快、机动性能强、吃水浅，能在中国内河航行。"清军使用的是自制的老式的'洋枪洋炮'。就型制样式而言，与英军相比，整整落后了二百余年"。③ 清军也不可能利用数量上的优势来战胜英军。清军的编制"利于分散'治民'，而不利于集中御外"。④ 清朝没有一支可机动作战的部队，也不可能将全部兵力用于与英军作战。

英国中学历史教科书只从中国军事上的落后和心理上的轻敌分析了中国战败的原因。实际上，中国战败还有政治和经济方面的原因。中英军事实力的差距是鸦片战争中国失败的重要原因。为什么中英两国军事实力差距如此巨大，我们可以从清王朝政治的腐败、小农经济的制约等方面找原因。"自然经济不仅提供了产品，而且也在生产和再生产出闭塞。从这种自给自足的经济中很难滋生向外发展的欲望和冲动。"⑤ 由于小农经济的制约，中国当时还滞留于自给自足的小生产阶段，当时中国的经济实力、科技和工业水平已远远落后于欧洲。正如陈旭麓先生指出："鸦片战争的失败是由于武器的陈旧，政治的腐败，还是社会的落后……应当说这三个东西是相互联系的：因社会落后而政治腐败，因政治腐败而武器陈旧。"⑥

---

① 林则徐著，杨国桢编《林则徐书简》，福建人民出版社，1981，第197页。
② 茅海建：《天朝的崩溃：鸦片战争再研究》，生活·读书·新知三联书店，2017，第31页。
③ 茅海建：《天朝的崩溃：鸦片战争再研究》，第32页。
④ 茅海建：《天朝的崩溃：鸦片战争再研究》，第56页。
⑤ 陈旭麓：《近代中国社会的新陈代谢》，生活·读书·新知三联书店，2017，第50页。
⑥ 陈旭麓：《近代中国社会的新陈代谢》，第49~50页。

三　关于鸦片战争的结果及影响

英国中学历史教科书《近现代中国的形成：1860~1997》对两次鸦片
战争的结果及影响叙述如下：

> 第一次鸦片战争以中国水师非常耻辱的失败而告终。……《南京
> 条约》的签署标志着一个世纪的开始，在这个世纪中，中国在外国对
> 其经济和领土权利的要求面前没有话语权……
>
> 事实证明，在第二次鸦片战争之后的几年里，西方扮演了一个两
> 面性的角色：掠夺者和救世主。……自 1850 年以来，中国国内一直叛
> 乱不断，而清政府既无法镇压叛乱，也无法同时打败外国人。现在中
> 国被西方打败了，西方的要求得到了满足，英国、法国和美国从清朝
> 的敌人变成了清朝的盟友。然而，要获得西方的友谊就必须以签订不
> 平等条约为代价，清政府认为这是值得的。于是，一支代表清帝国作
> 战的外国军队——常胜军建立了。1860 年 8 月，面对太平军的进攻，
> 这支军队成功地保卫了上海。
>
> 两次鸦片战争后，中国的孤立状态和自认为可以自给自足的道德
> 和文化的优越感戛然而止。中国不能忽略外国人想要拥有更多经济自
> 由的要求，这一点显而易见。另外，采用西方的手段，甚至是西方政
> 权的积极军事支持，对中国抵御国内叛乱和维持自身统治至关重要，
> 这一点也毋庸置疑。①

我们将上述三段文字进行话语分析以及结合前文英国中学历史教科书
对鸦片战争爆发的原因和中国战败的原因的叙事分析，可以看出：英国中
学历史教科书在反复强调清朝的愚昧无知，因此，软弱的清政府必须借助
西方的帮助以镇压国内叛乱和维持自身统治。在英国教科书这样的叙述逻
辑中，西方"变成了清朝的盟友"，"成功地保卫了上海"。中国需要西方
的支持来"抵御国内叛乱和维持自身统治"，与西方签订不平等条约是获
得西方友谊必须付出的代价。

鸦片战争给中国带来了深重灾难和巨大屈辱，对中国社会产生了巨大

① Larry Auton-Leaf & Nick Shepley, *The Making of Modern China*, *1860-1997*, pp. 64. 69. 70.

影响。中国的独立、主权和领土完整受到了严重破坏，中国从一个独立的封建社会演变为半殖民半封建社会。《南京条约》《虎门条约》《望厦条约》《黄埔条约》等一系列不平等条约的签订，破坏了中国的主权和领土完整。在两次鸦片战争中，英国用铁壳蒸汽动力船和现代海军火炮摧毁了清朝水师，然后通过蒸汽船将现代工厂大规模生产的商品运入中国内陆，这打破了中国传统的自给自足的经济体系。英国蒸汽船对中国的影响，比大炮更具破坏性。但是，英国中学历史教科书对于鸦片战争给中国带来的灾难后果与影响轻描淡写。教科书不仅淡化了鸦片战争英国侵略中国这一事实，而且将之美化为对中国的拯救。在近代中国历史中，西方扮演了中国的救世主角色，"从而使所有中国人对西方的恩情永世难忘"。① 这种典型的西方中心论思想，颠倒黑白，为英国中学历史教科书的一贯写法。

中国在西方列强的炮火下，步履蹒跚地进入近代。鸦片战争可以说改变了世界格局。鸦片战争爆发前，在世人眼里，中国是雄踞东方的实力雄厚的大国。但在鸦片战争后，中国和世界其他国家的传统关系日渐改变。人们不再仰慕中华文明，富庶繁荣、辉煌灿烂的古代文明之邦的中国形象逐渐土崩瓦解，一个封闭、衰败、愚昧、落后的近代中国形象开始呈现在世人面前。

四　讨论与结论

问题之一：如果清朝不禁烟，英国是否就不会发动战争？

英国以商业贸易立国，主张在世界范围内进行自由贸易。英国通过外交手段与中国进行自由贸易的尝试失败，对利润的贪婪和被自由贸易主义主宰的英国外交政策决定了即使没有林则徐的虎门硝烟，英国也会以其他借口发动战争。

鸦片贸易与大英帝国的利益和存在有着密切的关系，英国政府必然要对中国的禁烟运动作出反应。对于刚刚完成工业革命四处寻找新的海外市场的英国来说，拥有巨大人口的中国带来的诱惑力是不可抵御的。"如果每个中国人的衬衣下摆长一英寸，我们的工厂就得忙上数十年！"② "英国的鸦片贩子和与对华贸易有关的资本家的极力煽动和精心策划、驻华商务监

---

① 〔美〕柯文：《在中国发现历史：中国中心观在美国的兴起》，林同奇译，社会科学文献出版社，2017，第202页。

② 〔美〕费正清：《剑桥中国晚清史：1800—1911（上卷）》，中国社会科学出版社，1985，第166页。

督义律的竭力怂恿和出谋划策，又推动了英国政府迅速做出发动侵华战争的决定"。① 对中国发动战争，不仅可以维护鸦片贩子的利益，还可以借机打开中国国门，何乐而不为。可以说即使清政府不禁烟，英国也会发动战争。

关于鸦片战争爆发的原因，除了英国的殖民扩张政策，还应考虑到英国国内不断激化的矛盾这一因素。英国发动侵略中国的战争也是其转移国内危机的手段之一。

19世纪20~40年代，随着英国国内资本主义的不断发展，各种矛盾不断尖锐和激化。1825年，英国爆发了第一次全国性经济危机。英国国内政治局面动荡不安，资产阶级的统治地位受到极大冲击。其时，欧文空想社会主义思想在英国广泛传播，处于动荡不安和危机之中的英国资产阶级政府视其为洪水猛兽。1836年，英国爆发了无产阶级第一次独立的革命运动——宪章运动。为了淡化欧文空想社会主义思想对英国社会的影响，缓和国内日益激化的矛盾，稳定资产阶级政权的统治秩序，英国政府走上了海外侵略扩张的道路，发动了对中国的不义战争。

"关于鸦片问题，我方力图禁绝，英方则希望维持原状：我攻彼守。关于通商问题，英方力图获得更大的机会和自由，我方则硬要维持原状：彼攻我守。就世界大势论，那次的战争是不能避免的。"② 实际上，西方自己也承认："如果当时有一种有效的鸦片替代品，比如糖蜜或大米，这场冲突可能会被称为'糖蜜战争'或'大米战争'。唯一的区别是时间问题：假设进口的主要物品是无害的，昏睡的中国人不会这么快就被吓得采取行动。这场战争可以推迟，但无法避免。"③ 总之，英国发动鸦片战争是资本主义扩张的必然结果，是转移其国内矛盾的手段，是其既定的海外殖民政策的一部分。即使没有林则徐的虎门销烟，英国也会发动战争，战争不可避免。

问题之二：是不是两种文化的冲突导致了战争爆发？

关于鸦片战争爆发的原因，一些学者用"文化冲突说"来解释。他们提出，"鸦片战争是两种文化之间的冲突。一方是农业的、儒学的和停滞的并且深陷于日益衰败的王朝循环泥淖之中的社会……另一方则是工业的、资本主义的、进步的和不满足于现状的社会。当二者相遇时，冲突不

---

① 张顺洪等：《明清时代的中国与世界》，江西人民出版社，2011，第310页。
② 蒋廷黻：《蒋廷黻中国近代史》，江苏人民出版社，2017，第31页。
③ Hsin-pao Chang, *Commissioner Lin and the Opium War*, Massachusetts：Harvard University Press，1964，p.15.

可避免"。①

鸦片战争以前,中国是东亚地区中华文化圈的中心。清朝认为自己是世界的中心,优于其他文明。这种文化优越感使其在早期与其他国家交往时,不能以一种平等的心态对待对方。在清朝的官方文书中,英法美三国被称为"英夷""法夷""美夷",需要向清朝称臣纳贡,以此来确立它们的臣属地位。而与此同时,经历过工业革命的英国已经成为世界上最强大的殖民国家,号称"日不落帝国"。英国在世界范围内强行推行自由贸易,而中国仍沉浸于自给自足的天朝迷梦里。经过马戛尔尼访华后,西方对于中国的看法有了巨大改变。他们认为,中国是"静止不动"的,是"一个经过防腐处理的木乃伊,身上裹着丝绸,上面绘有象形文字。其内在循环类似于一只处在冬眠状态的榛睡鼠"。② 中国拒绝向其他先进文化学习,他们必将为其狂妄自大付出高昂代价。对这个难以忍受的国家,唯一合适的回击就是战争。美国前总统亚当斯称"战争的真正原因不是鸦片而是磕头""中国人认为可以在'侮辱和贬低'的基础上与人交往,这种'傲慢和不堪忍受'的态度,正是引起中英冲突的惟一原因。"③ 中英两种文化的巨大差异导致两国之间的分歧无法调和。"与中国的纠纷不再是……鸦片走私问题,而是中国对英国国家尊严蔑视的问题——对这种蔑视,英国为了自己的荣誉,必须要通过军事手段进行报复。"④ 中国注定"要在海岸上被撕成碎片"。⑤

"文化冲突"不是鸦片战争爆发的根本原因。"所谓政治制度的矛盾、经济学说的矛盾、法制观念的矛盾等等观点,都是对鸦片战争起因及其性质的有意无意的歪曲,又是对英国资产阶级侵略罪行的有意无意的开脱。"⑥ 正如前文所言,英国为了开辟新的原料产地和商品销售市场,将其侵略扩张矛头指向了拥有庞大国土和资源的中国。英国发动鸦片战争是其对外殖民扩张政策及转移国内危机的必然结果。英国中学历史教科书在叙述鸦片战争爆发的原因时本末倒置,颠倒黑白,过于强调中英的文化差异

① Hsin-pao Chang, *Commissioner Lin and the Opium War*, p. 15.
② 〔英〕雷蒙·道森:《中国变色龙:对于欧洲中国文明观的分析》,常绍民等译,中华书局,2006,第84页。
③ 〔美〕何伟亚:《怀柔远人:马戛尔尼使华的中英礼仪冲突》,邓常春译,社会科学文献出版社,2002,第236~237页。
④ 〔英〕蓝诗玲:《鸦片战争》,刘悦斌译,第106页。
⑤ 〔美〕史景迁:《大汉之国:西方眼中的中国》,阮叔梅译,广西师范大学出版社,2013,第79页。
⑥ 李书源:《评西方学者的鸦片战争"文化冲突"论》,《史学月刊》1991年第4期,第44页。

和清政府的傲慢愚昧无知，虽有提及寻找商品的销售市场，但是在轻描淡写。教科书通过一系列文字、图片、学生活动的描述，将学生的关注点引到中国的愚昧上。英国教科书用文化冲突论掩盖了鸦片战争英国侵略中国这一赤裸裸的事实。

问题之三：我们应该如何评价鸦片战争？

学界对鸦片战争的评价存有文化冲突说、贸易冲突说、鸦片战争说等观点。实际上，用文明、自由贸易字眼无法掩盖英国侵略中国的本质。我们在谈论这场战争时，是不能回避鸦片（鸦片贸易）的。为了自由贸易就必须付诸战争的极端形式吗？不同的文化就必须以发动战争的方式来解决彼此之间的冲突吗？不能因为你心目中的对人不礼貌就发动战争，也不能因为别人不需要你的商品就用武力来强迫买卖。商品贸易不能用武力来强迫。况且鸦片是毒品，毒品交易不能算是正常的商品贸易，只能说是财富的掠夺。鸦片战争由鸦片而来，为鸦片而去。鸦片贸易和鸦片战争具有明显的非正义性，这无可争辩。战争是邪恶的，为邪恶的鸦片贸易进行的战争更加邪恶。英国中学历史教科书中不用"鸦片战争"，而用"英中战争"（Britain's war with China, The second Anglo-Chinese War）来命名这场战争，[①] 去掉"鸦片"二字，实质上是英国教科书话语运作的"杰作"，这一提法掩盖了英国对中国发动侵略战争的本质。

"近代中国的落后决不意味着英国发动鸦片战争是合理的、正义的。侵略就是侵略、强盗就是强盗；弱小不代表应该被欺凌，弱肉强食不是历史正义！"[②] 强盗就是强盗，无可辩驳，文化冲突说、贸易冲突说都掩盖不了英国侵略中国的事实。鸦片战争是英国发动的不正当的侵略战争，是西方帝国主义列强入侵中国，用武力打开中国市场的野蛮战争，是西方扩张与侵略的典型例证。所谓通商战争、贸易战争、文化战争，都是典型的欧洲中心言论。

其实，对于鸦片战争爆发时的中国以及对战争的评价，无论是当今还是战争爆发时，抑或马戛尔尼使团访华后，英国国内有不同的声音。前英国商务大臣、英国第三大党自由民主党党魁凯布尔爵士（Sir Vince Cable）评价说："这是一场非常错误及充满剥削的殖民战争，造成历史上长久的

---

① 详见 Jamie Byrom, Christine Counsell, Michael Gorman, Michael Riley, Andrew Wrenn, *Minds and Machines*: *Britain* 1750-1900, p. 104；Geoff Stewart, *China*: 1900-1976, p. 14。

② 侯中军：《强盗就是强盗，无法开脱 ——评有关鸦片战争的几种谬论》，《历史评论》2020 年第 3 期。

伤痕及怀疑，我们希望这样的事不会重演。"作为曾在鸦片战争中获利丰厚的沙逊家族后人，美国乔治城大学的沙逊教授（Professor Sassoon）认为："和许多战争一样，鸦片战争是错误的。"① 1795 年 4 月，马戛尔尼使团访华时所乘"狮子"号船的第一大副爱尼斯·安德逊回国后出版了访华见闻录，由于书中有不少对中国的赞誉，引发了"各种恶意的和出于误解的对本书和对作者的攻击"。②

虽然英国存在少许对清朝赞美的言论，但也淹没在英国大众对中国的普遍负面印象中，人们在选择性叙事。18 世纪中后期，中国开始衰落，英国开始崛起，而中国仍然陶醉在天朝上国的迷梦里，中英力量平衡的局面开始打破。英国人眼中的中国形象转变与当时中英实力对比发生改变密切相关，充分体现了福柯所倡导的权力与话语的关系。"一种话语，对从这一传统或话语中产生的文本真正起控制作用的是这一传统或话语的物质在场或力量，而不是某一特定作者的创造性。"③

总之，英国历史教科书中的鸦片战争叙事，多将重点放在鸦片战争爆发的原因上，认为东西文化冲突引发了战争。英国中学历史教科书对鸦片战争带给中国人民的伤害基本不提，反而认为西方扮演了清朝"救世主"的角色。受 20 世纪 50~60 年代盛行于西方学界的"西方冲击—中国回应"模式影响，强调"以褒扬的口气描述西方扩张，而以贬谪的口气描述中国对西方的抵抗""把中国过去一个半世纪所经历的种种问题，主要都归咎于中国社会与文化自身的弱点与不足"。④ 虽然英国社会也存在对鸦片战争不同的声音，但是随着时间的流逝，经过社会绝大多数人的想象、过滤和重构，形成了大众普遍认可的中国形象。这中间有集体的偏见，也有无意识的遗漏。从 1794 年英国使团带回的各种有关中国的负面报道开始，英国逐渐塑造了一个封闭、落后、停滞、傲慢无知的鸦片帝国形象。文本在创造秩序又在巩固这种秩序，从 18 世纪末至今，这种中国形象还存在于英国中学历史教科书中。

---

① 何越：《今天的英国精英如何看待鸦片战争？》，参见 https://www.sohu.com/a/315909661_611133。
② 〔英〕安德逊：《英国人眼中的大清王朝》，费振东译，原书再版序言，第 5 页。
③ 〔美〕爱德华·萨义德：《东方学》，王宇根译，生活·读书·新知三联书店，1999，第 122 页。
④ 〔美〕柯文：《在中国发现历史：中国中心观在美国的兴起》，林同奇译，第 109 页。

古罗马城研究的前世今生*

张尧娉

（北京师范大学珠海校区人文与社会科学高等研究院
史学研究中心，广东珠海　519087）

摘　要：城市研究已成为国内外学术界的热门研究领域。"永恒之城"罗马是前工业时代最伟大的城市之一，也是罗马世界一系列城市的"母版"，自然成为学者重点关注的对象。古典作家或有意识或无意识的记录为后人保留了珍贵的一手史料；考古学家、地志学家的调查、发掘、考证活动为再现城市昔日风貌提供了可能；城市史家对罗马城建筑史、社会史、文化史等细致入微的研究使得人们对这座古城的认知更加全面。利用最新的考古成果、采用比较的研究视角、应用跨学科的研究方法是未来研究的趋势。

关键词：古罗马城　城市史　城市研究

罗马不是一天建成的。在不到一千年的时间里，罗马城由意大利第伯河下游左岸的小村庄发展成为庞大帝国的政治中心、经济管理中心、军事中心与文化中心。公元一二世纪，罗马帝国境内兴起了"城市化"运动。以罗马城为模板"复制"的城市遍布各地。公元455年，汪达尔人洗劫罗马城。这座"永恒之城"逐渐黯然失色。古今中外无数学者研究这座伟大城市的兴衰，以求获取历史经验和启发。本文将回溯罗马城研究的源头，评述国内外学者重要的研究成果，并在此基础上尝试展望未来研究的趋

---

* 本文系2023年度教育部人文社会科学研究一般项目"罗马帝国输水道相关史料整理、翻译与研究"（23YJC77042）的阶段性成果。

势。因文献浩瀚，难免挂一漏万。悖谬之处，祈请方家指正。

一　古典作家的记录

严格来说，古典作家对罗马城的记录不能算真正意义上的研究。有的记录并非出于历史自觉，但有些作品却有明确的写作目的。例如，帝国时期维特鲁威的《建筑十书》①、弗仑提努斯的《论水道》②、斯特拉波的《地理学》③、老普林尼的《自然史》④ 等专著类作品，为我们提供了大量关于罗马城的详备资料。

维特鲁威于公元前 30 年至公元前 20 年撰写的《建筑十书》是一本建筑技术手册，维特鲁威写作此书时，正值"罗马和平"的第一个十年。彼时，罗马城中大兴土木，一派欣欣向荣景象。维特鲁威在序言中明确提到"为元首出版了这本论建筑事务的书"，"制定建筑的规程，完善技术用语，为建筑学科制定周全的基本原理"。⑤ 该著论述的范围十分广泛，包括城市规划、建筑工程、市政工程、机械工程等，系统总结了古希腊和早期罗马帝国建筑的实践经验。当时，也有其他建筑师和工程师撰写著作，但早已失传，如今流传下来的只有这一部。所以，它是我们了解罗马城规划和布局的重要史料。与维特鲁威相同，《论水道》一书的作者塞克图斯·尤里乌斯·弗仑提努斯（Sextus Julius Frontinus）⑥ 也在著作序言中表明了写作意图。公元 97 年，弗仑提努斯被元首涅尔瓦任命为水利总监。他认为，称职的官员必须对工作对象了如指掌，同时也有责任著书立说惠泽后人。⑦ 为此，他详细记录了帝国初期罗马城中 9 条水道的基本情况、水管安装中的技术细节、水务管理的相关事宜、关于供水和水道维护的法律法规等。《论水道》是西方古典时代留存下来的唯一一部关于罗马水道的专著，书中记载的不少史料在其他文献中已经无法寻觅。19 世纪以

---

① Vitruvius, *On Architecture*, Cambridge：Harvard University Press, 1931.

② Frontinus, *The Aqueducts of Rome*, Cambridge：Harvard University Press, 1925.

③ Strabo, *Geography*, Cambridge：Harvard University Press, 1917.

④ Pliny the elder, *Natural History*, Cambridge：Harvard University Press, 1938

⑤ 〔古罗马〕维特鲁威：《建筑十书》，陈平译，北京大学出版社，2012，第 63 页。引文略有改动。

⑥ 塞克图斯·尤里乌斯·弗仑提努斯（公元 35 年左右~103/104 年）为公元 97~103 或 104 年罗马的水利总监。担任此职务期间，他写下了《论水道》一书。

⑦ Frontinus, *The Aqueducts of Rome*, 2.

来，考古学家发现了大量铅制输水管铭文。研究者可将这些铭文与《论水道》的记录结合使用，还原出罗马城水道网络和水道供水的基本状况。斯特拉波的《地理学》和老普林尼的《自然史》是百科全书式的著作。斯特拉波在介绍萨宾地区和拉丁姆的情况时，用较长的篇幅记载了罗马城的建城历史、罗马城的位置、罗马城的基础设施。他对罗马城的基础设施建设给予了极高的评价，认为"罗马人在被希腊人所忽视的这类事务中最有远见，例如修筑道路、输水道和把污水导入台伯河的下水道"。① 斯特拉波对罗马城战神广场上的主要建筑进行了细致而生动的描述。学者们推测，他在公元前9～前6年到过罗马，所记述的场景即他亲眼所见。《自然史》第三十六卷②是有关石料、矿物和纪念碑的知识。在这一卷中，老普林尼介绍了罗马城的输水道和下水道，详细记述了老塔克文在罗马城修建下水道的过程，简要介绍了马尔西亚、维戈、克劳狄和新阿尼奥水道的修建过程，概述了阿革里巴在城市供水方面的贡献。老普林尼说："我的主题只有一个，即自然界，换言之就是生活。"③ 他的写作对象极其庞杂，涵盖广阔的知识领域。罗马水道只是他在介绍人类修建的建筑物时所举的一个例子。因此，他的相关记载着力于宏观描述，不过这仍为我们的研究提供了宝贵的资料。此外，与罗马城相关的大量记载散见于古典作家的通史类作品中，如塔西佗的《编年史》、哈利卡纳苏斯的狄奥尼修斯的《罗马古事记》、李维的《建城以来史》、阿庇安的《罗马史》、卡西乌斯·狄奥的《罗马史》、阿米阿努斯·马塞利努斯的《历史》等。有一类容易被历史学家忽略的资料是帝国时期的文学作品。罗马帝国早期的文学经历了"黄金时代"与"白银时代"。文人作家的作品反映了罗马城市生活的各个方面。尤其是"白银时代"的讽刺文学，作者将视野转至被主流文化忽视的领域。例如，讽刺诗人 M. 瓦列里乌斯·马提亚尔（M. Valerius Martialis）④ 在其作品《隽语》中多次提及朋友们的住处。在他生活的时代，帕拉丁山（Palatium）仍是贵族府邸的聚集区，⑤ 奎里那尔山

---

① Strabo, *Geography*, 5. 3. 8.

② Pliny the Elder, *Natural History*, 36. 121-123.

③ Pliny the Elder, *Naturalis Historia*, Praefatio, 13。

④ 公元 40 年马提亚尔出生于西班牙，公元 64 年移居罗马。

⑤ 贵族 C. 朱利乌斯·普罗库鲁斯（C. Iulius Proculus）居住在帕拉丁山的西北角（Martialis, *Epigrams*, 1. 70）。

（Quirinalis）已成为颇受欢迎的居住区，① 许多元老、富人居住在凯里乌斯山（Cælius）②。显然，留下这些信息是作者的无心之举，却能帮助我们了解罗马城人们居住区域的变化。

与文献相比，地区志和地图对罗马城布局的描述更加直接、直观。可能编纂于戴克里先时期（284～305）的《地区志》（Regionary Catalogues）③ 是研究罗马城的基本工具书。《地区志》按照奥古斯都划分的十四区详细记录罗马城的情况，首先列举各区的主要建筑与其他地标的名称，然后统计各种建筑的数量（公寓、房子、浴场、仓库等），最后对整座城市进行整体描述。其中对罗马城建筑的列举详细但并不精确（最后的总数统计与前面列举的数目并不吻合）。或许，《地区志》的编撰并非为了给城市管理者提供便利，而是为了彰显城市的庞大规模，因此不需要太过精确。公元73 年，韦斯帕芗和提图斯出任监察官时，可能进行了罗马城的财产调查，并绘制成地籍式（catastale）的平面图，镌刻于和平神庙（广场）内的图书馆北墙的 150 块大理石上。塞维鲁王朝时重新绘制，称《罗马城平面图》（Forma Urbis Romae）或《塞维鲁罗马城平面图》（Severan Marble Plan）。原始的平面图应当长 18 米、宽 13 米。④ 16 世纪至今发现了这幅平面图 10%～15%的残块。2002 年，斯坦福大学启动"数字化罗马城平面图项目"，利用三维技术复原该平面图。⑤

古典作家对罗马城的记录内容丰富、形式多样，它们反映了古罗马人对自己生活环境的认知，其中保留了很多珍贵的历史信息，是后人研究罗马城时必备的原始史料。

---

① 马提亚尔居住在此地"茵苏拉"（Insulae）的一处房屋中（Martialis, *Epigrams*, 9. 97. 7-8, 10. 58. 9-10）。

② 作家斯塔提乌斯富裕的朋友泰迪乌斯·梅里奥尔（Atedius Melio）住在凯里乌斯山（P. Papinius Statius, *Silvae*, 2. 3. 14-16）。元老尤尼乌斯（Junius）也居住在此处。塔西佗记载，公元 27 年，罗马城遭遇了一场非同寻常的大火，整个凯里乌斯山被烧光了，只有一件东西没有受到损伤，那就是尤尼乌斯家中的提比略的一座胸像，因此有人建议将凯里乌斯山改名为奥古斯都山（Tacitus, *The Annals*, 4. 64. 3）。

③ 有两个版本，见网址 http：//penelope. uchicago. edu/Thayer/E/Gazetteer/Places/Europe/Italy/Lazio/Roma/Rome/_ Texts/Regionaries/home. html。

④ Amanda Claridge, *Rome: An Archaeological Guide* (2nd. Edition), Oxford: Oxford University Press, 2010, p. 32.

⑤ 该项目的网址为 http://formaurbis. stanford. edu/index. html。

二　考古发掘与地志学的成果

对罗马城的发掘早在 15 世纪便已经展开。15 世纪中期，随着考古发现的增多，学者们开始综合运用典籍、铭文和考古遗迹复原罗马城布局和环境，这一学科分支被称为地志学（topography）。早期的考古以获取文物为主要目的，往往进行破坏性发掘。1870 年，意大利国王维多利奥·艾玛努埃莱二世（Vittorio Emanuele Ⅱ）成立罗马古建筑发掘与保护的总监部，并于 1875 年创建意大利考古学院。管理机构和学术机构的设置使罗马城的考古发掘得到系统化的规划和整合，研究力量得以集中，促进了城市考古学的发展。另外，由于新政府进行大量建筑和基础设施规划，新的出土材料激增。这些有利条件推动了古罗马地志学的进步。

这一时期最令人瞩目的罗马考古学家、地志学家当数罗道尔夫·兰切亚尼（Rodolfo Lanciani）。他从 1872 年起担任罗马市考古委员会秘书，管理罗马城中所有考古活动，他本人主持多项重大发掘项目，例如，对罗马广场的灶神神庙的发掘。兰切亚尼最具代表性的著作当属《古罗马城图志》（Forma Urbis Romae），此著为 46 张古罗马城的详细地图（发表于1893~1901 年），迄今仍是古罗马城研究最重要的地形学著作和工具书。他编撰的《罗马发掘史及罗马古物报告》详细记录自中世纪至庇护九世去世（即 1000~1878）将近九百年的考古发现。1911 年，兰切亚尼筹备了一次庆祝意大利统一五十周年的大型展览，展出重要的考古文物和复原的建筑平面图以及模型。①

罗马城研究另一项奠基性的成果是《拉丁铭文集成》（Corpus Inscriptionum Latinarum）第 6 卷。1847 年特奥多尔·蒙森在柏林组织了一个委员会，将收集到的拉丁铭文进行出版，即《拉丁铭文集成》。罗马城的铭文收录在第 6 卷中。因铭文数量庞大，该卷分为 8 个分卷，首卷于1876 年出版，最新一卷于 2019 年出版。第 15 卷收录罗马及其周边出土的砖、陶片、陶瓶、油灯、玻璃器皿等家用器具铭文和铅制输水管铭文。第17 卷收录的是里程碑铭文。在对铭文的编辑过程中，蒙森督促各位编者按照"亲眼见证"的铭文搜集原则，无论是新发现的铭文，还是从未被整理

---

① 参见〔法〕克劳德·莫蒂《罗马考古：永恒之城重现》，郑克鲁译，吉林出版集团股份有限公司，2018，第 122~129 页。

的碑刻，抑或是由前人出版的铭文文本，编者都需要亲力亲为，去实地探访、查证、记录在案，以保证铭文的可信性。①《拉丁铭文集成》所涉及的时间和地理跨度、收录的铭文数量和质量都远远超越前人，至今仍是研究罗马城必不可少的基础性史料。

20世纪以来，罗马城地志学研究进展迅速，数以百计的学者或在罗马进行新的考古发掘或对原有的史料（铭文、钱币和文献）进行深入研究，成果颇丰。萨缪尔·波尔·普拉纳编撰《古罗马地形学志》（他死后由托马斯·阿什比完成），②介绍罗马城主要的山丘、街道、大道、各种各样的纪念建筑。这是一部非常专业的词典，汇集了古典史料和考古学的最新成果，是学者们研究罗马城的必读之作。理查森编写的《古罗马地形学新志》③、斯泰恩比主编的《古罗马地形学典》④收集新的考古发现和研究成果，在普拉纳著作的基础上进行订正和补充。尤其值得注意的是，上述两部著作增加了图拉真广场及其周边地区的最新发掘成果。1998年出版的《罗马考古指南》⑤一书堪称罗马城的"文物地图"，该书全面介绍了罗马考古发掘的遗迹和文物。第一部分梳理罗马简史，第二部分介绍罗马建筑的材料、技术，房屋的外饰和内饰，建筑规则和规模，建筑风格等，第三部分按照区域介绍主要遗迹和文物，使读者对罗马城的考古成果有宏观的把握。该书收录了大量的地图和图片，十分直观。科尔斯顿和道奇主编的《古罗马：关于永恒之城的考古学》⑥一书，按照13个专题，由当代该领域最权威的历史学家和考古学家撰文，介绍最前沿的研究成果。该著附录中列举了罗马城研究的参考书目以方便读者按图索骥。

随着计算机技术日新月异的发展，计算机应用深入罗马城研究领域。1996年美国弗吉尼亚大学人类技术发展研究所的伯纳德·弗里斯彻教授着手研发 "Rome Reborn 1.0" 软件，在意大利、德国相关机构的考古学家、

---

① 参见王忠孝《〈拉丁铭文集成〉的编纂与拉丁碑铭学研究》，张巍主编《西方古典学辑刊（第四辑）：希罗多德的序言》，复旦大学出版社，2022，第215~237页。

② Samuel Ball Platner, *A Topographical Dictionary of Ancient Rome*, London：Oxford University Press, 1929.

③ Jr. L. Richardson, *A New Topographical Dictionary of Ancient Rome*, Baltimore and London：The Johns Hopkins University Press, 1992.

④ E. M. Steinby, *Lexicon Topographicum Urbis Romae* (5 vols), Rome：Quasar, 1993-2002.

⑤ Amanda Claridge, *Rome：an Archaeological Guide*, Oxford：Oxford University Press, 1998.

⑥ Jon Coulston, Hazel Dodge, *Ancient Rome*, *The Archaeology of the Eternal City*, Oxford：Oxford University School, 2000, repr. 2008, 2011, 2015.

建筑学家和电脑工程师等的协助下，于 2007 年 6 月开发成功，以 3D 形式再现君士坦丁统治期间（320 年）罗马城的布局，包括 7000 多座建筑，其中 250 座细节详尽，2008 年由"谷歌地球"（Google Earth）推广到互联网上。与此同时继续开发"Rome Reborn2.0"软件，可展示各时期的罗马城。①

总的来说，19 世纪以来地志学呈现繁荣的景象，既有对遗迹进行认定、分析的传统地形学研究，也有建筑、钱币和铭文的专题研究，还有借助计算机技术对古罗马城面貌进行重建的现代科技成果。考古学家、地志学家所做的工作是基础性的，他们整理的史料为再现城市昔日风貌提供了可能性。

三　城市史视域下对罗马城的综合性研究

进入 20 世纪，城市史的研究首先在美国兴起。城市史和社会史是同胞兄弟，都从经济史的系谱下发展而来。城市史"将城市空间置于广阔的经济、社会、政治、文化和空间体系的框架中，进而将这一空间置于更广阔的地区、国家、国际乃至跨国的网络中考察其历史"。② 在这股浪潮的影响下，越来越多的罗马史家投身其中，他们继承传统的史学研究方法，同时借鉴社会学、人类学，甚至自然科学的理论和方法，对罗马城的方方面面进行了深入研究。以下几个话题尤其引人注目。

1. 对城市规划与城市管理的研究

著名的城市史大师芒福德在其成名作《城市发展史——起源、演变和前景》中，以人文尺度评价古罗马的城市，一一论述城市规划布局、构造、建筑类型、城市生活，提炼出古罗马城市的共同特征。他对古罗马城市的评价总体上是负面的：从城市布局来看，古罗马城市建造得过于标准化；从城市设施来看，一些公共设施的设计建造并不合理；从城市规模来看，罗马城过于庞大；城市生活堕落腐朽。所以，古罗马城市注定要灭亡。他评价道："无论从政治学或是从城市化的角度来看，罗马都是一次值得记取的历史教训；罗马的城市历史曾不时地发生典型的危险信号，警

---

① 该项目的网站：https：//www.romereborn.org。对该项目的介绍参见周繁文《长安城与罗马城：东西方两大文明都城模式的比较研究》，社会科学文献出版社，2017，第 46~47 页。

② 〔英〕肖恩·埃文：《什么是城市史》，熊芳芳译，北京大学出版社，2020，第 1 页。

告人们城市生活的前进方向并不正确。"① 芒福德倡导人文关怀，城市的发展首先要顾及人在物质与精神上的感受。在他看来，古罗马城市并没有顾及城市发展的人文因素。他指出了古罗马城市与现代城市共同的困境，警示世人，历史可能重演，我们的城市正在步古罗马城市的后尘，走向灭亡。② 罗宾逊的《古代罗马：城市规划与管理》③ 一书对古代罗马城内的规划管理情况、建筑规则、供水与消防、公共健康、市场及商业规则、谷物供应、娱乐与公共秩序等各个方面都进行了深入研究，是这一领域的重要成果之一。黛安娜·法夫罗的著作《奥古斯都罗马的城市形象》④ 以城市形象为切入点，全面研究共和国末期与帝国初期罗马城的城市建设与城市管理。作者对奥古斯都建设罗马城的动机进行了颇具新意的分析，她指出，必须重视城市基础设施与政治之间的关系。该书的一大缺憾是，较少使用考古成果，史料基础不太扎实。此外，欧文⑤、托马斯·W. 阿非利加⑥等学者的著作也颇值得关注。

2. 对城市建筑形制的研究

学者对罗马城城墙、拱廊、广场、剧场、竞技场等公共建筑，道路、引水道、下水道、浴场、公厕等基础设施的研究，本质是地志学研究传统的继续。不同之处在于，这一时期学者们广泛使用古典文献、铭文、地图、钱币等多种史料，利用考古学、地质学、地形学、建筑学、水力学、化学等多学科的知识，使用跨学科的研究方法，推动相关研究领域的进步。

以输水道研究为例。19 世纪至 20 世纪上半叶，学者们对罗马城和行省水道的研究成果集中在考古学和地志学领域，在考古发掘、鉴定遗迹方面做了大量基础性的工作。20 世纪 60 年代以来，学者们对水道工程技术

---

① 〔美〕刘易斯·芒福德：《城市发展史——起源、演变和前景》，宋俊岭、倪文彦译，中国建筑工业出版社，1989，第 185 页。

② 李月：《刘易斯·芒福德的城市史观》，上海三联书店，2019，第 85~100 页。

③ O. F. Robinson, *Ancient Rome: City Planning and Administration*, London and New York: Routledge, 1992.

④ Diane Favro, *The urban image of Augustan Rome*, Cambridge: Cambridge University Press, 1996.

⑤ E. J. Owens, *The City in the Greek and Roman World*, London and New York: Routledge, 1991.

⑥ Thomas W. Africa, "Urban Violence in Imperial Rome", *The Journal of Interdisciplinary History*, Vol. 2, No. 1 (Summer, 1971), pp. 3-21.

的研究取得了巨大进展。如德国学术团体弗仑提努斯研究学会（Frontinus
Society），该学会成立于 20 世纪 70 年代，成员大约 400 名，创办年刊《弗
仑提努斯学会出版系列》（*Schriftenreihe der Frontinus Gesellschaft*），主张从
工程技术学、水利学的角度研究罗马水道。学会成员成果颇丰，多集中于
个案研究或微观层面，在研究方法上，他们不再拘泥于传统的考古学和古
典学，对罗马水道进行了跨学科的研究。例如，布莱克曼使用现代测绘技
术推算出古罗马现存四条水道原有的长度和流量。[①] A. 特里沃·霍吉在渥
太华大学的水力学实验室制造了一个模型，模拟出弗仑提努斯的测量过
程。[②] 霍吉在"水道研究的未来趋势"学术讨论会上提出："工程技术学将
给古罗马水道研究带来新的变化。工程技术学的优势之一是提供真实的细
节，精确地告诉我们在任何特定环境中水的状况，这是传统古典学研究无
法做到的。同时，工程技术学帮助我们理解罗马水道建设背后的技术态
度。水道毕竟是建筑物，工程师们能够从古典学家和考古学家忽视的角度
去理解它们。"[③] 2002 年，霍吉出版了《罗马水道与供水》一书。其中论
及德国学者的最新研究成果，用古典学者易于接受的方式解释水道工程技
术问题。霍吉的研究特点鲜明，与传统的水道史研究完全不同，他从水力
学的角度解释水道的相关问题，推动了研究的深入。这部对水道修造技术
进行综合性研究的著作，在水道研究史上占有重要地位。再如，学者们对
罗马城中街道（*vicus*）的研究成果也不少，他们聚焦于街道本身，研究道
路如何修建、它们的位置和走向、道路上行驶的交通工具等。[④] 因篇幅所
限，不再一一举例。

3. 对城市日常生活的研究

20 世纪 30 年代以来，随着城市史研究的"文化转向"，日常生活成为

---

① Deane R. Blackman, "The Volume of Water Delivered by the Four Great Aqueducts of Rome",
Papers of the British School at Rome, Vol. 46, 1978, pp. 52-57; Deane R. Blackman, "The
Length of the Four Great Aqueducts of Rome", *Papers of the British School at Rome*, Vol. 47,
1979, pp. 12-18.

② A. Trevor Hodge, "How Did Frontinus Measure the Quinaria?", *American Journal of
Archaeology*, Vol. 88, No. 2, 1984, pp. 205-216.

③ A. Trevor Hodge, *Future Currents in Aqueduct Studies*, Leeds: Francis Cairns (Publications)
Ltd., 1991, pp. 168-169.

④ 参考 A. Kaiser, *Roman Urban Street Networks: Streets and the Organization of Space in Four
Cities*. New York: Routledge, 2011; R. Staccioli, The *Roads of the Romans*. Los Angeles: J.
Paul Getty Museum, 2003。

备受关注的研究领域。考威尔（1897~1961）的《罗马日常生活》①、杰罗姆·卡哥皮诺的《古罗马的日常生活：帝国鼎盛时期的人民与城市》②、约翰·斯坦博的《古代罗马城市》③ 等著作提供了关于日常生活的丰富信息。此外，城市卫生和生活环境、城市防灾系统等都是炙手可热的研究课题。

20世纪六七十年代，环境史兴起。一些学者们关注古典时期的污染问题，有少许成果问世。学者们首先要解决的问题是：何为"洁净"？何为"污染"？前科学时代的古人，如何界定污染和清洁？有没有通用的标准？学者们认为，古人对"洁净"和"污染"的认知，主要体现在宗教中。④相较于古希腊，学者们对罗马宗教中的"污染"和"洁净"问题关注较少。一些学者聚焦于古罗马的"洁净仪式"（lustration，这种仪式旨在为城市、大地和军队涤罪），也有一些学者研究宗教仪式中的僧侣、牺牲品和圣水等。⑤ 论文集《罗马，污染和清洁：永恒之城中的肮脏、疾病和卫生》所收录的文章从疾病和医疗、死亡和葬礼、性与贞洁、卖淫、圣洁与宽恕、个人卫生与道德、犯罪、身体与清洁、垃圾处理、腐烂、城市的毁灭与重建等角度讨论了罗马城中"污染"。⑥

最近几十年，学者们对罗马城的垃圾处理系统以及它在城市管理中发挥的作用等问题进行了深入研究。X. 杜普雷·拉文托斯和J. 莱莫拉主编

① F. R. Cowell, *Everyday Life in Ancient Rome*, London: B. T. Batsford Ltd., 1961.
② Jérome Carcopino, *Daily Life in Ancient Rome: The People and the City at the Height of the Empire*, Yale University, 1941.
③ John E. Stambaugh, *The Ancient Roman City*, Johns Hopkins University Press, 1988.
④ 例如，C. 布勒克尔研究了古代埃及宗教意义上的清洁，参见 C. Bleeker, "Guilt and purification in ancient Egypt", *Numen*, 13.2, pp. 81-87。R. 希拉尔德对古代文明区域的宗教牺牲和暴力行为进行了总体研究，参见 R. Girard, *Violence and the sacred* (trans. P. Gregory), Baltimore: Johns Hopkins University Press, 1977。
⑤ 例如：对拉丁语 *sacer* 一词意义的研究，参见 W. Warde-Fowler, "The original meaning of the word sacer", *Journal of Roman Studies*, 1 (1911), pp. 57-63。对罗马宗教中禁忌的研究，参见 E. Burriss, "The nature of taboo and its survival in Roman life", *Classical Philology*, 24.2 (1929), pp. 142-163; E. Burriss, *Taboo, Magic, Spirits*, New York: Macmillan, 1931; B. MacBain, *Prodigy and Expiation: a Study in Religion and Politics in Republican Rome*, Brussels: Latomus, 1982; W. Tatum, "Ritual and Personal morality in Roman religion", *Syllecta Classica*, 4 (1993), pp. 13-20. 对罗马城市清洁仪式的研究，参见 A. Ziolkowski, "Ritual cleaning-up of the city: from the Lupercalia to the Argei", *Ancient Society*, 29 (1998-1999), pp. 191-218. 对维斯塔贞女的研究，参见 M. Beard, "The sexual status of Vestal Virgins", *Journal of Roman Studies*, 70 (1980), pp. 12-27.
⑥ Mark Bradley, Kenneth Stow Dirt, *Rome, Pollution and Propriety: Disease and Hygiene in the Eternal City from Antiquity to Modernity*, Cambridge: Cambridge University Press, 2012.

的《城市的垃圾》① 一书详尽地叙述了罗马城及其周边地区对不同种类垃圾的处理，如排泄物、食物、尸体、瓦砾等，讨论了垃圾处理与神话和宗教仪式的关系，以及这种关系在文学和艺术作品中如何呈现。玛格德莱娜②和布拉德利③研究了垃圾循环利用的方法，及其在实践中的运用。他们高度评价罗马城市在排污上的巨大成就，反驳了一些学者对罗马城市的偏见——罗马城危险、不健康、不宜居、罗马人对城市卫生的重要性认识不足。④ E. 高尔也认为，罗马人在垃圾处理、城市管理方面精明而务实，他提出，罗马城的规划具有象征意义：卡皮托里山（Capitol）和马克西姆下水道（Cloaca Maxima），分别代表城市的头和大肠。⑤ 对此问题，戴维斯⑥和霍普金斯⑦也有相关著述。

　　学者们研究罗马城中人们处理尸体的方式，以及罗马人如何理解死亡。在此领域成果较多的有三位：V. 霍普（V. Hope）、J. 博得尔（J. Bodel）和 J. 戴维斯（J. Davies）。霍普的成名作为《古代城市的死亡和疾病》，⑧ 此著收录了多篇关于古代希腊罗马死亡、葬礼、疾病、医疗和城市发展的论文。霍普主要使用文献史料，他认为对尸体的处理方式反映了人们对于荣耀和屈辱的主流观念。此外，霍普还出版了此主题的资料汇编

---

① X. Dupré Raventós, J. Remolà, *Sordes urbis*: *la eliminación de residuos en la ciudad romana*, Rome: 'L' Erma'di Bretschneider, 2000. 对该著作的介绍参考 Andrew Wilson, "Detritus, disease and death in the city", Journal of Roman Archaeology, 2002, Vol. 15, pp. 479–484。

② C. Magdelaine, "Ville, déchets et pollution urbaine chez les médecins grecs", in P. Ballet, P. Cordier, N. DieudonnéGlad (eds) *Lavilleetsesd echetsdans le monde romain*: *rebuts et recyclages*, Montagnac: Monique Mergoil (2003), 27–36. 对该文的介绍参见 Mark Bradley, Kenneth Stow Dirt, *Rome*, *Pollution*, *and Propriety*: *Disease and Hygiene in the Eternal City from Antiquity to Modernity*, Cambridge: Cambridge University Press, 2012, p. 23。

③ M. Bradley, "It all comes out in the wash: looking harder at the Roman *fullonica*", *Journal of Roman Archaeology*, 15 (2002): 21–44; M. Bradley, "Thinking with dirt: Roman sewers and the politics of cleanliness", *Omnibus*, 51 (2006): 3–5.

④ 例如 A. Scobie, "Slums, sanitation, and mortality in the Roman world", *Klio* 68 (1986): 399–433。

⑤ E. Gowers, "The anatomy of Rome from Capitol to Cloaca", *Journal of Roman Studies*, 85 (1995): 23–32.

⑥ 戴维斯认为：罗马共和国的城市清洁仪式是政治的衍生物。参见 P. J. E. Davies, *Architecture*, *art and politics in republican Rome*, Cambridge University Press, 2020。

⑦ 霍普金斯讨论了马克西姆下水道的实用性和象征意义。J. N. Hopkins, "The Cloaca Maxima and the monumental manipulation of water in archaic Rome", *Waters of Rome*, 4 (2007): 1–12.

⑧ V. Hope, E. Marshall, *Death and disease in the ancient city*, London: Routledge, 2000.

《古罗马人与死亡：资料汇编》，① 广泛收集了与死亡、葬礼、埋葬等相关的文献、铭文资料。他的另一部著作《罗马人的死亡：古罗马临终的人和死去的人》研究了罗马人的死亡观，以及这些观念如何影响罗马人的生活。② 博得尔讨论了古罗马的葬礼、对尸体的处理③。博得尔以考古学和铭文资料为基础，他认为对尸体的处理背后是非常矛盾的情感，这种情感是所谓"主流观念"所不能涵盖的。④ J. 戴维斯的《元首与死亡：罗马元首的陵墓 从奥古斯都到马库斯·奥理略》⑤ 对帝国早期元首陵墓进行了建筑学和地形学的考察，分析了陵墓建筑与罗马人社会生活、政治观念之间的关系。

　　罗马城的发展史中，洪水和火灾从不缺席。罗马人如何防灾也是学者们的研究课题。美国学者格雷戈里·S. 奥尔德雷特的《古罗马台伯河的洪灾》⑥ 是第一部研究罗马城洪灾的专著。作者对整个古典时代罗马城的洪灾进行了精彩且细致入微的描述。他利用古代和现代作家的记载，分析河水泛滥的破坏力，研究台伯河流域的地志学和水文学资料，考察现存的遗址。作者还研究了罗马人抵御洪水的设施和措施，罗马人对待洪水的态度，以及洪水的威胁对罗马城经济、城市景观产生的持久影响。《罗马帝国的救火队》⑦ 是第一本关于罗马帝国救火队的专著。作者称，此著只是对少数德国古典学者研究成果的摘要。该著作内容详尽，涵盖救火队的设置、管理机构、位置、救火技术等主题。特别值得注意的是，作者使用了奥西提亚城发掘的救火队军营的最新考古成果。他对这些成果进行了详尽

---

① V. Hope, *Death in Ancient Rome: a Sourcebook*, London: Routledge, 2007。

② V. Hope, *Roman death: the Dying and the Dead in Ancient Rome*, London: Continuum, 2009. 讨论这一问题的另一部力作是: J. Davies, *Death, Burial and Rebirth in the Religions of Antiquity*, London and New York: Routledge, 1999。

③ J. Bodel, "Death on display: looking at Roman funerals" in B. Bergmann and C. Kondoleon (eds), *The Art of Ancient Spectacle*, Washington, DC: Yale University Press, 1999, pp. 258-281.

④ J. Bodel, *Graveyards and Groves: a Study of the Lex Lucerina* (*American Journal of Ancient History* 11), Cambridge, MA: American Journal of Ancient History, 1994.

⑤ J. Davies, *Death and the Emperor: Roman Imperial Funerary Monuments from Augustus to Marcus Aurelius*, Cambridge University Press, 2000.

⑥ Gregory S. Aldrete, *Floods of the Tiber in Ancient Rome*, Baltimore: The Johns Hopkis University Press, 2007.

⑦ P. K. Baillie-Reynolds, *The Vigiles of Imperial Rome*, London: Oxford University Press, 1926.

的记录。奥西提亚城严格执行尼禄颁布的防火法令。因此，这是我们了解
罗马城的防火体系的重要参考资料。

　　20 世纪以来，罗马城研究的热门课题由城市规划、城市管理，到建筑
形制，再到城市环境、城市日常生活，这一变化趋势与城市史研究理念的
改变相一致。这说明，尽管研究对象是数千年前的古代城市，但罗马城研
究仍具有强烈的时代感和现实感。

四　国内研究现状与未来研究趋势

　　国内对罗马城市史的研究起步较晚。研究成果主要集中在三个方面：
一是对罗马帝国城市化原因、特征、意义等问题的研究；① 二是对帝国初
期罗马城城市管理的研究；② 三是对城市生活某一方面的专题研究。③

　　东西方古代文明的比较研究，近年来日益成为学界关注的热点。通过
对古代东西方不同文明的比较，寻找各自文明的特殊性，并从中总结出人
类文明发展的共性。几位学者从中西比较的视角探讨古罗马城与中国古代
都城建城模式、城市特点、城市功能、城市文化等方面的异同，他们的研
究成果特别值得关注。业师杨共乐教授在 2015 年 12 月举办的"中外古史

---

① 相关研究成果有符松涛《罗马帝国早期城市化的类型和作用》，《青海师范大学学报》
（哲学社会科学版）2014 年第 2 期；符松涛《早期罗马帝国城市化的动因》，《社科纵横》
2008 年第 10 期；符松涛《城市化运动对早期罗马帝国经济发展的影响》，《吉林省教育
学院学报》2008 年第 9 期；杨俊明、巢立明《奥古斯都与罗马帝国早期的城市化运动》，
《吉首大学学报》（社会科学版）2005 年第 2 期；孙鹏《论罗马帝国城市化的历史作用》，
《聊城大学学报》（社会科学版）2004 年第 1 期；周义保、张南《罗马帝国城市化初论》，
《史林》1991 年第 2 期；段光达《罗马帝国早期城市化运动的原因及特点》，《求是学刊》
1991 年第 3 期。

② 周义保、张南：《奥古斯都时代罗马城城市特征初探》，《阜阳师院学报》（社科版）1990
年第 4 期；祝宏俊：《罗马帝国初期的城市管理》，《历史教学》2004 年第 10 期；杨俊
明、巢立明：《奥古斯都时期古罗马的城市规划与建筑》，《城市化进程中的文化建设——
湖南省城市文化研究会首届学术研讨会论文集》，2004 年 10 月；王玉冲：《帝国早期罗马
城研究》，北京师范大学博士学位论文，2009；王玉冲、郑坤芳：《论帝国早期罗马城的
环境管理》，《徐州师范大学学报》（哲学社会科学版）2009 年第 2 期。

③ 鲍红信：《古罗马广场与城市社会生活》，《都市文化研究》2018 年第 1 期；鲍红信：《城
市的良心：古罗马城输水道和排水道的建设与管理》，《都市文化研究》2016 年第 1 期；
鲍红信、郑秀艳：《论共和至帝国早期罗马城粮食的供应与分配》，《都市文化研究》2014
年第 1 期；鲍红信：《论共和至帝国早期罗马城的住房问题及其影响因素》，《都市文化研
究》2012 年第 1 期。

比较研究的理论与实践"学术研讨会上发言，他围绕罗马城和元大都的建设特点、城市中心的职能和都城的支撑力量进行对比分析，指出政治中心与经济中心不一定同步。罗马城和元大都这两个古都都具备政治中心、文化中心、交通中心、消费中心等特征，但它们都不是经济中心；皇帝或朝代的变化都有可能使中国古代的首都发生变化。在古代中国，朝代可变，首都也可变。而这一规则与罗马似乎没有太大的关系。无论是罗马村，还是罗马城；无论是地中海之都，还是永恒之城，罗马始终是罗马帝国的首都。可以说，朝代可变，首都始终没变。首都的建设与所属国家的文化和传统有密切的关系。它是政治文化的一种反映，是政治文化的一种重要表现形式。陈薇[1]、潘明娟[2]、张建锋[3]等学者就城市设施中的某一方面对南京城和罗马城、汉长安城和古罗马城进行了比较研究。以上学者的成果表明，历史比较是一种很好的研究方法，它能给我们提供新的视角和新的思考。

笔者以为，国内的罗马城市史研究应该在把握欧美学术界最新研究趋势的前提下，从以下方面进行拓展，以推动学界对古罗马城的历史认识。

重视对新出考古成果的整理与使用。尽管罗马城考古最繁荣的时期已经过去，但几十年来，仍不断有新的考古成果发布。史料对于历史学的推动作用包括史料的发现和运用方法两个方面。相较于西方学者，中国学者在占有最新考古成果方面不占优势，但需关注前沿学术动态，尝试在史料的应用上进行创新，获得与西方学术界对话的机会。

拓宽研究视角，进行比较研究。目前城市史研究中，对城镇的发展进行纵向对比研究，或对一国内，甚至跨越国界的城镇进行横向对比研究，是最受编辑青睐的选题。《城市史》（ Urban History ）、《城市史杂志》（ Journal of Urban History ）、《城市史评论》（ Urban History Review ）等著名学术刊物承诺刊发更多采用比较方法研究城市史的文章。[4] 在对中国古代都城研究中，中国学者具有西方学者所不具备的资料优势和语言能力优

---

[1]　陈薇、〔意〕路易吉·戈佐拉：《南京城墙与罗马城墙比较》，东南大学出版社，2013。

[2]　潘明娟：《古罗马与汉长安城给排水系统比较研究》，《中国历史地理论丛》2017 年第 4 期，第 76~85 页。

[3]　张建锋：《汉长安城地区城市水利设施和水利系统的考古学研究》，科学出版社，2016，第 327~343 页。

[4]　Mohl, R., "Editorial", *Journal of Urban History* 1, p. 4; Rodger, R., "Urban History: Prospect and Retrospect", *Urban History* 19, pp. 1-22.

势，可以从多个维度对罗马城和中国古代城市进行比较研究，这将带来新的学术增长点。

使用交叉学科的研究方法和高科技手段。城市史的综合性特性，决定了在研究中需要多种学科的广泛参与。适当使用考古学、社会学、统计学的研究方法，能够丰富科研路径。此外，红外遥感技术、卫星定位系统、计算机数据处理等手段皆可应用于研究，以充分析取已有材料中蕴藏的历史文化信息。

2022 年西方史学理论研究年度盘点

——以《历史与理论》《重思历史》和《历史哲学杂志》为中心

刘　洋

（北京师范大学历史学院、史学理论与史学史

研究中心，北京　100875）

摘　要： 2022 年，西方史学理论界涌现出了众多富有价值的研究成果，它们在理论与实践两个层面上都对历史学具有启发意义：人类世与历史性未来两个概念继续激发着历史理论的相关思考，重建历史认识论成为后叙事主义时代史学哲学的主要目标，数字史学推动了历史学的理论反思与创新实践，经典理论依然具有巨大的诠释空间，多元化的史学实践纷纷涌现。本文以《历史与理论》、《重思历史》和《历史哲学杂志》三份核心刊物为中心，对 2022 年西方史学理论研究的前沿动态进行梳理与总结，希望能够给学界同人带来启发与帮助。

关键词： 史学理论　人类世　历史性未来　历史认识论　数字史学

2022 年，西方史学理论界涌现出了众多富有价值的研究成果，它们在理论与实践两个层面上都对历史学具有启发意义。本文将以《历史与理论》（*History and Theory*）、《重思历史》（*Rethinking History*）和《历史哲学杂志》（*Journal of the Philosophy of History*）三份核心刊物为中心，对 2022 年西方史学理论研究的前沿动态进行梳理与总结，希望能够给学界同人带

来启发与帮助。①

一　历史性未来与人类世

人类世（Anthropocene）这一概念最先由荷兰大气化学家保罗·J. 克鲁岑（Paul J. Crutzen）与美国生物学家尤金·F. 斯托默（Eugene F. Stoermer）正式提出，用以替代地质学惯用的"全新世"（Holocene），其目的在于凸显工业革命以来人类活动对地球环境愈益增长的影响。② 值得一提的是，虽然人类世这一概念尚未得到地质学界的正式认可，③ 而其自身也引发了许多争论，④ 但自然科学与人文社会科学却都对其产生了浓厚的兴趣。⑤ 2011 年，保罗·J. 克鲁岑与气候学家威尔·史蒂芬（Will Steffen）、环境史家约翰·麦克尼尔（John McNeil）以及国际关系学者雅

① 此前已有文章对 2019~2021 年西方史学理论的研究动态进行了总结，参见冉博文、董立河《2019 年西方史学理论研究年度盘点——以〈历史与理论〉〈重思历史〉和〈历史哲学杂志〉为中心》，《史学理论与史学史学刊》2020 年第 2 期，第 250~274 页；李理、刘洋《2020~2021 西方史学理论研究年度盘点——以〈历史与理论〉〈重思历史〉和〈历史哲学杂志〉为中心》，《史学理论与史学史学刊》2021 年第 1 期，第 239~267 页。

② 人类世的说法最先起源于 2000 年 2 月在墨西哥城举办的"国际地圈生物圈计划"研讨会。在讨论过程中，克鲁岑对与会代表说道："别再用全新世这个词了，我们不再处于全新世，我们……在人类世。"（〔英〕杰米里·戴维斯：《人类世的诞生》，张振译，生活·读书·新知三联书店，2021，第 47 页）随后，克鲁岑联合斯托默在"计划"的内部刊物《全球变化通讯》（*Global Change Newsletter*）上正式提出了这一概念（Paul J. Crutzen, Eugene F. Stoermer, "The 'Anthropocene'", *Global Change Newsletter*, No. 41, 2000, pp. 16–18）。2002 年 1 月，克鲁岑又在更加权威的《自然》（*Nature*）杂志上发表了《人类地质》一文，对人类世的概念内涵进行了进一步阐释（Paul J. Crutzen, "Geology of mankind", *Nature*, Vol. 415, No. 6867, 2002, p. 23）。

③ 2009 年，国际地层委员会（ICS）设立了"人类世工作小组"，该小组一直致力于从地层学的角度确立人类世概念的正式地位。2016 年，第 35 届国际地质大会正式提议将人类世作为一个正式的地质学概念，但目前尚未得到国际地层委员会和国际地质科学联合会（IUGS）的正式批准。

④ 人类世目前面临的最主要争论是其起始时间的界定：克鲁岑主张将 1800 年作为人类世的起始时间，因为工业革命的开始使人类对地球的影响力急剧上升；另一位大气化学家威廉·F. 拉迪曼（William F. Ruddiman）则认为人类世开始于几千年前的前工业社会，人类对森林植被的破坏与农作物的种植影响了大气的二氧化碳含量；而最极端的看法认为人类世开始于人类学会用火的 180 万年前。关于人类世历史分期争论的具体情况，参见〔英〕杰米里·戴维斯：《人类世的诞生》，第 50~64 页。

⑤ 关于人类世的跨学科影响，参见姜礼福《"人类世"概念考辨：从地质学到人文社会科学的话语建构》，《中国地质大学学报》（社会科学版）2020 年第 2 期，第 124~134 页。

克·格林瓦尔德（Jacques Grinevald）共同发表了《概念与历史视角下的人类世》一文。四位作者认为，人类世不仅是一个环境生态问题，而且是一个社会问题，这意味着人类应当走出"人类中心主义"（Anthropocentrism）的思维桎梏，以一种更加开放的态度来看待自己与地球环境之间的关系。[①]对于人文学科而言，人类世这一概念打破了人文主义传统中对人与自然的二元区分，促使学者从"地球"或"行星"这类整体性视角来思考人类处境。例如，近年来兴起的环境人文学（Environmental Humanities）就与人类世之间存在密切联系，它力图在环境研究与各人文学科之间搭建起一座沟通的桥梁。[②]

此外，人类世也推动了历史学对人与自然环境之间关系的反思。早在1949年的《地中海与菲利普二世时代的地中海世界》一书中，布罗代尔就已经将人类活动置于"长时段"的环境变迁之中。而20世纪60年代兴起的环境史研究更是直接关注人类社会与自然环境之间的互动关系。[③] 在这样的学术脉络之下，美籍印裔历史学家迪佩什·查克拉巴蒂（Dipesh Chakrabarty）最早注意到了人类世时代气候变暖对历史学可能产生的影响。他认为，人类世使得自然历史与人类历史之间的区分趋于失效，并促成了资本全球化的历史与物种的历史之间的对话。[④] 这极大地拓展了历史书写的限度，使书写超出文字记载的"深度历史"（deep history）成为可能。[⑤]换言之，人类失去了在历史中的主体地位，人类历史成为地球历史的一部

[①] Will Steffen, Jacques Grinevald, Paul Crutzen and John McNeill, "The Anthropocene: Conceptual and Historical Perspectives", *Philosophical Transactions of the Royal Society*, Vol. 369, No. 1938, 2011, pp. 861–862.

[②] 关于环境人文学与人类世之间的联系，参见夏永红《环境人文学：一个正在浮现的跨学科领域》，《国外理论动态》2015年第1期，第41~44页。

[③] 〔美〕唐纳德·沃斯特：《为什么我们需要环境史》，侯深译，《世界历史》2004年第3期，第7页。

[④] Dipesh Chakrabarty, "The Climate of History: Four Theses", *Critical Inquiry*, Vol. 35, No. 2, 2009, pp. 197–220.

[⑤] "深度历史"理论主要由哈佛大学历史学家丹尼尔·斯迈尔（Daniel Smail）倡导。斯迈尔认为，"一条连接旧石器时代与后石器时代的宏大历史叙述，某种程度上可以围绕着人类文化和大脑、行为与生物学的持续互动来实现"，而深度历史的目标便是以神经科学的成果为基础，通过整合不同学科的知识，将史前史与文明史连接起来（Daniel Smail, *On Deep History and the Brain*, Berkeley: University of California Press, 2008, pp. 8–11）。关于斯迈尔"深度历史"理论的具体介绍，参见张文涛《丹尼尔·斯迈尔与"深度历史"理论》，《世界历史》2020年第3期，第106~117页。

分。除此之外，像动物史研究①、"大历史"研究②等也都体现了人类世的基本精神。

与此相对应，近年来历史哲学领域也开始关注到人类世的概念价值。多曼斯卡（Ewa Domanska）的"非人类中心主义"（non-anthropocentrism）史学③、安克斯密特（Frank Ankersmit）的"存在论"（existentialist）转向④等都体现了人类世对历史哲学的影响，而其中最为重要的理论贡献则是由来自匈牙利与爱沙尼亚的历史哲学家佐尔坦·西蒙（Zoltán Simon）与马雷克·塔姆（Marek Tamm）做出的。在 2017 年的一篇文章中，西蒙率先提出，人类世是一场"史无前例的变革"（unprecedented change），现代历史思维无法真正理解当下人类的境况，人类亟需一种新的历史思维方式。⑤ 2021 年，西蒙与塔姆正式提出了"历史性未来"（historical futures）的概念，并在《历史与理论》的"迭代"系列下开设了同名专栏，旨在吸引各领域学者参与到对"历史性未来"的讨论当中。在该专栏的"开题"文章当中，两位作者指出，随着人类对生态环境影响的不断加深和以人工

① 近三十年以来兴起的动物史研究是对西方传统自然史与科技史研究的一种反叛，它强调动物在历史中的主体性，主张保护动物的权利与利益，并将动物置于环境史、生态史、全球史的视野下进行研究。（陈怀宇：《动物史的起源与目标》，《史学月刊》2019 年第 3 期，第 115~121 页）。

② "大历史"这一概念是由历史学家大卫·克里斯蒂安（David Christian）提出的。他认为，大历史研究试图建构整个时间的历史，它叙述了从宇宙开端一直到当下的历史，并以各种现代科学研究的结论作为支撑，这意味着大历史研究必然是跨学科的（〔美〕大卫·克里斯蒂安等：《大历史：虚无与万物之间》，刘耀辉译，北京联合出版公司，2016，第 5 页）。

③ 多曼斯卡认为，非人类中心主义或后人文主义（posthumanism）史学是对人类中心主义的批判，它关注的问题包括物种身份、人类与非人类之间的关系以及生物权力、生物政治和生物技术等（Ewa Domanska, "Beyond Anthropocentrism in Historical Studies", *Historein*, Vol. 10, No. 1, 2010, p. 119）。

④ 在 2017 年的一篇评论文章中，安克斯密特指出，过去十年间，历史哲学的关注重心从叙事主义的"我们如何书写过去"的问题转移到了"我们与过去的关系"的问题（Frank Ankersmit, "Forum Debate on Jouni-Matti Kuukkanen's Postnarrativist Philosophy of Historiography: Introduction", *Journal of the Philosophy of History*, Vol. 11, No. 1, 2017, p. 2）。此后，安氏又从人类世的语境出发，为思辨的历史哲学赋予了新的时代意涵。参见 Frank Ankersmit, "The Thorn of History: Unintended Consequences and Speculative Philosophy of History", *History and Theory*, Vol. 60, No. 2, 2021, pp. 207-214。

⑤ Zoltán Simon, "Why the Anthropocene Has no History: Facing the Unprecedented", *The Anthropocene Review*, Vol. 4, No. 3, 2017, pp. 239-245. 到 2019 年，西蒙又出版了专著对这一观点进行了系统阐释，参见 Zoltán Simon, *History in Times of Unprecedented Change: A Theory for the 21st Century*, London & New York: Bloomsbury Academic, 2019。

智能为代表的科学技术的进一步发展，过去与未来之间的异质性不断增强，我们越来越难以利用过去来预测未来，所谓"人类世未来"（anthropocene futures）与"科技未来"（technoscientific futures）都导向一种"脱节的未来"（disconnective futures）。① 在这一背景下，两位学者在科泽勒克（Reinhart Koselleck）与阿赫托戈（François Hartog）等人的历史时间理论②的基础上，将"历史性未来"定义为"对过去的理解与预期未来之间的多元过渡关系"，并将其与"各种共存的社会、文化、环境、技术、科学和政治实践联系起来"，进而呼吁学者们探索其中复杂多样的时间关系。③ 总之，"历史性未来"与"人类世"是当下历史哲学的研究热点，《历史与理论》《重思历史》都开辟了专栏对其进行集中讨论。④

首先是《历史与理论》的"历史性未来"专栏。在专栏的"开题"文章当中，西蒙与塔姆指出了探索历史性未来的三种基本方式。首先是过去与未来的各种过渡（kinds of transitions），它旨在探索以进步、发展为标志的现代"过渡概念"（transitional concepts）与当下出现的新"过渡概念"的共存模式。其次是不同领域中的各种预期实践（kinds of anticipatory practices），它指的是当代描绘未来的各种全新尝试。最后是用来阐释历史性未来的各种语域（kinds of registers），它意味着历史性未来可以被视为两个极点之间的过渡光谱，包括时间（长与短）、规模（大与小）、价值（积极或消极）、知识（未来化或去未来化）等四个视角。⑤ 而相关学者则在西蒙与塔姆的理论框架下进行了一系列理论探索。

来自奥卢大学的"生命时间研究小组"（The Lifetimes Research Collective）认为，西蒙与塔姆的理论过于关注希望、计划和预期等抽象之物，而他们

---

① Marek Tamm and Zoltán Simon, "Historical Futures", *History and Theory*, Vol. 60, No. 1, 2021, p. 7.

② 关于科泽勒克的历史时间理论，参见 Reinhart Koselleck, *Futures Past: On the Semantics of Historical Time*, trans by Keith Tribe, New York: Columbia University Press, 2004; Reinhart Koselleck, *Sediments of Time: On Possible Histories*, trans by Sean Franzel and Stefan-Ludwig Hoffmann, California: Stanford University Press, 2018. 关于阿赫托戈的历史时间理论，参见〔法〕弗朗索瓦·阿赫托戈《历史性的体制：当下主义与时间经验》，黄艳红译，中信出版社，2020。

③ Marek Tamm and Zoltán Simon, "Historical Futures", pp. 13-14.

④ 关于 2021 年两本期刊上有关历史性未来与人类世的研究总结，参见李理、刘洋《2020~2021 西方史学理论研究年度盘点——以〈历史与理论〉〈重思历史〉和〈历史哲学杂志〉为中心》，《史学理论与史学史学刊》2021 年第 1 期，第 240~249 页。

⑤ Marek Tamm and Zoltán Simon, "Historical Futures", pp. 14-22.

则希望将研究视角转移到化石（fossils）这类固体物质之上，从而开辟一条思考历史性未来的新道路。第一，在人类世语境下，化石化（fossilization）理论为历史性未来提供了一种新的过渡方式：它既预设了过去与未来之间的连续性，即能够将人类的活动痕迹保留到未来；又涉及从生命到非生命、有机物到无机物等根本性的物质变化。[1] 第二，化石化理论进一步推动了历史理论的地质唯物主义（geomaterialism）转向，即化石取代人类成为具有能动性的历史主体。[2] 这一转向能够将人类的生命时间与自然的地质时间统一起来，进而开启各种不同的未来模式。第三，人体的生物、物理与化学特性使其能够在死后参与到化石化的过程当中，这就消解了人类自身的主体性，并将人类历史置于"长时段"的地质运动当中。[3]

法国历史学家杰罗姆·巴谢（Jérôme Baschet）对阿赫托戈的历史时间理论进行了批判。他认为当下主义（presentism）[4] 这一概念带有西方资本主义社会的深刻烙印，无法描绘人类世或后资本主义背景下裂隙式（cracks）的多元未来图景。为解决这一问题，巴谢转向了墨西哥南部的萨帕塔（Zapatista）自治区，该自治区位于西方与非西方文化的交界地带，这使其能够成为新型未来模式的试验地。[5] 这种萨帕塔的未来模式具有两个特征：第一，它反对乌托邦式的信仰，主张一种无计划的预期，并接受行动中可能出现的意外；第二，它反对资本主义的当下主义，主张在过去与未来之间建立起一种积极联系。巴谢认为，萨帕塔运动标志着一种新的

---

[1] The Lifetimes Research Collective, "Fossilization, or the Matter of Historical Futures", *History and Theory*, Vol. 61, No. 1, 2022, p. 10.

[2] The Lifetimes Research Collective, "Fossilization, or the Matter of Historical Futures", p. 17. 在凯伦·巴拉德（Karen Barad）、蒂莫西·勒赛因（Timothy LeCain）以及布鲁诺·拉图尔（Bruno Latour）等理论家看来，物质本身就具有某种能动性，它能够参与到人类与非人类主体等组成的网络当中。参见 Karen Barad, *Meeting the Universe Halfway: Quantum Physics and the Entanglement of Matter and Meaning*, Durham: Duke University Press, 2007; Timothy LeCain, *The Matter of History: How Things Create the Past*, Cambridge: Cambridge University Press, 2017; Bruno Latour, *We Have Never Been Modern*, Massachusetts: Harvard University Press, 1993。

[3] The Lifetimes Research Collective, "Fossilization, or the Matter of Historical Futures", pp. 21-24.

[4] 阿赫托戈认为，冷战的结束标志着一种当代的"历史性体制"的兴起，在这种时间秩序之下，当下的重要性显著提高，过去与未来都不再能为当下提供指引。

[5] 关于萨帕塔运动的具体情况，参见 Gloria Muñoz Ramírez and Hermann Bellinghausen, *The Fire and the World: A History of Zapatistas Movement*, San Francisco: City Lights, 2008。

历史性体制的形成，它反对普遍历史与线性史观，认为历史是由许多条"异时线"（heterochronous lines）构成，这当中既有融合与交流，也有冲突与断裂，由此开启了一种充满不确定性的新未来。① 在这种未来模式下，像解放、救赎这类过渡概念获得了新内涵，它们不再是一劳永逸的目标，而是一场持久的斗争。

挪威历史学家多莉·约根森（Dolly Jørgensen）从过渡关系与预期实践两个层面对"灭绝"这一概念做了新的定义。一方面，物种灭绝应当被理解为从存在的过去到不存在的未来之间非线性的过渡关系，换言之，灭绝并非一个从有到无的固定过程，它可能会随着一个物种的重新发现或重新创造（例如克隆技术）发生翻转。另一方面，对一个物种即将灭绝的预期也会促进当下对于该物种的生态保护，进而为该物种创造新的未来。② 总之，在人类世的时代，灭绝也成为一种充满可能性的历史性未来。

韩裔学者洪善夏（Sun-ha Hong）则对技术未来（technofutures）提出了质疑。他认为，现代科学技术对未来的预测蕴含着一种进步主义的目的论观念，即技术进步是通向未来的唯一道路，从而导致了一种单一的、封闭的未来图景。这种封闭主要体现在以下两个方面。第一，大数据、人工智能等现代科技将测量（measurement）作为一种普遍化的认识方式，力图通过数据化与统计分析来认识与预测社会现象，由此导致了对边缘群体的忽视。同时，一些基于现有数据的短期预测能够为现代科技提供一种权威感，从而巩固人们对遥远的技术未来的信念。③ 第二，现代技术往往通过一些面向公众的仪式性展示来塑造自己的权威，进而使社会大众对技术未来的承诺深信不疑，而作为一种乌托邦式信念的技术未来也反过来为技术本身提供合法性。例如，科技公司定期举行的产品展销会便是这种仪式性展示的一种表现。④

而《重思历史》杂志的"人类世中的历史"专题则直接关注人类世与历史之间的联系，相关文章分别从理论与实践两个层面对此进行了深入讨论。

---

① Jérôme Baschet, "Reopening the Future: Emerging Worlds and Novel Historical Futures", *History and Theory*, Vol. 61, No. 2, 2022, pp. 197-206.

② Dolly Jørgensen, "Extinction and the End of Futures", *History and Theory*, Vol. 61, No. 2, 2022, pp. 209-218.

③ Sun-Ha Hong, "Predictions without Futures", *History and Theory*, Vol. 61, No. 3, 2022, pp. 375-377.

④ Sun-Ha Hong, "Predictions without Futures", pp. 386-390.

　　首先是理论层面。扎卡里·里贝林（Zachary Riebeling）主张以"废物"（waste）概念为中心重塑人类世与后资本主义时代的历史书写与历史意识。在这方面，巴塔耶（Georges Bataille）的"耗费"（expenditure）概念具有借鉴意义。巴塔耶认为，与自然界一样，人类社会的能量总是过剩的，它必须通过浪费等"非生产性耗费"才能维持总体平衡。在耗费行为中，人们得以从物性当中脱离出来，进而获得自身的"主权"（sovereignty）。[①] 而在人类世的视野下，生产与消费产生的废物已经成为普遍的历史存在，这迫使历史学放弃自身的"手艺"（craft）隐喻，转而以废物与拾荒者（scavengers）的隐喻看待历史材料与历史研究。[②] 丹尼尔·鲁埃达（Daniel Rueda）认为，人类世概念是历史知识的"超客体"（hyperobjects），[③] 二者之间存在不可通约性，这表现在以下三个层面。首先是本体论层面，以人类为中心的历史时间与非人类的自然时间是不同的，这意味着传统历史学难以处理人类世所关注的巨大时间尺度。其次是认识论层面，历史学的认识对象是与人类有关的诸多历史事件，而人类世概念则关注那些非人类的自然事件。最后是学科层面，人类世概念起源于自然科学领域，对它的泛化使用可能会威胁历史学的学科独立性。[④] 此外，人类世的使用也会给人类社会本身带来政治与道德上的问题。一方面，人类世概念带来了一种本体论过剩，即自然界中生物和物体都拥有了自身的主体地位，而人类则"降格"为其中一员。另一方面，本体论过剩也带来了一种认识论上的恐慌，从而削弱人类改善生态环境的能动性与责任感。[⑤]

　　其次是实践层面。米科拉伊·斯米考斯基（Mikołaj Smykowski）与莫妮卡·斯托比斯基（Monika Stobiecka）考察了人类世语境下的"自然文化

---

① 关于巴塔耶的耗费理论，可参见 Georges Bataille, *The Accursed Share: An Essay on General Economy*, *Volume I*, *Consumption*, trans by Robert Hurley, New York: Zone Books, 1988。

② Zachary Riebeling, "Waste and Historicity in the Anthropocene", *Rethinking History*, Vol. 26, No. 3, 2022, pp. 334-337.

③ 超客体概念是由美国生态哲学家蒂莫西·莫顿（Timothy Morton）提出的，指的是那些"相对于人类来说在时间和空间上大量分布的事物"，它既包括黑洞、太阳系、核物质等自然物，也包括塑料制品等人造物。超客体具有五个特征：黏性（viscosity）、非局部性（nonlocality）、时间波动（temporal undulation）、阶段性（phasing）和客体间性（interobjectivity）。关于超客体的具体解释，可参见 Timothy Morton, *Hyperobjects. Philosophy and Ecology After the End of the World*, Minneapolis: University of Minnesota Press, 2013。

④ Daniel Rueda, "The Anthropocene as a Historical Hyperobject", *Rethinking History*, Vol. 26, No. 3, 2022, pp. 375-380.

⑤ Daniel Rueda, "The Anthropocene as a Historical Hyperobject", pp. 380-385.

遗产"（naturecultural heritage）的两个代表性案例：其一是苔藓、地衣等植被入侵波兰库尔姆集中营遗址；其二是由塑料、火山岩等混合而成的"胶砾岩"（plastiglomerate）出现在全球各大海滩。两位作者认为，以上两个案例集中体现了自然文化遗产的基本特征，即自然演变与人类历史的相互影响。① 因此，不同于传统的遗产保护，人类世视角下的遗产研究是一种"表层导向"（surface-oriented）的民族志方法，这一方法尊重遗产自身的能动性，注重观察遗产及其景观的演化过程，并为解决人类世的危机提供思考方向。② 金·纳尔逊（Kim Nelson）则主张使用"现场互动纪录片"（Live Interactive Documentary）来应对人类世时代的历史学危机。这种纪录片分为两个部分：表演部分侧重于影像展示，包括纪录片放映、主讲人演说等内容；讨论部分则强调与现场观众的互动，学者在现场观众的指导下对纪录片进行重组。③ 纳尔逊认为，这种纪录片形式回应了后现代与人类世的认识危机，它在学者与大众之间建立起对话关系，并在讨论与协商中建立起某种共识。

此外，黑尔格·约德海姆（Helge Jordheim）也从人类世的"自然历史"（natural history）出发对科泽勒克的历史时间理论进行了重新阐释。他认为，科泽勒克的早期理论具有一种"去自然化"（denaturalization）的倾向，这主要表现在两个方面：其一，经验空间（space of experience）与期待视域（horizon of expectation）④ 两个范畴具有明显的人类中心主义色彩，它们将时间置于人类标准之下；其二，科泽勒克将现代时间观的兴起描述为历史时间从自然时间当中独立出来的过程，这意味着自然时间只是被视

---

① Mikołaj Smykowski & Monika Stobiecka, "Material Records of the Anthropocene: a Surface Oriented Approach", *Rethinking History*, Vol. 26, No. 3, 2022, pp. 344-358.

② Mikołaj Smykowski & Monika Stobiecka, "Material Records of the Anthropocene: a Surface Oriented Approach", pp. 358-360.

③ Kim Nelson, "The Historian is Present: Live Interactive Documentary as Collaborative History", *Rethinking History*, Vol. 26, No. 3, 2022, pp. 291-294.

④ 经验空间的内涵是"经验是现在的过去，其中的事件已经融入现在，并且能够被记起"。也就是说，经验空间是指向过去的，是一种记忆的场所，它保存着人类社会的往事。与经验空间类似，期待视域是指向未来的，"它针对的是尚未发生之事、没有被经验之事以及只能推断之事"（Reinhart Koselleck, *Futures Past: On the Semantics of Historical Time*, p. 259）。

为一种前现代的时间观念。① 而在后期的时间层次（layers of time）理论中，科泽勒克实现了一种"再自然化"（renaturalization）转向，即将自然时间与历史时间视为一个连续统一体，这集中体现在"重复结构"（structures of repetition）这一概念中，它既包括制度、革命模式、语言等人为结构，也包括生态环境、生物特征等自然结构，这些重复结构以不同的节奏与速度运动，从而描绘了一幅复杂多元的时间图式。② 约德海姆认为，科泽勒克的后期理论能够克服自然与历史的二元对立，进而为建构人类世历史的"生命时间"（lifetimes）理论奠定基础。③

二 历史认识论的重建

一般来说，历史哲学可以分为"思辨的"（speculative）、"实质的"（substantive）历史哲学与"批判的"（critical）、"分析的"（analytical）的历史哲学两大类型。④ 前者关注的是历史过程本身，即历史本体论，像第一部分中对人类世与历史性未来的讨论便属于这一范畴。⑤ 后者则关注历史知识何以可能的问题，即历史认识论，而这便是本部分关注的主题。

对历史认识论的探究在 19 世纪末到 20 世纪初就已经出现，以文德尔

① Helge Jordheim, "Natural Histories for the Anthropocene: Koselleck's Theories and the Possibility of a History of Lifetimes", *History and Theory*, Vol. 61, No. 3, 2022, pp. 396–413.

② 科泽勒克对重复结构的论述主要集中在《语言与历史中的重复结构》一文中，参见 Reinhart Koselleck, *Sediments of Time: On Possible Histories*, pp. 158–174。

③ Helge Jordheim, "Natural Histories for the Anthropocene: Koselleck's Theories and the Possibility of a History of Lifetimes", p. 425.

④ 沃尔什认为，思辨的历史哲学关注的是历史过程本身，而批判的历史哲学关注的是历史认识，包括历史知识、客观性、历史真理以及历史解释等问题（〔英〕W. H. 沃尔什：《历史哲学导论》，何兆武、张文杰译，北京大学出版社，2008，第 6~8 页）。丹图认为，实质的历史哲学与历史学本身一样是"一阶"的，它关注的是作为整体的历史过程；而分析的历史哲学是"二阶"的，它是对历史思想与言说的逻辑分析（〔美〕阿瑟·丹图：《叙述与认识》，周建漳译，上海译文出版社，2007 年，第 1 页）。此外，埃泽尔·塔克还提出了"历史哲学"（philosophy of history）与"史学哲学"（philosophy of historiography）的区分，前者关注过去发生之事，后者关注对历史的书写与研究（Aviezer Tucker ed., *A Companion to the Philosophy of History and Historiography*, Oxford and Boston: Wiley-Blackwell, 2009, pp. 1–7）。

⑤ 关于人类世、历史性未来与思辨的历史哲学之间的联系，可参见董立河《思辨的历史哲学的复兴——当代西方历史理论的最新进展》，《史学理论研究》2021 年第 6 期，第 12~17 页。

班（Wilhelm Windelband）、李凯尔特（Heinrich Rickert）为代表的新康德主义者与以克罗齐（Benedetto Croce）、柯林武德（R. G. Collingwood）为代表的新黑格尔主义者均试图从认识论的角度为历史知识的独立性奠定基础。到了 20 世纪中期，曼德尔鲍姆（Maurice Mandelbaum）、亨普尔（Carl Hempel）等分析哲学家试图摆脱历史认识论中的形而上学预设，转而从方法论的角度解决历史知识问题，由此引出了持续数十年的"历史解释"（historical explanation）之争：一派以亨普尔的"覆盖律模型"（covering law model）为核心，主张将自然科学的普遍因果规律运用到历史解释中；另一派则主张一种分析的诠释学（analytical hermeneutics），即对个体思想进行"重演"，强调历史解释是一种"行动合理性解释"（action rational explanation）。① 进入 20 世纪 60 年代之后，阿瑟·丹图（Arthur Danto）、加利（W. B. Gallie）与莫顿·怀特（Morton White）等分析的历史哲学家致力于将历史叙事看作一种历史解释的模式：通过时间顺序联结起来的历史叙事本身就具有一种历史解释的效力。而在语言学转向之后，分析的历史哲学逐渐衰落，路易斯·明克（Louis Mink）、海登·怀特（Hayden White）以及安克斯密特等人所主导的叙事主义历史哲学不再将历史解释问题作为主要关注点，转而从文学修辞、话语分析的角度探究历史叙事问题。② 在叙事主义的视角下，历史书写受制于其所使用的语言和话语模式，历史叙事不能再运用传统的实在论的标准加以判断。

近年来，对叙事主义历史哲学的反思也愈加成熟。以库卡宁（Jouni-Matti Kuukkanen）、保罗·罗斯（Paul Roth）为代表的当代历史哲学家就认为，叙事主义历史哲学没有为历史学提供一个完整的、规范的认识论框架，而这便是当下历史哲学所要努力的方向。在此方面，两位学者均做了一定的回应。在 2015 年出版的《后叙事主义史学哲学》（*Postnarrativist Philosophy of Historiography*）一书中，库卡宁就将历史书写视为一种理性的

---

① 在安克斯密特看来，以上两派构成了一种认识论的历史哲学传统。参见 F. R. Ankersmit, "The Dilemma of Contemporary Anglo-Saxon Philosophy of History", *History and Theory*, Vol. 25, No. 4, Beiheft 25: Knowing and Telling History: The Anglo-Saxon Debate, 1986, p. 2。

② 关于历史解释与历史叙事之间的论争，可参见顾晓伟《战后英美史学理论界关于历史解释与历史叙述的论争——以曼德尔鲍姆的批判为线索》，《世界历史》2016 年第 4 期，第 143~154 页；陈新《论 20 世纪西方历史叙述研究的两个阶段》，《史学理论研究》1999 年第 2 期，第 93~105 页。

学术论辩，进而建构了由认识、修辞、话语三个维度组成的评价体系。①
而在 2020 年出版的《历史解释的哲学结构》（ *The Philosophical Structure of
Historical Explanation* ）一书中，保罗·罗斯试图通过"叙事解释"
（narrative explanation）这一概念来复兴分析的历史哲学。罗斯认为，历史
叙事具有非标准化（nonstandardization）、非拆分性（nondetachability）、非
聚合性（nonaggregativity）三个特征，过去的历史事件是由历史叙事所创
造的：在事件发生之后，历史叙事以回溯的方式记叙事件的发展过程，同
时也为其提供一种解释。② 总之，这两部著作在一定程度上代表了"后"
叙事主义时代历史认识论的发展方向。

当然，也有学者对当前的历史认识论提出了质疑。在 2022 年《历史
哲学杂志》的第 2 期中，科学哲学家阿德里安·库里（Adrian Currie）、丹
尼尔·斯瓦姆（Daniel Swaim）与罗斯、方斯·德武夫（Fons Dewulf）围
绕着"历史认识的本质"这一问题展开了一场争论。库里与斯瓦姆认为，
丹图、明克与罗斯等人所阐述的历史哲学始终存在一种"非实在论"
（irrealism）预设，即历史事实是由历史学家创造的。而他们则致力于捍卫
一种"温和实在论"（moderate realism）的立场，即历史事实是客观存在
的，历史学家是发现而非创造过去。两位学者接受了丹图的"叙述句"
（narrative sentences）理论，认为较早的事实是根据较晚的事实来定义的，
这意味着过去是一个动态过程。但过去的这种动态属性并非历史学家的主
观创造，而是不断扩展的因果关系的产物。换言之，随着时间的不断延
伸，后续发生的事件会为之前的事件赋予新的意义，而这种联系是客观存
在的。③ 罗斯与德武夫则认为，温和实在论的基础是一种在场形而上学，
它预设了一种独立于任何认识框架的事实概念，但这一幻象早已被蒯因

---

① Jouni‑Matti Kuukkanen, *Postnarrativist Philosophy of Historiography*, Hampshire：Palgrave
　Macmillan, 2015, pp. 155‑158.

② 非标准化意味着不存在一种标准化的历史叙事模式，一个历史事件总会被纳入各种不同
　的历史叙事当中；非拆分性意味着在一个历史叙事当中，理论与事实、解释项与被解释
　项是不可分割的；非聚合性意味着所有历史叙事不可能融合为一个包罗一切的宏大历史
　叙事。参见 Paul Roth, *The Philosophical Structure of Historical Explanation*, Evanston,
　Illinois：Northwestern University Press, 2020, pp. 14‑16. 关于罗斯自己的学术旨趣，可参
　见 Paul Roth, "Reflections：on Writing and Being Written about", *Rethinking History*, Vol.
　26, No. 3, 2022, pp. 420‑437。

③ Adrian Currie and Daniel Swaim, "Past Facts and the Nature of History", *Journal of the
　Philosophy of History*, Vol. 16, No. 2, 2022, pp. 188‑193.

（W. V. Quine）以来的语言哲学所打破。① 换言之，并不存在某些恒定的历史事实，历史事件之间的因果关系只能通过"理论"的透镜才能被揭示出来，历史研究在经验证据与理论框架的辩证运动当中不断前进。总之，双方的分歧集中在对语言的认知之上。在罗斯等人那里，语言深刻地影响了人对世界的认识，历史书写必须依赖于某些事先建构起来的概念与理论框架。而在库里与斯瓦姆那里，语言并不构成认识的基础，历史学家可以通过经验感知捕捉客观存在的历史事实与结构。②

此外，科学哲学家米特洛维奇（Branko Mitrovic）也以评论的方式加入这场争论之中。一方面，他坚持一种激进的实在论立场，反对"温和实在论"有关动态过去的观点。他认为，过去是无法改变的，效果不能先于原因而出现，作为原因的事件并不会因为其后续影响的出现而发生改变。③另一方面，他认为罗斯的观点存在一种柏拉图主义的倾向，即叙事、理论等语言现象具有一种本体论属性，但罗斯并未对其进行澄清。例如，如果历史学家通过事后的描述创造了历史事件，那么同样作为事件的描述自身也需要另外一个描述来创造，由此导致溯源上的无限倒退。④

而青年学者玛丽安娜（Mariana Imaz-Sheinbaum）则反对实在论以历史事实解决历史争论的做法。她跟随库卡宁与罗斯等人的脚步，试图为相互竞争的历史叙事制定一个评价标准。为此，她引入了批判认识论（critical epistemology）的"理解"（understanding）与"重组"（reorganization）概念。所谓理解是对零散的经验事实进行整合的能力，它使我们能够对某一

① Paul Roth and Fons Dewulf, "Real True Facts: A Reply to Currie and Swaim", *Journal of the Philosophy of History*, Vol. 16, No. 2, 2022, pp. 214–216. 在 1951 年的《经验主义的两个教条》一文当中，蒯因对经验主义当中预设的两个教条进行了批判。首先他认为，分析性真理与综合性真理的二分法是一种形而上学的预设，二者之间并不存在实际的界限。其次，蒯因批判了还原论的教条，认为我们无法将命题还原到经验指称的语词，恰恰相反，"我们关于外在世界的陈述不是个别地而是仅仅作为一个整体去面对感觉经验法庭的"，这一整体是"一个人工织物，它只是沿着边缘同经验紧密接触"。参见 W. V. Quine, "Two Dogmas of Empiricism", *The Philosophical Review*, Vol. 60, No. 1, 1951, pp. 20–43。

② Adrian Currie and Daniel Swaim, "Minimal Metaphysics vs. Maximal Semantics: A Response to Paul Roth and Fons Dewulf", *Journal of the Philosophy of History*, Vol. 16, No. 2, 2022, pp. 233–235.

③ Branko Mitrovic, "A Naïve Realist Rumination on the Roth‐and‐Dewulf versus Currie‐and‐Swaim Exchange", *Journal of the Philosophy of History*, Vol. 16, No. 3, 2022, pp. 296–299.

④ Branko Mitrovic, "A Naïve Realist Rumination on the Roth‐and‐Dewulf versus Currie‐and‐Swaim Exchange", 2022, pp. 301–307.

知识领域进行整体性描述。而重组则是发现事实之间新联系的能力，它意味着对知识的整体性描述可以受到挑战与更新。① 玛丽安娜认为，这两个概念为我们评估历史叙事提供了规范性标准：一个挑战默认假设、创建新的认知框架的叙事比简单地重申传统理解方式的叙事更好。② 这一标准能够使历史学不断创新自己的理解方式，从而保持自身的活力。

随着"后"叙事主义时代的到来，"历史解释"问题又回到了历史哲学的研究视野当中。芬兰学者维尔马约基（Veli Virmajoki）致力于建构一个完善的解释理论，并以此来澄清历史学解释中的诸多问题。他采用了哲学家詹姆斯·伍德沃德（James Woodward）对解释的定义，认为一个解释必须能够揭示解释项与被解释项之间的反事实依赖性（counterfactual dependency），即当解释项发生变化时，它会对被解释项产生什么影响。③ 一个最小解释（minimal explanation）只包含一种反事实情况，而所有最小解释的综合就是完全解释（complete explanation），史学解释则介于二者之间。如果两种史学解释包含了相互竞争的最小解释时，那么它们之间也构成了竞争关系。而竞争也存在软硬之分：硬性竞争指的是两种解释非此即彼，不能共存；而软性竞争指的是两种解释针对的是不同的解释目标（explanatory goals），这也意味着同一被解释项可以拥有多种解释。④ 同时，维尔马约基以"解释深度"（explanatory depth）作为解释的评估标准，即考虑解释中包含的假设条件与影响因素的数量。但同时，史学解释也要遵守"历史的最小重写"（minimal-rewrite-of-history）规则，即解释条件与因素必须要符合基本的历史事实，不能牵强附会。⑤

尤利西斯·杜·瓦莱（Ulysses Do Valle）则认为，韦伯的因果解释模型为我们重新理解历史哲学中的"叙事解释"问题提供了借鉴。在新康德

---

① 关于理解与重组概念的详细阐释，可参见 Catherine Elgin, *True Enough*, Cambridge：MIT press, 2017; Alva Noë, *Strange Tools：Art and Human Nature*, New York：Hill and Wang, 2015。

② Mariana Imaz-Sheinbaum, "Beyond Truth：An Epistemic Normativity for Historiography", *Rethinking History*, Vol. 26, No. 2, 2022, pp. 261-263.

③ James Woodward, *Making Things Happen：A Theory of Causal Explanations*, Oxford：Oxford University Press, 2003.

④ Veli Virmajoki, "What Should We Require from an Account of Explanation in Historiography?", *Journal of the Philosophy of History*, Vol. 16, No. 1, 2022, pp. 25-35.

⑤ Veli Virmajoki, "What Should We Require from an Account of Explanation in Historiography?", pp. 36-43.

主义的影响下，韦伯对历史学的看法与后世的叙事主义者呈现相似性。韦伯认为，历史学必须使用概念来研究经验现实，而对概念的使用则受到个体或集体价值观的深刻影响。一方面，经验现实具有"独特性"（singularity），一个单一的历史事件或对象是人工构造的产物。另一方面，事件之间的因果联系是动态的，同一个事件可以在不同的"时间结构"（temporal structure）中作为原因或结果，从而与不同的事件产生联系。① 同时，韦伯的"客观可能性"（objective possibility）和"适当因果关系"（adequate causation）理论则为"叙事解释"提供了一个系统的逻辑分析框架：前者意味着历史学家可以通过想象一些替代性的历史叙事来发现影响事件发展的原因；后者意味着历史学家可以通过比较想象与真实的历史叙事来发现影响事件发展的变量。瓦莱认为，在韦伯的叙事解释模式之下，历史学既能够保持其叙事特征，又能与虚构文学划清界限。②

同时，也有学者重新关注理解与解释的方法论含义。劳伦特·高蒂尔（Laurent Gauthier）通过引用雷蒙·阿隆（Raymond Aron）对理解与解释的区分，说明了经济学对历史学的意义。在阿隆那里，理解意味着通过历史文献识别行为者所遵循的基本理性，这种理性是当下与过去所共有的。而解释则是识别影响历史发展的整体法则与趋势，它们构成了行为者的活动背景。③ 高蒂尔认为，以阿隆的理解概念为中介，历史学可以成为微观经济学、博弈论等经济学理论的理想应用目标，因为后者的基本假设便是"理性人"。例如，借助微观经济学的方法，历史学家可以对史料中的海量数据进行统计，并探询其数据分布中的生成机制。④

不同于上述"非历史"的理论建构，丽莎·雷加佐尼（Lisa Regazzoni）以一种历史性的方式考察了近代历史认识论的转变过程。她提出，在近代早期，西方史学对历史证据的看法发生了从"意图性"（intentionality）到"非意图性"（unintentionality）的转向。换言之，史学

① 关于韦伯对历史学理论的具体论述，参见〔德〕马克斯·韦伯《社会科学方法论》，韩水法、莫茜译，商务印书馆，2017，第70~150页。

② Ulysses Do Valle, "History's Narrative Explanation under the Logic of Causal Imputation: An Essay in Honor of Max Weber's Death Centenary", *History and Theory*, Vol. 61, No. 2, 2022, pp. 281-288.

③ 关于阿隆对历史理解与历史解释的论述，可参见〔法〕雷蒙·阿隆：《历史讲演录》，西尔维·梅叙尔编注，张琳敏译，上海人民出版社，2011，第140~156页。

④ Laurent Gauthier, "Putting Clio Back in Cliometrics", *History and Theory*, Vol. 61, No. 2, 2022, p. 308.

家对史料的关注重心逐渐从充满主观意图的书面文献（sources）转移到没有主观意图的非书面遗迹（remains）当中，后者被认为是真实与中立的象征。而纪念物（monuments）则混合了以上两种史料的特征，其语义也兼具"纪念性"（commemorative）与"历史性"两个面向。例如，在 17 世纪末的法国，纪念物往往被视为向后世子孙彰显个人事迹的提示物，而进入 18 世纪之后，纪念物逐渐被视为历史证据，其自身也获得了高于书面文献的认识论地位。此时，纪念物的外延也得以扩展：物质与非物质、自然与人造的遗迹都被纳入其中。[①] 丽莎·雷加佐尼指出，近代史学对"非意图性"证据的追求瓦解了史料的权威性，进而确立了史学家自身的权威性，这意味着史学家可以从自己的研究视角出发对史料做出新的诠释。

三　数字史学：理论反思与创新实践

由于计算机与互联网技术的出现，各人文学科开始更新自己的研究方式与手段，"数字人文"（Digital Humanities）也因此受到了广泛的关注与讨论。[②] 而作为数字人文的一个学科分支，"数字史学"（Digital History）也已经渗透历史研究的诸多方面，并对传统的历史研究方法造成了冲击。[③] 早在 1949 年，意大利神学家罗伯托·布萨（Roberto Busa）就开始使用 IBM 公司研发的计算机为圣托马斯·阿奎那的 56 卷本著作编制索引，布萨

[①]　Lisa Regazzoni, "Unintentional Monuments, or the Materializing of an Open Past", *History and Theory*, Vol. 61, No. 2, 2022, pp. 254–266.

[②]　数字人文最初以"人文计算"（Humanities Computing）的面目出现，其重点在于利用计算机技术将研究对象数据化，进而利用数据进行人文研究。而"数字人文"正式确立的标志则是 2004 年《数字人文研究指南》（*A Companion to Digital Humanities*）一书的出版，可参见 Susan Schriebman, Ray Siemens and John Unsworth, eds., *A Companion to Digital Humanities*, Oxford: Blackwell, 2004。而 2007 年《数字人文季刊》（*Digital Humanities Quarterly*）的创刊与一系列数字人文研究协会的相继成立更是标志着"数字人文"成为一个重要的研究领域。与人文计算相比，数字人文涵盖了更加多元化的研究内容。关于人文计算与数字人文之间的差异与联系，可参见林施望《从"人文计算"到"数字人文"——概念与研究方式的变迁》，《图书馆论坛》2019 年第 8 期，第 12~20 页。

[③]　关于数字人文与数字史学之间的差异，可参见 Stephen Robertson, "The Differences between Digital Humanities and Digital History", in Matthew K. Gold and Lauren F. Klein eds., *Debates in the Digital Humanities*, Minneapolis: University of Minnesota Press, 2016, pp. 289–307.

也因此被称为数字人文领域的鼻祖。① 进入 20 世纪 60 年代以后，随着
"计量史学"的兴起，历史学家也开始使用计算机技术对史料进行大规模
的数据统计与建模分析。而真正意义上的"数字史学"兴起于 20 世纪 80
年代文献数字化的浪潮中。1993 年，罗森茨维希（Roy Rosenzweig）等历
史学家推出了名为"谁建造了美国？从 1876 年万国博览会到 1914 年世界
大战"的数字史学作品，该作品将相关史料刻录到只读光盘上，并以影像
叙事的方式呈现出来。数字史学在 20 世纪 90 年代获得了迅猛发展，专门
的研究中心与项目相继出现。前者以乔治梅森大学的历史与新媒体中心
（CHNM）与维吉尼亚大学的维吉尼亚数字历史中心（VCDH）为代表，后
者以堪萨斯州大学的"遗产项目"（The Heritage Project）与弗吉尼亚大学
的"阴影谷"（The Valley of the Shadow）项目为代表。在这些先驱者的引
领下，其他与数字史学相关的研究项目与研究机构纷纷涌现。2000 年之
后，随着信息技术的快速发展，数字史学的专业化程度进一步加强，出现
了诸如德克萨斯州奴隶项目（The Texas Slavery Project）、镀金时代的中原
城市（Gilded Age Plains City）、空间中的历史（Spatial History）等研究项
目，它们热衷于将数据统计、可视化、地理信息等技术手段结合起来。而
近年来，数字史学也开始关注空间分析、3D 建模、人工智能等新技术。②

　　数字史学的发展也引发了对其前景的讨论与担忧。2008 年，《美国历
史杂志》（The Journal of American History）就召集了众多相关学者围绕"数
字史学的前景"这一主题展开笔谈。其中一个核心问题便是数字史学是否
应当遵守传统历史学的研究规范，二者之间如何兼容。③ 此外，尽管在一
些具体问题上存在分歧，但与会学者基本都将数字史学视为一种使用数字
化史料进行史学研究的学问。④ 而随着信息技术的飞速发展，大数据等新
技术进入了人们的视野当中，仅从"数字化史料"这一层面来定义数字史
学已经显得狭隘与过时。美国历史学家帕特里克·曼宁（Patrick Manning）

① 关于布萨与数字人文研究之间的关系，可参见 Steven E. Jones, *Roberto Busa, S. J. , and
the Emergence of Humanities Computing: The Priest and the Punched Cards*, New York:
Routledge, 2016。

② 关于数字史学的概念内涵与发展历程，可参见牟振宇《数字历史的兴起：西方史学中的
书写新趋势》，《史学理论研究》2015 年第 3 期，第 74～81 页；王涛《挑战与机遇："数
字史学"与历史研究》，《全球史评论》2015 年第 1 期，第 184～201 页。

③ "Interchange: the Promise of Digital History", *Journal of American History*, Vol. 95, No. 2,
2008, pp. 452–491.

④ "Interchange: the Promise of Digital History", pp. 454.

就曾提出历史学在大数据时代的三项基本任务，分别是数据的汇集与整理、数据存档以及数据的分析与可视化。[①] 换言之，数字史学应当给历史学带来全方位的变革。2022年，《历史与理论》杂志推出了一期名为"数字历史与理论：变化中的叙事、方法与叙述者"的特刊，旨在从实践与理论两个层面推动对数字历史的反思与创新。

在史学实践层面，学者们致力于推动数字史学的规范化与专业化进程。史蒂芬·罗伯森（Stephen Robertson）就认为，数字史学具有两个核心特征：使用计算机处理数据、提供沉浸式（immersive）与交互性（interactive）的媒介。[②] 而学者们也围绕这两个方面进行了自己的思考。

首先是数字史学如何看待与使用数据的问题。在这一方面，美国学者约翰娜·德鲁克（Johanna Drucker）做了重要的理论贡献。她认为，数字人文学科使用的数据概念是从自然科学那里借鉴过来的，带有明显的实在论特征，即数据是被给定的，它是对现象的观察与描述。而人文学者应当使用的是"卡皮塔"（capta），它是在人们的诠释当中被建构起来的。"人文学者探究的是知识生产的情境性、局部性和构成性特征，承认知识是被构建、获取的，而不是简单地作为预先存在的事实的自然再现。"[③] 德鲁克有关数据与卡皮塔的区分对构建数字史学的方法论基础具有特别的意义。史蒂芬·罗伯森提出，量化史学以一种定量方法对数据进行建模分析，而数字史学则是"数据驱动"（data-driven）的，它以一种探索性（exploratory）的方式来使用数据，并将其与对历史文本的细读相结合。[④] 杰西·托格森（Jesse W. Torgerson）将数据定义为对经验的抽象，进而利用"卡皮塔"与数据这对概念重新描述了历史实践的过程：历史实践开始于将调查结果转化为文献的行为，而后来的史学家则将这些文献中的论述视为历史事实，并在此基础上创建数据，进而建构新的历史文献。[⑤] 这种说法取代了传统史学对一手文献与二手文献的简单区分，并为传统史学与数字史学之间的接轨开辟了道路，这意味着历史学可以向当代公共领域中

---

① Patrick Manning, *Big Data in History*, New York: Palgrave Macmillan, 2013, pp. 44-83.
② Stephen Robertson, "The Properties of Digital History", *History and Theory*, Vol. 61, No. 4, 2022, p. 87.
③ Johanna Drucker, "Humanities Approaches to Graphical Display", *Digital Humanities Quarterly*, Vol. 5, No. 1, 2011, p. 3.
④ Stephen Robertson, "The Properties of Digital History", pp. 88-92.
⑤ Jesse W. Torgerson, "Historical Practice in the Era of Digital History", *History and Theory*, Vol. 61, No. 4, 2022, pp. 45-50.

的历史数据敞开大门。希尔克·施万特（Silke Schwandt）则认为，在大数据时代，历史学必须接受算法思维（algorithmic thinking），通过可视化的数字模型来记录与呈现历史学家的诠释过程。①

劳拉·莫雷利（Laura K. Morreale）则对数字史学的文献工作进行了反思。她认为，与传统的印刷史学不同，数字史学的研究具有明显的动态特征，它"以过程为导向，需要持续维护，并且无法随着时间的推移忠实地复制"。② 这意味着，传统史学所使用的参考文献与脚注等手段无法适用于数字史学，后者需要一种新的文档记录方法。为此，莫雷利引入了数字文档编制过程（The Digital Documentation Process，DDP）这一数字编目方法，它包括目录记录（catalog record）、永久标识符（persistent identifier）和存档叙事（archiving dossier narrative）。③ 这三者会被打包上传到特定的公共数据库，并被分配一个数字标识码（DOI）。任何人都可以以此来访问这些数字资料。莫雷利认为，DDP 的引入标志着数字史学在专业化与规范化的道路上迈出了重要一步。④

其次是数字史学的媒介问题，即如何以"可视化"（visualization）的形式来呈现历史。伊斯兰史学者沙赫扎德·巴希尔（Shahzad Bashir）以数字图书（digital book）的形式出版了自己的新著《伊斯兰的过去与未来的新图景》（*A New Vision for Islamic Pasts and Futures*）。⑤ 巴希尔认为，不同于传统图书的线性结构，数字书籍能够在其内部建立起一种"蛛网"式的文本结构，对伊斯兰历史的理解取决于读者所选择的不同节点之间的连接路

---

① Silke Schwandt, "Opening the Black Box of Interpretation: Digital History Practices as Models of Knowledge", *History and Theory*, Vol. 61, No. 4, 2022, pp. 84-85. 约翰娜·德鲁克也一直在呼吁将可视化模型引入人文学科的研究当中，可参见 Johanna Drucker, *Visualization and Interpretation: Humanistic Approaches to Display*, Cambridge, MA: MIT Press, 2020。

② Laura K. Morreale, "History as Antidote: the Argument for Documentation in Digital History", *History and Theory*, Vol. 61, No. 4, 2022, p. 73.

③ 目录记录是一个条目，使数字史学作品能够被在线搜索或引用；永久标识用于收集数字史学项目所创建的数字对象，并以各种格式进行储存；存档叙事讲述一个项目是如何以及为什么进行的故事，并列出了为支持这一学术工作而创建的所有数字对象。

④ Laura K. Morreale, "History as Antidote: The Argument for Documentation in Digital History", pp. 74-76.

⑤ Shahzad Bashir, *A New Vision for Islamic Pasts and Futures*, Cambridge, MA: MIT Press, 2022. 该书可在互联网上免费获取：https://doi.org/10.26300/bdp.bashir.ipf。此外，斯坦福大学出版社的"出版数字学术作品"（Publishing Digital Scholarship）项目也帮助很多学者出版了自己的数字图书专著：https://www.sup.org/digital/。

径。具体来说，在叙事方面，该书目录是"星座"状的，各章节之间相互关联。读者可以在不同章节之间自由跳转，进而形成多样化的叙事。在证据方面，该书将图片、视频等视觉证据嵌入文本当中，读者可以通过点击对其进行放大并覆盖文本，这也使读者能够对历史现象有更直观的感受。在语境方面，该书将文本与视觉证据并置，从而形成一种复杂辩证的语境关系。①

塔米卡·格洛夫茨（Tamika Glouftsis）对使用沉浸式体验技术进行大屠杀历史教育的做法提出了质疑，认为这种做法完全以受害者的视角为中心，而忽略了大屠杀中更为复杂的旁观者、共谋者与参与者等角色。格洛夫茨提出，我们可以使用交互式游戏来弥补这一缺憾。② 例如，在移民控制游戏《请出示证件》（Papers, Please）中，玩家扮演边境官员，负责检查证件并决定是否允许人们出境。在游戏过程中，玩家面临着上级要求与个人家庭困境的双重压力，这也使其必须考虑行动的后果，并在道德困境中做出选择。因此，这类交互式游戏能够模拟人们在历史情境中做出决策的过程，这也为我们了解大屠杀中旁观者、共谋者等角色的处境提供了条件。但同时，由于该类游戏并非完全沉浸式的，玩家依然可以保持着批判性的眼光来审视过去。③

而在史学理论层面，学者们致力于发掘数字史学对历史认知方式的革命性影响。例如，日裔历史学家斯特凡·田中（Stefan Tanaka）就认为，从印刷术到数字媒体的技术革命有助于历史学发掘被宏大叙事所掩盖的边缘叙事，从而将单数历史转变为复数历史，这意味着历史学不再是对一个客观过去的研究，而是当下与过去之间不断交流的过程。④ 而澳大利亚历史哲学家玛妮·休斯-阿灵顿（Marnie Hughes-Warrington）与德国史学家沃尔夫·坎斯泰纳（Wulf Kansteiner）则关注人工智能与史学理论之间的关

---

① Shahzad Bashir, "Composing History for the Web: Digital Reformulation of Narrative, Evidence, and Context", *History and Theory*, Vol. 61, No. 4, 2022, pp. 21-36.

② 交互式游戏遵循杰里迈亚·麦考尔（Jeremiah McCall）的"历史问题空间"（Historical Problem Space, HPS）框架的核心原则：游戏中的历史元素的评估标准不能仅是其再现（文本或视觉）的逼真度，还必须包括它们作为游戏世界的可交互元素的功能。参见 Jeremiah McCall, "The Historical Problem Space Framework: Games as a Historical Medium", *Game Studies*, Vol. 20, No. 3, 2020, http://gamestudies.org/2003/articles/mccall。

③ Tamika Glouftsis, "Implicated Gaming: Choice and Complicity in Ludic Holocaust Memory", *History and Theory*, Vol. 61, No. 4, 2022, pp. 145-151.

④ Stefan Tanaka, "The Old and New of Digital History", *History and Theory*, Vol. 61, No. 4, 2022, pp. 12-18.

系。玛妮认为，人工智能应当被视为一门历史学科，这是因为当前认知科学与机器学习的研究已经表明，人工智能已经发展出与人类相似的学习能力，二者都遵循着亚里士多德所提出的那种混合与动态的逻辑体系，即通过演绎逻辑与对 endoxa 的不断递归来判断现在与预测未来。① 玛妮认为，与传统历史书写的固定性和非历史性不同，人工智能能够通过递归过程不断更新历史的逻辑，从而开启一种新的史学形而上学（historiographical metaphysics）。② 坎斯泰纳则指出，以 GPT‑3 为代表的大型语言模型（Large Language Models，LLM）虽然能够为历史学研究提供一定的帮助，却无法自主进行专业的历史写作，因为它们不能对其参考的文本证据进行考证，也无法给出专业的论文注释，更不具备人类的道德水平。但对于史学理论而言，LLM 却提供了一种测试历史文本的方式。坎斯泰纳认为，历史书写混合了描述、叙事与论证三种方式，而通过 LLM 对文本的统计与分析，我们可以确定这三种方式在文本当中的分布与等级关系。更进一步，我们甚至可以比较不同时代或不同学科之间文本的差异，从而确定历史学语言的演变与类型。总之，LLM 的出现为史学理论提供了前所未有的实验机会。③

在这期特刊之外，也有学者利用虚拟现实（Virtual Reality，VR）技术拓展历史研究的可能性。例如，鲁塔·卡兹拉卡特（Rūta Kazlauskaitë）教授探索了 VR 技术在历史理解与历史再现上的意义。她认为，暗箱（Camera Obscura）与 VR 分别代表了历史理解的两种视角：前者强调现在与过去、主体与客体之间的二元对立，认为我们可以使用历史证据来客观、理性地重建过去，情感是历史理解的障碍；后者则认为过去依然以各种形式存在于当下，这意味着情感并非历史理解的障碍，恰恰相反，后者必须通过感性移情与理性认知的双重方式才能实现。④ 而随着 VR 技术的成熟，一种沉浸式、

---

① 亚里士多德认为，endoxa 是"对所有人、多数人或有智慧的人来说是正确的意见"，而在中文语境下，其译名一般是"普遍认可的意见"或"有声誉的意见"，但二者之间存在争议，故本文保留其原文形式。关于 endoxa 的翻译及其内涵的争论，可参见夏天成《Endoxa：争议、质量考察与同名异义——对亚里士多德辩证法的起点考察》，《世界哲学》2022 年第 2 期，第 54~61 页。

② Marnie Hughes Warrington, "Toward the Recognition of Artificial History Makers", *History and Theory*, Vol. 61, No. 4, 2022, pp. 107-118.

③ Wulf Kansteiner, "Digital Doping for Historians：Can History, Memory, and Historical Theory Be Rendered Artificially Intelligent?", *History and Theory*, Vol. 61, No. 4, 2022, pp. 130-133.

④ Rūta Kazlauskaitë, "Perspective and the Past：Modeling Historical Representation from Camera Obscura to Virtual Reality", *Journal of the Philosophy of History*, Vol. 16, No. 2, 2022, pp. 164-171.

体验式的历史理解模式得以兴起，它能够在使用者的身体与历史环境之间建立互动关系。但同时，这种 VR 体验也充斥着缺席与在场、接近与距离的紧张关系。以 VR 游戏《距离之书》（*The Book of Distance*）为例，使用者以第二人称视角参与主角日裔加拿大移民冲田米藏（Yonezo Okita）在 20 世纪 30 年代的生活，这意味着，使用者一方面可以与主角共享日常生活的经验，另一方面又远距离见证着主角经历的历史变迁，由此产生了一种对话模式：将情感上的参与和对遥远过去的关切结合起来。①

四　经典与理论

2021 年，《历史哲学杂志》第 15 卷第 3 期为"历史哲学中被遗忘的经典之作：新解与重读"的主题特刊。在这期特刊的导言部分，历史哲学家赫尔曼·保罗提出，与其他人文学科一样，历史哲学研究也存在着一种"后缀化冲动"（posterizing impulse），即一味追求范式变革与突破性创新，而忽视了对经典理论的回顾与反思。像后-叙事主义、后-后现代、超越海登·怀特等都是这种后缀化冲动的表现。为了缓和这种冲动，保罗呼吁，我们应当重读那些历史上的经典理论作品，并发掘它们在当代历史哲学中的理论价值。②而在 2022 年，这种回归经典的倾向依然在很多学者那里得到了延续。

西班牙中世纪史学者贾米·奥雷尔（Jaume Aurell）从理论层面对历史学中的"经典"概念进行了深入分析。③奥雷尔提出，虽然历史学家经常使用经典（classic）这一说法，但他们并未对其内涵进行深入探究，而在这方面，文学理论能够为历史学家提供借鉴。在叙事主义的视角下，历史文本呈现鲜明的文学性，这意味着，历史经典和文学经典一样，具备一种

---

① Rūta Kazlauskaitë, "Knowing is Seeing: Distance and Proximity in Affective Virtual Reality History", *Rethinking History*, Vol. 26, No. 1, 2022, pp. 58–62.

② Herman Paul and Larissa Schulte Nordholt, "Introduction: The Posterizing Impulse in Philosophy of History", *Journal of the Philosophy of History*, Vol. 15, No. 3, 2021, pp. 267–271.

③ 在以下两篇文章中，奥雷尔分别使用了 classic 与 canon 两个词来指代历史学中的经典作品。在中文语境下，classic 一般被翻译为"经典"，而 canon 则被翻译为"正典"。前者一般指的是古典时代的优秀文学作品，并且为后世树立了永恒的典范和标准，而后者则与宗教有关，其自身带有规范性与制度性的特征。而奥雷尔也有意突出了二者在语义上的基本差异：一方面，史学"经典"与跨时间、跨语境的文本品质相联系；另一方面，史学"正典"则与父权制、欧洲中心主义以及学术共同体的发展相联系。关于 classic 与 canon 的差异，可参见李玉平《此"经典"非彼"经典"——两种文学经典刍议》，《南开学报》（哲学社会科学版）2011 年第 6 期，第 96~102 页。

跨越时间的"持久性"（endurance），也就是说，它能够在读者与批评者的诠释中维持自身的生命力。① 但同时，文学性并不会损害历史文本特有的"指称性"（referentiality），即对历史现实的再现。历史经典的双重特征集中体现在对隐喻语言（metaphorical language）的使用之上：历史学家往往将隐喻作为描述时代特征的认识论工具，隐喻的效果越好，其作品获得经典地位的可能性就越高。换言之，历史经典对隐喻语言的使用创造了一种"意义的盈余"（surplus of meaning），它既能够反映过去的复杂性，也能够为后世的多元化诠释创造空间。② 此外，奥雷尔也致力于捍卫正典（canon）在历史学中的合法性。他认为，当代历史学对于正典的理解来自克罗齐与柯林武德的史学史书写，而在 20 世纪 70 年代之后，随着女性主义、后殖民主义等思潮的兴起，正典这一带有父权制、欧洲中心主义色彩的概念受到了批判。同时，历史学自身模糊的学科定位也使其对正典的看法陷入两难境地：历史学的艺术面向倾向于承认某些历史作品的典范性，而历史学的科学面向则倾向于贬低作品的权威性。对此，奥雷尔认为，我们必须认识到，历史正典存在一个动态的发展过程，它的形成与学术共同体的发展息息相关。这意味着，一方面，历史正典的外延能够不断扩大，进而将女性主义、后殖民主义等新视角下的作品纳入其中；另一方面，历史正典的合法性也能得到捍卫，这将为历史学提供一种学科凝聚力与学术规范性，使其在传统与创新的二元张力中实现自我更新。③

　　除上述理论反思之外，学术史上的经典理论家依然是学者们的主要关注对象。首先是一些近代理论家。戴维·詹姆斯（David James）从历史哲学的角度探究了赫尔德与启蒙运动之间的复杂关系。一方面，赫尔德对启蒙运动持批判态度。赫尔德认为，一切时代与文化都是平等的，它们对人类历史的发展具有同等的价值。在这种历史哲学的视角下，以普遍理性与线性史观为主要特征的启蒙运动显然看不到其他时代与文化的价值，也就无法实现人道（humanity）的全面发展。而另一方面，启蒙运动也能够被整合到赫德尔的历

---

① 关于经典历史文本的持久性特征，可参见 Jaume Aurell, "Writing Beyond Time: The Durability of Historical Texts", *History and Theory*, Vol. 57, No. 4, 2018, pp. 50-70。

② Jaume Aurell, "What is Classic in History?", *Journal of the Philosophy of History*, Vol. 16, No. 1, 2022, p. 73.

③ Jaume Aurell, "The Canon in History", *Rethinking History*, Vol. 26, No. 4, 2022, pp. 439-465.

史哲学当中，并成为实现人道全面发展的一个过渡阶段。① 换言之，在赫尔德那里，启蒙运动的普遍主义与其自身的多元主义实现了调和：启蒙运动那种以普遍性为导向的抽象思维模式蕴含着一种平等的价值观，这为其他时代与文化获得平等地位创造了可能性。而它对偏见的批判则培养了一种反思精神，进而为认识到其他时代与文化的价值奠定了基础。②

安东尼·詹森（Anthony Jensen）发掘了 19 世纪哲学家爱德华·冯·哈特曼（Eduard von Hartmann）的历史哲学思想。哈特曼的主要贡献在于提出了"无意识观念"（unconscious ideas）概念，即包括人类在内的一切自然事物都会服从于某种自身意识不到的目的。而这种"无意识观念"势必来自某种超自然的存在——"形而上学无意识"（metaphysical unconscious），它为一切自然事物赋予了目的，人类历史便是逐渐意识到这一目的的过程。③ 哈特曼的历史哲学导向了一种悲观的宿命论，即人们应当为实现历史的最终目的而做出牺牲。

约书亚·雷曼（Joshua Rayman）对尼采哲学中时间概念与永恒轮回（eternal recurrence）理论的演变进行了详细分析。他认为，尼采早期的时间概念与后期的永恒轮回理论之间存在着断裂性与连续性的双重关系。一方面，尼采的"时间原子理论"（Time-Atom Theory）与永恒轮回理论之间存在着不可调和的矛盾：前者将时间视为一系列离散的原子，不同原子之间不存在实质联系；而后者则强调时间的连续性，它在轮回中不断重复自身。④ 另一方面，其他早期文本中存在一些永恒轮回理论的思想萌芽。例如，在《历史对人生的利弊》当中，尼采就提出以非历史（unhistorical）与超历史（superhistorical）来缓解历史学带来的危害。⑤ 但此时的尼采仅仅将永恒轮

① David James, "Situating the Enlightenment in Herder's Philosophy of History", *Journal of the Philosophy of History*, Vol. 16, No. 3, 2022, pp. 256-264.

② David James, "Situating the Enlightenment in Herder's Philosophy of History", pp. 263.

③ Anthony Jensen, "The Unconscious in History: Eduard von Hartmann among Schopenhauer, Schelling, and Hegel", *Journal of the Philosophy of History*, Vol. 16, No. 3, 2022, pp. 273-296.

④ Joshua Rayman, "Nietzsche's Early and Late Conceptions of Time and Eternal", *History and Theory*, Vol. 61, No. 41, 2022, pp. 50-61.

⑤ 尼采认为，非历史表示"能够遗忘并把自己封闭在一个有限视域中的艺术和力量"，而超历史则是"将目光从生成移开，转向把永恒和意义相同的品格赋予存在的东西，转向艺术和宗教的强势"（〔德〕尼采：《不合时宜的沉思》，李秋零译，华东师范大学出版社，2007，第 235~236 页）。

回作为一种美学原则，并未将其提升到宇宙论的高度。[①]

其次是一些现当代理论家。克里斯托弗·费尔（Christopher Fear）探究了柯林武德的"形式的层级"（scale of forms）理论与其历史哲学之间的适用关系。在《哲学方法论》（*An Essay on Philosophical Method*）一书中，柯林武德将"形式的层级"作为哲学概念的基本特征。[②] 例如，善这一概念可以包含快乐、知识和美德三种类型，三者之间存在着从低级到高级的等级区分，并且都在一定程度上体现了善的本质，但从更高级的知识与美德的角度来看，低级的快乐所体现的善便是存在缺陷的。而费尔认为，柯林武德的历史哲学内部也存在着这种"形式的层级"。在柯林武德那里，历史这一概念具有三种形式：第一种是作为对事实的断言的历史；第二种是作为过程的历史；第三种是作为一种探究活动的历史。其中，第三种是历史最高级的形式，它能够将较低级的前两种形式纳入自身当中，进而从哲学的角度对历史这一概念进行完整的描述。[③]

休伯特·齐泽夫斯基（Hubert Czyżewski）对以赛亚·伯林的思想史方法论进行了系统阐释。与剑桥学派的语境主义方法[④]不同，伯林认为思想史的研究对象应当是具体的思想家，其研究方法则是对思想家的精神世界进行移情重建（empathetic reconstruction）。而伯林方法论的历史哲学基础分别是柯林武德的"绝对预设"（absolute presuppositions）理论与维柯的"想象力"（fantasia）理论：前者是特定时代下一切思想体系的基础要素，并随着时代与社会背景的变化而变化；后者是对人类理解能力的一种描述，它使人们能够通过移情过程来理解他者。[⑤] 齐泽夫斯基认为，伯林的

---

① Joshua Rayman，"Nietzsche's Early and Late Conceptions of Time and Eternal"，pp. 61-68.

② 除"形式的层级"之外，柯林武德还认为哲学概念具有"类别的交错"（overlap of classes）的特征。例如，快乐、知识和美德三种类型并不是彼此独立的，而是互相交错的，一个行为可能同时体现了这三种类型的善。关于"形式的层级"与"类别的交错"的详细阐释，可参见 R. G. Collingwood, *An Essay on Philosophical Method*, Oxford：Clarendon, 2005, pp. 26-91。

③ Christopher Fear, "R. G. Collingwood's Overlapping Ideas of History", *Journal of the Philosophy of History*, Vol. 16, No. 1, 2022, pp. 7-19.

④ 关于剑桥学派的语境主义方法论，可参见 J. G. A. Pocock, *Political Thought and History：Essays on Theory and Method*, Cambridge：Cambridge University Press, 2009; Quentin Skinner, *Visions of Politics*, vol. 1：*Regarding Method*, Cambridge：Cambridge University Press, 2002。

⑤ Hubert Czyżewski, "Isaiah Berlin as a Historian", *History and Theory*, Vol. 61, No. 3, 2022, pp. 455-463.

方法论与历史哲学最终都导向了一种人性论信念，即存在一种跨历史的普遍人性，它是全人类所共享的经验核心，伯林称之为"人类视域"（human horizon）。[1]

　　丹尼尔·舒尔茨（Daniel J. Schultz）则提出，米歇尔·福柯有关伊朗革命的论述是对近代西方历史哲学的一种反叛。[2] 在康德等近代哲学家那里，革命被视为实现人类自由与进步的必由之路，它往往被描绘为代表普遍人性的宏大叙事。哲学家以一种旁观者（spectatorship）的姿态对革命的未来做出展望，这正体现了历史与意识之间的平行关系。福柯则反对这种"连续历史"（continuous history），转而关注革命的断裂性与特殊性。他认为，伊朗革命以其强烈的宗教色彩与传统的西方革命相区别，而这种宗教集体所发动的革命具有"政治精神性"（political spirituality），即通过质疑真理的权力-话语体系产生另一种形式的主体性（subjectivity），它具有鲜明的反殖民、反西方中心主义色彩。[3] 但同时，福柯的哲学观念无法避免相对主义的困局，这也使他本人没有意识到宗教革命对女性造成的威胁。[4]

　　台湾学者陈信治（Hsin-chih Chen）关注海登·怀特对黑格尔历史哲学的阐述。在早期文章《黑格尔：作为悲剧现实主义的历史主义》中，怀特借助黑格尔的历史主义来补充加缪存在主义中所缺乏的历史意识。[5] 在这一过程中，他吸收了两方面的思想资源：约西亚·罗伊斯（Josiah Royce）对黑格尔"绝对"（Absolute）概念的诠释与奥尔巴赫（Erich Auerbach）的悲剧现实主义思想。[6] 而到了《元史学》（*Metahistory*）中，

---

[1]　Hubert Czyżewski，"Isaiah Berlin as a Historian"，p. 464.

[2]　关于福柯与伊朗革命之间的关系，可参见 Janet Afary and Kevin B. Anderson，*Foucault and the Iranian Revolution*，Chicago：University of Chicago Press，2005；Behrooz Ghamari-Tabrizi，*Foucault in Iran：Islamic Revolution after the Enlightenment*，Minneapolis：University of Minnesota Press，2016。

[3]　Daniel J. Schultz，"Revolutionary Spectatorship and Subalternity：Foucault in Iran"，*History and Theory*，Vol. 61，No. 1，2022，pp. 82-87.

[4]　Daniel J. Schultz，"Revolutionary Spectatorship and Subalternity：Foucault in Iran"，pp. 87-92.

[5]　Hayden White，"Hegel：Historicism as Tragic Realism"，*Colloquium*，Vol. 5，No. 2，1966，pp. 10-19.

[6]　Hsin-Chih Chen，"Hayden White's Enthusiasm for Hegel"，*History and Theory*，Vol. 61，No. 3，2022，pp. 434-439，446-449. 关于罗伊斯与奥尔巴赫的思想，可分别参见 Josiah Royce，*Lectures on Modern Idealism*，New Haven：Yale University Press，1919；Erich Auerbach，*Mimesis：The Representation of Reality in Western Literature*，trans by Willard R. Trask，Princeton：Princeton University Press，1953。

怀特进一步将康德的进步主义与黑格尔的历史主义结合，创造了一种"悲剧+喜剧"的历史哲学模式，而这也成为评判《元史学》中其他历史哲学家的重要标准。[1]

除了经典理论家，也有学者致力于为经典概念提供新的内涵。例如，埃泽尔·塔克（Aviezer Tucker）就从"后-分析"历史哲学的立场出发，对历史主义这一概念做了新的界定。[2] 他认为，历史主义与科学主义、物理主义等概念一样，属于"学科+主义"（discipline + isms）的概念家族，即"历史学+主义"（historiography + ism），其内涵是历史学从本体论、认识论和方法论的层面跨越其学科边界。由此，塔克区分了五种历史主义：本体论历史主义（ontological historicism）认为一切实在都是历史的，不存在永恒不变的实体；个体历史主义（idiographic historicism）主张历史学是一门观察和描述个别事物的经验科学；内省历史主义（introspective historicism）认为自我认识是历史知识的来源；科学历史主义（scientistic historicism）将历史学建构为一门社会或人性的"超级科学"，它将一切人文科学纳入其中；方法论历史主义（methodological historicism）主张将历史学的方法推广到历史学之外。[3] 塔克认为，前四种历史主义的概念与历史学本身不一致，它们均是将哲学理论强加在历史学之上，历史学无法为其提供支撑。方法论历史主义则将历史学的推论方法从可靠、独立证据扩展到不可靠、非独立证据，这符合历史主义的跨学科定义。[4] 而通过对历史主义的界定，我们能够对历史学的学科边界有更加清晰的认知。

---

[1] Hsin-Chih Chen, "Hayden White's Enthusiasm for Hegel", pp. 445-446.

[2] 按照斯科多的说法，后-分析历史哲学具有两个主要特征：其一是"反基础主义"（anti-foundationalism），即反对先验的理论预设，强调不存在给定的真理和纯粹的经验事实；其二是"整体论"（holism），即认为知识是一个相互依赖的整体（Admir Skodo, "Review Article: Post-analytic Philosophy of History", *Journal of the Philosophy of History*, Vol. 3, No. 3, 2009, p. 309）。

[3] Aviezer Tucker, "Historicism Now: Historiographic Ontology, Epistemology and Methodology out of Bounds", *Journal of the Philosophy of History*, Vol. 16, No. 1, pp. 93-119.

[4] 塔克对历史证据问题的理论阐释，可参见 Aviezer Tucker, *Our Knowledge of the Past: A Philosophy of Historiography*, Cambridge: Cambridge University Press, 2004, pp. 92-140。塔克认为，"史学哲学最重要的研究计划应该是检测历史输入（证据，主要的原始史料）与历史输出（不管用什么形式写出的有关过去的叙述）之间的关系"。（Aviezer Tucker, "The Future of the Philosophy of Historiography", *History and Theory*, Vol. 40, No. 1, 2001, p. 51），而他对历史主义的界定显然是其史学哲学定义的一种延伸。

五　多元化的史学探索

　　除上述专题性研究之外，2022 年还涌现出其他不同类型的史学探索。这些研究虽然在主题与方法上各有不同，但都致力于丰富与拓展历史学的研究思路，为实现历史学的多元化发展提供助益。总体来看，这些研究主要集中于以下三个方面。

　　第一，学者们对一些边缘化的历史叙事进行了重新发掘。大卫·庞顿三世（David Ponton Ⅲ）阐述了"非洲悲观主义"（Afropessimism）与历史叙事之间的关系。在非洲悲观主义者看来，现代人类社会存在这样一种本体论承诺，即黑人必须通过种族奴隶制来定义，其自身不可能发展出独立的认识论。在这种本体论影响下，现代历史学中也充斥着反黑人暴力，它长期将黑人置于一种非人的附属地位。庞顿三世建议，非洲悲观主义者应当反思历史学中的这种知识霸权，进而以一种同情的态度来凸显黑人在历史中的主体性。[①] 罗德里戈·马约尔加（Rodrigo Mayorga）以智利国家学院（Instituto Nacional）的例子为中心，对学生如何利用历史叙事开展学生运动进行了考察。国家学院将巴斯特大厅作为教学场所，在大厅中集中安放了许多智利历史上杰出人物的雕像，这在潜移默化中培养了学生对国家的责任感与公民意识。而在学生运动中，处于不同阵营的学生则通过援引历史人物来阐释自己的观点。马约尔加认为，这种争论消解了学校历史叙事的权威性，也使我们意识到历史意识在实践中的复杂性。[②] 图利·马蒂拉（Tuuli Matila）和维萨-佩卡·赫夫（Vesa-Pekka Herva）从公共史学的角度讨论了当代芬兰对纳粹德国的复杂历史叙事。长期以来，芬兰的主流历史叙事都倾向于将芬兰视为二战的受害者，同时淡化芬兰与德国合作迫害犹太人的历史事实。而拉普兰省立博物馆所组织的名为"我们是好朋友"（Wir waren Freunde）的主题展览则对这种主流叙事构成了挑战，它展现了纳粹士兵普通人的一面以及他们与芬兰平民之间的友好关系，以此来

---

① David Ponton Ⅲ, "An Afropessimist Account of History", *History and Theory*, Vol. 61, No. 2, 2022, pp. 225-241.

② Rodrigo Mayorga, "The Histories We Tell: Historical Consciousness and Student Protests in a Chilean Public High School", *Rethinking History*, Vol. 26, No. 4, 2022, pp. 469-487.

促使人们反思战争与历史叙事的复杂性。①

第二，也有学者对情感史、性别史与知识史等非传统史学中的重要问题进行了反思。莉莉亚娜·拉德诺维（Ljiljana Radenović）与阿卡德（IL Akkad）运用需求心理学理论对情感史研究中的情感痛苦问题进行了解释。他们认为，历史学家应当根据个体需求的满足情况来判断其情感的痛苦程度。而对于需求的界定则存在两个方面的标准：一方面，个体的需求受到社会价值观与文化规范的深刻制约，这意味着，情感史研究势必要从社会与文化层面研究情感痛苦；另一方面，像自主（autonomy）、能力（competence）以及关系（relatedness）② 等基本需求具有普遍性，这也为跨文化的情感史研究提供了理论基础。③ 鲍勃·皮里克（Bob Pierik）尝试对"父权制"（patriarchy）这一概念进行改造，使其重新适用于性别史研究。传统的父权制概念本身具有强烈的结构主义与宏大叙事特征，这使其无法适用于当代的性别史研究。而皮里克则通过将"父权制"转化为"父权制权力"（patriarchal power）改变了这一情况。父权制权力指的不再是男性统治，而是控制与规训身体的一种方式，是福柯的"生命权力"（bio-power）的前身。在父权制权力的视野下，性别史能够将自然生理因素与社会文化因素整合起来，从而开启新的研究路径。④ 塔耶娜·M. 马里诺（Taynna M. Marino）试图将"移情"（empathy）作为连接西方知识与非西方的土著知识的桥梁概念。在这方面，多米尼克·拉卡普拉（Dominick LaCapra）的"移情动摇"（empathic unsettlement）理论具有借鉴意义。⑤ 这一理论将历史认识论与历史伦理相结合，强调在尊重差异性

---

① Tuuli Matila and Vesa-Pekka Herva, "They are also Victims of the War: Heritage Narratives of the Nazis and Their Victims in Finland", *Rethinking History*, Vol. 26, No. 4, 2022, pp. 493-516.

② Ljiljana Radenović and IL Akkad, "History of Emotional Stuffering: from Emotions to Needs in the History of Emotions", *History and Theory*, Vol. 61, No. 1, 2022, pp. 106-107. 关于以上三种基本需求的详细介绍，可参见 Richard M. Ryan and Edward L. Deci, *Self-Determination Theory: Basic Psychological Needs in Motivation, Development, and Wellness*, New York: Guilford Press, 2017, p. 86。

③ Ljiljana Radenović and IL Akkad, "History of Emotional Stuffering: from Emotions to Needs in the History of Emotions", pp. 103-122.

④ Bob Pierik, "Patriarchal Power as a Conceptual Tool for Gender History", *Rethinking History*, Vol. 26, No. 1, 2022, pp. 74-88.

⑤ 关于移情动摇理论的详细阐释，可参见 Dominick LaCapra, *History in Transit: Experience, Identity, and Critical Theory*, Ithaca: Cornell University Press, 2004, p. 135。

的前提下理解他者，这有助于消除自我/他者、人类/非人、文化/自然、西方/土著等二元对立关系，在承认现有文化冲突的前提下，建构一种可持续的知识形式。①

第三，许多学者利用游戏、小说、影像等不同形式进行史学研究。例如，约恩·韦恩斯（Jørn Weines）尝试以游戏的形式来呈现1989年4月18日挪威鳕鱼渔场关闭这一历史事件。在这个游戏中，玩家可以参与一系列模拟谈判，在这一过程中了解利益相关方的立场与观点，并通过行动协调各方利益，最终达成一种反事实结果。通过这种历史游戏，玩家能够体验历史事件的复杂性，并对事件参与者的动机有更加深刻的理解。② 基拉·A. 史密斯（Kira A. Smith）认为，自己创作历史小说《红椅子》（The Red Chair）的过程能够为当代史学实践提供一些启发。一方面，该小说主要关注精神病人的日常生活，这使得作者必须以移情的方式进入病人的内心世界。另一方面，历史小说的创作模糊了虚构写作与学术研究之间的界限，它将文学想象力与对文献档案的考据相结合。史密斯认为，历史小说应当被视为专业历史写作的重要组成部分，这将为历史研究提供更多的可能性。③ 朱卡·科特（Jukka Kortti）以庆祝芬兰建国100周年的三部历史记录片为例，分析了当代媒体对塑造跨世代集体记忆的作用。科特认为，这些纪录片融合了专业史学与大众史学的特征，它们都关注对战争的跨世代记忆，并以影像的形式对这种集体创伤进行了呈现，在这一过程中，集体记忆与私人记忆的界限变得模糊不清。④

六　结语

2022年是带有转折性质的一年。在这一年中，病毒的阴霾逐渐散去，人们的生活开始回到正轨。但同时，一系列灾难与冲突的出现又在提醒着

---

① Taynna M. Marino, "The Role of Empathy in Bridging Western and Indigenous Knowledges: Dominick LaCapra and Ailton Krenak", *Rethinking History*, Vol. 26, No. 4, 2022, pp. 573-589.

② Jørn Weines, "Exploring Fishery History in Game Form: 'Never Again April 18!'", *Rethinking History*, Vol. 26, No. 1, 2022, pp. 9-23.

③ Kira A. Smith, "Using Fiction to Tell Mad Stories: a Journey into Historical Imagination and Empathy", *Rethinking History*, Vol. 26, No. 3, 2022, pp. 393-414.

④ Jukka Kortti, "War, Transgenerational Memory and Documentary Film: Mediated and Institutional Memory in Historical Culture", *Rethinking History*, Vol. 26, No. 1, 2022, pp. 93-112.

我们，历史不会停滞不前，它总会给人们带来新的考验。历史在变化，而对历史的反思也从未停止，这对史学理论研究而言尤其如此。库卡宁在辞去《历史哲学杂志》主编时就发出了"是时候更新我们的观念了"的倡议，[①] 而在过去的一年中，史学理论领域的研究者也都在有意或无意地践行这一主张：一方面，历史性未来、数字史学等专题性研究体现了史学理论研究对于时代问题的关注；另一方面，对历史认识论的重构和对经典理论的再诠释等尝试也在传统问题与当代语境之间建立起了对话关系。此外，当下的史学理论还具有强烈的现实关怀，它不只关注"历史的过去"（the historical past），还关注"实践的过去"（the practical past），[②] 这也为其提供了更为广阔的研究视野。总之，作为一门交叉学科，当下的史学理论依然具有相当大的发展潜力，它能够打破历史学与其他学科之间的壁垒，并在理论与实践两个层面上为其提供指导与启发。

[①] Jouni-Matti Kuukkanen, "Editorial: It's Time for Fresh Ideas", *Journal of the Philosophy of History*, Vol. 16, No. 2, 2022, p. 127.

[②] "历史的过去"指的是专业历史学所研究与建构的那种过去，而"实践的过去"指的是个体在生活中体验和感知到的那种过去，它服务于现实生活中的各种实际目的。怀特对"实践的过去"的具体阐释，可参见 Hayden White, *The Practical Past*, Evanston: Northwestern University Press, 2014, pp. 3-24。

历史文献学研究

西周社会礼治影响探析[*]

——以西周大射礼为例

张　磊　王绍之

（山东师范大学齐鲁文化研究院，山东济南　250014）

摘　要： 西周时期是礼乐文化的发展成熟期。发源于原始社会生活的礼和乐，经由夏商两代的融合与沉淀，逐渐形成了一种以礼为主以乐为辅的文化类型。周王朝的建立者将前代的礼乐习俗与周部族的礼乐习俗相融合，进而用明确的制度固定了这种礼乐习俗的社会地位，最终使其成为一种成熟的、对后世影响至深的礼乐文化。通过分析大射礼与西周社会各方面之间的关系，一窥周代礼乐文明中制度与文化之间的内在联系。

关键词： 大射礼　礼乐文化　西周社会　礼治

西周的礼乐文化衍生了礼乐制度，礼乐制度反之巩固了礼乐文化的社会地位，促进了礼乐文化的流传与发展，使其成为影响后世程度至深的文化类型，甚至形成了中国古代社会所独有的礼乐文明。大射礼作为嘉礼的一种，不仅是与祭祀有关的礼仪活动，还是由统治者亲自参与选士的政治活动，故而文化与制度相互作用的关系在大射礼上体现得尤为明显。大射礼无论作为一种制度，还是作为一种文化，都对西周社会有着不可磨灭的影响。从大射礼与西周社会之间的复杂关系来看，在政治方面，它具有内和宗亲、外慑诸侯、远威异族的功用；在社会教育方面，它通过影响西周

---

　　* 本文系国家社会科学基金项目"出土竹简与大小戴〈礼记〉综合整理研究"（18BZS028）、教育部人文社会科学重点研究基地重大项目"齐鲁文化的形成与中华文明'轴心时代'研究（22JJD770051）"阶段性研究成果。

各阶层的意识，从而影响整个西周社会的主观价值取向；在社会风俗方面，它间接地对西周很多社会风俗的形成和发展造成影响，又反过来受到这些社会风俗的影响，而实现自身的改变和发展。

20 世纪 60 年代之前，触及射礼内容的研究成果不多，涉及大射礼并具体到西周时期的大射礼的研究成果更加稀少，但专门研究射礼的论文已经开始出现。如杨宽先生的《"射礼"新探》，即为最早专门研究射礼的论文之一。在此文中，杨宽先生不仅充分运用文献和金文资料，对西周、春秋射礼的性质、目的、仪节内容及其起源进行了探讨，而且通过对大射礼和乡射礼的主持人员、三番射步骤和内容、射礼用乐三个方面分别进行比较，提出了"大射礼"实为高级的"乡射礼"这一观点。① 他在这篇论文中所做的很多结论，即使在今天也仍值得参考。

20 世纪 80 年代以来，随着社会史研究的深入，形成了礼学研究的新热潮。学者有关射礼的研究成果渐多，尽管专门讨论西周大射礼的论文还比较少见，但是很多关于射礼的研究成果或多或少对西周大射礼有所提及。陈戍国、杨志刚、杨华等学者对射礼的源流、大射礼的礼仪程序以及大射礼的用乐等问题都进行过讨论，并发表了相关论著。② 随着礼学研究的发展和考古新资料的不断发现，尤其随着对义盉盖与柞伯簋这两件刻有记载西周早期大射礼铭文的青铜器的发掘与研究，西周大射礼已成为先秦史研究领域中一个不能回避的课题。李学勤、冯时、宋镇豪、刘雨等学者对有关大射礼的出土文献进行了不同方面不同程度的考释。③ 学界对大射礼的分析探究为后来的研究者开阔了视野，提供了新的思考方向，但大射礼与西周社会的复杂关系，仍然有探讨的余地。

一 大射礼对西周政治的影响

《史记·周本纪》载："（成王）既绌殷命，袭淮夷，归在丰作《周

---

① 杨宽：《古史新探·"射礼"新探》，中华书局，1965，第 310~370 页。
② 陈戍国：《中国礼制史·先秦卷》，湖南教育出版社，1991；杨志刚：《中国礼仪制度研究》，华东师范大学出版社，2001；杨华：《先秦礼乐文化》，湖北教育出版社，1996；等等。
③ 李学勤：《柞伯簋铭考释》，《文物》1998 年第 11 期；冯时：《柞伯簋铭文剩义》，《古文字研究》第二十四辑，中华书局，2002；宋镇豪：《从花园庄东地甲骨文考述晚商射礼》，《中国文物研究》2006 年第 1 期；刘雨：《近出殷周金文综述》，《故宫博物院院刊》2002 年第 3 期；陈剑：《柞伯簋铭补释》，《传统文化与现代化》1999 年第 1 期。

官》，兴正礼乐。度制于是改，而民和睦，颂声兴。"① 周人结束商王朝的统治后，总结了前朝覆灭的历史经验，建立起以礼乐维护统治的政治制度。礼乐制度以礼为主、以乐为辅，对西周以宗法分封制建立起的社会结构起到了有效的维护稳定作用。然而礼乐制度并不是一蹴而就的，从产生到确立再到确立后的不断完善，是需要大量时间来完成的。西周初期礼乐制度的确立，是统治阶层在西周社会环境的影响下，对继承自前代的制度不断改善的过程。礼乐制度不是突然出现的，它具有继承性和发展性。大射礼作为嘉礼的一种，也是礼乐制度的一部分，大射礼既有作为信仰、审美层面上的"礼"的特性，也有作为政治制度层面上的"礼"的表现。

作为政治制度存在的大射礼，起到的政治作用主要表现在两个方面：一是大射礼在维持周宗族内部和谐方面起到的作用；二是大射礼在震慑诸侯、巩固周王朝统治方面起到的作用。

大射礼的对内和合，一方面体现在《行苇》一诗所提到的养老作用，另一方面体现在大射礼的礼仪和用乐对宗族内部各个阶层的约束调和作用。

笔者认为《行苇》是描写大射礼的诗作，其中诗的最后一章提到周成王在举行大射礼后，对宗族内部长者进行抚慰，行养老礼的内容。郑玄笺注中提到"周之先王将养老，先与群臣行射礼，以择其可与者以为宾"，② 据《乐记》所言，"养老"之礼与祭祀之礼相类。西周初期，周部族定鼎中原，统治地位并不十分稳固，宗族内部的和谐显得尤为重要，成王在大射礼后的尊老亲贤之举，显然是和合宗亲的重要政治举措。但根据《仪礼》所记载的大射礼的程序来看，这个尊老亲贤的举动已经不复存在，也就是说随着社会的发展，大射礼的这种政治功用逐渐消失，被其他的政治活动而取代。

大射礼的礼仪程序十分烦琐，各个阶层分别负责由上而下的各种事务，上到参与射礼的周天子和各国诸侯，下到参与射礼服务工作的士的阶层，每人都有自己的行为规范，不容一丝一毫的差错。这就使得宗族内部各阶层，能够明确自己的权利和义务，不逾矩，不妄思，不会有以下克上，妄图打破宗法制规则的行为出现，最大限度地保证宗族内部秩序井

---

① （汉）司马迁：《史记》，中华书局，2002，第133页。
② （汉）郑玄笺，（唐）孔颖达等正义，《毛诗正义》卷十七，（清）阮元校刻《十三经注疏》本，中华书局，1980，第534页。

然。而大射礼的用乐部分，除了燕饮阶段用以娱情的升歌下管，还有射后用于宾主、宾宾之间交流情感的无算爵、无算乐阶段，这无疑为宗族内部巩固情感、缓和矛盾创造了极为合适的时间与空间。此外，大射礼仪程中还有一些不拘身份阶层都必须遵守的规则，如射必合乐节，君主与参赛者同射等。这些仪程缩小了各阶层之间的差距，在某种程度上约束了上级阶层的行为，达到了一定意义上的平等，缓和了社会矛盾。

大射礼对外的宣武作用，主要表现在震慑诸侯和远威异族两个方面。大射礼源于巫术性射礼，最初就是用来诅咒敌方首领的巫射。在大射礼不断发展的过程中，带有诅咒性的内涵逐渐转化成带有威慑性质的武力宣化。

对诸侯的震慑作用，又体现在两个方面。一是授予同姓亲信诸侯国以权柄。以《柞伯簋》所记载的大射礼为例，柞伯是周公的第七子，成王时被分封至柞地。柞伯受封柞地的原因，《左传·僖公二十四年》有记载："昔周公吊二叔之不咸，故封建亲戚以蕃屏周。"① 柞国位于周都洛邑的东面，属于周都的东门户，起到了藩篱屏障的作用。柞国的武力是否强盛，关系着成周是否安全的问题。柞伯在周天子所举行的这次大射礼中获得优胜，得到了周天子的奖赏，在某种程度上说明周天子对柞伯的倚重。这从后来的《柞伯鼎》铭文中可以看出，在围攻"昏邑"一战中，柞伯是作为主将出战的，可见柞国当时的军事力量不容小觑。而大射礼上柞伯武力的彰显，显然也会对异姓诸侯起到一定的威慑作用。

二是早期大射礼射"不宁侯"以威慑诸侯。大射礼是由射侯礼逐渐转化而来的，早期的射侯礼的直接目的即射"不宁侯"。周武王讨伐商纣时誓师，丁侯没有来，姜太公即画了丁侯的像作为射箭的侯靶。② 周初天下初定，仍然有不少反对势力存在。大射礼既然源于射侯礼，在西周初期应该保留了早期射侯礼的一些特征。既然周先王时期有射"不宁侯"这种行为的存在，由此推论，西周初期的大射礼应该也保留了这种行为。《行苇》中所记载的西周初期的大射礼，其所用射具和射箭方式都不同于后来的礼射，这时大射礼上的"射"这种行为，带有很强的杀伤性。这种带有很强杀伤性的行射活动与射"不宁侯"这种行为的存在，无疑给异姓诸侯带来很强的震慑作用。

① 杨伯峻：《春秋左传注》，中华书局，2009，第420页。
② （宋）李昉等编《太平御览》卷七三七引《六韬》，中华书局，1960，第3267~3268页。

　　此外，据《义盉盖》所载，大射礼的参与者并不局限于周王朝统治下的各个诸侯国，还有很多没有接受周天子分封的异邦诸侯来参加。《义盉盖》所载大射礼的举行地点在鲁，铭文中提到参与此次射礼的人员有"邦君"与"诸侯"之别，"诸侯"指已受周天子封有爵位的各国国君，"邦君"指未受周天子封的异邦君主。周天子在鲁地举行大射礼，无论这些"邦君"是受邀前来还是自动归附，大射礼都可以起到一定的宣示周王朝的实力以威慑异邦的作用。这种以礼来宣示武力，通过政治外交手段来消除战争隐患的手段，对后世影响深远。

二　大射礼对西周社会教育的影响

　　大射礼举行的目的之一即为周王选择随从参与祭祀。《礼记·射义》中提到天子参加祭祀之前，"必先习射于泽"，[①] 然后再于射宫中进行正式的比赛，射中者可以参与祭祀，并且会受到增益封地、提升爵位的奖赏；射不中者不仅不能参与祭祀，还要受到削减封地的处罚。从这里可以看出，大射礼是周王选拔人才、黜落庸者的重要途径。

　　前面提到过，大射礼最初由射侯礼发展而来，《礼记·射义》中亦云："古者，天子以射选诸侯、卿、大夫、士。"[②] 射为诸侯，便是早期大射礼的最终目的，胜者随周王参加祭祀，正是他们通过射箭优胜而赢得的权力的巩固和象征。以《柞伯簋》所载大射礼为例，柞伯在行射活动中获得优胜，因此周王赐给他赤金作为奖励。此外周王还赏赐柞伯"柷敔"，本文虽释"柷敔"为乐器，但也有释其为封地之说，此说便是基于射为诸侯之说而推导出来的。

　　在周代初期，大射礼的这种政治作用尤为重要。周代初期，战乱未息，周天子在选士的过程中重视武力高的人才是理所当然的。但到了西周中后期，礼乐制度臻于完善，大射礼虽然仍是天子选士的重要途径，但其选士的侧重方向却已经发生改变。随着以乐节射这一形式和"射而不中，反求诸己"思想的出现，大射礼的优胜者不仅因武力受到天子青睐，更因道德修养以及行为规范而受到天子关注。这也是礼乐制度随着社会变迁而不断进行改变在大射礼上的体现。而大射礼的选才功能是基于其在西周社

---

① （清）孙希旦撰，沈啸寰、王星贤点校《礼记集解》，中华书局，1989，第1446页。

② （清）孙希旦撰，沈啸寰、王星贤点校《礼记集解》，第1440页。

会教育中的影响与作用。

西周的教育制度最大的特点是学在官府。不同于后世的私学盛行,西周时期的学校为官府兴办,因此被称为官学。官学分为"国学"和"乡学"两个等级。"国学"又分为"小学"和"大学",都设在周都近郊,"小学"是周室贵族子弟启蒙的场所,"大学"则是周室贵族子弟进一步提升自己的能力,以备日后参与朝政的学校,被称为辟雍。诸侯在自己的国都附近也设有学校,供自己族内贵族子弟接受教育。"乡学"则只设"小学",对普通贵族子弟进行启蒙教育。西周贵族教育的内容,包括礼、乐、射、御、书、数六艺,其中,射艺这一项与大射礼息息相关。

每年在大祭之前,周天子都会前往泽宫组织贵族子弟习射,这正是《礼记·射义》中提到的天子将祭"习射于泽"。泽宫是专供贵族子弟习射的地方,据《礼记·射义》下文提到的"已射于泽,而后射于射宫"① 来看,泽宫与射宫应该相距不远。也有说法称辟雍即泽宫,因其四面环水,故又称泽宫。诸侯则组织贵族子弟于泮宫习射。泮宫即诸侯于诸侯国内所设"大学",因其三面环水,故称为泮宫。射宫是周天子举行大射礼的地方,也有说射宫也在辟雍之内。贵族子弟要通过泽宫和射宫这两层选拔,才能成为随周天子参与祭祀的人员。能参与王族的祭祀,对于当时的贵族子弟来说,是一种莫大的荣誉。而周天子择士的标准之一就是射艺。

周天子对射艺的重视,是"射"能够成为周代贵族子弟必修的六艺之一的一个原因。"射"在夏商两代,就已经成为贵族必修的技能之一。殷墟出土的花园庄东地 H3 号甲骨卜辞中,即记载了商代贵族子弟学射的史实。② 西周时期的贵族,从小就要由专门的学官教授射艺,有些西周时期的金文中就提到了这一情况,如《静簋》铭文载曰:"丁卯,王令静司射学宫,小子及服及小臣及夷仆学射。"③ 这里就提到了周天子令贵族子弟跟"静"这个人学射的情况。从教育内容来说,对于贵族子弟的射艺教育,不仅包括射的准确度和强度,还包括"五射"这种高超的射艺。"五射"即白矢、参连、剡注、襄尺、井仪五种射法。白矢,即射手所射之箭穿过靶子冒出白色的箭头;参连,即射手先放一箭,然后三箭连发,一箭紧接

① (清)孙希旦撰,沈啸寰、王星贤点校《礼记集解》,第 1446 页。
② 宋镇豪:《从新出甲骨金文考述晚商射礼》,《中国历史文物》2006 年第 1 期。
③ 《郭沫若全集·考古编》第八卷《两周金文辞大系图录考释(二)·静簋》,科学出版社,2022,第 128 页。

一箭，类似于后世所称连珠箭；剡注，指箭射出的速度非常快；襄尺，指射箭时应遵守的君臣之间的礼仪，即臣与君射，臣不与君并立，让君一尺而退；井仪，指四支箭同时发出，插在侯靶上呈井字状排列。《行苇》一诗中描写大射礼行射的场面，便有对参连和井仪这两种射法的描述，可见这些射法在大射礼中都是有所应用的。

周天子除了重视所选之士的射艺，还重视所选之士的射德。大射礼发展到成熟期时，判定一个人在大射礼上表现是否优秀，不仅要看此人的射艺是否高超，还要看此人的德行是否高贵。射礼中的行射，讲求内志端正，《礼记·射义》曰：“内志正，外体直，然后持弓矢审固；持弓矢审固，然后可以言中。此可以观德行矣。”① 正是说明这种行射活动，讲求的是内心持正，弦自心发，射准凭借的不仅是外在肢体的熟练，更主要的是竞射者心态的稳定，即现在所说的稳定的心理素质。如果射箭的目的不纯粹，那么参射者就会有心理压力，内心就会慌乱，再熟练的射手也会受到心理的影响而失去准度。故孔子认为，射而不中当“反求诸己”，射不中靶并非外物的影响，而是要反过来求诸自己的内心。

西周教育制度与大射礼之间其实是相互作用的关系，大射礼中所表现的周天子对射艺的重视，对射艺在西周教育中的地位产生了重要影响。所谓上行下效，西周无论是建在周都附近供宗室贵族子弟接受教育的“国学”，还是建在地方供普通贵族子弟接受教育的“乡学”，射之技艺都是必修的六艺之一。当然，习射不仅是为了参加大射礼继而参与王室祭祀，更是因为“射”已经成为贵族阶层人际交往必备的一种礼仪活动。而随着礼乐制度的确立与加强，西周教育的重点发生相应的变化。在社会教育重视礼与道德的影响下，社会思想主流也随之发生改变，以礼与道德约束自己行为的观念深入人心，礼射随之出现。随着礼射的出现，西周中后期的大射礼的仪程也开始发生变化，等到以乐节射的行射方式出现后，这种仪程上的变化发展到极致，从而使大射礼的内涵发生了彻底改变，以乐节射正是礼射发展到成熟的表现。

但由于西周教授修己治人之道的“大学”并不普遍，普通贵族和平民中只有极少数人能够进入“大学”学习，而大部分人只能接受“小学”教育，只能接受最基本的礼仪规范如应对、进退之礼的教育，礼射这种礼仪只流传于上层社会，并没有大范围地为西周社会各阶层接受掌握。随着社

① （清）孙希旦撰，沈啸寰、王星贤点校《礼记集解》，第1438页。

会变迁，周王室逐渐衰弱，权力的下移导致文化的下移，大射礼为更广泛的阶层所接受。

三 大射礼对西周社会生活的影响

大射礼对于西周社会的影响，并不局限于上面提到的对于贵族生活的影响，它的影响是全面的、不分阶层的。大射礼由周天子或诸侯主持，并且参与者为上层贵族，因此具有很强的社会影响力。这主要表现在大射礼与乡射礼的关系以及大射礼对西周社会风俗习惯的影响两个方面。

乡射礼是各个州春秋两季为教化当地民众、举荐贤才而举行的射礼，参加者一般为卿、大夫、士这些等级较低的贵族。乡射礼作为一种常规射礼，与大射礼有许多相同之处。从乡射礼的仪程来看，乡射礼与大射礼存在的只是行礼级别上的差异。射前燕饮、三番射、无算爵无算乐等重要阶段，两者皆有。不同的是，在射前燕饮阶段，乡射礼遵循的是乡饮酒礼的规制，大射礼则是严格按照燕礼的规制来举行射前燕饮；在三番射阶段，乡射礼与大射礼所用器物的规格也不相等。最为突出的差异则表现在两类射礼的用乐上，不仅奏乐团队规模不同，所用曲目也有严格的等级规定，如在三番射阶段，天子大射时用乐曲目为《驺虞》，诸侯为《狸首》，卿大夫为《采蘋》，士为《采繁》。从射礼的目的来看，举行乡射礼一是为了教化乡里，二是为了举乡中贤才，这与大射礼和合宗亲、以射选士的目的基本一致。从举行射礼的地点来看，大射礼为泽宫和泮宫，乡射礼为乡学，皆是具有行教化职能的场所，这也从另一个方面说明乡射礼与大射礼的行礼目的具有一致性。从行射活动中所秉持的射德来看，大射礼与乡射礼是完全一致的，都要求竞射者有较高的道德修养和礼仪标准。

杨宽先生曾提出大射礼为高级乡射礼一说，[1] 综合上文所言，此说是成立的。乡射礼与大射礼的共同点很多，基本上可以说，乡射礼即为大射礼的低级模式。在现有的西周金文中，并无乡射礼的记载，但这不排除是因为乡射礼的等级过低，无周天子与诸侯参与而没有记载。《仪礼·乡射》中所载显然是成熟期的乡射礼。西周初期是否存在乡射礼，或者说此时的乡射是否成礼，是值得探索的一个问题，但缺乏文献支持，不能深究。不过可以肯定的一点是，乡射礼的成礼是一个漫长的过程，从它与大射礼的

---

[1] 杨宽：《古史新探·"射礼"新探》，中华书局，1965，第310~370页。

相关程度来看，无论在浅层的仪程方面，还是在深层的内涵方面，乡射礼都深受大射礼的影响。可以说，高位者所乐之事，底层民众多会跟从，乡射礼在某种程度上，是低层次社会行为对高层次社会行为的一种模仿。但是反过来讲，民间因尚武而形成的习射活动，未必没有对统治阶级产生影响，未必没有对大射礼的形成、发展乃至成熟产生影响。因此乡射礼与大射礼之间的关系，既是各有源头的平行发展关系，也是相互作用、相互影响的融合关系。可以说乡射礼映射了大射礼所包含的礼义内涵，又将其投射到更广阔的社会中去，影响到更广泛的社会阶层，从而引起整个社会对"射礼"的重视。

一般来说，一个社会的上层意识形态往往会带动下层社会意识形态的走向，民众虽然不能真正理解这种意识形态的内涵，但这种不理解并不影响民众的生活习惯与社会风俗逐渐随上层意识形态而发生改变。而这种影响往往是相互的，社会风俗发生变化后，也会潜移默化地影响社会上层的生活习俗，从而逐渐影响其意识形态。这个过程是循环往复的，在西周社会，大射礼与西周社会风俗之间的相互作用，正是这个复杂关系的一个缩影。

大射礼与西周社会风俗的关系，体现在两个方面。其一，大射礼与西周尚武民风的关系。周人生长于三辅之地，向来尚武，善于征战。射箭这一技能在当时属于宣示武力的重要表现方式，理所当然会受到西周各阶层的重视。这种尚武之风无疑推动了大射礼的发展与成熟。等到大射礼发展到一定程度之后，由于受统治者的重视和上层贵族阶层的青睐，射箭这项运动更加流行于社会的各个阶层，尚武的民风也就更加浓烈。这种尚武之风从《诗经》的一些篇目中即可看出，如《齐风·猗嗟》就是一首赞美射艺高超、潇洒英俊的射手的诗歌，还有《齐风·还》《郑风·叔于田》等，都是赞颂武者之美，可见尚武之风对周人的审美也产生了深刻的影响。因此，大射礼是受到周人尚武之风的影响而发展并走向成熟的，反过来又加深了周人的尚武观念，这正是西周时期礼乐制度与社会风俗之间互相影响的典型例子。

其二，由统治者主持、上层贵族参与的大射礼，对西周的其他民俗的产生与流行也有所影响。如《礼记·射义》中有记载："男子生，桑弧，蓬矢六，以射天地四方。"① 这种生男孩悬弧的习俗，有说是源于东夷部

---

① （清）孙希旦撰，沈啸寰、王星贤点校《礼记集解》，第 1447 页。

族，在临沂地区现在依然有生男孩后，在男孩床头挂小弓的习俗。之所以悬挂弓矢，显然是因为父母希望男孩长大后善射。无论这种习俗源于何时何地，《礼记》中既有记载，就说明这种习俗在周代也是流行的。周人重射，将善射看作代代相传的一种美好品德。这显然与西周上层社会对"射"的倡导有很大关系，贵族阶层之所以重视"射"，很重要的一个原因就是"射"能够给予贵族获得荣誉和权力的机会，也就是参与大射礼才能获得的机会。

大射礼对西周社会风俗的影响并不是直观的、强烈的，而是间接的、潜移默化的。社会风俗的产生同制度的产生一样，从来都是一个漫长的过程，在这个过程中，所有对它产生影响的因素，都是不可或缺的。不可否认的是，在以上风俗的产生过程中，大射礼并不是唯一起作用的因素。但大射礼具有的而其他射礼不具有的，或者说不全部具有的特点，如周天子的直接参与、选士的职能、有奖励的竞射等，都是贵族对"射"之一事重视、追捧的重要原因，上层贵族的重视正是社会风俗兴起的重要原因。大射礼与西周社会风俗的关系，也正是西周礼乐制度与西周社会风俗之间的复杂关系的一个缩影。

结　语

大射礼作为一个典型礼仪，其仪程与内涵在西周社会思想、政治、风俗的影响下不断发生改变，从中不难看出礼乐文明在西周时期的发展过程。随着战争的结束与社会的发展，大射礼的内涵逐渐从侧重武力转变为尊崇道德，由拥有外在张力的功利性的"射为诸侯"的贯革之射，转变为内在含蓄的修养自我的节乐之射。大射礼的这种转变从某种角度来看反映了整个西周社会风气的转变。人们不再将外在的武力作为衡量一个人素质的主要依据，而是更加注重一个人的道德修养，注重人的内在涵养。

大射礼是西周礼乐制度的一个缩影，它与西周社会的关系，因为其自身的特殊性而具有一定的独特性。但这种关系所表现出的，更多的是因其具有礼乐制度的一般形式而具有的共性。礼乐制度不可能独立于社会而存在，它因社会的需要而产生，因社会的发展而发展，它会使社会发生变革，又会因这种变革的反作用而逐渐变化。但是，礼乐文化对社会的影响并不会随着制度的消亡而消亡，而是深深地镌刻在中华民族的血脉之中，成为中华民族道德品格的不可分割的一部分。

《春秋》齐灭纪事件的文本阐释与价值建构[*]

——以《竹书纪年》两则佚文为参照

陈金海

（聊城大学历史文化与旅游学院，山东聊城　252000）

摘　要：《春秋》齐灭纪事件在鲁庄公元年、三年及四年所记"齐师迁纪郱鄑郚"、"纪季以酅入于齐"与"纪侯大去其国"等文本中有直接体现。参照《史记正义》所引《竹书纪年》"齐襄公灭纪郱鄑郚"与"齐襄公灭纪迁纪云"，可见《左》《公》《穀》三家相关阐释皆聚焦"灭纪"与"迁纪"而展开，并衍及"郱鄑郚"与《春秋》不书"齐襄公"之理解。后儒围绕齐灭纪事件，由《春秋》书"迁""入""大去"而"不言灭"，扩展至对鲁、齐、纪、周等关涉者之臧否。诸儒阐释异中有同而皆举"存亡""继绝"为共同价值，体现了经典相承并据以凸显的人文精神。经此阐释脉络，又可推见《纪年》佚文"灭纪迁纪"之产生，及至今、古本《纪年》相异之渊薮。

关键词：《春秋》　《竹书纪年》　灭　迁

西周分封诸侯，齐、纪本为相邻同姓之国，盖因后者曾潛王烹杀齐哀

---

*　本文系山东省社会科学研究项目"汉唐《春秋》'例'说研究"（22CZXJ02）、国家社会科学基金项目"先秦史学范畴发生中"的阶段性研究成果。

公而早有结怨。① 平王东迁后，随着周室对诸侯控制力的下降，两国关系更趋紧张，以至齐僖、襄两公在位时，纪国逐渐被齐所吞并。对此齐灭纪事件，《春秋》有数条文本加以记载，并在庄公元年、三年及四年所记"齐师迁纪邢鄑郚"、"纪季以酅入于齐"与"纪侯大去其国"等文本中有直接体现。② 据现存文献，此一事件亦见载于《史记正义》所引《竹书纪年》（以下简称《纪年》），但文本有异而记曰："齐襄公灭纪邢鄑郚。"③若其所载不误，此言"灭纪"而非上云"迁纪"，显与《春秋》庄公元年所录有所不同。根据杜预在《春秋经传集解·后序》中的追述，其以《纪年》"著书文意，大似《春秋》经"，并据此认为此类"国史策书"即为孔子所修《春秋》之蓝本，比如隐公元年两书记载"邾庄公"与"邾仪父"之异，僖公二十八年书写河阳之"会"与"狩"之别，等等。④ 由此推之，杜氏虽未列举此"齐襄公灭纪邢鄑郚"与"齐师迁纪邢鄑郚"书写之不同，但亦符合其以仲尼改写鲁史之意图。检《春秋》学之阐释脉络，包括三《传》在内的后儒的确以其不言"灭"而指其寓有褒贬，并由此延伸至对整个齐灭纪事件的评价。那么问题随之而来，诸儒何以围绕《春秋》书写此事件本无之"灭"字大作文章？或者说，由其文到其事，其间

① 杜预《春秋释例·世族谱》云："纪国，侯爵，姜姓也。"对于纪侯曾谮王烹杀齐哀公事，古本、今本《竹书纪年》皆曰："［夷王］三年，王致诸侯，烹齐哀公于鼎。"（按，郑玄《毛诗序》《齐诗谱》以此事发生在周懿王时期）又据《公羊传》："纪侯大去其国。大去者何？灭也。孰灭之？齐灭之。曷为不言齐灭之？为襄公讳也。《春秋》为贤者讳。何贤乎襄公？复仇也。何仇尔？远祖也。哀公烹乎周，纪侯谮之。"然而，对此复仇说，苏辙《春秋集解》早有质疑曰："齐哀公烹于周，纪侯谮之，于是九世矣，世盖有复九世之仇者乎？且襄公非志于复仇者也，虽或以是为名《春秋》，从而信之可乎？"因此，抛开"复仇"之由，齐国开疆拓土的扩张欲望或许更为符合齐纪之所以产生矛盾的实际情况。以上引文分别参见杜预《世族谱》，杜预《春秋释例》卷八，中华书局，1980，第13页下；方诗铭、王修龄《古本竹书纪年辑证》，上海古籍出版社，1981，第53页；谢维扬、房鑫亮主编《王国维全集》第5卷，浙江教育出版社，2009，第272页；何休注，徐彦疏《春秋公羊传注疏》卷六，《十三经注疏》（附校勘记），艺文印书馆，2001，第77页上；司马迁《史记》卷三十二《齐太公世家》，中华书局，1959，第1480页；苏辙《春秋集解》卷三，文渊阁《四库全书》本。

② 杜预注，孔颖达疏《春秋左传注疏》卷八，《十三经注疏》（附校勘记），艺文印书馆，2001，第134～139页。按，《春秋》相关记载还有"纪侯来朝"（鲁桓公六年）、"纪季姜归于京师"（鲁桓公九年）、"齐侯葬纪伯姬"（鲁庄公四年）、"纪叔姬归于酅"（鲁庄公十二年）等内容。因《春秋》三传及后儒对其中的"邢鄑郚"理解有分歧，故仍录原文而不作标点。

③ 方诗铭、王修龄：《古本竹书纪年辑证》，第71页，亦见司马迁《史记》卷六《秦始皇本纪》正义所引，第294页。

④ 杜预注，孔颖达疏《春秋左传注疏》"后序"，《十三经注疏》（附校勘记），第1063页。

到底寄寓了什么样的观念？又有何种意义？为此，本文拟参照《纪年》相关书写，主要将《春秋》"齐师迁纪郱鄑郚"等文本置于三《传》视域与后儒评价两个层次，择其要略而作出考辨，敬请方家斧正。

一　"齐师迁纪郱鄑郚"与"齐襄公灭纪郱鄑郚"

因《春秋》所记"齐师迁纪郱鄑郚"与《纪年》所记"齐襄公灭纪郱鄑郚"为齐灭纪事件之显证，而其文本书写又存在差异，故本文首先以此为切入点展开分析，其可比之处大致有三。

其一，如上所述，两书此条文本明显存在"灭"／"迁"书写之异。就前者而言，《左传》文公十五年解释为"凡胜国曰灭之"。① 襄十三年左氏继续就此申"凡"曰："凡书取，言易也。用大师焉，曰灭。"② 对左氏以上两"发凡"而言"灭"，杜氏在《春秋释例》中通释曰："以例而言，用大师，起大众，重力以陷敌，因而有之，故曰胜国，通以灭为文也。"③ 杜又解"凡胜国曰灭之"曰："胜国，绝其社稷，有其土地。"④ 由此可见，杜预对《春秋》书"灭"的理解是凡书"灭"即指"绝其社稷"与"有其土地"。又据《周礼·大司马》载天子有"九伐之法"，其最后一条曰："外内乱，鸟兽行，则灭之。"郑玄引《王霸》记曰："悖人伦外内，无以异于禽兽，不可亲百姓，则诛灭之也。"周公彦疏曰："凡征战有六等，谓侵、战、伐、围、入、灭。……入而不服则灭之，谓取其君。"⑤《公羊传》昭公二十三年之"君死于位曰'灭'"与庄公十年所云"战不言伐，围不言战，入不言围，灭不言入，书其重者也"合于郑注与周疏之理解。⑥ 因此，若由以上解释推之，《纪年》书"灭"，应不出此"绝其社稷，有其土地"或"取其君"之意。

再来看"迁"之书写，根据杜预的解释，此"迁"是"徙其三邑之

① 杜预注，孔颖达疏《春秋左传注疏》卷十九，《十三经注疏》（附校勘记），第339页下。
② 杜预注，孔颖达疏《春秋左传注疏》卷三十二，《十三经注疏》（附校勘记），第554页下。
③ 杜预注，孔颖达疏《春秋左传注疏》卷十九，《十三经注疏》（附校勘记），第339页下。
④ 杜预注，孔颖达疏《春秋左传注疏》卷十九，《十三经注疏》（附校勘记），第339页下。
⑤ 郑玄注，周公彦疏《周礼注疏》二十九，《十三经注疏》（附校勘记），艺文印书馆，2001，第440页下。
⑥ 何休注，徐彦疏《春秋公羊传注疏》卷二十四、二十七，《十三经注疏》（附校勘记），第300页上、第88页下。

民，而取其土地"。① 显然，此"迁"并不必然涉及上述"灭"辞中的诛其君与绝社稷。范宁则以《穀梁》所传"亡辞"为依据，将"迁"分为"亡迁"与"好迁"。其中，前者是"为人所迁，则无复国家"，如《春秋》庄公十年之"宋人迁宿"，《穀梁》直谓其"亡辞"。② 后者则是自迁或以自迁为文，如《春秋》僖公元年之"邢迁于夷仪"等③。而且，因为这两种类型的例子在《春秋》中都有记载，所以范氏才将诸"迁"进行划分。若照此理解，此条书写"齐师迁纪"属被人所迁，则与庄公十年"宋人迁宿"、闵公二年"齐人迁阳"同，是"无复国家"之"亡迁"。④ 果若如此，此"迁"实与"灭"所带来的结果，差别不大。但是，据《穀梁传》庄公十年"宋人迁宿"条下载："迁者，犹未失其国家以往者也。"⑤范宁更直言此"迁"与"杀其君，灭其宗庙、社稷，就而有之，不迁其民"之"灭"不同。⑥ 就此观之，《纪年》书"灭"显然要重于《春秋》书"迁"，言"灭"则如上述《左传》《周礼》等所指之意，即"绝其社稷，有其土地"或"取其君"。不过，很有意思的是，由《纪年》与《春秋》两条书写观之，其所指涉应为同一事迹，却一为"灭"、一为"迁"而同事异辞。或者说，若齐襄公灭纪实为《春秋》所书之"迁"，《纪年》当不应言"灭"；反之，若齐襄公实为"灭"纪，则《春秋》亦不应书"迁"。

其二，三传对"纪郱鄑郚"有不同理解。根据《左》《公》《穀》的说法，此一文本可做两种解释。一是表明郱、鄑、郚为纪之三邑。例如《公羊传》曰："外取邑不书，此何以书？大之也。何大尔？自是始灭尔。"⑦"外取邑"是指外取纪之三邑，《左传》杜解更明言"齐欲灭纪，故徙其三邑之民，而取其地"。⑧ 二是纪与郱鄑郚并列，即此纪是指整个纪国，而郱鄑郚亦国。比如《穀梁传》曰："纪，国也。郱鄑郚，国也。或曰迁纪于郱鄑郚。"在这里，《穀梁传》虽存"或曰迁纪于郱鄑郚"之论，

---

① 杜预注，孔颖达疏《春秋左传注疏》卷八，《十三经注疏》（附校勘记），第137页上。
② 范宁注，杨士勋疏《春秋穀梁传注疏》卷五，《十三经注疏》（附校勘记），艺文印书馆，2001，第51页上。
③ 范宁注，杨士勋疏《春秋穀梁传注疏》卷五，《十三经注疏》（附校勘记），第51页上。
④ 范宁注，杨士勋疏《春秋穀梁传注疏》卷五，《十三经注疏》（附校勘记），第45页下。
⑤ 范宁注，杨士勋疏《春秋穀梁传注疏》卷五，《十三经注疏》（附校勘记），第51页上。
⑥ 范宁注，杨士勋疏《春秋穀梁传注疏》卷五，《十三经注疏》（附校勘记），第51页上。
⑦ 何休注，徐彦疏《春秋公羊传注疏》卷六，《十三经注疏》（附校勘记），第74页下。
⑧ 杜预注，孔颖达疏《春秋左传注疏》卷八，《十三经注疏》（附校勘记），第137页上。

即齐将纪迁之于郱鄑郚，但其主要观点却一反《公》《左》而将郱鄑郚视为与纪并列的国名，纪与其并迁。① 在前一种理解中，《纪年》所记"齐襄公灭纪郱鄑郚"，实际上是指齐国灭掉了纪国郱、鄑、郚三个地方，而《春秋》所记"齐师迁纪郱鄑郚"，是指"迁"纪此三邑之人民。若事实果真如此，则两书无论书"迁"或"灭"，纪国都没有被齐国完全灭亡。不过，在后一种理解中，即我们如果将"郱鄑郚"理解为国名的话，纪国与郱鄑郚则是同时被灭掉，至少是国民已迁他地。至于到底哪一种理解更符合史实，在没有更多证据的前提下，我们只能再回到《春秋》经传相关文本的场域去理解。②

据《春秋》庄公元年"齐师迁纪郱鄑郚"之后，又在庄公三年与庄公四年分别记有"纪季以酅入于齐"与"纪侯大去其国"两条文本涉及此事。《左传》对这两条的解释分别是"秋，纪季以酅入于齐，纪于是乎始判"与"纪侯不能下齐，以与纪季。夏，纪侯大去其国，违齐难也"。③《公羊》则释曰："纪季者何？纪侯之弟也。何以不名？贤也。何贤乎纪季？服罪也。其服罪奈何？鲁子曰：'请后五庙以存姑姊妹。'"又云："大去者何？灭也。孰灭之？齐灭之。曷为不言齐灭之？为襄公讳也。……上无天子，下无方伯，缘恩疾者可也。"④ 由这两条经传所记，其文虽异，但可推见纪侯的弟弟纪季盖因"后五庙以存姑姊妹"而"入于齐"，之后纪侯因其"不能下齐"才"大去其国"。也就是说，纪国之完全被灭，实应在纪侯"大去"之后。《穀梁》在庄公元年虽然有摒弃郱鄑郚为纪之三邑的说法，即视纪与郱鄑郚同迁，但在庄公四年"纪侯大去其国"的解释中，谓"言民之从者，四年而后毕也"，则仍然是将此"迁"看作绵延几年的大迁徙。⑤ 由此反观前述《纪年》之"齐襄公灭纪郱鄑郚"与《春秋》之"齐师迁纪郱鄑郚"，两者无论书"迁"还是书"灭"，都不表明纪国在庄公元年完全被齐国灭掉。或者说，《春秋》与《纪年》

---

①　范宁将"郱鄑郚"视为一国，但我们仅从传文，也可将其理解为"郱、鄑、郚"是指三个国家。范氏盖以此三名之国，表明"迁例"之"人迁"的某种统一性，即若属"人迁"，应合地名"不复见"之意，因为后面经文中有鄑地出现。

②　1983 年山东寿光出土，其铭文为"已 𢀙"，有学者以"𢀙"字或即为纪之郱邑，若如此，则郱与鄑、郚可视为纪之三邑。参见崔乐泉《纪国铜器及其相关问题》，《文博》1990 年第 3 期。

③　杜预注，孔颖达疏《春秋左传注疏》卷八，《十三经注疏》（附校勘记），第 140 页下。

④　何休注，徐彦疏《春秋公羊传注疏》卷六，《十三经注疏》（附校勘记），第 76 页上。

⑤　范宁注，杨士勋疏《春秋穀梁传注疏》卷五，《十三经注疏》（附校勘记），第 47 页下。

此条无论如何书写，都不应是前述《左传》与《周礼》对"灭"的理解，即"绝其社稷，有其土地"或"取其君"，也即"杀其君，灭其宗庙、社稷，就而有之"的灭国绝祀。因此，我们若言《纪年》所载"灭纪"为是，则纪季"社稷、祭祀有奉"；若言《春秋》书"迁"不书"灭"为正，则其后又有纪侯"大去其国"而不返。此一看似相悖之理解，也就表明《春秋》可能在"灭"/"迁"书写选择之间会存在不同的措意。

其三，《春秋》与《纪年》两书在"灭"或"迁"的主词上也存在"齐襄公"与"齐师"之不同。对于《春秋》称"师"迁而非如"宋人迁宿"那样称"人"，《左传》并没有特别的解释，只是认为其称"师"或"人"为史异辞之故。不过，据公羊家的观点，此称"齐师"则别有其意，《传》曰："迁之者何？取之也。取之则曷为不言取之也？为襄公讳也。……自是始灭耳。"何休注曰："以称师，知取之。"其意是说，齐国起师迁三邑之民而有其土地，此之为"师取"。① "取""始灭"而称"迁"，是为齐襄公讳，故何休于此注曰："襄公将复仇于纪，故先孤弱取其邑，本不为利举，故为讳不举伐，顺讳文也。"② 以此推之，《纪年》所记"齐襄公"之称为"襄"，合谥法所载"因事有功曰襄，辟土有德曰襄"之意。③ 但据左氏及其他相关文献，齐襄公外淫文姜，内有乱政，举鸟兽行，实不配有"襄"之谥，更不应为之所讳。对上述文献记载或理解之不同，若仅以三传之异对待，则有片面之嫌。我们所要关注的是，这一看似相悖的理解是如何同时在《春秋》经传视域中出现的呢？

据《春秋》隐公二年："九月，纪裂繻（按《公》《穀》作'履綸'）来逆女。冬十月，伯姬归于纪。"④ 隐公七年又曰："春王三月，叔姬归于纪。"⑤ 纪伯姬和叔姬本为鲁国公室之女，《春秋》记其"归于纪"，表明她们都曾出嫁于纪。鲁庄公即位初年，纪伯姬大概是在纪侯"大去"之后而去世，所以《春秋》是年记载："六月，乙丑，齐侯葬纪伯姬。"《公羊》曰："此复仇也，曷为葬之？灭其可灭，葬其可葬。"此条经传所揭示

---

① 庄公四年是传又云："襄公将复仇乎纪，卜之曰：'师丧分焉。'"虽然此年传文的重点仍放在齐襄公复九世之仇的大义上，但何休注卜辞所云"师丧亡其半"，正可与其对文。参见何休注，徐彦疏《春秋公羊传注疏》卷六，《十三经注疏》（附校勘记），第77页上。

② 何休注，徐彦疏《春秋公羊传注疏》卷六，《十三经注疏》（附校勘记），第74页下。

③ 杜预注，孔颖达疏《春秋左传注疏》卷二十九，《十三经注疏》（附校勘记），第496页上。

④ 杜预注，孔颖达疏《春秋左传注疏》卷二，《十三经注疏》（附校勘记），第41页下、42页上。

⑤ 杜预注，孔颖达疏《春秋左传注疏》卷四，《十三经注疏》（附校勘记），第71页上。

的是，齐襄公本为"灭"/"迁"纪国之主导，却又亲自礼葬纪伯姬。顺而推之，齐襄公能有此一"反常"举动，我们也就不难理解《公羊传》会有"曷为葬之"的发问了。对此，何休作了一个回答，注曰："据恩怨不两行。"在何氏看来，"恩"即指礼葬纪伯姬一事，而"怨"则是指向"纪侯大去其国"。何氏将"恩""怨"对举，显然也是在表示对齐襄公此一反常举动有所质疑。① 但缘其所"恩"，由此恰恰可以表明，齐襄公在灭掉纪国的同时，的确有可能让纪国保留了祭祀与社稷，而其后《春秋》庄公十二年有关"纪叔姬归于酅"的记载，则进一步确证了这一情况。据杜注此条经文曰："纪侯去国而死，叔姬归鲁，纪季自定于齐，而后归之，全守节义。"② 杜预在此褒贤叔姬的同时，又于《春秋释例》推断道："叔姬归于酅，明为附庸，犹得专酅，故可归也。"③ 孔颖达于庄公四年释曰："十二年叔姬归于酅，则纪季虽全得纪国，亦不移就纪都，纪之宗庙、社稷皆迁之于酅。"④ 其间的逻辑是：由"归于酅"可知酅为附庸，"附庸之君虽无爵命而分地建国，南面之主得立宗庙、守祭祀"。⑤ 因此，《春秋》书"齐师"而非"齐襄公"、后文又载其"因事有功"或"辟土有德"之谥，盖与其"灭其可灭，葬其可葬"之"恩""怨"有关。进言之，若《春秋》果如《纪年》前文，仅书齐之"灭"纪，则两者无论如何也揭示不出这种特殊性。换言之，只有知"灭"而书"迁"，相待而立，方可表明这种特殊性。

综上三点，《春秋》之"齐师迁纪郱鄑郚"与《纪年》所记"齐襄公灭纪郱鄑郚"在文本书写上有所出入，并绵延至"纪季以酅入于齐"与"纪侯大去其国"两条经文。这如果不是出于作者率意而为，那么就应是有所措意而选择了特定的书写文本，即书"迁""入""大去"而"不言灭"。如前所述，《公羊传》就明确讲："齐灭之，曷为不言齐灭之？为襄公讳也。"同样的道理，虽然《穀梁传》中的第一种理解（即纪国与郱鄑郚分开）在齐灭纪事实的认定上与《纪年》如出一辙，但因其缘《春秋》而解，故在维护庄公元年之"迁"即"亡迁"或"亡辞"的同时，在庄公四年传文中说："纪侯贤而齐侯灭之，不言'灭'而曰'大去其国'

---

① 杜预注，孔颖达疏《春秋左传注疏》卷六，《十三经注疏》（附校勘记），第78页上。
② 杜预注，孔颖达疏《春秋左传注疏》卷九，《十三经注疏》（附校勘记），第153页下。
③ 杜预：《春秋释例》卷四，第3页上。
④ 杜预注，孔颖达《春秋左传注疏》卷八，《十三经注疏》（附校勘记），第139页下。
⑤ 杜预注，孔颖达疏《春秋左传注疏》卷八，《十三经注疏》（附校勘记），第138页下。

者，不使小人加乎君子。"范注曰："不曰'灭'而曰'大去其国'，盖抑无道之强，以优有道之弱。若进止在已，非齐所得灭也。"① 显然，他也是通过《春秋》不言"灭"纪，来判断纪侯为"有道"之"君子"，而齐侯为"无道"之"小人"。而且，以上这种"灭"／"迁"之有意选择，在《纪年》的另一则佚文那里也得到了极好的认同与佐证。20 世纪初，日本学者泷川资言偶翻东北大学所藏庆长、宽永活字本《史记》，发现数条《正义》佚文。其中，在《齐太公世家》"纪迁去其邑"正文下载有张守节所引《纪年》"齐襄公灭纪邢鄫部"之同条佚文，曰："齐襄公灭纪迁纪云。"② 虽然我们并不能就此遽然判定其何以这样记录及相关真实性问题，但从表面上看，此佚文的确较为完美地将以上存有分歧的"迁"与"灭"合书在了一起，而且，两者互不代替，则无异于再次表明前述《春秋》书写"齐师迁纪邢鄫部"的那种特殊性，即纪由迁而亡、灭而存祀，不同于"齐襄公灭纪邢鄫部"所应呈现的灭国绝祀之义。

二 文本阐释与褒贬差异的拓展

上述书写与理解之不同，反过来，一方面如前所述，可以使学者，尤其是治《春秋》者比如前述杜预，于此得到了仲尼"时加增损"的某种佐证；③ 另一方面，仲尼"增损"旧史之文，则其在齐灭纪事件上书写"迁""入""大去"，而不若《纪年》那样直书"灭"，就的确有一种书法或价值方面的措意，而当此价值呈现被历代学者不断表达、讨论和认定的时候，后者也就不自觉地充当了某种必然被修订或阐释的角色，而仲尼"笔削"《春秋》又在某种程度上影响了后人对《春秋》齐灭纪事件及其所承载价值观念的认知与判断，即由文本不同逐渐延伸到了对整个事件的评价不同。

为了更好地理解后儒对整个齐灭纪事件的评价，我们再将鲁庄公之前齐纪关系的历史脉络，特别是隐、桓时期《春秋》有关纪国的文本梳理如下。

（一）鲁隐公二年："九月，纪裂繻来逆女。冬十月，伯姬归于纪。纪子帛、莒子盟于密。"

---

① 范宁注，杨士勋疏《春秋穀梁传注疏》卷五，《十三经注疏》（附校勘记），第 47 页下。
② 泷川资言：《史记会注考证》，上海古籍出版社，2015，第 1761 页。
③ 杜预：《春秋释例》卷十五，第 13 页上。

（二）鲁隐公七年："春王三月，叔姬归于纪。"

（三）鲁桓公五年："夏，齐侯、郑伯如纪。"

（四）鲁桓公六年："冬，纪侯来朝。"

（五）鲁桓公八年："祭公来，遂逆王后于纪。"

（六）鲁桓公九年："春，纪季姜归于京师。"

（七）鲁桓公十二年："夏六月，壬寅，公会杞侯（《公》《穀》为'纪'）、莒子盟于曲池。"

（八）鲁桓公十七年："春正月，丙辰，公会齐侯、纪侯盟于黄。"[①]

《春秋》纪事虽简，但由以上文本，亦可勾勒出以下几点与齐灭纪事件有关的内容：其一，鲁伯姬、叔姬曾先后嫁于纪，纪鲁为婚姻国家；其二，纪女季姜为周王后，纪国为周天子甥舅之国；其三，纪鲁在鲁桓公时期有朝聘、会盟之事。此三点所表明的是，纪国在被灭之前，曾试图通过联姻、会盟等手段予以抗衡，比如上述鲁桓公十七年的齐、鲁、纪"盟于黄"、桓公九年的"纪季姜归于京师"等，但这些努力在齐国尤其是齐襄公的紧逼之下，皆付之东流。根据《春秋》的说法，最后的结果如前所述是"齐师迁纪郱鄑郚"与纪侯"大去其国"，只保留了其弟纪季之酅邑，纪国沦为齐国之附庸。基于此，由前述三《传》的阐释路径出发，后世学者评价《春秋》所书齐灭纪事件时，大致提出了以下四种不同意见。

其一，对《公羊传》之"为齐襄公讳"义的明确批评。持此观点者如唐儒陆淳与宋儒孙觉，前者在《春秋集传辨疑》中评"齐师迁纪郱鄑郚"曰："取人邑非善事，若为之讳是掩恶也。"[②] 后者更引申曰：

> 《春秋》于纪之亡也，见孔子之意，眷眷然不忍也。自"迁"邑至于"大去其国"，孔子书其事而致意者三：齐实取纪三邑而书之曰"迁"，盖不与三邑之入齐，而纪至于弱也；纪季以酅叛于齐不曰"以叛"而曰"入"，盖曰齐为无道，安得有邑从之乎；齐实灭纪而纪侯出奔不曰"出奔"而曰"大去"，盖曰齐安得逐有道之君而使之出奔乎！纪侯大去其国耳！孔子于纪之亡三致其意，所以甚疾无道之齐而深护有道之纪。齐灭人之国以自强，虽得志一时而孔子罪之，则其

---

① 此八条文本分别参见杜预注，孔颖达疏《春秋左传注疏》卷二、卷四、卷六、卷六、卷七、卷七、卷七、卷七，《十三经注疏》（附校勘记），第41页下、71页上、105页上、109页下、118页下、119页下、123页上、129页上。

② 陆淳：《春秋集传辨疑》卷三，文渊阁《四库全书》本。

恶流于不泯。①

陆淳与孙觉皆反对为齐襄公讳，他们所指向的显然是出自《公羊传》阐释脉络的齐襄公"复九世之仇"而灭纪。从上引"甚疾无道之齐而深护有道之纪"来看，齐之无道在于专擅，纪之有道则在于纪贤而抗无道，故他们取《左》《穀》两家"褒纪"或"贤季"之义，来攻排《公羊传》之"为襄公讳"，而他们的文本依据则是孔子在《春秋》书写上的变化，即言"迁""入""大去"而不见"灭"。

其二，对前儒褒贤纪侯提出了批评。持此观点的代表是北宋孙复，他在《春秋尊王发微》中说："元年，齐师迁纪郱鄑郚；二年，纪季以酅入于齐。齐肆吞噬信不道矣！纪侯守天子土，有社稷之重、人民之众，暗懦醒龊不能死难，畏齐强胁弃之而去，此其可哉！身去而国家尽为齐有，故曰纪侯大去其国，以恶之也。"② 这里，孙复在批评齐襄公"肆吞噬信不道"的同时，对纪侯不能"守天子土"而屈于"齐强"，表示了强烈反对。显然，这种观点对前述三《传》褒贤纪侯的做法有所突破，表现出了鲜明的"尊王"观念。

其三，与孙复之"尊王"不同，有学者对齐灭纪事件中周天子不能存纪的不作为，亦有指责，如宋儒洪咨夔在《洪氏春秋说》中指出："纪女为桓王后，庄王之母家也，王姬朝适齐，齐暮迁纪三邑，投鼠忌器，独不为王后地乎！不显申伯王之元舅，召伯既定其宅，又彻其田，又俶其城，营其寝庙，尊王故也。而齐首迫王舅之国，使不得一日安其居，无人心甚矣！王之不谨于归女取辱至此，尚谁咎？"③ 按，《春秋》桓公八年、桓公九年分别有"祭公来，遂逆王后于纪"与"春，纪季姜归于京师"的记载。④ 洪氏认为，若"尊王"则王舅同显。纪属"王舅之国"而为齐所灭，则其不尊甚明。在这里，洪氏变前述纪侯不能"守天子土"，而谨天子不能存"王舅之国"，实际上是淡化此齐灭纪事件中的齐襄公之恶与纪侯之责，呈现对当时王室式微而诸侯恣意之情势的拷问。

其四，诸儒由此事件又延伸至对鲁国不能救纪的惋惜与笔挞，如元吴

① 孙觉：《孙氏春秋经解》卷三，文渊阁《四库全书》本。
② 孙复：《春秋尊王发微》卷三，文渊阁《四库全书》本。
③ 洪咨夔：《洪氏春秋说》卷五，文渊阁《四库全书》本。
④ 分别参见杜预注，孔颖达疏《春秋左传注疏》卷七，《十三经注疏》（附校勘记），第118、119页下。

澄在《春秋纂言》中说："鲁庄以童竖嗣立，父仇不报，而胡可责望其援纪也哉！纪失鲁援，齐逼迁其三邑，纪侯知其国之不可存，于是命介弟分国事齐，俾先祀不绝，妻死不葬，去国不争，此亡国之最善者。纪侯隐于民而令终，叔姬托于鄁而待尽，哀哉！"① 按，在齐灭纪前夕，鲁桓公为齐侯遣彭生所弑，其子庄公年幼而不为"鲁援"。吴氏由《左》《公》之褒善纪侯而指向鲁之不助，从而又将贬王转化为责鲁。

由上可见，在后儒有关齐灭纪事件的讨论中，第一种观点延续、拓展并强调了《穀梁传》"不使小人加乎君子"而贬责齐襄公的观点，而后三种观点则突破了原有三《传》阐释的框架，将批评的矛头分别指向了纪、鲁与周王室。至此，围绕齐灭纪事件，从齐襄公、纪侯兄弟、鲁庄公到周天子，诸所参与者皆被学者置于考量的境地。

三　价值选择及其思想史意义

在以上诸家的考量中，我们可以发现他们对事件中的参与各方皆申有正反两义，而他们的取舍标准或价值观念，也就由此得以显现。具体而言，诸儒褒贤纪侯兄弟是因其曾竭力存国，至少是"先祀不废，社稷有奉"，恶之是缘其不能"守天子土"，而一为"大去"、一为附庸；"为襄公讳"是因其在"上无天子，下无方伯"的情况下能够"复九世之仇"，即《公羊传》庄公四年所云若有"明天子"在，则"纪侯必诛"而不待襄公之复仇，恶之是缘其"迁"或"灭"有道之纪，而有失"天子不灭国"之义②；对鲁庄公无贬是由于鲁国与纪国曾勠力同心（如联姻等）对抗齐国，责之则是哀其既不"援纪"又不报"父仇"；天子至尊而泽被四海，故曰"天子以天下为家"，责之是缘天子式微而不能存"王舅"之纪。由以上两两相对，我们可以推见，诸儒由齐灭纪事件而褒贬各方，皆以能"守天子土"或"先祀不废，社稷有奉"作为判断的主要依据。《论语》曰："兴灭国，继绝世，举逸民，天下之民归心焉。"③《中庸》亦载："继

---

① 吴澄：《春秋纂言》"总例"卷三，文渊阁《四库全书》本。
② 据孔颖达《正义》所引周礼："天子封诸侯以国，诸侯赐大夫以族。天子不灭国，诸侯不灭族。有小罪则废其身，择立次贤，使绍其先祀。"参见杜预注，孔颖达疏《春秋左传注疏》卷三十五，《十三经注疏》（附校勘记），第606页下。
③ 皇侃：《论语集解义疏》卷十，广文书局，1969，第691页。

绝世，举废国，治乱持危，朝聘以时，厚往而薄来，所以怀诸侯也。"①"守天子土"而"不灭国"，与儒家视域中的"存亡国"或"兴灭国"相通，而"先祀不废，社稷有奉"则体现的是"继绝世"之价值。前者存则绝世继，后者继则亡国存。这样看来，在此齐灭纪事件中，天子或诸侯若有违此"存亡""继绝"，则贬；反之，则褒。以上纪、齐、鲁与周之褒贬皆围绕此"存亡""继绝"展开，此即司马迁"存亡国，继绝世，补敝起废，王道之大者也"所指，也是杜预《春秋释例》所云"兴灭继绝，帝王之远典"之意。②由此反观前述《周礼》"九伐之法"所云"外内乱，鸟兽行，则灭之"，仅指"取其君"而不涉及土地人民，就是这种天子或帝王"存亡""继绝"之义的彰显，而《左传》所谓"凡胜国曰灭之"，则是春秋以来，诸侯兼并、有违"旧章"的真实写照。或者说，当时诸侯已经偏离了存亡继绝的"帝王之远典"，是故《左传》襄公二十五年载子产语曰："且昔天子之地一圻，列国一同，自是以衰。今大国多数圻矣，若无侵小，何以至焉？"③据此，前述诸儒之讨论，或批评齐襄公而褒贤纪侯兄弟，或对鲁庄公与周天子不能救纪的惋惜等，便皆可迎刃而解。

由此我们再回到《纪年》载"灭"而《春秋》记"迁""入""大去"等文本书写，诸儒围绕这些不同的用词来讨论齐灭纪事件，恰恰呈现的就是"存亡""继绝"之价值标准。虽然其间诸儒仍以"迁""灭""大去"等书写变化为依据，但在某种程度上是围绕"存亡""继绝"之价值标准进行取舍而展开讨论的。

在诸儒（包括三《传》在内）前面的讨论中，还有一个重要变化，即对"存亡""继绝"的实施主体进行了思考。据诸儒所言"守天子土"或"帝王之远典"，显然其中"存亡""继绝"的实施主体非"王"莫属。然而在春秋时期，周天子"式微"又是不争的事实。这样，理想中的"尊王"与现实中的天子式微，便成了一对鲜明的矛盾。名与实相背离，因而诸儒在齐灭纪事件中面对这一矛盾时，就不得已而对实施主体进行了某种置换，即将目光转移到了能够维护"天子之土"或"存亡""继绝"的诸侯。对这样的诸侯，《公羊传》称为"方伯"，前云"上无天子，下无方伯"可与之对文。也就是说，当天子式微而不能行"存亡""继绝"之实

---

① 朱熹：《四书章句集注》，中华书局，1983，第 30 页。
② 分别参见司马迁《史记》卷一百三十《太史公自序》，第 3297 页；杜预《春秋释例》卷二，第 2 页上。
③ 杜预注，孔颖达疏《春秋左传注疏》卷三十六，《十三经注疏》（附校勘记），第 623 页上。

的时候，诸侯可瞩望于"方伯"，因为后者可代行"天子之事"。由此主体迁移观之，若存"天子"义，则襄公无讳、诸侯可贬，而若存"方伯"义则襄公应讳、天子可贬，纪侯受责亦在情理之中。但很有意思的是，发生齐灭纪事件的春秋初年，正是"上无天子，下无方伯"的时期。当时，也正是因为这种缺失，诸侯纷争连年不断，而纪国面对强齐无以纾难，才会难逃亡国之命运。由此，我们可以看出，当"上无天子"已成既定事实时，人们对"方伯"的渴望就会无比强烈，而又"下无方伯"时，则无论天子还是诸侯就皆可以被置于价值考量的境地，因此上述诸家看似相异的讨论反而呈现了趋同的价值观念。

最后指出的是，上述价值或意义之确立，皆离不开对齐灭纪事件的某种事实认定，而《纪年》所载"齐襄公灭纪邘鄑郚"恰恰从属于这种认定，或者说至少是这种事实认定的一种佐证。因为只有"灭纪"，才可言"讳灭"，才可以见《春秋》"迁""入""大去"等"属辞"之义。因此，当《纪年》所载"齐襄公灭纪邘鄑郚"与《春秋》所记"齐师迁纪邘鄑郚"等书写之异被纳入一定的阐释脉络中，且其书写之异又恰好反映或体现某种价值与事实的统一时，在没有更多历史证据的情况下，齐灭纪事件之书写中的历史事实与真实发生的历史事实便合二为一，后者改写而被赋予其义，也就顺理成章地得以实现。

由以上"灭"/"迁"纪之评说，我们再回到《纪年》"齐襄公灭纪邘鄑郚"与"齐襄公灭纪迁纪云"两条异文，就可对其作出初步辨析。据前所述，此后出佚文之"齐襄公灭纪迁纪云"，恰好可与前面诸儒对"灭纪"与"迁纪"等讨论相对照，即其云"灭纪"与《秦始皇本纪》"正义"所引《纪年》文本相同，而其云"迁纪"则与《春秋》文本相呼应。由此，我们不仅可以推知泷川氏所辑此条《纪年》佚文，为张守节释语或转抄者隐括之文，而且可以隐约见得上述《春秋》经传阐释脉络对其影响的影子，即于"迁纪"书写所注入的诸种讨论与价值考量。类似这种受传世文献所载价值观念的影响，在《纪年》古本与今本的诸多异同中也多有体现。例如古本《纪年》载"舜囚尧，复偃塞丹朱，使不与父相见也"①，而今本则记曰："帝子丹朱避舜于房陵，舜让，不克。朱遂封于房，为虞宾。三年，舜即天子之位。"② 显然，后者所书写更符合传统学术中的儒家正统观念，诸多

---

① 辑自《史记·五帝本纪》正义之语。参见方诗铭、王修龄《古本竹书纪年辑证》，第65页。
② 谢维扬、房鑫亮主编《王国维全集》第5卷，第210页。

学者疑其伪作，盖不无道理。① 以上诸儒围绕齐灭纪事件所做的各种阐释及其对《史记正义》所引《纪年》"灭纪迁纪"文本的影响，则是此一线索或缘由的一个侧影与反映。

　　综上，《春秋》载有与齐灭纪事件相关文本数条，其载"齐师迁纪郱鄑郚"与《竹书纪年》之"齐襄公灭纪郱鄑郚"书写用辞有别，而若将此同事异辞之书写纳入《春秋》经传的阐释脉络，可见前者所书"迁"纪及其后所记相关内容，恰与后者书写"灭"纪相对照。诸儒以《春秋》书"迁""入""大去"而"不言灭"，举"存亡""继绝"为共同价值，已然被视为改写并赋义之书。后儒围绕齐灭纪事件，由《春秋》书"迁""入""大去"而"不言灭"，继续扩展至对鲁、齐、纪、周等关涉者之臧否。诸儒阐释虽异但皆举"存亡""继绝"为共同价值，体现了经典相承而据以凸显的某些更为深层的基本文化观念。《纪年》佚文"迁纪灭纪"所云，则是被置于此阐释脉络之必然结果，由此，又可推见《春秋》诸家之同异及今、古本《纪年》相异之渊薮。

---

① 对于此类所谓"今本"与"古本"之诸多疑窦，梁启超曾分析道："殊不知凡作伪者必投合时代心理，经汉魏儒者鼓吹以后，伯益、伊尹辈早如神圣不可侵犯，安有晋时作伪书之人乃肯立此等异说以资集矢者？实则以情理论，伯益、伊尹既非超人的异类，逼位谋篡何足为奇？启及太甲为自卫计而杀之亦意中事。故吾侪宁认《竹书》所记为较合于古代社会状况。《竹书》既有此等记载，适足证其不伪，而《今本纪年》削去之则反足证其伪也。"当代学者邵东方说："这样的记载所反映的乃是儒家所艳称的传贤禅让制，显然不能与原本《纪年》中的'尧舜三代篡弑说'在性质上相容。"分别参见梁启超《中国历史研究法》，华东师范大学出版社，1995，第 122 页；邵东方《从思想倾向和著述体例谈今本竹书纪年的真伪问题》，《中国哲学史》1998 年第 2 期。

清代荒政史籍发展的阶段性特征

鲁 洋

（北京师范大学历史学院， 北京 100875）

摘 要： 清代荒政史籍的发展经历了三个阶段：清初以"考"为主的荒政书写助力国家荒政事业的恢复与发展；乾嘉时期由于清廷荒政的成效，荒政史籍呈现撰写的繁荣与体裁的丰富；晚清时期随着社会转型，各种社会力量在抗灾救荒中发挥作用，荒政史籍体现出对社会力量的重点关注。对清代不同阶段荒政史籍的编撰特色、书写对象等阶段性特征的考察，有助于分析其体现的时代特色，及其与客观现实的互动作用。

关键词： 清代 荒政 荒政史籍

清代赈灾救荒的诸般举措皆集历代之大成，荒政制度在继承中发展以至于鼎盛。与之相应而生、相辅相成的荒政史籍经过宋元至明代的发展也在清代达到繁荣，并随着清代社会状况的发展而不断变化，在清代不同的发展阶段中展现出各具特色的编纂形式、内容特点与角度新颖的赈灾书写。

一 清初荒政史籍以"考"为主的书写特色

鉴于频繁的灾荒与帝王的关注，荒政史籍的书写自清初就受到重视。但自明末延绵至清初的战火，使各项荒政制度、举措颓废败落，荒政史家为了助力国家荒政制度的建设、赈灾救荒活动的开展，纷纷投身于对历代荒政制度、荒政实践、名人议论等相关荒政事宜的考证，这就奠定了清初以"考"为主的荒政史籍的书写特色。

与传统考证类史籍不同，荒政史籍的"考"并不是针对旧有史籍的字词章句的考证，而是将目光聚焦在前代的荒政活动，或专门考证前代相关的荒政事宜，撰成有关荒政的考证专书；或在书写过程中运用考证手法，通过对前代荒政制度、救荒活动的考证，总结历代荒政活动的利弊得失，阐明自己的荒政主张，从而为清代的荒政实践提出意见。

《荒政考略》是清初考证类荒政史籍的代表。张能麟秉持"夫前事者，后事之师也"的理念，将"经史所载重农贵粟先之未荒者以及有裨于救荒者，列其行事，旁及征应，益以奏疏、杂文，厘为八卷"，① 撰成《荒政考略》。《荒政考略》共八卷，前四卷以考证经、史、历代救荒事实以及作者的按语为主要内容，后四卷通过收录各个朝代有关于荒政的奏疏、策论议和杂文，来记录、考察各代荒政制度、救荒方法和荒政思想，整体内容综合且十分丰富。以第二卷"历代积贮"一节为例，《荒政考略》考证了历代积贮的事实和仓储制度的设置与变化，以齐桓公时管仲改革中的"万室之邑必有万钟之藏……千室之邑必有千钟之藏"② 为积贮和仓储思想之发源；其后历经李悝施行平籴法、汉宣帝设置常平仓、北齐设置富人仓、后周创制六官司仓、隋文帝设立义仓、唐初设置社仓，积贮制度日渐成熟完善；又历数宋、金、元、明以来积贮制度的发展、调整与施行的情况，展现出积贮制度产生、发展、施行、流变的完整历史过程。在"历代积贮"一节的末尾，作者以按语"积贮总论"对该小节做出点评，阐明常平仓、义仓和社仓的积贮理念分别是"籴于官而贮于官者""敛于民而贮于官者""敛于民而贮于民者"，③ 点明义仓"取于民也，有科敛抑勒之扰；藏于官也，有旁缘作奸之弊"④ 的弊端，是其在历史上渐渐衰败的主要原因，提出"今日可行者，独常平、社仓耳"⑤ 的个人观点。最后，作者还结合时政，明确指出"州县额赋，锱铢悉属上供"，地方缺乏稳定的积贮来源，是当前常平仓空虚难以实用的主要原因，并为此提出了详细的解决办法。⑥

除了《荒政考略》《荒政部》《荒政考》等内容相对综合的荒政史籍，

① （清）张能麟撰，夏明方点校《荒政考略》，《中国荒政书集成》第二册，天津古籍出版社，2010，第937页。
② （清）张能麟撰，夏明方点校《荒政考略》，《中国荒政书集成》第二册，第955页。
③ （清）张能麟撰，夏明方点校《荒政考略》，《中国荒政书集成》第二册，第958页。
④ （清）张能麟撰，夏明方点校《荒政考略》，《中国荒政书集成》第二册，第958页。
⑤ （清）张能麟撰，夏明方点校《荒政考略》，《中国荒政书集成》第二册，第958页。
⑥ （清）张能麟撰，夏明方点校《荒政考略》，《中国荒政书集成》第二册，第958页。

清初还有许多针对某一荒政专项进行考证的荒政史籍，如《常平仓考》《社仓考》《义仓考》《捕蝗考》等。这类荒政史籍在内容上不如综合考证的荒政史籍那样丰富，体量也相对较小，但具有十分强烈的针对性，能够更加深入地探讨某一荒政专项的起源、沿袭、演变和利弊得失。以《常平仓考》为例，俞森广泛征集春秋战国至明代仓储史事，考证常平仓设置的制度沿革，选录包括管仲、李悝、吕祖谦、马端临、董煟、邱濬、陈龙正等各个朝代关于常平仓的不同观点和议论，表达了俞森对常平仓设置的必要性、规范性以及利弊得失的个人见解。

以"考"为特色的荒政史籍书写，还体现在其他更广泛、更丰富的荒政史籍中。这些荒政史籍并非以考证荒政制度、救荒方法为主要内容，而是以考证作为基本方法，在考证以往荒政史料、疏通荒政史实的基础上，着力于议论荒政制度、救荒方法及其得失利弊。比如，陈瑚做《救荒定义》论及社仓、常平二仓时，就曾考证宋代董煟的《救荒活民书》所载"监司条例，则曰毋强抑价，太守条例则曰宽弛抑价之令，县令条例则曰听客人之粜籴，任米价之低昂"，[①] 强调不同等级的官员应各司其职。魏禧撰写《救荒策》时直言救荒诸策散见于各类古籍之中，未有统要且难以应用，在经过考证后他"摭所见闻，择其可常行无弊者条之"。[②]《捕蝗集要》[③]《扑蝻历效》[④]《伐蛟说》[⑤] 等荒政史籍，也都对旧时史书、史事进行了考证、考察。

二　乾嘉时期荒政史籍的丰富与体裁的多样化

清初受制于荒政制度的发展和社会现实的需要，荒政史籍多集中于考证类。乾嘉时期，完善且高效的荒政制度，使荒政史籍进一步繁荣，不但记述类、汇编类、议论类的荒政史籍逐渐增多，还出现了以诗歌为体裁的荒政史籍。

---

① （清）陈瑚著，李文海点校《救荒定义》，《中国荒政书集成》第二册，第926页。
② （清）魏禧撰，俞森辑，李文海点校《救荒策》，《中国荒政书集成》第二册，第929页。
③ （清）俞森辑，李文海点校《捕蝗集要》，《中国荒政书集成》第二册，第1153页。
④ （清）王勋撰，李文海点校《扑蝻历效·序》，《中国荒政书集成》第三册，第1733页。
⑤ （清）魏廷珍撰，张海鹏校，李文海点校《伐蛟说》，《中国荒政书集成》第三册，第1751页。

记述类荒政史籍具有"一书具一事之本末"①的特点，其主要内容是以叙述的方式来记录一地赈灾救荒的过程、始末，按照记录时间可分为当事记录和事后记录两种。乾隆年间由冒国柱撰写的《亥子饥疫纪略》就是按时间先后顺序分日当事记录的。该书分为纪饥、纪疫、反映灾荒的诗文和官员奏折四个部分，按时间顺序详细记录了乾隆二十年（1755）至乾隆二十一年（1756）如皋的水灾、饥荒和疫病等灾况，记录如皋赈灾救荒的相关活动和效果，并揭露了官吏贪腐无能的事实。张廷枚所做的《余姚捐赈事宜》为事后记录的荒政史籍，该书记录了乾隆五十九年（1794）浙江余姚地区发生灾荒后，当地士绅筹钱募粮、广施赈济、共克时艰的捐赈过程。② 与当事记录不同，事后追记的荒政史籍虽然没有当事记录那么详细完整，却更加注重对赈灾救荒过程中的关键问题的记录。

汇编类荒政史籍是将赈灾救荒相关内容如荒政制度、诏令公文、救荒方法、救荒史事、名人议论等汇编而成的史籍，具有会通古今、展现荒政源流始末、便于查看赈救实效的作用和特点，为后人提供不可多得荒政史料。陆曾禹的《钦定康济录》按时间顺序将相关的荒政材料分门别类地加以组织和编排，"爰集圣贤之言行，已昭救济之谋猷者，或总列于前，或分陈于后"，③ 全书四卷，分别为"前代救援之典""先事之政""临事之政""事后之政"，以及附录四则。《钦定辛酉工赈纪事》是乾嘉时期汇编类荒政史籍的又一代表，此类荒政史籍以某次具体的赈灾活动为主要对象，将涉及该次赈灾活动的朝廷诏令、大臣奏疏、地方赈灾救济实践中的相关文书加以辑录汇编。除了按照时间顺序辑录外，还有一些荒政史籍将相关材料进行分类，按荒政的不同事项类编成书。如乾隆十九年（1754）方观承所做的《赈纪》，将上谕单独辑录后，以核赈、散赈、展赈、安抚流移、借籴蠲缓、捐恤谕禁、赈需杂记等事项将赈灾救荒过程中的大臣奏折、地方文书告示、用于管理的册式票式、赈灾花费消耗等材料分类辑录。嘉庆年间那彦成编撰的《赈记》以上谕、奏折、勘议、缓征、煮赈、拨运、查散、工赈、禁谕、条议为条目辑录了嘉庆十五年（1810）甘肃省旱灾的赈救过程。

议论类荒政史籍，是以评议荒政制度的优劣、赈灾救荒方法的得失为

---

① （清）永瑢等：《四库全书总目》，《史部·纪事本末类小序》，中华书局，1965，第437页。
② （清）张廷枚辑，李文海点校《余姚捐赈事宜·启》，《中国荒政书集成》第四册，第2211页。
③ （清）陆曾禹著，赵丽、徐娜点校《钦定康济录》，《中国荒政书集成》第三册，第1777页。

主要内容的荒政史籍。自宋代董煟在《救荒活民书》中以议论的方式评论救荒赈灾制度、方法的得失好坏，阐述自己对荒政事宜的个人见解后，议论就成为荒政史籍常见的书写手法之一。《急溺琐言》在乾隆年间由鲁之裕所作，共十篇。在序言中，鲁之裕将宋元以前的治水方法总结为"去其害焉尔矣"；将由明至清的治水方法归纳为"欲兼资其利，一事而两谋之"，并进一步指出此举有导致善政害民的可能。① 在具体论述水患时，鲁之裕首先指出水患不可避免，古今中外"盖必有水厄焉"，接着列举共工、鲧和禹运用"筑堤障水之术"和"疏川导滞之术"② 两种不同方法治理水患的不同效果，从而凸显在治理水患时"疏川导滞"的重要性。③ 接着鲁之裕从自己治理水患的经历出发，提出治理水患有疏、浚、塞等不同的方法，不同的方法应因地制宜地用于不同的地势。④ 面对黄淮之水，应筑堤以防溃，而在"地平且洼"易于积水的地区，则以疏浚为主。⑤ 从整体看来，《急溺琐言》逻辑清晰、举例恰当、议论翔实，又结合作者自身经验，充分阐述了作者鲁之裕对水患与治水诸法的精辟见解。

　　乾嘉时期荒政史籍的体裁形式也发生了新的变化，出现了一些以诗歌为主要表达方式或完全以诗歌为体裁的荒政史籍。冒国柱的《亥子饥疫纪略》、胡季堂的《劝民除水患以收水利歌》、庆桂等编撰的《钦定辛酉工赈纪事》、易凤庭辑录的《海宁州劝赈唱和诗》等都不同程度地利用诗歌来记录和表达相关的灾荒问题。庆桂等编撰的《钦定辛酉工赈纪事》记录的是嘉庆六年（1801）永定河决口，朝廷对直隶遭灾地区进行工赈的相关事宜。卷首两章以时间为序，收录了嘉庆帝在处理赈务之余，专为灾荒所作的御制诗歌共48首，用诗歌表达嘉庆帝"诚求保赤之深衷，留心民瘼，或地方偶值偏灾，亟为拯救"的态度，对官员提出尽心处理赈务的要求、抒发对灾区黎庶的关怀。⑥ 而《劝民除水患以收水利歌》则面向基层官员和普通百姓，以诗歌形式，将消除水患的理念、利弊、方法等内容加以传唱，劝导百姓主动消除水患，变水患为水利，促进农业生产。《海宁州劝

---

① （清）鲁之裕撰，夏明方点校《急溺琐言·序》，《中国荒政书集成》第三册，第1755页。

② （清）鲁之裕撰，夏明方点校《急溺琐言一》，《中国荒政书集成》第三册，第1757页。

③ （清）鲁之裕撰，夏明方点校《急溺琐言二》，《中国荒政书集成》第三册，第1758页。

④ （清）鲁之裕撰，夏明方点校《急溺琐言三》，《中国荒政书集成》第三册，第1759页。

⑤ （清）鲁之裕撰，夏明方点校《急溺琐言五》，《中国荒政书集成》第三册，第1761页。

⑥ （清）庆桂等辑，牛淑贞、夏明方点校《钦定辛酉工赈纪事》，《卷首上·谕旨》，《中国荒政书集成》第四册，第2305页。

赈唱和诗》是以诗歌唱和的形式发布示谕，进行劝赈。

乾嘉时期的荒政史籍充分发挥了不同体裁形式的鲜明特点，其直观性与通俗性的加强对于荒政史籍的应用与流通、荒政事业的进步与繁荣起到了积极地推动作用。

三　晚清社会力量主导下荒政史籍内容的变化

清中期以后，国家财政日益支绌，鸦片战争更加速了国家经济的衰败。窘迫的财政经费，使国家难以支持连年灾歉所需的赈济费用，荒政制度逐渐废弛。为了弥补灾荒赈济中国家力量的缺失，清代中后期荒政史家的目光一方面聚焦于旧有荒政史籍的再整理，另一方面着力强调灾害赈济中社会力量的作用。

一方面，面对江河日下的国家赈济状况，荒政史家再次将目光投向旧有的荒政史籍，发起了对旧有荒政史籍的再整理，期待从中探寻出更具实用性、针对性的荒政措施。嘉庆年间，汪志伊做《荒政辑要》十卷，包括襄弭、清源、查勘、则例与丰富的灾荒救助、缉盗安民举措，内容丰富，极为详备，是荒政史籍集大成之作。然而，《荒政辑要》卷帙浩繁，难以阅读和使用的缺陷也逐渐显露。李羲文为了使其便于使用，"择其尤为简便者"① 节为《荒政摘要》一册，并将《荒政辑要》中的章程、考证、议论等内容酌情删减，对赈恤、救荒、伐蛟、捕蝗、查赈、抚恤等具体赈灾救荒方法重点辑录，使《荒政摘要》在赈灾救荒时便于阅读使用，达到"一览辄可见之于行事"的目的。② 与《荒政摘要》偏重赈灾救荒方法的编撰不同，蒋廷皋将《荒政辑要》"删繁就简，手抄成帙，而又采取他书，略参己意"，③ 辑成《荒政便览》两卷。卷一按照勘灾、查赈、放赈、辑流、粥厂、社仓、绪余的救灾程序辑录具体的救灾方法，卷二辑录伐蛟、捕蝗、区田法和冬月种谷法。《救荒煮粥成法》《救荒举要》《治蝗全法》《救荒六十策》《救荒急议》等众多荒政史籍，都对旧有荒政史籍的内容进行了不同程度的再整理。

另一方面，为了弥补晚清官方赈济在灾荒救济中的失位，社会力量广

① （清）李羲文编，张永江点校《荒政摘要·序》，《中国荒政书集成》第五册，第3363页。
② （清）李羲文编，张永江点校《荒政摘要·序》，《中国荒政书集成》第五册，第3363页。
③ （清）蒋廷皋撰，赵晓华点校《荒政便览·自序》，《中国荒政书集成》第六册，第4296页。

泛地参与灾荒救济的方方面面，捐赈、义赈、义学、义仓等助赈救荒活动屡见不鲜，对社会力量主导的赈灾救荒活动的记录，逐渐成为晚清荒政书写的一大特点，如《辰州府义田总记》《上海经募直豫秦晋赈捐征信录》《齐豫晋直赈捐征信录》《镇江苏州电报局桃坞同人收解皖赈征信录》《上海金州局内闽越江浙协赈公所收解直东江浙赈捐征信录》《宣化常平义仓禀稿章程》等以总记、征信录、章程书等为名称的荒政史籍大量出现。这些荒政史籍大多以灾荒赈济中的社会力量为主要书写对象，阐述捐赈、义赈、义仓等助赈活动的起因经过，记录参与助赈活动百姓士绅的姓名、捐款，说明义款的来源去向，真实地反映了晚清时期社会力量参与灾荒救济的规模与频率。以《辰州府义田总记》为例，道光二十五年（1845）辰州府知府雷震初捐俸为倡，在辰州士绅百姓广泛的参与、支持下，募银万余两，设置义田义仓，"岁收其粟而贮之"，用以弥补常平官仓于灾荒年的不足。[①] 书中如实叙述了知府雷震初捐俸义捐的始末，用图例展示义田义仓的设置、方位，更详细记录了参与义田义仓募捐的捐户姓名、年貌、籍贯和捐款数量。晚清时期总记、征信录、章程书的广泛出现，表明社会力量已经广泛参与到赈灾救荒的活动中来，并逐渐成为灾荒救助的重要力量，展现了在官赈缺失的状况下，社会力量作为晚清时期一种新的救济力量，主动承担起了赈灾救荒、减轻广大灾黎苦难的社会责任。

　　基于对清以前历代荒政制度、救荒措施和经验的汇总借鉴，清代荒政史籍取得了长足的发展，各类荒政史籍佳作频出，诗歌、图表等新的体裁形式被广泛运用，社会赈济力量逐渐被重视，这表明清代的荒政书写已经达到传统荒政史籍的顶峰；另外，清代不同时期的荒政史籍在内容书写上各有侧重，说明了清代荒政史家关注社会现状、解决现实问题的经世务实思想，也正是这种思想不断推动了清代荒政史籍的发展创新。

---

① （清）雷震初纂，惠清楼点校《辰州府义田总记·序一》，《中国荒政书集成》第六册，第 3651 页。

学术评论

比较视野下的中华文明研究

——评《不尽的江河不断流：比较视野下的中华文明》

袁 波

（辽宁师范大学历史文化学院，辽宁大连 116029）

中国文化源远流长，中华文明博大精深。在文化传承发展座谈会上，习近平总书记提出"在新的历史起点上继续推动文化繁荣、建设文化强国、建设中华民族现代文明"[1] 的重大时代课题和根本指针，指明我们在新时代的文化使命，确立独立的精神体系，实现精神上的独立自主，这在中国特色社会主义现代化文明建设上具有里程碑意义。习近平总书记指出："只有全面深入了解中华文明的历史，才能更有效地推动中华优秀传统文化创造性转化、创新性发展，更有力地推进中国特色社会主义文化建设，建设中华民族现代文明。"[2]

中华文明具有突出的连续性、创新性、统一性、包容性、和平性，排在首位的就是"连续性"："中华文明具有突出的连续性……从根本上决定了中华民族必然走自己的路。"[3]中华文明犹如一条波澜壮阔的长河，奔涌而来，生生不息，从未中断。历史学者杨共乐的新作《不尽的江河不断流：比较视野下的中华文明》[4] 从宏观思考中探讨文明的发展趋势、从比较研究的角度剖析世界各文明的异同，以全新的视角阐发中华文明的连续

---

① 参见《担负起新的文化使命·努力建设中华民族现代文明》，《人民日报》2023 年 6 月 3 日，第 1 版。

② 参见《担负起新的文化使命·努力建设中华民族现代文明》，《人民日报》2023 年 6 月 3 日，第 1 版。

③ 习近平：《在文化传承发展座谈会上的讲话》（2023 年 6 月 2 日），人民出版社，2023，第 2 页。

④ 杨共乐：《不尽的江河不断流：比较视野下的中华文明》，北京师范大学出版社，2023。

性特征及中华文明对人类的重大贡献，彰显了作者高度自觉的学术研究意识、理论意识和政治意识。全书运用"以时代为依据"的传统史学研究方法，立足宏观思考、立足长时段和多区域的史学考察、立足文明的比较研究，理论性、学术性和时代性并重。该书作为"铸牢中华民族共同体意识研究丛书"之一，以全新的视角推动中华文明的研究，为建设中华民族现代文明提供了新的思考。该书具有两个突出的特点。

第一，纵横中外、贯通古今——聚集学术前沿，胸怀时代发展。

作者以国际学术界高度关注的重大学术问题、学界争论最多的热点问题之一——"文明与文明观"开篇，作者对文明的定义以及古今中外相关的文明观作出系统梳理与深入研究。从世界历史上看，不同时期的学者、不同阶层的学者对文明都有着不同的看法。文明观中包含着学术思想，包含着价值导向，也包含着精深的政治理念。杨共乐教授认为："正确、科学地把握文明观不但有助于人们更好地认识人类文明的发展规律，认识中华文明的伟大价值，认识中华文明对世界的重大贡献，而且对于促进世界文明的发展与进步，推动世界的和平发展都有非常重要的意义。"[1] 习近平总书记多次阐明以"平等、互鉴、对话、包容"[2] 为核心的世界文明观，这既来源于马克思主义原理与中国具体实践的结合，又来源于马克思主义原理与中国优秀传统文化的结合，是对马克思主义理论的创造性发展，是马克思主义文明观的最新成果。这一结合使中国特色社会主义道路有了更加深远的历史纵深，构筑了中华民族现代文明建设的独特文化根基。

杨共乐教授将中华文明置于对世界各文明比较的视野之下进行考察与研究，在此基础上分析其他各古代文明中断的原因、中华文明的连续性特征。在世界六大原生形态文明（中华文明、两河流域文明、古埃及文明、古印度文明、中美洲玛雅文明、南美洲印加文明）中，唯有中华文明是从未中断的文明。中华文明具有文化根系发达、多源汇聚、多元交融、开放包容、根深叶茂等特点，五千多年来一脉相承，始终处于传承、持续创新和不断发展中。古往今来，各民族之间的持续交往与交流交融，使中华文明的核心内涵得到了极大的丰富和发展，最终形成了博大精深的中华文明，这也充分体现了中华文明兼容并蓄、海纳百川的特质。中华文明是中

---

[1]　杨共乐：《文明与文明观刍议》，《史学史研究》，2022 年第 4 期，第 23 页。

[2]　《国家主席习近平同意大利总统马塔雷拉分别向"意大利之源——古罗马文明展"开幕式致贺信》，《人民日报》，2022 年 7 月 11 日，第 1 版。

华民族的伟大创造，是各民族在长期历史进程中共同哺育下成长并发展起来的伟大文明。

在五千多年文明的发展过程中，中华民族形成了以"自律"为主的道德文明，"自强不息、厚德载物、仁义忠信，中庸通变、兼容并包、和而不同、己所不欲勿施于人等都成为中国人的文化特质，深深扎根于中华民族的心灵深处"，① 构成中华民族文化认同的坚实基础。在新的历史起点上，我们要牢牢把握中华文明的特性，继续推动中华优秀传统文化创造性转化、创新性发展，推进新时代中国特色社会主义文化建设，为创造属于我们这个时代的新文化、建设中华民族现代文明而共同努力奋斗。

第二，以史鉴今、以史资政——赓续历史文脉，谱写当代华章。

习近平总书记强调，"要深入了解中华文明五千多年发展史，推动把中国文明历史研究引向深入，推动全党全社会增强历史自觉、坚定文化自信。"②习近平总书记指出要坚定文化自信，坚持走自己的路，强调实现精神上的独立自主，这是创造新文化、建立中华民族的话语体系和独立的精神体系、建设新文明的时代强音。

文化自信源自对民族文化的认同，只有正确而深刻地理解中华文明才能建立这种认同。杨共乐教授担负起新时代所赋予的文化使命，将文明史与社会发展史相结合，运用"以时代为依据"的史学研究方法，从马克思主义社会科学方法论的高度，在新时代中国特色社会主义事业的宏观视野下阐发中华文明的连续性特征、揭示中华文明对人类的巨大贡献。"关注历史，关注当下"，充分体现了作者的时代精神和作为历史学者的使命担当。作者通过对中外历史的探究、对事实的阐明、对源流的梳理，阐发"中华文明连续性"的重大现实价值和时代意义。

中华文明在漫长的历史长河中，始终传承有序，其鲜明的时代特征在不同的历史时期得以彰显。作者指出：中华民族的伟大复兴深深扎根于五千多年的文化传统，是在中华文明发展中的复兴、在承传中的升华、在开放中的飞跃。这一伟大复兴，历史渊源深厚，现实基础广阔。习近平总书记强调："对历史最好的继承就是创造新的历史，对人类文明最大的礼敬

---

① 杨共乐：《中华文明的多元一体》，《中国民族报·理论周刊》，2022 年 1 月 18 日。本文内容来自作者应邀在全国政协"中国特色解决民族问题的正确道路"委员读书活动中所作导读材料。

② 习近平：《把中国文明历史研究引向深入，增强历史自觉坚定文化自信》，《求是》2022年第 14 期。

就是创造人类文明新形态。"① 杨共乐教授指出，中国式现代化新道路是马克思主义原理与中国传统优秀文化相结合的重要成果，"在人类历史上绝无仅有，其成就光辉灿烂、举世瞩目，有着重大的世界意义"。② 中国式现代化新道路立足于中国五千多年优秀的文化传统，借鉴并吸引一切人类优秀文明成果，是世界文明新形态的开辟，代表人类文明进步的发展方向，展现出一幅有别于西方现代化模式的新画卷，是一种全新的人类文明形态。中国特色社会主义理论是在中国式现代化新道路开创的过程中产生的，是来自中华民族的伟大创造，是对马克思主义理论的新发展，是马克思主义中国化、时代化的最新成果，是中国全面建成社会主义现代化国家的指导思想，对于全人类推进现代化建设具有重要的借鉴意义。

习近平总书记指出："我们要建立中国特色、中国风格、中国气派的文明研究学科体系、学术体系、话语体系，为人类文明新形态实践提供有力理论支撑。"③ 正是在这一思想指导下，杨共乐教授"打通中外""对接古今"，构建中华文明研究的新体系，为中华民族现代文明建设提供理论支撑。《不尽的江河不断流：比较视野下的中华文明》一书以史鉴今，将历史与现实、事实和价值、宏观与微观以纵横交错的方式，充分融合为一个有机的整体，从解释文明的定义、阐释文明观开始，在话语叙述上层层递进，在逻辑脉络中环环相扣，在主题凝练上突出特色。"立时代之潮头，通古今之变化"。杨共乐教授在比较视野下对中华文明的研究，深刻阐明中国道路的深厚文化底蕴和独特的精神标识，有利于我们加深对源远流长、博大精深的中华文明的认识；有助于我们从文明源头汲取文化自信和历史自信的力量。杨共乐先生用比较的方法凸显中华文明的突出特性和中华文明在世界历史中的地位，对促进中华优秀传统文化实现创造性转化、创新性发展，以及中华民族现代文明建设，都具有十分重要的启迪意义。

---

① 习近平：《在文化传承发展座谈会上的讲话》（2023 年 6 月 2 日），人民出版社，2023，第12 页。
② 杨共乐：《不尽的江河不断流：比较视野下的中华文明》，第 98 页。
③ 《把中国文明历史研究引向深入　推动增强历史自觉坚定文化自信》，《人民日报》2022年 5 月 29 日，第 1 版。

社会教育研究领域的重要探索

——评《民国社会教育研究》

杨雪临

（浙江省教育科学研究院，浙江杭州　310004）

19 世纪中叶以来，中国教育开始了从传统向现代的转变，在 20 世纪初建立了现代教育制度。在这个过程中，社会各界对教育现代化的追求以及如何处理其与传统遗产的关系问题进行了热烈探讨，至今仍方兴未艾。教育的普及化以及知识内容的倍速增长成为现代教育在中国发轫的重要特点之一。实际上，中国现代教育的发展始终处于全球化与现代化的两大世界潮流之中，它的发展既是全球化和现代化的结果，也构成了全球化和现代化的本身。在全球化背景下，世界各地的教育发展无论是发展路径，还是教育的属性和制度，都既有共性，又有特性，尤其是后者，会因为本土文化和习惯的筛选而呈现不同的诠释和面貌。

通过扫盲来实现教育普及化、促进社会的团结和融合的教育活动，在世界各地有着不同形式的表现，具体到中国，从清末新政开始，造人才（以现代学校制度为主体）和造国家、造社会（以预备立宪、地方自治和通俗教育为主要内容）得以先后或同时起步。以癸卯学制为代表的现代学校体系，主要是一种作为科举制度替代物的现代精英（或人才）培养制度；而以简易识字学塾和通俗讲演等形式出现的社会教育，则代表了造就与立宪政体、发展近代工商业相适应的"现代国民之努力"。[1] 民国肇始，教育官制中第一次出现了社会教育独立设置，宣讲所、博物馆、图书馆、

---

[1]　于述胜：《民国时期社会教育问题论纲——以制度变迁为中心的多维分析》，《北京大学教育评论》2005 年第 3 期，第 18~25 页。

动植物园、美术馆美术展览会、文艺音乐演剧、调查及搜集古物、通俗教育以及通俗图书馆巡行文库等教育行政事项，均被纳入其职责范围。南京国民政府时期，社会教育司职掌范围微调，公民教育、识字运动、农工商人补习教育、改良风俗与民众娱乐（如公园歌剧及民间歌谣风俗等）及公共体育、低能残废等特殊教育被开展起来。与轰轰烈烈的社会教育实践相伴随，培养社会教育专门人才的学校纷纷建立，社会教育的学科构建、学术研究日渐充盈，"以教育改造达社会改造"的目标得到越来越多的人士认可。社会教育与学校教育一起，组成了中国现代化教育的全貌。遗憾的是，自 20 世纪 90 年代以来，学者们越来越关注教育的专业化研究，越来越习惯从专业、研究方向来切入教育问题，社会教育这一过于"宽泛"、交叉性很强的问题领域，长期处于少人问津状态。

进入 21 世纪，民国时期作为"一个在中国教育早期现代化进程中极其重要的时代，是一个由于迄今为止尚有许多问题没有被人们正确认知因而极易产生各种'想象'与'移情'的时代"，[①] 备受社会各界关注。人们出于各种动机、带着各种心态，希冀从历史经验中寻求智慧，有关民国主题的电影、口述史、纪录片等层出不穷，民国时期的教育论文、著作、人物传记等大量刊布和结集，甚至那个时期的中小学教科书亦广为宣传。在不断想象与重构中，人们对"民国教育"的关注已经远远超出了学术研究本身的范围。在这种情况下，对民国教育史进行深入研究，还原客观的历史史实，不仅是学科建设、学术发展的需要，也是回应社会需求、为当代中国教育改革提供有益借鉴的需要。有基于此，浙江大学资深教授田正平先生主编的"民国教育史专题研究丛书"，计划以"问题为导向"，多角度地展现民国时期教育事业的方方面面。周慧梅博士的《民国社会教育研究》就是丛书中的重要一部。

《民国社会教育研究》（湖南教育出版社，2018），是目前我国民国时期社会教育研究领域最具探索性的成果。全书 8 章，共计 67 万字，材料丰富，观点鲜明，具有强烈的问题意识。具体而言，此书具有下述重要特点。

一　纵横交错：立体动态的历史图景展现

作者利用纵横两条线索，以"平静的讲述者"的角色，为读者尽可能

---

① 田正平：《关于民国教育的若干思考》，《教育学报》2016 年第 4 期，第 102~111 页。

地展现一幅立体动态的民国社会教育历史图景。主编田正平先生对该丛书进行了总规划，如将民国教育史专题研究丛书的时限框定在 1911～1949年。[①] 但作者考虑到中国社会教育肇始于清末新政时期，为了保障研究的完整性和连续性，将清末新政时期（1895～1911）作为民国社会教育的铺垫，与民国初期（1912～1918）、新文化运动时期（1919～1927）、南京国民政府时期（1927～1937）、抗战时期（1937～1945）和战后复员时期（1945～1949）五个时段构成一个整体。如此布局，既符合中国社会教育的实际发展轨迹，又与整套丛书的时间框架保持了统一，显示了作者娴熟的谋章布局的能力。而且，作者围绕作为特定观察点的每一历史时期，打破传统的单一视角或局部论述的方式，通过多元视角的切换，呈现了政策、理论与实践、宏观与微观、现象与本质并存的社会教育跃然鲜活的图景，将社会教育自滥觞、蓬勃发展、积极变革到逐渐式微的发展全景徐徐展开。

与学校教育相比较，民国时期的社会教育与政治之间的关系更为密切。知名社会教育家俞庆棠认为："民众教育的政策，从内容方面而言，是应以政治教育为中心的，因为可以拿政治的力量来改善经济，藉经济的动机来推进教育，用教育的方式来解决政治。申言之，用教育的力量来解决政治，用政治的力量来推进教育，企望政治与教育之组织合一。"[②] 在政教两界的共同努力下，"政教合一""乡邑沽化"的中国教育传统在一定程度上被予以现代化赋形。基于社会与教育相互改造的张力，作者主要从以下三个角度对每个时期的社会教育发展脉络进行了梳理。一是社会教育的外部环境，用以铺垫社会教育演进的底色。教育的本质属性决定社会教育必须体现国家意志，反映一定时期内的社会政治、经济、文化。作者将社会教育的源起寓于中国近代的现代化进程中，以社会政治史为切入点，对社会教育每个发展阶段所处的历史时期都进行了充分的解说。在作者看来，社会教育的流变固然受到社会历史发展"面面俱到"的影响，但其中更为强烈的是直接影响：首先是政权统治与国家意志的变化，这决定了社会教育各个时期的主题；其次是基于权力和资源分配的央地关系变化，这决定了每个时期社会教育制度体系、方针政策的变革；最后是政治领域与

---

① 周慧梅：《八千里路云和月——〈民国教育史专题研究丛书〉出版侧记》，《教育史研究》2022 年第 2 期，第 178～191 页。

② 俞庆棠：《民众教育》，正中书局，1935，第 95～96 页。

其他领域的互动，尤其是以社会进步人士为代表的学界之间的互动，这影响了社会教育各项事业的开展。二是社会教育整体状貌，用以描摹其演变的大体轮廓，主要涉及"中央-省-县"三级社会教育体系的形成与调整、社会教育管理制度与政策的颁布、社会教育管理组织发展与主要实践主体等。三是社会教育内部形态，用以还原鲜活而具体的历史细节，表现为社会教育的公立或私立、社会式或学校式、主流或新兴的事业，如民众教育馆、民众教育学校、简易识字学校及通俗讲演等，以及其指向现代化的民众改造功能的具体发挥。同时，宏观层面的历史背景与中观层面的发展沿革亦在这一微观层面得到更翔实的印证，共同完成"以教育改造达社会改造"的逻辑闭环。

在纵向的编年体例的通史研究之外，作者单辟两章，从横向角度对民国时期社会教育家群体进行分析，并探讨了民国时期社会教育学科化建设。前者包括群体的组成、结构与共识和派分，后者则涵盖社会教育的人才培养体系、研究团队、专业学会和专业期刊。"这种横向的研究角度很好地展现了民国时期社会教育家的事功精神，以及政府行政人员、知名社会教育机构负责人追求社会教育的积极态度，从中也揭示了教育救国的内生动力和外来影响始终与民国社会教育的发展如影随形，以及中央权力借助社会教育之力向基层社会延伸与渗透的历史趋势。"[1] 如此结构安排，不仅在研究内容上填补了前六章力有不逮之处，更展现了行政力量与学术力量以及学界内部在专业场域中关于社会教育学科建设所进行的深层次互动，成为六段沿革画幅自然过渡与紧密联络的重要依托，并进一步提升了社会教育历史画卷的完整性。"社会中心与政治中心保持着高度一致，社会教育事业中心的转移与政治中心迁移有直接关系，民国社会教育学科构建和社会教育家群体与这种格局关系密切。"[2] 此结论颇有见地。

二　见微知著：史料价值及运用情况

"事实是第一位的，历史著作的本质特征首先是真实，只有在真实地再现历史原貌的基础上，因果关系的分析与评判才有意义和价值。"[3] 在这

---

[1]　王建军：《民国社会教育研究的新突破》，《河北师范大学学报》（教育科学版）2020年第5期。

[2]　周慧梅：《民国社会教育研究》，湖南教育出版社，2018，第623页。

[3]　周慧梅：《民国社会教育研究》，湖南教育出版社，2018，第20页。

一研究原则的要求下，研究资料的收集、选择与运用显得尤为关键，作者在出版侧记中亦吐露了这一过程的艰难："……在两拨学生的相助下，笔者耗时二十余天，从四川省档案馆、成都市档案馆、重庆市档案馆筛选出数百卷、共计 20 余万字的档案资料。"① 而从最终成形的书稿来看，其实际运用的史料盈千累百，保证了社会教育历史研究的"回到历史现场"。

相较于以往社会教育研究，该书所涵盖的时段、区域、对象更广，为此周慧梅以五类史料组成了研究的资料谱系：一为民国时期的直接或相关的研究成果，以及实验报告和农村调查资料等；二为影响较大的杂志、报纸；三为其时官方组织机构的社会教育统计材料；四是档案资料、地方志和文史资料；五为视觉资料和文学作品。而无论是 1904～1948 年的 37 种刊物，还是 1895～1994 年的 13 家官报或民报，抑或是作者从全国 12 家档案馆所搜罗到的档案卷宗，以及在研究中依次展现的几十张老照片，各类史料所呈现的厚度与广度，都为研究的真实性奠定了坚实基础。多元史料的价值在研究中的真正显化，无疑彰显了作者对所搜集史料的重新组织和阐述的功力。

作者坚持循证原则，在各方史料中搜寻完整证据链，从而拼接出社会教育的真实历史情境。以第四章为例，作者以极具针对性的史料的综合运用成功再现了民众教育馆的蓬勃发展面貌。一方面，作者借助史料间的互证来形成证据闭环，如在描述 20 世纪 30 年代民众教育馆的化装讲演活动时，作者援引了《新闻报》和《民众教育季刊》中所提及的"远处乡民纷纷架车前来观看""一般民众携凳带椅，争先恐后来看……各个伸着脖子观望……专心看讲演"，而在作者展示的老照片《山东省立民众教育馆举行化装讲演摄影》中，又可见人头攒动，齐齐望向舞台，更有数位立于板车上观演。这些史料虽非同时同地发生，却"殊途同归"，相互印证，更加凸显了当时民众教育馆所引起的社会教育成效之普遍。另一方面，作者通过史料间的矛盾来深挖社会教育的历史真相，如作者在关于同时期民众学校的史料中发现，民众学校的教育对象应是"不识字的文盲"，其目的在于通过短期授业达到"教育救济"，但从时人的研究数据以及实验报告来看，民众学校实际上的生源杂而乱，学生流失严重，难以取得成效，与政策期望存在较大落差。作者以文化资本理论对此现象进行了解释，认为

① 周慧梅：《八千里路云和月——〈民国教育史专题研究丛书〉出版侧记》，《教育史研究》2022 年第 4 期。

民众学校的教育对象以低教育期望群体为主，社会阶级的特点制约了社会教育理想蓝图的实现，这折射出的是政府、知识分子以及基层民众在社会教育中的微妙关系。

可以说，该书不仅在一定程度上拓展了社会教育的民国史料空间，也为相关研究领域的后来者提供了具有层次性和条理性的丰富数据基础。更应看到的是，研究所展现之民国社会教育百态并不在于所有史料不遗毫发地铺陈，而在于经由作者取舍后的精心安排，以关键史料的相映、抵牾与互补作为定位社会教育整体状貌的坐标，有见微知著之功。

三 登高望远：研究创新与启示

从研究原则来看，作者秉持丛书作者集体达成的共识："不要动不动就比附现实""没有必要在全书的最后，加上一节'某某问题对当代的启示'""让历史著作恢复到学术的轨道上去"。[1] 但从"服务学科建设、学术发展，'回应社会需求、为当代中国教育改革提供有益借鉴'"的研究目的来看，[2] 文本外的接受者应在文本建构者的引导下，探寻研究所取得创新与对当下启示的可能性。有基于此，作者在仔细研磨、吸收前人研究的基础上，在《民国社会教育研究》一书中取得不少创见，为有志于在社会教育研究中登高行远者提供了清晰的路标。

其一，考察了"社会教育"概念的内涵与外延。鉴于民国时期"社会教育"概念之众说纷纭，因时而变，故作者在书中并未界定社会教育的清晰边界，而是根据每一阶段政策法令的内容分而呈现，以概念史的思路展现了其流变脉络。[3]例如，随着学制变革，社会教育与学校教育的关系对其概念的影响显得尤为突出，从泾渭分明到合流办理，社会教育在地位和功能上弱化了"补充教育"的意味，日益显现出与学校教育的平等性。又如，社会教育在政府意志、专业主张与民众期望等力量的此消彼长中，显现出较其他教育更为强烈的"政教一体"特点和政治功能，这也使得社会教育的概念明确向民众改造和社会改造延伸。

---

[1] 周慧梅：《八千里路云和月——〈民国教育史专题研究丛书〉出版侧记》，《教育史研究》2022 年第 4 期。

[2] 周慧梅：《民国社会教育研究》，湖南教育出版社，2018，第 6 页。

[3] 李林：《国家、教育与社会——周慧梅"中国近代社会教育"系列著作读后》，《教育史研究》2023 年第 5 期。

其二，开阔了社会教育的史学研究综合视野。"十几年来，史学界，特别是社会史学界、思想史学界、政治史学界、文化史学界，多有关于民国教育的研究成果面世……均对我们有启迪意义。"① 作者在研究中充分贯彻了田正平先生关于丛书编写的指导思想，并未拘囿于教育学或教育史学的成果，而是综合社会史、政治史、文化史、财政史等史学研究视野，从而绘成这一幅"跳出教育看教育"之立体画卷。

其三，提供了可堪借鉴的多元史学研究方法。作为历史研究，作者在文献研究法外，还灵活使用了个案研究法，形成宏大与精微相交织的研究视角。如在第五章中，作者以"1944 年湖南省省立民众教育馆馆长与会计互控案"为例，对抗战期间的社会教育进行了侧写。这桩由私人纠纷引起、在多重因素作用下演变为社会事件的公案，在堆积的卷帙中并不起眼，但研究者通过深入剖析案件起因与社会环境，敏锐地觉察到其背后隐藏的是国家权力与基层治理的固有矛盾，经由乡土社会的催化，最终折射在社会教育领域，同时也造就了这一时期社会教育"借助各种活动向基层社会延伸国民党统治"的特点。此外，作者亦创新地借鉴了计量史学研究方法，以可信统计材料中的客观数字为载体，如社教机关的数量、经费、人员情况等，将质性研究与量化研究结合起来，为读者营造出"历史在场者"的真实体验。

作者指出，社会教育具有绵延性，因此，当代社会教育画卷如何落笔与接续仍需从民国社会教育历史中寻找答案。一方面，民国社会教育是"中国的现代化"历史图景的一部分，这也决定当时的社会教育的目的直接指向"教做现代人"；而当社会教育进入新时期，成为实现"中国式现代化"的一项教育事业时，则有必要重新厘定其目标，即如何为实现中国式现代化培养人才，这也是社会教育制度、体系、机构及队伍得以建立和发展的根本依据。另一方面，民国社会教育得益于自上而下的国家行政力量的推进，获取了合法地位，具有了强制性和义务性，但也因此陷入了以传统教化为主要力量的基层自治与国家权力的冲突之中，导致发展受限。出于这一历史经验，当代社会教育的发展必须坚持以人民为中心，在充分发挥基层能动性的基础上总结社会教育的典型经验，实现自上而下与自下而上的良性互动。

---

① 周慧梅：《八千里路云和月——〈民国教育史专题研究丛书〉出版侧记》，《教育史研究》2022 年第 4 期。

　　总体而论，周慧梅博士的《民国社会教育研究》不仅对民国时期社会教育问题进行了全面、深入而创新的探索，在助力社会教育学科建设和完善的同时，以审慎、求实的研究精神为时人进一步了解民国历史、辩证看待民国社会提供了有益的帮助。

会议综述

从中外比较中认识中华文明

——《不尽的江河不断流：比较视野下的中华文明》新书发布会暨学术研讨会综述

张 弩

（北京师范大学历史学院，北京 100875）

2023 年 6 月 17 日，"《不尽的江河不断流：比较视野下的中华文明》新书发布会暨学术研讨会"在北京师范大学出版社召开。本次会议由北京师范大学史学理论与史学史研究中心、北京师范大学铸牢中华民族共同体意识研究培育基地、北京师范大学出版社主办。与会学者讨论杨共乐教授最新出版的著作《不尽的江河不断流：比较视野下的中华文明》。现将会议主要内容综述如下。

一 中华文明的连续性

连续性是中华文明的特征之一。2023 年 6 月 2 日，习近平总书记在文化传承发展座谈会上的讲话中，概括了中华文明的五个突出特征：连续性、创新性、统一性、包容性、和平性。其中连续性从根本上决定了中华民族必然走自己的路。杨共乐教授认为，世界上的其他文明都已经断裂，只有中华文明绵延不绝。中华文明的连续性特征进一步决定了中国历史的书写、中国历史学科的研究也必然走自己的路。学者需要关注中华文明的独立性，充分发挥中国人独立自主的精神。饶涛认为，中华文明起源的问题是当前学术界的热点话题，也是国家迫切关注的重点学术话题。习近平总书记在许多重要的场合都号召要研究中华民族共同体意识。这部著作的出版契合国家当下的需求。虽然书中以连续性为研究对象，但也涉及另外四个特点，是理论性与可读性结合的典范之作。读者可以借此了解源远流长的中华文明。

汪高鑫认为，以亨廷顿《文明的冲突》为代表的西方文明观，同中国的文明观有本质的不同。《文明的冲突》认为，世界各文明存在差异，导致不同文明之间一定会发生冲突。这种冲突具有根本性、绝对性，无法折中与转化。这是一种静态化的文明观。相比较而言，中国的文明观在承认文明差异的同时，也认为文明可以转化，不是静止不变的。同时中国人认为文明的转化总体上是朝着好的方向发展。这就是古人所谓的"诸侯用夷礼则夷之，进于中国则中国之"。中国古人的这种文明观承认文明的走向和变化，是一种动态的、进步的文明观，其本质是求同存异。当代中国人的文明观，在思想上、逻辑上和传统的文明观相通。习近平总书记强调，文明的多样性是人类文明的内在诉求，也是人类进步的源泉。文明通过交流与互鉴，可以认识到自身的不足，促进各自的发展。张越认为，对文明的研究首先应该明确文明的定义，以及前人研究的学术史。该书本身契合习近平总书记座谈会讲话的精神，是在学术层面的夯实与建构。周文玖认为，本书有强烈的问题意识。书中将中华文明分为农耕文明、草原文明和海洋文明三个组成部分。这是新颖的思路。这三种文明的结合，是和而不同的典型模式，与西方人宣扬的文明冲突论之间有着本质区别。李帆认为，本书对于中华文明的定义立足学术史的高度。近代自民族国家兴起以后，学者惯于以国别史、区域史为研究对象，但以文明为研究单位的成果不多。当下的学术研究偏细化、碎片化。文明的话题超过其他层面，是宏观性的课题。同时，与西方人相比，中国人更强调文明之间的认同与交流。所谓华夷之辨也并非以种族、血统为区分标准。中华文明之所以能够绵延不绝，和这种认同是密不可分的。因此，中华文明的连续性一定程度上来自文化的包容性。

孙俊认为，同其他文明相比，中华文明自起源阶段就是多元的，有丰富的土壤和深厚的根系。众多史前文化的相互聚合交融催生了丰富多彩的中华文明。各个历史时期多民族交往丰富了中华文明的核心内涵，最终形成了你中有我、我中有你，无法分离的中华民族共同体。中华文明是中华民族的伟大创造，是人类原生文明中唯一没有中断过的文明。中华文明的复兴是发展的复兴，是和平的复兴，与西方的文艺复兴有着本质不同。袁波认为，该书研究学界近年来高度关注的重大学术问题，系统梳理了文明和文明观的概念。正确、科学地把握文明观，不但有助于人们更好地认识人类文明的发展规律，认识中华文明的伟大价值，认识中华文明对世界的重大贡献，而且有助于促进世界文明进步，推动世界的和平发展。中华文明有多元交融、开放包容等特点。自强不息、厚德载物、仁义忠信等特点深深扎根于中华民族的心灵深处，构成了中华民族文化认同的坚实基础。这种文化认同在长期的发展过程中表现为巨大的凝聚力，让中华文明成为唯一没有中断的独立文明。

连续性是中华文明发展的突出特点，也是中华文明独立发展的原因和动力。中国学者有责任叙概括并研究中华文明的内涵，以推动当下社会主义新文化的进一步发展。

二　历史研究的现实性

杨共乐教授自言本书的一个特点是以时代为文献进行思考。与兰克的"科学史学"不同，中国传统史学的一个突出特点是将时代视作研究背景。以司马迁等人为代表的史家都力图书写当下，用自己的语言描述社会发展的大趋势。历史工作者需要充分发挥史学歌颂时代的作用。用当代的语言记述当下的社会，是时代的迫切需要，也是历史工作者的责任。铸牢中华民族共同体意识是当下文化建设的一个非常重要的部分。6月2日的座谈会吹响了中华民族现代文明的号角，是新时期文化建设的纲领性文件。廖英认为，当下统一战线面临新的时与势，所肩负的使命和任务发生了重大的变化。中华民族文化正是我们统一战线凝聚共识、汇聚力量、促进中华民族大团结的重要根基。

蒋重跃认为，当下我们也面临着"百年未有之大变局"，表现在"中华民族伟大复兴"和"人类命运共同体"两个方面。我们所说的时代精神就是二者协调的结果。当代西方社会对中华文明存在诸多误解，认为中国发展的结果必然是称霸。因此我们研究历史的意义在于让世界了解中华文明，避免文明的冲突。中华民族是礼让的民族，中国的发展是互利共赢的发展。该书就是这一思想的体现。另外，汉语学界的学者也有责任在自己的语言系统之内讨论学术概念，力图摆脱西方术语对汉语学界的影响，积极建设我们自己的学科系统、学术系统、话语系统。因此，该书也体现了当代知识分子的使命担当。周文玖认为，白寿彝先生曾言，历史学是致用的学问。学者应有社会担当，把学术和当前社会现实、国家的重大战略结合起来。近年来，民族成为国家的重要战略问题。许多国际冲突也是由民族问题导致的。所以研究中华文明,与国家的大政方针、与"两个大局"都有密切的联系。学者在讨论学术问题的同时,要坚持政治方向,学以致用。这是北京师范大学自侯外庐、白寿彝等先生以来的优良传统。

董立河认为,中华文明的连续性问题是服务于当今国家的重大问题。历史工作者需要追问中华文明连续不断的原因,从实证方面进行阐释。张昭军认为,史书要以时代为文本进行思考。现实可以赋予历史作品价值。读者站在当下的立场思考历史记载。这一过程是同理心的体现,是历史在现实上的投射。因此现实感是评价历史作品的标准。面对近代民族危机,钱穆等学者开始思考中华文明如何延续的问题。当下,中国的改革开放取得了巨大的成果。学者需要用文字记录这种成果。6月2日的座谈会提出了研究中华文明的纲领,是继往开来的讲话。而这部著作契合了这个时代最为重要的问题。袁波认为,这部著作以时代为依据思考问题,运用唯物史观的研究方法,在新时代中国特色社会主义事业的宏观视野下,揭示了中华文明对人类的贡献。全书将历史和现实、事实和价值、宏观与微观,以纵横交错的方式,充分融合为一个有机的整体,从解释文明的定义、阐释文明观开始,在话语思路上层层递进,在逻辑脉络中环环相扣,在主题凝练上突出特色,从世界文明发展的角度来研究中华文明。本书对于从文明源头汲取文化自信贡献了力量,对于铸牢中华民族共同体意识,对于当代的文化建设,对于人类文明比较和构建都是十分有必要的。李帆认为,除了连续性之外,包容性也是中华文明的特点之一。铸牢中华民族共同体意识的关键在于如何总结、传播中华文明的特点,也就是找到中华文化的标志。这有助于凝聚中华民族的精神力量。同时,我们也要有开放的胸怀,不以意识形态和文化差异作为评价文明的依据。

孙俊认为,史家治史不仅是勾陈史实,辨章学术,更重要的是以史为鉴,思考现实。研究中华文明的连续性,不仅是历史研究的需要,也是中国走自己的现代化发展道路的需要。文化自信在很大程度上源于对民族文化的认同,因此必须建立在对中华民族历史和文明正确、深刻的认识基础之上。史家有必要也有责任探寻历史,讲清事实,梳理原理,传承文化。本书可以让读者产生强烈的共鸣和民族自豪感。户华为认为,马克思主义和中华文化是彼此契合、互相成就的。本书虽然关注历史问题,但有强烈的社会意识。

与会学者一致认为,历史研究不能脱离现实而独立存在。一切历史研究都要有现实的关切。学者应密切关注与国家相关的重大战略问题,在研究微观问题的同时保有宏观视野，推动历史学的致用功效。

三　历史研究的比较方法

本书在写作的过程中，重视运用比较的研究方法。杨共乐教授通过比较发现了许多新材料和新视角。例如，"中华民族"的概念，过去学界认为是梁启超在《中国学术思想变迁之大势》中提出的，但通过比较，他发现恩格斯在 1857 年 5 月发表的《波斯和中国》中就已经出现了 Chinese Nationality 的说法。在那个民族国家观念蓬勃发展的年代，恩格斯运用唯物主义的观点提出了新的概念，值得学者注意。

蒋重跃认为，本书具有宏观视野。这种宏观视野建立在微观视野的比较之上，做到了比较的自觉。本书无论是回顾中华文明的历史，还是展望未来，都是在中西比较的视野下进行的。比较的目的是发现本质性的东西。因此本书的鲜明特点是通过比较发现中华文明的根本要素。汪高鑫认为，本书的研究目的就是对文明观的比较。文明史、文明史观研究需要有宏大的视野，需要通过比较才能发现各个文明之间的差异。张越认为，比较必须要有比较者的态度。文明史的比较会涉及不同文明之下的政治、文化背景，因此需要有学者自己的形象与话语。本书的比较重点在于探究中华文明的特征。作为中国学者，作者本身浸润在中华文化传统中，又具备世界的视野和世界史的知识背景，就能更自觉地进行比较，实现中国史和外国史研究之间的交流与融合。张昭军认为，中国史学研究习惯于纵向比较，关注古今之辨。但横向比较，关注不同文化、不同文明之间的差异是相对较弱的。本书是横向比较的典范之作。作者在叙述中华文明的同时，背后有罗马文明的背景。因此，全书蕴含中华文明与罗马文明等其他文明的比较。北京师范大学的历史学研究，以陈垣先生的作品为代表，都是在具有很强的文化主体性的同时，还具有世界历史的背景。这部著作延续了先生辈的研究思路与成果。何思源认为，研究中国史的一种基本思路是具有世界史的知识和视野。例如，如果没有西方近代以来的世界史基本知识和理论视野，那么就很难研究中国近现代国家建构的过程。同理，中华文明的研究也需要一定程度的比较方法。户华为认为，比较研究是一种相对困难的方法，需要首先立足于对世界各文明的微观深入了解，才能梳理概括出中华文明的典型特征。

比较研究是历史研究的基本方法之一。站在宏观的世界背景之下，才能更清楚地认识中华文明在世界上的定位，进一步推动中华文明研究的发展。

　　整体来看，本次会议围绕杨共乐教授的新书《不尽的江河不断流：比较视野下的中华文明》进行讨论。与会学者重点关注中华文明的连续性特征、历史研究的现实性特征以及历史研究的比较方法等相关问题，深入探讨历史学研究的意义与方法、历史学与社会之间的互动等问题，展现了史学关注国是、弘扬文明的功效。本综述在介绍与会学者观点的同时，希望借此机会让更多的读者了解杨共乐教授的新作品，呼唤学界关注中华文明，关注文明史的研究。

附录一 北京师范大学史学理论与史学史研究中心大事记（2022年9月~2023年8月）

（北京师范大学史学理论与史学史研究中心，北京 100875）

2022 年

9 月

▲北京师范大学铸牢中华民族共同体意识研究培育基地研究人员向全国政协委员作"历史文化中的中华儿女大团结"专题导读

9月2日，北京师范大学史学理论与史学史研究中心和北京师范大学铸牢中华民族共同体意识研究培育基地共同承担为全国政协委员作"历史文化中的中华儿女大团结"专题导读，前后共计120讲。导读效果显著，受到相关领导的肯定和好评。

▲瞿林东教授主持的国家级精品课程《史学名家的治史历程与方法》在中国大学 MOOC 上线

《史学名家的治史历程与方法》课程由北京师范大学资深教授瞿林东先生负责，由瞿林东、陈智超、周少川、宁欣和蒋重跃五位教授主讲。本课程主要讲述陈垣、刘乃和、白寿彝、何兹全、刘家和五位史学名家为人为师为学的历程，对年轻一代学者具有很强的教育和启示意义。此课程在2020年11月荣获首批国家级一流本科课程（线上）。本学期开课时间为2022年9月15日至2022年11月20日。

▲汪高鑫教授《中国经史关系通史》出版并入选2022年第三季度影

响力图书

我中心汪高鑫教授主编的四卷本《中国经史关系通史》，于 2022 年 9 月由福建人民出版社出版，全书 173 万余字，是迄今为止第一部系统研究中国经史关系史的多卷本通史著作，也是此领域的一项标志性成果。其中，《先秦两汉卷》由汪高鑫、马新月撰写，《魏晋南北朝隋唐卷》由李传印、吴海兰撰写，《宋元明卷》由汪高鑫、邓锐、李德峰撰写，《清代民国卷》由王记录、李玉莉撰写。《中国经史关系通史》是汪高鑫教授主持的教育部人文社会科学重点研究基地重大项目"经史流变探源"的后续成果，入选"十四五"时期国家重点出版物出版专项规划项目。2022 年 10 月 28 日，《中国出版传媒商报》发布 2022 年第三季度影响力图书，《中国经史关系通史》入选。

▲张昭军教授《民国时期日本人所办〈北京周报〉整理与研究》获批国家社科基金立项

9 月 30 日，经国家社会科学基金学科评审组评审，全国哲学社会科学工作领导小组批准，张昭军教授申报的国家社会科学基金项目《民国时期日本人所办〈北京周报〉整理与研究》获批立项。

▲中国史学会史学理论分会第三届理事会成立

近日，中国史学会史学理论分会第三届理事会成立。我中心刘家和、陈其泰、瞿林东三位先生担任中国史学会史学理论分会第三届理事会顾问；杨共乐、张越教授任中国史学会史学理论分会第三届理事会副会长；周文玖、汪高鑫、董立河教授任中国史学会史学理论分会第三届理事会常务理事。这说明了我中心在史学理论研究领域的学术实力和影响力。

11 月

▲北京师范大学铸牢中华民族共同体意识研究培育基地研究人员参加"中华文明与民族文化"委员读书群线下讲座暨全国政协书院"周周论学"第 32 期活动

11 月 8 日，"中华文明与民族文化"委员读书群线下讲座暨全国政协书院"周周论学"第 32 期在全国政协文史馆召开，会议由全国政协民宗委副主任罗黎明同志主持，全国政协民宗委驻会副主任隋青、全国政协委员郑大发、丁元竹、怀利敏出席会议，北京师范大学党委统战部常务副部长廖英、铸牢中华民族共同体意识研究培育基地杨共乐、蒋重跃、陈涛、李渊、刘卓异、朱露川、孙琳出席会议。会议由罗黎明副主任主持。罗黎明副主任介绍了全国政协民宗委承办委员读书群的总体情况。他指出，自2020年4月23日至今，民宗委共承办10期读书群，由北京师范大学研究团队参与导读的"中华文明与民族文化"（2022.9.2~2023.1.20）为最后一期。截至11月8日中午，汪洋主席进群浏览24次，总点击阅读量达17000余人次，在专业读书群中排名第一。刘奇葆副主席每期入群，对读书群工作作了系列重要批示，尤其指出本群的导读内容具有广泛、深入的特点，对民族理论问题有认识上的启示。隋青副主任指出，本群导读团队政治站位高、学术水平高，发挥了专业优势，已进入最佳状态。北京师范大学铸牢中华民族共同体意识研究团队代表先后发言，大家就自己在导读工作中承担的任务、参与导读工作的收获和体会作了广泛交流。郑大发委员、丁元竹委员、怀利敏委员参与了讨论。罗黎明副主任对本次交流活动作了总结，他指出"中华文明与民族文化"读书群进展顺利，涉及领域之多，延伸思考之多，参与学习讨论的委员之多，学习收益之多，在诸多方面取得了突出成效。同时，他希望进一步落实读书群的成果转化工作，通过读书出思想理论、出政策主张、出实招真招，做好双向发力的智力保障。

12月
▲2022年史学理论与史学史学术研讨会召开

2022年12月17~18日，教育部人文社会科学重点研究基地北京师范大学史学理论与史学史研究中心暨北京师范大学铸牢中华民族共同体意识研究培育基地召开"2022年史学理论与史学史学术研讨会"。为应对疫情形势，本次会议在线上举办，平台为腾讯会议。来自中国社会科学院、北京大学、北京师范大学、中国人民大学、复旦大学、南开大学、山东大学、中山大学、四川大学、华东师范大学、教育部高等学校社会科学发展研究中心、中国人民大学书报资料中心、《光明日报》、《人文杂志》、《学术研究》、《天津社会科学》、《河北学刊》、《廊坊师范大学学报》（社会科学版）等众多高校、科研机构和学术杂志的120名学者参会。大会开幕式由周文玖教授主持，我中心主任杨共乐教授致欢迎辞，并向与会学者介绍近年来中心取得的成果和成绩，阐述建设中国特色人文社会科学的重要性，以及史学理论与史学史学科在该方面的贡献所在，期待与会学者持续发扬史学的经世致用精神。与会学者围绕"中国史学与铸牢中华民族共同体意识研究""关于历史理论、史学理论的专题研究""历史撰述与中国传统历史编纂学""中西文明特征比较研究""外国史学研究新动向"等主题展开深入研讨和交流，气氛热烈，效果显著。此次会议的成功召开，为来自不同学校、不同专业背景的学者提供了学术交流舞台。全国各地学者共同克服严峻的疫情形势，在会议上各抒高论、相互切磋、交流思想、大放异彩，推动了史学理论与史学史领域一系列重大课题的进一步研究。本次会议对于阶段性促进史学理论与史学史学科的发展具有重要作用。

2023 年

1 月

▲我中心三个项目获教育部人文社会科学重点研究基地重大项目立项

2023 年度教育部人文社会科学重点研究基地重大项目，经组织专家严格评审和公示，我中心三个项目获批立项：《比较视野下的中国古代史学理论研究（上）》，项目号 22JJD770011，主持人为汪高鑫教授；《比较视野下的中国古代史学理论研究（下）》，项目号 22JJD770012，主持人为王记录教授；《比较视野下的中国近代史学理论研究》，项目号 22JJD770013，主持人为张昭军教授。

▲《史学理论与史学史学刊》2022 年下卷出版

《史学理论与史学史学刊》2022 年下卷（总第 27 卷）出版。本卷设立"区域国别与世界历史研究""中国古代史学研究""中国近现代史学研究""历史文献学研究""外国史学研究""现代史学家研究""书刊春秋"七个栏目，刊发论文和评论 27 篇，另有两篇附录，即《北京师范大学史学理论与史学史研究中心大事记（2021 年 9 月~2022 年 8 月）》《史学理论与史学史论著要目（2021 年 9 月~2022 年 8 月）》。2022 年 10 月，中国共产党"二十大"胜利召开，社会主义现代化建设开始了新的征程。在新的历史条件下，历史学者如何出己所学为社会服务，依然是值得深思的问题。发掘和阐释古今中外优秀史学遗产，使之创造性转化、创新性发展，是史学工作者的艰巨任务。作为一个专业性刊物，本刊将继续为学术界同道提供坚实的平台，一方面发表知名学者高水平的研究成果，另一方面也热心提携学术新秀，倡导开辟新领域和学术创新，为我国史学理论与史学史学科的发展，做新的更大的贡献。

2 月

▲北京师范大学珠海校区开设《铸牢中华民族共同体意识》通识教育课程

2月24日，北京师范大学珠海校区首次开设《铸牢中华民族共同体意识》通识教育课程，由杨共乐、晁福林、罗新慧、陈涛、王志刚、何立波主讲，选课人数97人。

3月

▲北京师范大学铸牢中华民族共同体意识研究培育基地召开工作会议

3月8日，基地召开会议讨论第二轮铸牢中华民族共同体意识研究基地申报事宜。会议由基地主任郑师渠教授主持。郑师渠教授表示，在第一轮建设周期考核中，基地的建设效果很好，希望学校能为基地提供更多的支持。新一轮申报仍然是依托史学理论与史学史研究中心。史学理论与史学史研究中心主任杨共乐教授介绍了此次申报工作的基本情况和具体构想。基地主任郑师渠教授、首席专家晁福林教授、基地副主任罗新慧教授、陈涛副教授等人先后发言，大家就如何做好申报工作进行深入讨论和广泛交流。与会人员一致认为，应由郑师渠教授继续担任基地主任，晁福林教授继续担任首席专家。

4月

▲"中西文明比较研究暨刘家和先生从教70周年国际学术研讨会"在北师大召开

刘家和先生是北京师范大学资深教授，自1952年起在北师大任教，在古代希腊史、古代印度史和中国先秦秦汉史、中外古代历史文化比较以及史学理论与史学史等领域皆有精深的研究。2020年，刘先生获北京师范大学"四有"好老师终身成就奖。2023年4月22~23日，由北京师范大学历史学院主办的"中西文明比较研究暨刘家和先生从教70周年国际学术研讨会"在北京师范大学召开。研讨会开幕式在英东学术会堂演讲厅举行。北京师范大学校长马骏、中国世界古代中世纪史研究会会长刘景华出席并致辞，刘家和先生到会并讲话。开幕式由北京师范大学历史学院院长张皓主持。

马骏校长代表学校对会议的召开表示祝贺，对与会专家表示欢迎。他高度评价了刘先生的教学科研成就及其对北京师范大学历史学科的重要贡献，并祝愿刘先生健康长寿、学术之树长青。他指出，中西文明比较研究对国家发展具有重要意义，希望史学工作者围绕实现中华民族伟大复兴加强对重大历史问题的研究，推动学科融合发展，为加快构建中国特色的历史学学科体系、学术体系、话语体系，为更好地发挥历史学的知古鉴今作用作出新的贡献。刘景华代表中国世界古代中世纪史研究会肯定了刘家和先生对我国世界史学科，特别是世界古代史中世纪史学科建设的巨大贡献，感谢刘先生的教诲和厚爱，祝福刘先生健康长寿。刘家和先生在讲话中感谢学校、学院和学界同人的关怀，他指出自强是中国传统文化的宝贵财富，从教与学的紧密关系出发，分析了教学科研中自强的重要意义，并期望能够不断努力，与学界同人一同进步。

中国社会科学院世界历史研究所研究员廖学盛、北京师范大学资深教授瞿林东、中国科学院自然科学史研究所研究员郭书春、陕西师范大学教授赵世超、北京大学教授钱乘旦、清华大学教授刘北成、北京师范大学教授韩震、东北师范大学教授韩东育、复旦大学教授黄洋、中国社会科学院世界历史研究所研究员徐建新、苏州大学教授柴念东等先后在大会发言，北京大学教授马克垚与复旦大学教授张广智作书面发言。发言学者高度肯定刘家和先生在 70 年教学生涯中，对推动中国历史学研究和教学工作作出的重要贡献。在为期两天的会议中，来自美国、加拿大、新加坡和国内数十所高校、科研院所和媒体的近百位学者通过线下+线上的方式参会，就中西文明比较研究、史学理论与史学史、世界古代史、中国古代史、刘家和先生的学术思想等问题进行了深入探讨。

5 月

▲杨共乐教授参加十四届全国政协第四次双周协商座谈会并发言

5 月 26 日，全国政协"加强各民族交往交流交融历史阐释和宣传教育"双周协商座谈会在京召开。来自不同领域的委员、专家与有关部门负责同志会聚于全国政协的协商平台，围绕主题积极建言资政、广泛凝聚共识。中共中央政治局常委、全国政协主席王沪宁主持会议。我中心主任杨共乐教授作为特邀专家与会并发言。他表示，进入新时代，我国民族工作领域马克思主义中国化时代化的最新成果极为丰硕，迫切需要用这些最新的成果来指导中华民族共同体研究。要把铸牢中华民族共同体意识作为通识课，努力去回答"石榴籽是如何紧紧地拥抱在一起的"这些问题。他建议，建立全国性的有系统规划的学科建设平台，注重培养"为时代画像""为民族立传"的拔尖人才。据悉，双周协商座谈会是新形势下人民政协建言献策、增进共识、协调关系、凝心聚力的有效平台。为进一步促进各民族广泛交往交流交融，推动新时代党的民族工作高质量发展，全国政协把"加强各民族交往交流交融历史阐释和宣传教育"作为今年的重点协商 议题，并通过双周协商座谈会形式进行协商建言。

6 月

▲杨共乐教授著作《不尽的江河不断流：比较视野下的中华文明》新 书发布暨学术研讨会在京隆重召开

我中心主任杨共乐教授的著作《不尽的江河不断流——比较视野下的 中华文明》新书发布暨学术研讨会 2023 年 6 月 17 日在北京师范大学出版 集团隆重召开。会议由北京师范大学出版集团、北京师范大学统战部、北 京师范大学史学理论与史学史研究中心联合主办。本书以问题为导向，将 相关问题置于世界的大背景下进行审视，用比较的视野，对中华文明进行 重点考察，力图从宏观思考中看清文明的发展趋势，从比较研究中剖析各 文明的异同，阐述中华文明发展的连续性特点。与会专家指出，此书立足 时代，聚焦文明，用比较的方法勾画中国在世界历史中的地位，阐发中华 文明的发展历程、发展的连续性特点以及中华文明对世界的贡献，阐明 "中华文明的连续性，从根本上决定了中华民族必然走自己的路"这一重 要论述的重大价值。《不尽的江河不断流：比较视野下的中华文明》是 "铸牢中华民族共同体意识研究丛书"的开端之作，该丛书由北京师范大 学出版集团与北京师范大学铸牢中华民族共同体意识培育基地合作推出， 为开放性的书系，力图通过汇集名家力作，持续呈现相关学术研究领域的 最新成果。

7 月

▲央视中文国际亚洲频道播出介绍刘家和先生纪录片《传薪者刘家和》

2023 年 7 月 28 日，央视中文国际亚洲频道（CCTV-4）播出了介绍北 京师范大学资深教授刘家和先生的纪录片——《传薪者刘家和》。该片翔 实生动地介绍了刘家和先生在 70 年的学术生涯中，扎实研究，潜心育人， 在世界古代史、史学理论与史学史、先秦史、中外古史比较等领域的教学 科研工作中作出的突出贡献。《国家记忆》是央视一档以记录讲述中国共 产党奋斗史、新中国飞跃史、改革开放进程史、中国特色社会主义发展史 为内容的日播纪录片栏目，引导社会大众和青少年知史爱党，知史爱国， 厚植爱国情怀，培养浩然正气。

8 月

▲历史理论研究所赴北京师范大学史学理论与史学史研究中心调研

2023 年 8 月 16 日，中国社会科学院历史理论研究所党委书记、所长杨艳秋研究员带队到我中心调研。杨共乐教授代表我中心对杨艳秋研究员一行的到来表示欢迎，并介绍了我中心的发展历程、学术成果。他说，历史理论研究所是全国史学理论研究的"国家队"，肩负着研究阐释中华民族现代文明的重要使命。当前，北京师范大学史学理论与史学史研究中心正在深入学习贯彻习近平总书记在文化传承发展座谈会上的重要讲话精神，愿与历史理论研究所深化合作交流，共同担负起推动文化繁荣、建设文化强国、建设中华民族现代文明的新时代文化使命。杨艳秋研究员代表历史理论研究所对我中心长期以来给予历史理论研究所发展建设的支持表示感谢。她说，北京师范大学史学理论与史学史研究中心学脉深厚，以陈垣先生为代表的"根柢之学"、以白寿彝先生为代表的"贯通之学"和以刘家和先生为代表的"中西会通之学"得到了后来人的继承和发扬，近年来不断取得令人瞩目的高质量学术成果，其中的经验做法值得学习借鉴。历史理论研究所的成立、发展承载着习近平总书记和党中央的希望与重托，责任重大、使命光荣，与北京师范大学史学理论与史学史研究中心的事业发展具有很多契合点，希望双方能够进一步深化学术交流合作，相互成就，为新时代史学理论研究作出应有贡献。

附录二 史学理论与史学史论著要目
（2022年9月~2023年8月）

张帅旗

（北京师范大学历史学院，北京100875）

一 论文

（一）史学理论与中国史学史

曹刚华、刘欣宇：《北魏起居注制度新探》，《史学理论研究》2023年第4期。

曾贻芬：《缅怀恩师白寿彝先生》，《史学史研究》2022年第4期。

查晓英：《陆懋德的"信古"与"考古"》，《四川大学学报》（哲学社会科学版）2022年第6期。

柴文华、于跃：《中国哲学史学溯源：先秦学术史论著的学术立场》，《求是学刊》2023年第3期。

晁天义：《"中国无真史说"偏见的形成与终结》，《陕西师范大学学报》（哲学社会科学版）2023年第1期。

陈朝云、杨丫：《北宋石谔墓志文研究》，《史学史研究》2023年第1期。

陈淳：《增强文明起源研究的科学性》，《史学理论研究》2023年第1期。

陈峰、李自强：《民国时期中国经济史构建的史学路径》，《中国高校社会科学》2022年第5期。

陈峰：《十七年时期中国古史分期讨论的特点及得失》，《齐鲁学刊》2023年第4期。

陈峰：《中共党史与中国马克思主义史学史的学科互动》，《中共党史研究》2023 年第 1 期。

陈光：《章学诚"学以求心得"观念的内涵及学术史价值》，《社科纵横》2023 年第 1 期。

陈鸿超：《东周史体的分衍与融合》，《史学理论研究》2023 年第 3 期。

陈怀宇：《20 世纪上半叶中国史学脚注传统之演进》，《清华大学学报》（哲学社会科学版）2022 年第 6 期。

陈娇娇：《启蒙与救亡之间：梁漱溟与常乃悳的文化观述论》，《史学理论与史学史学刊》2022 年第 2 期。

陈鹏：《世传谱学：中古谱学世家及其家学特点》，《史学史研究》2023 年第 1 期。

陈其泰：《从"文化视角"到探索中华民族文化基因的锻造——治史心路回眸》，《史学集刊》2023 年第 2 期。

陈其泰：《对构建中国历史学自主知识体系的思考》，《史学理论研究》2023 年第 3 期。

陈甜：《改革开放以来历史虚无主义解析与批判综论》，《史学理论研究》2022 年第 5 期。

陈甜：《十年来历史虚无主义演变的理性审思》，《史学理论研究》2023 年第 4 期。

崔幸：《试论侯外庐对乾嘉汉学研究的贡献》，《史学理论与史学史学刊》2022 年第 2 期。

崔志海：《晚清革命史和民族主义叙事体系再思考》，《史学理论研究》2022 年第 5 期。

戴海斌：《邵循正史学三题》，《历史教学问题》2022 年第 5 期。

单磊：《吕思勉"宋金和战"论对赵翼考论成果的借鉴与发展》，《历史教学问题》2023 年第 1 期。

董成龙：《留美时期林同济的中国东北史研究》，《史学理论研究》2023 年第 4 期。

杜志强：《赵时春〈稽古绪论〉的思想内容及其学术评价——以文献学和思想史的视角》，《中国典籍与文化》2023 年第 3 期。

方美美、周少川：《论柴德赓的史料学思想与方法》，《郑州大学学报》（哲学社会科学版）2023 年第 2 期。

方美美：《论柴德赓史学的求真与致用思想》，《内蒙古师范大学学报》（哲学社会科学版）2023 年第 2 期。

冯天瑜：《中国史学的制度文化考释传统》，《湖北大学学报》（哲学社会科学版）2022 年第 6 期。

冯懿：《新意贯之，新法绳之——张森楷方志学思想初探》，《西部学刊》2023 年第 4 期。

伏煦：《〈史通〉的自注与刘知幾的史注观——兼与六朝自注比较》，《史学理论与史学史学刊》2022 年第 2 期。

伏煦：《章学诚"古文辞由史出"说探微》，《文艺理论研究》2023 年第 4 期。

高寿仙：《为了变革而认识——黄仁宇对"洪武型财政"的病理分析》，《史学理论研究》2023 年第 2 期。

高希中：《革命与学术的整合：民国时期马克思主义史学的"经世"取向》，《四川师范大学学报》（社会科学版）2023 年第 1 期。

高希中：《试论历史思潮的学科定位及重要价值》，《史学理论研究》2023 年第 2 期。

郭辉：《纪念史与记忆史：一个学术关系问题的思考》，《史学理论研究》2022 年第 5 期。

郭露凝：《内藤湖南中国史学史研究对中国古代史著的征引和借鉴》，《廊坊师范学院学报》（社会科学版）2022 年第 3 期。

郭震旦：《古史辨：现代中国史学的记忆之场》，《史学月刊》2023 年第 5 期。

韩博韬：《断代史著的写法与学术史意义——马植杰著〈三国史〉、何兹全著〈三国史〉比较研究》，《社会科学论坛》2023 年第 2 期。

何孟：《魏晋南北朝时期别传的史学价值》，《史学史研究》2022 年第 4 期。

何锡辉：《习近平历史观的认识逻辑》，《中南大学学报》（社会科学版）2023 年第 3 期。

何昱杰：《晚清"新史学"思潮在民国学界的延续和批评——以章嵚〈中华通史〉为中心的考察》，《淮北师范大学学报》（哲学社会科学版）2023 年第 2 期。

胡楚清：《两宋时期的兴亡论及其研究价值》，《史学理论研究》2022 年第 6 期。

胡逢祥：《中国史学传统及其近代转型之路》，《史学理论研究》2023年第4期。

胡镓、程庭辉：《疑古与释古——"历史层累说"与"历史创生论"的反与合》，《吉林师范大学学报》（人文社会科学版）2023年第4期。

胡伟、赵兴胜：《历史学家如何经世致用——郑天挺的经验与意义》，《史学理论研究》2023年第2期。

胡新、朱金波：《张舜徽致卞孝萱六通信札考释》，《历史文献研究》2022年第2期。

胡永恒：《史学研究的"碎片化"及其超越》，《社会科学战线》2023年第5期。

蹇伶浇：《宋慈抱〈续史通〉史学意蕴发微》，《历史教学问题》2023年第1期。

蹇伶浇：《为传统史学续命：宋慈抱〈续史通〉的民族本位思想》，《四川师范大学学报》（社会科学版）2023年第3期。

蒋重跃：《启蒙理性及其在20世纪初的中国的影响（上）》，《渤海大学学报》（哲学社会科学版）2023年第3期。

蒋重跃：《启蒙理性及其在20世纪初的中国的影响（下）》，《渤海大学学报》（哲学社会科学版）2023年第4期。

金大陆：《"口述史"与"口述记忆"——新中国史口述研究的历史学和社会学取向》，《中共党史研究》2023年第3期。

靳宝：《备南北：〈吴越春秋〉与〈南史〉〈北史〉编纂》，《史学史研究》2023年第1期。

阚红柳：《以史析运：查继佐〈罪惟录〉史论研究》，《史学史研究》2023年第1期。

兰梁斌：《在马克思主义史学之路上不懈开拓前行——张岂之与中国思想史研究访谈录》，《史学理论研究》2023年第4期。

李帆：《清季历史教科书的双重认同》，《史学理论研究》2023年第2期。

李帆：《中华民族自觉意识的初步觉醒——从清末民初的历史教科书谈起》，《史学史研究》2022年第4期。

李峰、刘嘉诚：《〈资治通鉴〉载汉元帝时期史事辨析》，《史学理论与史学史学刊》2022年第2期。

李恭忠：《柳诒徵的"社会"发现》，《史学月刊》2022年第10期。

李俊生：《被接续的杜撰：马援"立铜柱""誓云"二说在越南史籍中的移植》，《暨南史学》2023 年第 1 期。

李锐：《战国诸子古史系谱研究》，《社会科学战线》2023 年第 8 期。

李孝迁：《范文澜与郭沫若的隐秘论辩——以西周社会性质为中心》，《文史哲》2023 年第 1 期。

李孝迁：《郭沫若〈十批判书〉的同时代反响》，《史学理论研究》2023 年第 2 期。

李秀强：《清华简所见先秦〈诗〉文本的史学特质》，《史学月刊》2022 年第 12 期。

李阳、李玉君：《辽金史学之蠹：陈述先生的辽金史研究路径》，《史学理论与史学史学刊》2022 年第 2 期。

李禹阶：《论中国古史"'历史记忆'的层累式整合"——兼论顾颉刚"古史层累说"的是非与启示》，《人文杂志》2023 年第 7 期。

李泽昊：《亲历者的诉说：〈驴背集〉的史学书写与省思》，《常州大学学报》（社会科学版）2023 年第 3 期。

李长银：《"以其所得相辅助"：郭沫若与"古史辨运动"的学术关联》，《山东社会科学》2023 年第 7 期。

李长银：《翦伯赞与中国马克思主义史料学的初步建立》，《近代史研究》2023 年第 3 期。

李振宏：《论"刘泽华史学"》，《河南师范大学学报》（哲学社会科学版）2022 年第 6 期。

李振宏：《朱绍侯史学：一个当代中国历史学家的典型案例》，《中国史研究》2023 年第 2 期。

李政君：《顾颉刚古史观念探微》，《史学月刊》2023 年第 5 期。

廉敏：《"历史理论"一词在中国语境中的使用及其意义》，《史学理论研究》2022 年第 6 期。

廖久明：《书信反映的郭沫若与〈历史研究〉及下属的关系》，《郭沫若学刊》2022 年第 4 期。

刘超燕：《吕振羽和翦伯赞史学观点的异同及特点——以 20 世纪 30 年代为中心的考察》，《天津社会科学》2022 年第 5 期。

刘江、文茂群：《2022 年中国近代史研究的深耕与突破——以复印报刊资料为中心的考察》，《学术研究》2023 年第 7 期。

刘江：《顾颉刚与北平研究院史学研究会（所）》，《史学集刊》2023

年第 3 期。

刘江：《顾颉刚与徐旭生的交谊与学术歧见考述》，《社会科学研究》
2023 年第 1 期。

刘骏勃：《从清修〈四裔考〉看乾隆时期清廷的世界秩序观》，《河南师范大学学报》（哲学社会科学版）2023 年第 2 期。

刘骏勃：《乾隆朝臣节评价的转变与〈续通志〉的 "贰臣" 书写》，《史学史研究》2023 年第 1 期。

刘开军：《中国近代史家赓续传统的三条路径》，《史学理论研究》
2023 年第 4 期。

刘澍：《近代国人对阿富汗民族国家建构史书写之比较研究（1919～1949）》，《史学理论与史学史学刊》2022 年第 2 期。

刘伟：《20 世纪 50 年代初运用马克思主义引领高校历史教学改革的路径探索——以北师大历史系教学小组的实践为中心》，《北京师范大学学报》（社会科学版）2022 年第 5 期。

刘小龙：《〈明实录〉科举史料价值探析——基于文献学和史学史双重视角的考察》，《南都学坛》2023 年第 1 期。

刘艳聪：《试论抗战时期（1931—1945）岑仲勉的隋唐史研究》，《陕西历史博物馆论丛》2022 年卷。

刘永祥、刘轶群：《传统历史编纂学在近代的变易与传承——兼论中西方历史编纂学体系的异同》，《淮阴师范学院学报》（哲学社会科学版）2023 年第 1 期。

刘永祥：《近代历史编纂新格局与传统文化应变力》，《史学理论研究》
2023 年第 4 期。

刘永祥：《章学诚的〈史记〉观——以陈其泰重新解读〈文史通义〉为中心》，《淮阴师范学院学报》（哲学社会科学版）2023 年第 4 期。

龙平平、丁愉：《重大革命历史题材创作中坚持正确历史观的几个问题——以〈觉醒年代〉和〈历史转折中的邓小平〉为例》，《史学理论研究》2022 年第 5 期。

卢中阳：《郭沫若的 "井田制" 研究及其价值》，《郭沫若学刊》2022 年第 4 期。

鲁越：《何干之对马克思主义史学发展的贡献》，《西部学刊》2023 年第 4 期。

路新生：《历史美学中的 "类" 与 "典型" ——兼析〈后汉书〉 "类

传法"》,《江西社会科学》2023年第3期。

罗检秋:《学术社会史的理论特质与实践路径》,《史学理论研究》2023年第4期。

马晓林:《壬子年祭天与元朝的国史编纂》,《文史哲》2023年第2期。

聂婷、邱亚:《位卑未敢忘忧国:张舜徽早期经世思想述论》,《历史文献研究》2022年第2期。

牛继清:《正统与篡逆:正史数序纪日与历史书写》,《史学月刊》2023年第8期。

牛子晗:《正史〈循吏传〉传名变化及循、良、能义释》,《史学理论与史学史学刊》2022年第2期。

牛子晗:《正史〈循吏传〉入传标准与记述内容的变化》,《史学史研究》2023年第2期。

乔治忠:《顾颉刚与王国维治史理念的差异及学术启示》,《廊坊师范学院学报》(社会科学版)2022年第4期。

乔治忠:《略论社会文化思潮与历史思潮》,《史学理论研究》2023年第2期。

乔治忠:《中国历史学"无奴派"思潮的理论剖析与当下审视》,《河北学刊》2023年第1期。

秦丽:《朝鲜王朝的中国通史撰述及其特点》,《南开学报》(哲学社会科学版)2022年第6期。

曲柄睿:《佣书成学:中古知识的结集、生产与传播》,《北京师范大学学报》(社会科学版)2023年第1期。

屈宁:《冲突下的暗合:论阮元与章学诚的学术交集》,《文史哲》2023年第4期。

瞿林东:《论新时代中国特色历史学基本理论问题》,《北京师范大学学报》(社会科学版)2022年第5期。

任虎:《被塑造的形象:侯外庐中国社会史研究新论》,《福建论坛》(人文社会科学版)2022年第9期。

沈相辉:《"实录"本义新探》,《史学月刊》2023年第7期。

舒文:《吕振羽在清华大学有关马克思主义史学演讲的研究》,《高校马克思主义理论研究》2022年第3期。

舒习龙:《日记视域下张舜徽的历史文献学与学术批评》,《史学史研究》2023 年第 2 期。

舒习龙：《中国近代史学转型与表征——基于学人日记的视角》，《东方论坛》2023 年第 3 期。

汤莹：《化腐朽为神奇：顾颉刚"伪书移置说"的建立及其反响》，《史学月刊》2022 年第 10 期。

汤莹：《重塑禹域：〈中国疆域沿革史〉的学术特征与双重价值》，《民族学论丛》2023 年第 3 期。

田志光、梁嘉玲：《镜鉴与变通：宋代士大夫的援史经邦》，《史学史研究》2022 年第 4 期。

童杰：《中国史学近代化的一个缩影——以"浙东学派"概念的构建为中心》，《史学理论研究》2023 年第 4 期。

汪高鑫：《易学视域下的司马光史学思想》，《福建论坛》（人文社会科学版）2023 年第 2 期。

汪晖：《历史幽灵学与现代中国的上古史——古史/故事新辨（上）》，《文史哲》2023 年第 1 期。

王豪：《唯物史观与清代学术思想史研究思路的转变——以谭丕模〈清代思想史纲〉为中心的讨论》，《史学史研究》2023 年第 2 期。

王慧颖：《20 世纪 50 年代的凉山彝族社会调查与古史分期争论》，《史学理论研究》2023 年第 1 期。

王记录：《"通史家风"与章学诚的通史思想》，《史学史研究》2022 年第 4 期。

王记录：《乾嘉考据学的传统与历史学"三大体系"的构建》，《求索》2023 年第 2 期。

王嘉川：《罔敢不持其律：〈史通〉对清修〈明史〉的重要理论指导》，《学术研究》2023 年第 5 期。

王乐鑫：《清末科举改制前后的史书市场》，《史学月刊》2022 年第 9 期。

王亮军：《近 40 余年明代史学研究的主要成就述论》，《社会科学动态》2023 年第 7 期。

王启发：《侯外庐对中国封建社会史及近世思想史研究的学术贡献——纪念侯外庐诞辰 120 周年》，《中国史研究动态》2023 年第 3 期。

王晴：《顾颉刚"层累演进"分析法的生成——族群意识与实证交融下的文本阐释》，《民间文化论坛》2023 年第 1 期。

王晴佳：《陈寅恪的"体、用"观与其魏晋隋唐史研究》，《北京大学学报》（哲学社会科学版）2023 年第 1 期。

王晴佳：《陈寅恪治学兴趣和研究转向再议：以 20 世纪二十、三十年代为中心》，《中华文史论丛》2023 年第 1 期。

王锐：《章太炎与曾国藩形象在近代的翻转——兼谈范文澜的曾国藩论》，《天津社会科学》2022 年第 6 期。

王舒琳：《郭沫若的铁器研究与先秦社会形态研究体系的建立与发展》，《河北师范大学学报》（哲学社会科学版）2022 年第 6 期。

王霞：《史家档案史料观念的近代确立——从明清内阁大库档案谈起》，《史学理论与史学史学刊》2022 年第 2 期。

王先明：《中国近代社会史研究的再思考》，《史学理论研究》2022 年第 5 期。

王宪明、姬泰然：《英国发动鸦片战争侵略中国的历史不容否定——驳英国蓝诗玲等人的荒谬观点》，《史学史研究》2023 年第 2 期。

王兴：《民国时期考古学的发展与中国历史撰述中的"古史"建构》，《史学理论与史学史学刊》2022 年第 2 期。

王旭：《论宋元方志中的"乡里"类目》，《史学史研究》2023 年第 2 期。

王艳勤：《顾颉刚通史编纂中的中华民族意识》，《民族研究》2023 年第 3 期。

王也扬：《蒋大椿对唯物史观的研究》，《史学理论研究》2023 年第 4 期。

王应宪：《"感情"和"理性"之间：吕思勉的民族主义论》，《四川师范大学学报》（社会科学版）2023 年第 3 期。

王应宪：《张蓥青及其〈史通〉研究》，《历史教学问题》2022 年第 6 期。

王玉婷：《从考据走向马克思主义：陈守实的学术思想及其转变》，《历史教学问题》2023 年第 2 期。

王云燕、傅正：《民国史学现代化的另一维面——以蒙文通与陈寅恪的对话为线索》，《安庆师范大学学报》（社会科学版）2023 年第 1 期。

王云燕：《传统史学的近代回响——以吕思勉中国通史著作与赵翼史学关联为中心》，《殷都学刊》2022 年第 4 期。

王子今：《秦汉史学家的边政实践与边疆学认知》，《中国边疆史地研究》2023 年第 1 期。

韦磊：《主体、媒介、内容：民国时期〈史学要论〉传播的三重维度》，《史学理论研究》2022 年第 5 期。

吴凤霞：《辽代记注官初探》，《史学史研究》2023 年第 2 期。

吴凌杰：《走向五礼：汉唐之际正史"礼"类典志的变迁与意义》，《史学理论研究》2023 年第 3 期。

吴鹏：《论唯物史观对启蒙历史哲学的双重超越——以"绝对"与"相对"为坐标》，《北京社会科学》2022 年第 9 期。

吴晓明：《唯物史观的具体化定向与历史科学》，《马克思主义与现实》2022 年第 5 期。

吴昕璇：《从东洋史到中国民族史——以近代中日知识界的苗族史论为中心的探讨》，《福建论坛》（人文社会科学版）2023 年第 6 期。

吴英：《构建中国历史学的自主知识体系必须解决指导理论与时俱进的发展命题》，《史学理论研究》2023 年第 3 期。

吴原元：《域外中国文明外来说在晚清民国知识界的回响及启示》，《天津社会科学》2023 年第 3 期。

夏春涛：《加快构建新时代历史理论研究"三大体系"》，《史学理论研究》2023 年第 1 期。

夏芳：《〈中庸〉的历史哲学向度》，《广西大学学报》（哲学社会科学版）2023 年第 1 期。

谢贵安：《清至民国"南明"史概念发生与传播探论》，《史学集刊》2022 年第 5 期。

谢贵安：《中国传统史学在史学近代转型中的中心地位》，《史学理论研究》2023 年第 4 期。

谢盛：《抗战时期马克思主义史学家翦伯赞的南明史研究及其现实意义》，《河南师范大学学报》（哲学社会科学版）2023 年第 5 期。

谢维扬：《大历史观与新时代中国史学的创新》，《探索与争鸣》2023 年第 6 期。

徐国利：《"理乱兴衰"与"典章经制"：吕思勉的传统史书编纂论和中国通史撰述及意义》，《史学理论研究》2023 年第 1 期。

徐国利：《继承与发展：侯外庐"谨守考证辨伪"的内蕴和意义》，《湖北大学学报》（哲学社会科学版）2023 年第 3 期。

徐良高：《中国史学演变与时代的互动》，《南方文物》2023 年第

4 期。

徐义强：《"中华民族共同体"历史脉络的早期思考——费孝通与顾颉刚的人生交谊及学术论争》，《社会科学战线》2023 年第 4 期。

许兆昌、史宁宁：《不绝如缕，文献一脉——试论金景芳先生先秦史史料学的贡献》，《社会科学战线》2022 年第 10 期。

宣扬：《〈帝王略论〉史论特点再认识》，《史学理论与史学史学刊》2022 年第 2 期。

燕永成：《试论北宋元祐时期的史学风气》，《史学理论研究》2023 年第 3 期。

杨共乐：《文明与文明观刍议》，《史学史研究》2022 年第 4 期。

杨华：《中华文明史研究的问题和方法》，《史学理论研究》2023 年第 1 期。

杨艳秋：《新时代中国史学理论研究：进展、挑战与方向》，《求索》2023 年第 2 期。

杨永康、王宇男：《唐代政治斗争与武士彟形象之变迁》，《史学史研究》2023 年第 2 期。

尤学工：《社会变迁与历史思潮、史学思潮的递嬗》，《史学理论研究》2023 年第 2 期。

于沛：《历史思潮初析》，《史学理论研究》2023 年第 2 期。

于沤生：《吴玉章史学思想研究——以历史教科书为中心》，《新乡学院学报》2022 年第 10 期。

余露：《清季的"世界史"认知与文明力较量》，《学术研究》2022 年第 11 期。

虞和平：《王庆成与改革开放以后中国近代史研究的大转型》，《史学理论研究》2022 年第 5 期。

虞云国：《丁则良史学的发轫与转轨》，《历史教学问题》2022 年第 5 期。

臧知非、王婷婷：《还原历史真相 揭示历史逻辑——朱绍侯先生史学成就述要》，《史学月刊》2023 年第 7 期。

张博：《史念海历史民族地理研究的特点与变化》，《史学理论研究》2022 年第 6 期。

张德明：《民国时期姚从吾的史学理论探索》，《史学史研究》2023 年第 1 期。

张登德、杨书洁：《改革开放初期山东师范大学中国近代史学人的学术研究（1979—1989）》，《山东理工大学学报》（社会科学版）2023 年第 4 期。

张耕华：《吕思勉论史三题》，《武汉科技大学学报》（社会科学版）2023 年第 4 期。

张国刚：《文明史的学科定位与研究方法刍议》，《史学理论研究》2023 年第 1 期。

张静：《〈宋史·李涛传〉载"郇王十一世孙"考辨——以两〈唐书〉墓志对比为中心》，《史学史研究》2023 年第 1 期。

张轲风：《乡党政治、士人心态与历史人物书写——以明清史传中的李至刚为中心》，《史学月刊》2023 年第 2 期。

张太原：《中国革命史研究的取向与趋向——从"新革命史"研究谈起》，《史学理论研究》2022 年第 6 期。

张艳国：《唯物史观与中国共产党的百年奋斗》，《史学理论研究》2022 年第 5 期。

张玉翠：《史家价值立场问题论纲》，《河南大学学报》（社会科学版）2023 年第 5 期。

张越：《〈中国古代社会研究〉问世前后的学术史考察》，《天津社会科学》2022 年第 5 期。

张越：《顾颉刚疑古学说百年流播的若干审思》，《史学月刊》2023 年第 5 期。

张越：《林甘泉中国马克思主义史学研究初探》，《中国史研究》2023 年第 2 期。

张越：《文本与情境·交谊与系谱：马克思主义史学的多维视野》，《天津社会科学》2022 年第 5 期。

张越：《中国近代史学发展与历史学自主知识体系建构》，《社会科学》2023 年第 6 期。

章可：《从"史学经世"看晚清西史东渐的知识史和思想史意义》，《天津社会科学》2023 年第 4 期。

章慕荣：《"封建"与"历史"：走向马克思主义唯物史观的"新史学"——兼论 1929 年中国历史学的范式转换》，《北京党史》2023 年第 1 期。

赵朝峰、秦文晋：《论胡绳的马克思主义史学观》，《高校马克思主理论教育研究》2022 年第 5 期。

赵成杰：《清代〈尚书〉学发展的逻辑结构及其学术取向》，《福建论坛》（人文社会科学版）2022 年第 11 期。

赵国壮：《方兴未艾：中国抗战大后方研究十年（2011—2021）——基于西南大学抗战大后方研究中心的考察》，《西部史学》2022 年第 2 期。

赵满海：《论顾颉刚与汪宁生的治学特色与学术传承——以中国民族考古学为中心的考察》，《史学史研究》2022 年第 4 期。

赵梅春：《马克思主义史学之史家修养论》，《廊坊师范学院学报》（社会科学版）2022 年第 3 期。

赵庆云：《1950 年代范文澜与尚钺学术论争再析》，《天津社会科学》2022 年第 5 期。

赵庆云：《略论朱谦之的史学理论建构》，《史学史研究》2023 年第 1 期。

赵雪：《历史语境视域下李大钊与中国马克思主义史学的建构》，《唐山学院学报》2022 年第 5 期。

赵轶峰：《历史意识与历史学——以刘知幾〈史通〉为中心》，《古代文明》2023 年第 1 期。

赵轶峰：《文明与文明史研究的再思考》，《史学理论研究》2023 年第 1 期。

赵轶峰：《我看"古史辨"》，《史学月刊》2023 年第 5 期。

郑大华：《加快构建中国近代思想史"三大体系"的新思考》，《史学理论研究》2022 年第 5 期。

周景耀：《"发现"章学诚与经史学的异轨分途——以张尔田、内藤湖南的交往为线索》，《北京大学学报》（哲学社会科学版）2023 年第 2 期。

周励恒：《中日近代疑古思潮之异同——基于中日史学交流视角的考察》，《史学理论与史学史学刊》2022 年第 2 期。

周倩：《论〈尚书〉的历史教育思想与价值》，《史学理论与史学史学刊》2022 年第 2 期。

周文玖：《从科学史学到民族主义史学——朱希祖史学思想探析》，《四川师范大学学报》（社会科学版）2023 年第 3 期。

周晓霞：《近代初期日本知识分子的"世界史"认识》，《外国问题研究》2023 年第 1 期。

周争艳：《何为"真"：学术史背景下顾颉刚"真"之观念的演变》，

《文化遗产》2022 年第 6 期。

周中梁：《明人对韩宋政权的历史书写》，《史学理论研究》2023 年第 3 期。

朱露川：《细碎间见其统绪——洪迈〈容斋随笔〉之史学史识见》，《史学史研究》2023 年第 2 期。

朱露川：《中国古代史学批评的演进路径和发展趋势》，《史学理论研究》2023 年第 2 期。

朱茉丽：《革命理想的远古投射——唯物史观派中国原始社会研究旨趣探析》，《湖北大学学报》（哲学社会科学版）2022 年第 6 期。

左玉河：《本土化、科学化和方法热：民国时期史学理论研究的基本趋向》，《史学史研究》2023 年第 1 期。

左玉河：《中国近代文化史研究的两难困境与突围之路》，《史学理论研究》2022 年第 5 期。

（二）史学理论与外国史学史

阿慧：《略述 20 世纪上半叶欧美"新史学"思想的异与同——以詹姆斯·哈威·鲁滨逊和初代年鉴学派作为讨论中心》，《理论界》2023 年第 1 期。

岸本美绪、张思：《日本的东洋史学与"基本方法"》，《南开史学》2022 年第 2 期。

曹朕宇：《"历史科学"的定义与建构——柯林武德的历史学认识论再分析》，《西部学刊》2022 年第 17 期。

岑朝阳：《历史哲学视野中的人类文明新形态》，《新疆社会科学》2023 年第 4 期。

柴彬、栗嘉华：《西方战争史中的瘟疫主题书写》，《廊坊师范学院学报》（社会科学版）2023 年第 2 期。

晁天义：《中西史学的结构性差异》，《山东社会科学》2023 年第 8 期。

陈安民：《西方史家关于史学功用的若干思考与辩难——基于"西方史学，中国眼光"的观察》，《史学理论与史学史学刊》2022 年第 2 期。

陈恒：《在反思中成长的外国史学史学科》，《中国社会科学评价》2022 年第 4 期。

陈金海：《论李维史学的命运观念》，《史学史研究》2023 年第 2 期。

陈祥、塚濑进：《日本学界侵华战争研究的环境史脉络刍议》，《史学理论研究》2022 年第 6 期。

褚艳红：《美国当代中国妇女史研究的检视与省思》，《史学理论研究》2022 年第 6 期。

党程程：《20 世纪 90 年代以来美国的中国妇女史研究中差序格局式"内/外"框架的形成与适用》，《历史教学》（下半月刊）2022 年第 11 期。

邓默晗：《提奥多里特〈教会史〉的史料来源及其功能探析》，《史学史研究》2023 年第 1 期。

邓锐：《试论古希腊"历史认识"的原初内在状态——一种中西比较视域的分析》，《史学史研究》2022 年第 4 期。

董立河：《狄奥多罗斯的普遍史学思想》，《史学史研究》2022 年第 4 期。

董立河：《克罗齐"哲学与历史学同一"思想解读——兼谈哲学在历史学知识体系中的地位》，《史学理论研究》2023 年第 3 期。

董立河：《西方古典时代的历史理论与普遍历史》，《古代文明》2023 年第 2 期。

董欣洁：《全球史与国际关系研究的空间融合》，《中国社会科学》2023 年第 7 期。

董子云：《中世纪感觉史的理论、实践与展望》，《史学理论研究》2023 年第 3 期。

付亮：《从社会史取径转向文化史进路——苏珊·卡兰特-纳恩的宗教改革史研究析论》，《史学理论研究》2023 年第 4 期。

付文军：《〈资本论〉的历史哲学意蕴》，《四川大学学报》（哲学社会科学版）2023 年第 2 期。

高燎：《唯物史观与近代日本乡村史研究演变》，《史学理论研究》2022 年第 5 期。

顾晓伟：《柯林武德的世界史学叙事及其缺憾》，《史学史研究》2023 年第 2 期。

郭继民：《康德历史哲学的定位：希冀抑或归宿？》，《德国哲学》2022 年第 2 期。

韩志伟、陈洁彤：《恩格斯"历史合力论"的原初语境及其批判意蕴——兼驳阿尔都塞对恩格斯"历史合力论"的误读》，《理论探讨》2023 年第 2 期。

何立波：《从分野到共存：约瑟夫斯对犹太、希腊和罗马文明的历史书写》,《全球史评论》2023 年第 1 期。

贺田丽:《历史时间与历史概念辨析》,《西部学刊》2023 年第 1 期。

洪羽青:《浪漫派和批判派的碰撞与融合——塞尔维亚民族史学构建 (1873—1940 年)》,《史学理论研究》2022 年第 5 期。

侯方峰:《走出超验主义 回归历史本体——"经验"范畴下的历史写作》,《济南大学学报》(社会科学版) 2023 年第 2 期。

侯树栋:《中古欧洲与中古世界——历史多样性统一视野下的探讨》,《史学理论研究》2022 年第 6 期。

蒋迪:《马克思历史哲学视域下的开放性时间观研究——兼论本雅明 "异质性当下"的行动潜能》,《学习与探索》2023 年第 6 期。

金德宁:《在传统与革新之间:麦克法兰史学思想及其影响》,《四川大学学报》(哲学社会科学版) 2023 年第 2 期。

金嵌雯:《比喻、伦理和真实:海登·怀特论多元历史叙事问题》,《史学月刊》2022 年第 10 期。

金嵌雯:《史学视角下"narrative"与"叙事"概念比较刍议》,《史学理论研究》2023 年第 1 期。

景德祥:《兰克与德国统一——以书信为中心的考察》,《江海学刊》2022 年第 5 期。

匡列辉:《外国史研究须思路清晰史料详实洋为中用——吴恩远先生访谈录》,《史学史研究》2022 年第 4 期。

李根、周巩固:《海登·怀特的"中间语态"理论及其对历史书写的启发》,《史学史研究》2023 年第 1 期。

李根:《微观史研究中的历史普遍性问题——卡洛·金兹伯格微观史理论再探讨》,《史学理论研究》2023 年第 3 期。

李鹏涛:《金山大学历史工作坊与南非社会史研究的兴起》,《史学理论研究》2023 年第 2 期。

李世安、李娜:《唯物史观与新时代中国世界现代史学科体系建设》,《史学理论研究》2022 年第 5 期。

李小迟:《罗马帝国早期作家论元首统治的合法性》,《史学理论与史学史学刊》2022 年第 2 期。

李勇:《"弗劳德病":科学主义史学的理性缺失》,《史学史研究》2023 年第 1 期。

李子建:《"务实的历史写作"与 18 世纪下半叶的德国史学理论——

以伽特勒、施洛策尔的理论论述为中心》，《史学理论研究》2023年第1期。

利家兴：《庄延龄〈鞑靼千年史〉与18—19世纪欧洲学界的"鞑靼"研究》，《全球史评论》2023年第1期。

梁民愫、范莉莉：《爱德华·汤普森阶级史观的多维阐释》，《史学月刊》2023年第4期。

梁有源、王新刚：《13—14世纪亚美尼亚史家著述中蒙古人形象的变迁及影响》，《史学月刊》2023年第6期。

林子赛、李永辉：《普列汉诺夫历史主体观的理论理路探问》，《黑龙江社会科学》2022年第5期。

刘德斌：《全球史与国际关系研究的历史路径拓展》，《中国社会科学》2023年第7期。

刘田：《马克思历史哲学的叙事前提——评洛维特〈世界历史与救赎历史〉对马克思的神学解读》，《四川大学学报》（哲学社会科学版）2023年第4期。

刘文明：《文化自觉与世界文明史书写》，《史学理论研究》2022年第6期。

刘小枫：《重新认识赫尔德的人类学历史哲学》，《中山大学学报》（社会科学版）2023年第1期。

刘燕、孙立祥：《日本右翼史观的发展演变与生成逻辑》，《南京社会科学》2022年第12期。

吕厚量：《罗纳德·塞姆与20世纪中期的塔西佗研究》，《世界历史评论》2022年第3期。

吕厚量：《乔治·芬利的古典文明衰亡说》，《史学史研究》2023年第2期。

马伟军：《罗伯特·帕尔默的"大西洋革命"观与当今大西洋史研究》，《全球史评论》2023年第1期。

孟钟捷：《历史阐释公共性塑造的三种路径：以科泽勒克的"鞍型期"理论为范例的讨论》，《史林》2022年第6期。

米夏埃尔·宽特、王兴赛、李靖新弘：《卡尔·马克思的历史哲学》，《现代哲学》2023年第2期。

闵超、刘同舫：《马克思晚年对"历史哲学"的澄清——回应米海洛夫斯基对〈资本论〉"所谓原始积累"一章的误解》，《山东社会科学》

2023 年第 5 期。

闵超:《对马克思历史哲学争论的再审思》,《江苏社会科学》2023 年第 2 期。

闵祥鹏:《人文语义学视角下的历史事实与文本真实》,《探索与争鸣》2023 年第 3 期。

莫磊:《两次世界大战之间英国左翼知识分子的人民史观》,《安徽史学》2023 年第 2 期。

倪凯:《马克思主义视域下的历史真实》,《世界历史评论》2023 年第 1 期。

庞昊:《历史话语权之争——后现代历史理论喧嚣的背后》,《学术研究》2023 年第 8 期。

任虎:《斯大林〈辩证唯物主义与历史唯物主义〉在中国的传播》,《史学理论与史学史学刊》2022 年第 2 期。

孙健:《20 世纪初的欧洲史学理论与中国史研究——以福兰阁的王安石研究为例》,《南京师大学报》(社会科学版)2023 年第 4 期。

孙卫国:《试论韩国近代史家朴殷植的民族主义史观及其历史著述》,《史学史研究》2022 年第 4 期。

涂杰欣:《超越东西文化的对立:饭塚浩二的世界史理论研究》,《史学理论研究》2023 年第 3 期。

汪晖:《历史幽灵学与现代中国的上古史——古史/故事新辨（下）》,《文史哲》2023 年第 2 期。

王超群:《论西方微观史学对宏观叙事的构建》,《史学理论研究》2023 年第 2 期。

王丰收、王利红:《论历史学的生存论视域》,《河南师范大学学报》(哲学社会科学版)2023 年第 4 期。

王凤才:《历史与救赎——再论本雅明的历史哲学》,《马克思主义与现实》2023 年第 4 期。

王加丰:《西方历史主义述评》,《浙江学刊》2022 年第 5 期。

王立新:《现代性中的传统:英印殖民统治和正统印度史学的创生》,《华中师范大学学报》(人文社会科学版)2023 年第 4 期。

王晴佳、杨力:《情感史研究的跨学科实践——以日本情感史发展为例的讨论》,《学术月刊》2023 年第 6 期。

王晴佳:《历史书写应否包含道德评判?——现代史学观念转向一

瞥》，《世界社会科学》2023 年第 1 期。

王涛、黄世顺：《探索 "夹缝空间"：红海史研究的演进》，《史学理论研究》2022 年第 6 期。

王晓德：《古典传统与欧洲人对美洲的早期认知》，《世界历史》2023 年第 3 期。

王亚平：《比勒菲尔德学派和德国社会史研究》，《史学理论研究》2023 年第 1 期。

王严：《20 世纪七八十年代尼日利亚的史学危机及反思》，《史学理论研究》2023 年第 4 期。

王子晖：《西方有关 1917 年俄国革命史研究的范式转向》，《南开史学》2022 年第 1 期。

尉佩云、郝平：《历史意义的思想演变与当代转型——以约恩·吕森为中心》，《学术研究》2023 年第 4 期。

尉佩云：《二战后德国史学家对纳粹大屠杀的反思——以约恩·吕森 "三代人" 理论为中心》，《史学集刊》2023 年第 2 期。

吴宏政、付艳：《马克思 "世界历史目的" 的双重结构》，《江苏社会科学》2023 年第 2 期。

吴宏政：《马克思 "历史哲学" 的澄明及时代定向》，《哲学研究》2023 年第 2 期。

吴羚靖、梅雪芹：《环境史视野下英帝国史研究的问题意识与路径转向》，《史学理论研究》2023 年第 1 期。

吴晓群、郭晓东：《再谈希罗多德对蛮族的建构——以〈春秋公羊传〉为参照系》，《天津社会科学》2023 年第 4 期。

薛江、颜海英：《从抓打图像看古埃及新王国时期的王权观念》，《史学理论与史学史学刊》2022 年第 2 期。

杨天宏：《中国文化中的 "形上" 与兰克史学中的 "虚质"》，《史学月刊》2023 年第 1 期。

杨璇：《塑造近代史学：从文本结构的视角看兰克的史料批判法》，《江海学刊》2022 年第 6 期。

姚汉昌：《柯林武德进步观念评析》，《史学月刊》2023 年第 7 期。

姚念达：《美国外交史学环境路径的兴起与发展》，《世界历史》2023 年第 3 期。

臧义金：《中世纪主义的起源与流变》，《史学月刊》2023 年第 4 期。

张倩红、韩博雅：《"后犹太复国主义修正派"与以色列民族国家叙事的新趋向》，《史学理论研究》2023 年第 4 期。

张仕洋：《赫伯特·巴特菲尔德与辉格解释的理论批判》，《天府新论》2022 年第 6 期。

张婷：《阿格妮丝·赫勒关于历史普遍发展问题的思考》，《北京科技大学学报》（社会科学版）2022 年第 6 期。

张旭鹏：《历史距离与现代历史意识的嬗变》，《历史研究》2023 年第 2 期。

张绪强、王献华：《林志纯与中国亚述学学科》，《史学理论与史学史学刊》2022 年第 2 期。

张作成：《当代西方历史理论中的"人类世"话语阐释》，《史学理论研究》2023 年第 4 期。

赵汀阳：《历史性与存在论事件》，《中国社会科学》2023 年第 7 期。

赵轶峰：《历史学的性质、方法、目标及其他——答成一农教授》，《史学月刊》2023 年第 3 期。

郑师渠：《欧战前后国人的历史自信与民族自信——近代中华民族共同体意识觉醒的重要表征》，《史学史研究》2022 年第 4 期。

周积明：《历史认知·历史实然·历史诠释》，《河北学刊》2023 年第 4 期。

周雨霏：《国际左派汉学与日本的中国研究——以魏特夫〈中国的经济与社会〉在日本的介译与接受为中心》，《历史教学问题》2022 年第 5 期。

朱联璧：《如何在中间地带重思中国研究？——以欧文·拉铁摩尔旅英期间的活动为中心（1963—1970）》，《天津社会科学》2023 年第 4 期。

朱明：《意大利史书写中的"记忆转向"与"全球史转向"》，《史学理论研究》2023 年第 1 期。

祝薪闲：《马克思笔记中的历史学研究线索与方法》，《理论界》2023 年第 6 期。

庄亚琼：《欧美〈史记〉〈汉书〉史表研究刍议——兼论中西古代史表书写的异同》，《史学理论研究》2023 年第 4 期。

庄泽珑：《论弗里德里希·尼采的历史思想》，《理论界》2023 年第 1 期。

卓立：《"记实性"与"解释性"：中西史学传统的差异》，《天津社会科学》2023 年第 4 期。

二　著作

〔法〕保罗·利科：《情节与历史叙事：时间与叙事（卷一）》，崔伟锋译，上海人民出版社，2022。

〔英〕彼得·伯克：《历史写作的新视野》，薛向君译，北京大学出版社，2023。

仓修良：《章学诚和〈文史通义〉》，商务印书馆，2023。

陈其泰：《中华优秀传统文化何以通向马克思主义》，研究出版社，2022 年。

陈晓伟：《〈金史〉丛考》，中华书局，2022。

陈焱：《发现王夫之：晚清以来的船山升格运动（1864-1982）》，上海人民出版社，2022。

程鹏宇主编《侯外庐与中国马克思主义史学》，福建教育出版社，2022。

邓锐：《宋代〈春秋〉学与史学关系研究》，陕西人民出版社，2022。

〔德〕多米尼克·萨克森迈尔：《全球视角中的全球史：连通世界中的理论与方法》，董欣洁译，社会科学文献出版社，2022。

〔荷〕弗兰克·安克斯密特：《历史表现中的意义、真理和指称》，周建漳译，商务印书馆，2023。

〔德〕弗里德里希·迈内克：《历史主义的兴起》，陆月洪译，商务印书馆，2022。

〔日〕浮田和民：《史学通论：四种合刊》，李浩生等译，商务印书馆，2023。

〔英〕顾德诺、茉莉亚·科恩编《西方旅行者的中国书写：1840-1940》，顾钧、程熙旭等译，上海教育出版社，2023。

郭沂：《先秦文献探源》，中华书局，2022。

郝虹：《史学概论》，吉林大学出版社，2022。

霍艳芳：《明代图书官修史》，中华书局，2023。

贾慧如：《元代类书研究》，人民出版社，2023。

〔比〕简·范西纳：《作为历史的口头传说》，郑晓霞译，上海三联书店，2022。

焦润明：《史学理论专题教程》，辽宁人民出版社，2023。

琚小飞：《溯源汇津——四库文献研究》，上海科学技术出版社，2023。

〔德〕卡尔·兰普莱希特等：《历史学是什么?》，王燕编译，上海古籍出版社，2022。

〔英〕柯林伍德：《史学原理》，顾晓伟译，北京大学出版社，2023。

〔英〕昆廷·斯金纳主编《人文学科宏大理论的回归》，张小勇、李贯峰译，格致出版社/上海人民出版社，2022。

〔英〕莱斯利·豪萨姆：《旧书新史：书籍与印刷文化研究定向》，王兴亮译，广西师范大学出版社，2023。

李春保：《王钟翰史学研究》，中国社会科学出版社，2023。

〔俄〕列·约·鲍罗德金：《历史研究中的多元统计分析》，李牧群、苏宁译，社会科学文献出版社，2022。

刘海波：《〈史通〉与明清史学》，武汉大学出版社，2022。

刘节：《古史考存》，商务印书馆，2023。

〔美〕罗伯特·马克利：《追慕与忧惧：英国的远东想象（1600-1730）》，王冬青译，生活·读书·新知三联书店，2023。

〔英〕罗伯特·巴特莱特编著《历史与历史学家：理查德·威廉·索森选集》，李腾译，上海三联书店，2022。

〔德〕马库斯·绍尔：《发明历史：〈高卢战记〉中的史实与欺骗》，翁庆元译，社会科学文献出版社，2022。

苗润博：《文献清源与史学问径》，中华书局，2023。

〔法〕尼古拉·奥芬斯塔特：《当代西方史学入门》，修毅译，北京大学出版社，2022。

乔治忠：《史学史研究的理论与实践》，中华书局，2023。

曲柄睿：《整齐世传：前四史人物列传编纂研究》，中华书局，2022。

〔美〕W.J.T.米切尔：《元图像：图像及其理论话语》，唐宏峰译，上海人民出版社，2023。

汪高鑫：《中国史学思想史教程》，北京师范大学出版社，2023。

汪高鑫：《中国史学思想史十五讲》，北京师范大学出版社，2023。

王晴佳：《融汇与互动：比较史学的新视野》，北京大学出版社，2022。

文韬：《知识分类与中国近代学术系统的重建》，北京大学出版社，2023。

吴佩林：《清代地方档案的保存、整理与研究》，中国社会科学出版社，2023。

夏春涛主编《新时代历史理论研究前沿丛书》（全五卷），中国社会科学出版社，2023。

谢保国：《龙虎斗与马牛风：论中国现代史学与史家（增订本）》，商务印书馆，2023。

谢贵安：《中国实录史学新探》，武汉大学出版社，2023。

叶建：《近代中国唯物史观史学话语建构研究》，人民出版社，2023。

衣若兰：《从列女传到妇女史：近代中国女性书写的蜿蜒之路》，时报出版，2023。

虞云国：《学随世转：二十世纪中国的史家与史学》，上海人民出版社，2023。

〔美〕约瑟夫·莱文：《人文主义与史学——英国现代史学编纂之源》，王伊林译，华东师范大学出版社，2023。

张京华：《〈日知录〉版本研究》，商务印书馆，2023。

赵生群：《〈史记〉导读》，中华书局，2023。

郑善庆：《抉择与书写——抗战时期的中国史家群体研究（1937－1945）》，商务印书馆，2022。

〔日〕中务哲郎：《希罗多德〈历史〉：描述历史的均衡》，杨清淞译，生活·读书·新知三联书店，2023。

邹振环：《世界想象：西学东渐与明清汉文地理文献》，中华书局，2022。

《史学理论与史学史学刊》稿约

　　《史学理论与史学史学刊》为教育部普通高等学校人文社会科学重点研究基地北京师范大学史学理论与史学史研究中心主办的研究论集，是国内外史学理论与史学史工作者发表研究成果的阵地，欢迎中外专家、学者惠赐稿件。

　　1. 本刊设有历史理论与史学理论、中国古代史学、中国近现代史学、外国史学、中外史学比较、史学批评、图书评论等栏目。

　　2. 来稿一般应在 1.5 万字以内，重大选题可适当放宽至 2 万字。请将稿件的电子版通过电子邮件（邮箱：history1101@163.com）发给我们。作者如果在 3 个月内未接到刊用通知，可自行处理稿件。

　　3. 本刊实行匿名评审，请作者不要在来稿上署名，另纸附上作者姓名、性别、出生年月、职称、工作单位、通信地址、邮政编码、联系电话、电子信箱等相关信息。来稿避免使用有可能透露作者个人信息的表述，诸如参见拙文、拙作等。

　　4. 来稿应遵守学术规范，尊重前人研究成果。禁止剽窃、抄袭与一稿两投行为，凡发现有此类行为者，5 年内不受理该作者的任何稿件。

《史学理论与史学史学刊》编辑部

《史学理论与史学史学刊》匿名审稿实施办法

　　为保证本论集用稿的学术质量，进一步提高刊物的学术层次，给广大读者奉献高水平的研究成果，我们实行稿件匿名评审制度。具体实施办法如下。

　　1. 来稿请勿在稿件中出现署名和与作者有关的背景材料，作者简介请另附在一张纸上，内容包括姓名、性别、出生年月、工作单位、职称、通信地址、邮政编码、联系电话、电子信箱等。来稿避免使用有可能透露作者个人信息的表述，诸如参见拙文、拙作等。

　　2. 来稿请使用电子邮件，勿寄个人或托人转交，以免造成延误。

　　3. 本编辑部收到稿件后，由编辑人员登记，然后将原稿匿名送交有关专家审阅，就稿件的写作质量和学术水平做出评定，提出初审意见。

　　4. 编委会根据专家初审意见，对来稿学术质量进行进一步讨论，就稿件是否具有新观点和学术价值诸问题形成一致意见。

　　5. 责任编辑根据上述意见初步提出是否采用的建议，初步决定采用的稿件送交主编，最后由主编终审，决定是否刊登。

《史学理论与史学史学刊》编辑部

图书在版编目（CIP）数据

史学理论与史学史学刊. 2023 年. 下卷：总第 29 卷 /
杨共乐主编. -- 北京：社会科学文献出版社，2024.1
　　ISBN 978-7-5228-3349-1

　　Ⅰ.①史…　Ⅱ.①杨…　Ⅲ.①史学理论-文集②史学
史-文集　Ⅳ.①K0-53

　　中国国家版本馆 CIP 数据核字（2024）第 051716 号

史学理论与史学史学刊　2023 年下卷（总第 29 卷）

主　　编 / 杨共乐

出 版 人 / 冀祥德
责任编辑 / 罗卫平
责任印制 / 王京美

出　　版 / 社会科学文献出版社·人文分社（010）59367215
　　　　　　地址：北京市北三环中路甲 29 号院华龙大厦　邮编：100029
　　　　　　网址：www.ssap.com.cn
发　　行 / 社会科学文献出版社（010）59367028
印　　装 / 唐山玺诚印务有限公司

规　　格 / 开　本：787mm×1092mm　1/16
　　　　　　印　张：27　字　数：461 千字
版　　次 / 2024 年 1 月第 1 版　2024 年 1 月第 1 次印刷
书　　号 / ISBN 978-7-5228-3349-1
定　　价 / 128.00 元

读者服务电话：4008918866